Astrologische Direktionen –
verständlich und praktisch

Alexander von Prónay

Astrologische Direktionen – verständlich und praktisch

Rohm Verlag 7120 Bietigheim

ISBN 3–87683–160–1

Inhalt

3. Teil Tabellen

„Schicksal ist Charakter in der Zeit –
und Charakter ist Schicksal im Raum“
Friedrich Hebbel

Charakter ist Schicksal

Was wir Schicksal nennen, entsteht aus dem Zusammenwirken von Notwendigkeit und Freiheit. Es gibt wohl keinen Astrologen in unserer Zeit, der die Entscheidungsfreiheit des Menschen leugnet. Die Frage ist nur, wo sie beginnt und endet.
Schopenhauer meint: *„Der Mensch kann ohne Frage tun, was er wünscht, aber er kann nicht bestimmen, was er wünscht oder will.“* Das weist uns sehr deutlich auf unsere biologische Bindung an den Körper und auf die soziologische an unsere Umwelt hin. Ein gesunder Mensch wird anders reagieren als ein kranker; wer gelernt hat, sich zu beherrschen, was dem einen durchaus schwerer fallen kann als dem andern, wird die Bindung an seine Triebe und Gefühle weniger verspüren; ganz davon freimachen kann sich wohl kein durchschnittlicher Erdbewohner. Als Bürger sind wir verpflichtet, bestimmte Gesetze einzuhalten; von klein auf wurden wir erzogen, Verhaltensnormen zu beachten, zu tun, was der „gute Ton“ von uns verlangt. Damit sind der Selbstbestimmung Grenzen gesetzt. Paracelsus, dem die moderne Astrologie ideologisch sehr viel verdankt, war überzeugt, daß das Schicksal nicht von außen kommt, sondern in uns selbst entsteht. Je besser man sich selbst kennt, um so mehr wird man die Richtung des eigenen Lebensweges vermuten können. Es gibt aber äußere Anlässe, mögen sie als fördernde Umstände, als „glücklicher Zufall“ oder aber als Mißgeschick etwa im Sinne höherer Gewalt zu verstehen sein, die dem gedachten oder geplanten Lebensablauf eine andere Richtung geben können. Halten wir uns vor Augen, wie z. B. das Kriegsende 1945 das ganz persönliche Schicksal von Millionen völlig veränderte. Aber immer wieder wird der Mensch seinen Alltag mit Hilfe jener Gaben gestalten, die ihm als Erbe in die Wiege gelegt wurden, oder die er als anerzogene Verhaltensnormen bewußt oder unbewußt anwendet. Der Mensch wird immer danach streben zu tun, wozu er sich innerlich gedrängt fühlt. Leider ist unsere Fähigkeit zur Selbsterkenntnis viel geringer, als wir gemeinhin annehmen.

Hinzu kommt, daß es nicht genügt, die eigene Wesensstruktur möglichst vollkommen zu durchschauen, sondern es müssen die notwendigen Schlußfolgerungen gezogen werden gemäß den Absichten, die man hat, die eigenen Gaben optimal zu nutzen. Hier aber liegt der Haken bzw. ist der erste Ansatzpunkt für unser Thema gegeben.
Wer lange an einem bestimmten Ort gelebt hat und so Gelegenheit bekam, seine Mitmenschen über Jahre zu beobachten, wird gewiß dann und wann Betrachtungen darüber anstellen, was aus dem einen oder andern geworden ist. Am besten wird das deutlich auf einem Klassentreffen, das den ergrauten Lehrer mit seinen ehemaligen Schülern zusammenführt. An uns selbst nehmen wir Veränderungen wohl weniger wahr, als andere sie an uns bemerken. Manche, die in der Schule zu großen Hoffnungen für später berechtigten, erreichen nur eine mittelmäßige existenzielle Stellung, andere, im Unterricht eher unauffällig und zurückhaltend, machen Karriere. Es scheint demnach festzustehen, daß wir uns im Laufe unseres Lebens verändern, ohne jedoch den Rahmen unserer Grundstruktur ganz verlassen zu können. Das mag auch einer der Hauptgründe sein, warum z. B. Ehen nach vielen Jahren scheitern: Man lebt sich auseinander, weil die Menschen andere geworden sind, als sie damals waren, als sie sich vor dem Standesbeamten oder dem Pfarrer das Ja-Wort gaben.
Das Geburtshoroskop ist eine Art *Meßbild der Grundstruktur.* Damit veranschaulicht es gewissermaßen einen „Schnitt durch die Zeit", denn es enthält Hinweise auf bestimmte Reaktionsformen des Menschen, sowohl in der Jugendzeit wie in reiferen Jahren oder im Alter.
Eines der Hauptargumente für die astrologische Deutung ist die Tatsache der Vererbung. Es ist viel zu wenig bekannt und wird von Kritikern gern unterschlagen, daß die Horoskope Blutsverwandter in den Hauptpunkten, nämlich in den Positionen von Sonne, Mond, Meridian (MC–IC) und Horizont (Asz–Desz) einander zehnmal mehr gleichen als es nach der Wahrscheinlichkeitsrechnung zu erwarten wäre.* Wir sehen es an unseren eigenen Kindern oder an denen unserer Freunde und Nachbarn: Kinder sind ihren Eltern nicht nur körperlich ähnlich, sie zeigen mehr oder weniger auch bestimmte

* Alexander von Prónay, „Die Sterne haben doch recht", Moewig Taschenbuch Nr. 3164, S. 129.

Anlagen oder Verhaltensneigungen ihrer Eltern oder Großeltern. Auf diese Weise ,,begabt", tritt der Mensch ins Leben und wird durch Elternhaus, Schule, durch Arbeitsverhältnisse, Freunde, Militärdienst u. v. a. geformt, ,,erzogen". Manche wertvollen Anlagen oder Talente werden erkannt und gefördert bzw. drängen, wenn sie stark sind, zum Durchbruch, andere bleiben unentdeckt, verkümmern oder blühen im Verborgenen. Es sind z. B. jene künstlerischen Talente, die später zur Grundlage eines Hobbys werden und eine sinnvolle und beglückende Freizeitgestaltung möglich machen.

,,Charakter ist Schicksal", heißt es zu Recht, eine ganz prinzipielle Erkenntnis. Wer als ,,schwacher Mensch" geboren wurde, muß gemäß seiner Veranlagung seinen Lebensweg anders gestalten oder wird sich zwangsläufig in andere Bahnen gedrängt sehen als ein energischer Tatmensch. Andererseits kann der Labile durch Anpassung an bestehende Verhältnisse sogar ein ,,besseres Leben" führen als der Willensmensch; dieser kann seine Kräfte in der Auseinandersetzung mit der Umwelt verschleißen oder Klüfte aufreißen, die dem anderen gar nicht bewußt werden. Es wird der Schüchterne, Empfindsame anders auftreten und ein anderes Schicksal haben als der konsequent und unbeirrbar Strebsame, der sich mit allen Fasern an die Materie klammert und keinen Zugang zu den empfindlichen Seelenregungen hat, oder doch, sie aber nicht zeigt. Sehr wohl also ist Charakter Schicksal.

Wenn wir den Begriff des Geprägten, das mit den Begabungen des Menschen zu tun hat, einmal etwas weiter fassen, stellen wir auch eine Art Glücksbegabung fest: die Fähigkeit, sich in die Verhältnisse zu schicken und aus jeder Situation das Beste zu machen, oder aber zur richtigen Zeit an der richtigen Stelle zu sein und dort das Richtige zu sagen und zu tun. So verfügen manche über ein ausgesprochenes Gespür, das wir Intuition nennen können. Der sichtbare Erfolg eines Menschen, von dem z. B. die Massenmedien berichten, kann viele Wurzeln oder Ursachen haben. Ein Musiker kommt aus anderen Gründen zu beruflichem Erfolg als ein Chirurg, eine Hausfrau erlebt als ,,Glück" das Aufgehen in einer Lebensaufgabe – jedoch anders als eine Politikerin. Schon diese wenigen Beispiele lassen erkennen, wie schwierig es ist, Voraussagen hinsichtlich des Lebensweges eines Menschen zu machen.

Immer wieder wird versucht zu erfahren, wie sich unsere persönliche Zukunft gestalten könnte, was uns erwartet, wie es in der Schule, im Beruf, in der Familie, mit der Gesundheit oder in anderen Bereichen unserer Existenz weitergeht. Ja, streng genommen *müssen* wir sogar versuchen, künftige persönliche Entwicklungstendenzen zu überschauen. Nur wenn das geschieht, suchen wir oder unsere Kinder die richtigen Schulen, wählen den Beruf, der unseren Anlagen entspricht, tun das, wozu wir uns ,,berufen" fühlen, suchen und finden wir den geeigneten Partner fürs Leben, mit dem wir dann zusammen eine Familie gründen, die unserer ganz persönlichen Existenzform entspricht.

Jeder Mensch hat es nötig, sich selbst Prognosen zu stellen. Eltern tun dies für ihre Kinder, Chefs oder Verantwortliche für ihre Unternehmen oder ihren Aufgabenbereich. Unüberlegt und unklug ist daher, wer ,,Prognosen" belächelt, wo er sich doch selbst tagtäglich mit mehr oder weniger ,,gesundem Menschenverstand" seine Chancen für morgen ausrechnet, oder abschätzen muß, wie eine bestimmte Sachlage oder persönliche Vorhaben oder Verbindungen etc. sich gestalten werden. Die Menschen haben im Laufe der Zeit gewisse Praktiken und Methoden entwickelt, derartige Überlegungen anzustellen. Eine der ältesten und durchaus ernstzunehmenden Methoden ist die Astrologie. Sie ist heute allerdings längst nicht mehr das, was sie vor tausend oder zweitausend Jahren oder in noch weiter zurückliegenderen Zeiten einmal gewesen ist. Das aber ist verständlich, denn die Menschen und ihre Art zu leben, haben sich ja auch geändert. Wir sehen heute Astrologie als ein System praktisch angewandter Menschenkunde an, das uns zugleich gewisse Möglichkeiten bietet, durch die Horoskope wahrscheinliche, künftige Entwicklungen zu erfassen und daraus Schlüsse zu ziehen.

Jede astrologische Prognose muß mit dem sorgfältigen Studium des Geburtshoroskops beginnen. Wer sich jahrelang mit der Erforschung seines eigenen Radixhoroskops beschäftigt hat, wird erkannt haben, daß der darin verborgene Wesensgehalt schier unerschöpflich ist. Das hat zwangsläufig damit zu tun, daß wir eben heute nicht derselbe sind, der wir gestern waren und ein anderer, als wir morgen sein werden. Es ist im Rahmen dieses Buches nicht möglich, auf die Deutung der Geburtskonstellation einzugehen, deren Verständnis vorausgesetzt wird. Allerdings ist es nicht gleichgültig, *mit welchen Methoden* man die Zusammenhänge auszuloten versucht. Nach Auffassung des Autors erscheint die klassische Astrologie am besten geeignet zu sein, ein möglichst umfassendes Menschenbild zu liefern. In der Gegenwart hat vor allem Thomas Ring mit seinen grundlegenden Werken zur „Astrologischen Menschenkunde" die entscheidenden Maßstäbe gesetzt. Thomas Ring vertritt die Auffassung einer „revidierten Astrologie", deren Grundgedanke ist, daß der Mensch mit seiner Geburt *sich selbst* in eine bestehende kosmische Rhythmenlage einschaltet. Die Betrachtung der Zusammenhänge geschieht unter psychologischem Aspekt und trägt damit den wissenschaftlichen Anforderungen Rechnung. Neben der klassischen Astrologie als Methode der Horoskopdeutung gibt es zwei moderne Strömungen, die heute auch in Deutschland Anhänger haben. Ohne Zweifel hat Reinhold Ebertin als Pionier das astrologische Gedankengut von manchem alten Ballast befreit. In seiner Methode verwendet er hauptsächlich einen 90-Grad-Kreis, der auch die Arbeitsgrundlage der „Hamburger Schule" ist. Dadurch ergeben sich andere Bewertungen der Aspekte, so etwa dadurch, daß auf dem 90-Grad-Kreis Quadrataspekt und Konjunktion zusammenfallen und daß die nach klassischer Auffassung schwach wirksamen Aspekte, wie Halb- und Anderthalbquadrat, herausgehoben sind, Trigone aber nicht erkannt werden u. a. Die Beachtung der Achsenstellung („Halbsummen") kann jedoch kein Ersatz für die klassische Aspektlehre sein. Ferner wird auf das Häusersystem verzichtet. Bibliotheksdirektor Wilhelm Knappich, einer der profundesten Kenner der Astrologie, kritisiert „die Methoden der Hamburger Schule, die sich in überspitzten Rechentüfteleien nicht genug ausleben kann und die das Horoskop nicht als Strukturbild einer Ganzheit, sondern als eine Art Rechenscheibe betrachtet. Ihr Begründer Alfred Witte war Vermessungsbeamter beim Hamburger Senat, und so scheint sich sein Beruf auch auf seine astrologische Forschung und auf sein System ausgewirkt zu haben ... Die Hamburger Schule ist, wie ihr Begründer, ganz kasuistisch eingestellt. Nirgends erhält man eine theoretische Begründung, sondern alles wird am Einzelfall demonstriert. Dabei muß es jedoch jedem kritisch denkenden Menschen klar sein, daß bei der ungeheuren Vermehrung der Deutungsfaktoren jedes Ereignis im nachhinein prägnant belegt werden kann".[1] Verfasser ist der Meinung, daß die Methoden der klassischen Astrologie vollkommen ausreichen, eine sinnvolle Prognose zusammenzustellen. Wenn auch manches offen bleibt und nicht erfaßbar ist, d. h. über einen bestimmten Grad an Wahrscheinlichkeit nicht hinauskommen kann, sollte man sich damit begnügen und nicht versuchen, durch ausgeklügelte Methoden zu Aussagen zu kommen, die sich letzten Endes doch nicht bewähren.

[1] W. Knappich, Entwicklung der Horoskoptechnik vom Altertum bis zur Gegenwart, Wien 1966.

1. Teil

Die Direktionen in der Praxis

Vom Wesen der Direktionen

Unter einer Direktion verstehen wir eine bestimmte Form der Prognose über das Zusammenwirken zweier Gestirne oder astrologischer Faktoren (also auch Asz, MC usw.) im Hinblick auf ein „Ereignis". Es ist als solches bereits im Geburtshoroskop vorgegeben und wird sich zu einer bestimmten Zeit realisieren.
Betrachten wir einmal das Geburtshoroskop im Sinne der klassischen Astrologie mit den Positionen der Planeten als den Grundprinzipien der in uns wohnenden Kräfte des Lebens und den daraus resultierenden Motivationen unseres Verhaltens, ihre Stellung in den Tierkreiszeichen, also den vorgeformten planetaren Zonen, und in den zwölf Sektoren („Häusern") als den Ereignisebenen oder Beziehungskategorien des Lebens. Dieses Horoskop liefert ein anschauliches Bild eines sehr persönlichen Menschentyps. Wenn wir richtig auswerten, entspricht es psychologisch weitgehend einer individuellen Grundstruktur. Es ist zugleich ein Meßbild, in dem z. B. die Symbole für Energie (Mars), Harmonie (Venus), Gefühle und Empfindungen (Mond) und dem eigentlichen Ich (Sonne) in einem bestimmten räumlichen Verhältnis zueinander stehen. Die Horoskopzeichnung gibt uns ein zweidimensionales Bild einer dreidimensionalen kosmischen Wirklichkeit, was allerdings nicht berechtigt, es im Sinne der Neuerer nur zu einer Meßscheibe herabzuwürdigen (Knappich). Nichts ist darin ohne Bedeutung, vor allem nicht die Distanzen der Gestirne zueinander, wie sie sich aus den Positionen im Tierkreis ergeben bzw. ihre Stellung in den einzelnen Quadranten, die mit dem Meridian-Horizont-System zusammenhängen. Um den Sachverhalt möglichst einfach darzustellen, wollen wir ganz bewußt nur den Ausschnitt aus einem Horoskop betrachten und uns dabei zunächst nur auf drei Gestirne und zwei Achsen (Meridian mit IC, Horizont mit Desz) beschränken und der Einfachheit halber von vollen Gradpositionen ausgehen. (Abb. 1) Da die Sonne sich in 12° Widder befindet, ist als Geburtstag ein 2. April anzunehmen. Die Sonne stand unter dem Horizont im Bereich der Spitze des 6. Hauses nach Placidus, was auf eine Geburtszeit von etwa 21 Uhr weist. Asz muß 5° Skorpion sein, in der Zeichnung nicht sichtbar, wohl aber der Desz mit 5° Stier. In seiner Nähe, also eindeutig im 7. Sektor, befand sich Merkur in 10°

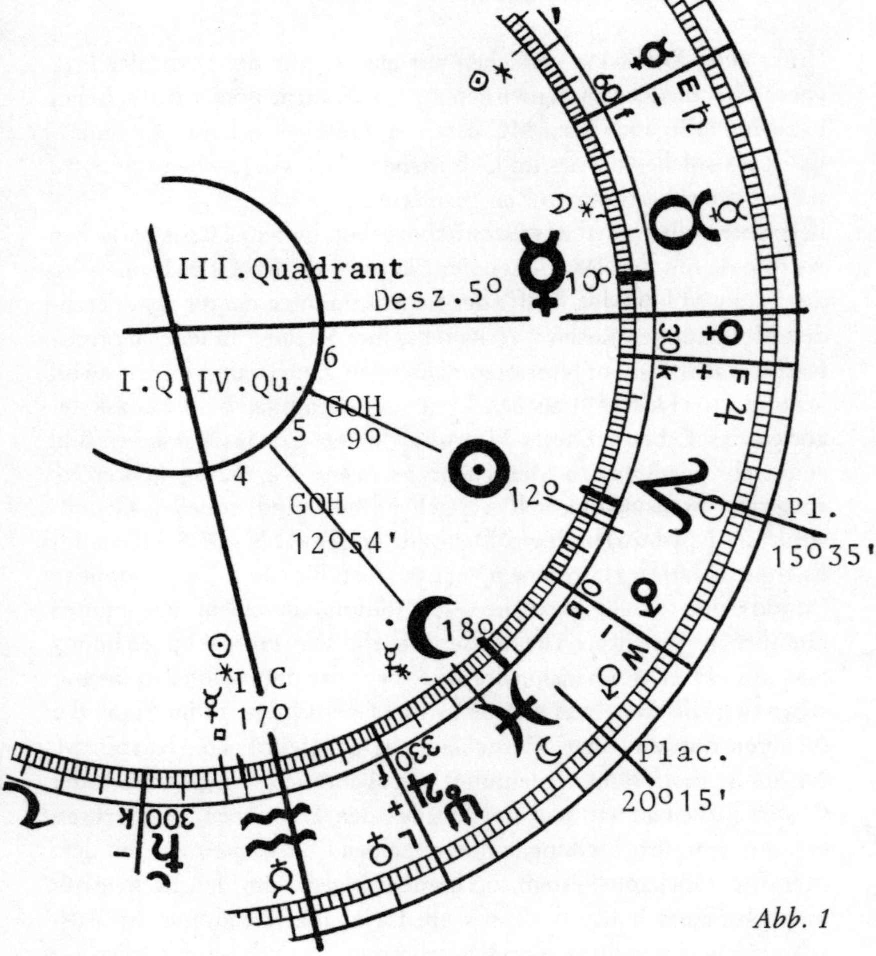

Abb. 1

Stier. Der Mond war im letzten Viertel, denn es muß einen Tag vor Neumond gewesen sein. Wenn man die Zählung der Quadranten am IC beginnt und dann gemäß der primären Bewegung der Gestirne, also dem Tageslauf fortsetzt, so handelt es sich bei dem dargestellten Quadranten mit den „Häusern“ bzw. Sektoren 4, 5 und 6 um einen vierten Quadranten, der auf der westlichen Horoskophälfte liegt, auf der Du-Seite, und vorwiegend Bezug auf das Unbewußte hat und

symbolisch für das Alter, d. h. für den letzten Abschnitt des Lebens, maßgebend ist.
Wird das Horoskop als „Momentfotografie des Himmels“ angesehen, hält es zwei Bewegungen der Gestirne fest. Einmal ist es die primäre Bewegung, die dem Tagesweg der Planeten einschl. Sonne und Mond entspricht. Denken wir uns den Horizont (Asz–Desz) und den Meridian (IC–MC) feststehend, dann bewegt sich die Sonne aus der Position, wie sie jetzt eingezeichnet ist, um Mitternacht über das IC, wandert weiter, um bei Sonnenaufgang die Asz-Linie zu überschreiten und um schließlich mittags zu kulminieren, d. h. im MC zu sein, also den oberen Meridian zu überschreiten, um anschließend auf der Westseite des Himmels unterzugehen. Feststehend sind nicht nur Meridian und Horizont, sondern auch die „Zwischenhäuser“, die Sektoren, die den jeweiligen Quadranten dritteln. Bevor dazu etwas gesagt wird, sei auf die zweite, auf die sekundäre Bewegung der Planeten eingegangen, die uns das Horoskop für die Geburtsminute zeigt. Unter sekundärer Bewegung der Planeten ist ihre Wanderung durch den Tierkreis zu verstehen. Ihre Geschwindigkeiten sind unterschiedlich. Die Sonne bewegt sich täglich um durchschnittlich 1 Grad weiter, der Mond um ein halbes Tierkreiszeichen, die inneren Planeten wie Merkur und Venus sind schneller als die äußeren, die pro Tag nur wenige Bogenminuten zurücklegen. Dieser Sachverhalt ist bekannt und unbestritten. Anders ist es mit dem Häusersystem, das gerade bei den Direktionen eine wesentliche Rolle spielt. Der Streit, welches Häusersystem denn nun eigentlich „das richtige“ sei, war einer der Gründe, die manche Astrologen veranlassen, ganz ohne die zwölf Sektoren auszukommen, was natürlich zu einem ganz neuen Konzept führen muß, zwangsläufig aber auch zu einer Verarmung der Ausdeutung. Heute geht es im wesentlichen um zwei verschiedene Häusersysteme. Seit den 60er Jahren findet Dr. Kochs GOH-System zunehmend Anhänger. Dr. Walter Koch (18. 9. 1895 bis 25. 2. 1970), einer der profiliertesten astrologischen Forscher unserer Zeit, vor allem durch seine genauen Häusertabellen nach Placidus und Regiomontanus in den 30er Jahren bekanntgeworden, war gerade durch diese mathematisch-astronomischen Studien mit deren Ergebnis unzufrieden. Unterstützt von deutschen und österreichischen Forschern schuf er das GOH-System. Für dieses ist wesentlich, daß

Häuser GOH + Placidus

alle zwölf „Häuser" nach der gleichen Methode wie der Asz auf die Polhöhe des Geburtsortes berechnet werden. Ein Haus des Geburtsortes ist ein Sechstel des Tagbogens der kulminierenden Sonne. Dessen Hälfte, die sich vom MC zum Asz erstreckt, ist der Halbtagbogen des MC, der schon von Ptolemäus in sechs Temporalstunden zerlegt wurde. Placidus de Titis (1603–1668), Benediktinermönch und Professor der Mathematik an der Universität in Pavia, fußt mit seinen Vorstellungen auf den ptolemäischen Erkenntnissen, gab aber vollständig berechnete Werte für die Häuserspitzen heraus und wurde damit zum Namensgeber jener Art der Häuserberechnung, die heute weltweit, vor allem in den angelsächsischen Ländern, verbreitet ist. Mittels zweier Temporalstunden teilt Placidus die Bewegung oder Bewegungsbögen von einem zum nächsten Eckpunkt. Ein Drittel des halben Tagbogens ist sein Maß für die oberen Häuser, ein Drittel des halben Nachtbogens das Maß für die unteren Häuser. Wird der *Äquator als Bezugsebene* angesehen, umfaßt jedes Haus exakt 30 Grad. Bei Placidus sind alle Häuser zugleich Mundanaspekte und verbinden die ungleich langen oder Temporalstunden in entsprechender Weise mit den gleich langen oder Äquatorstunden. Damit ist eine durchgängige Proportionalität aller Zeiten und Bewegungen gesichert.

Autor hat nicht die Absicht, in den Meinungsstreit über die Bewertung des „richtigen" Systems der Zwischenhäuser einzugreifen, zumal sich auch durchaus ein Kompromiß anbietet. Eine Geburt ist ein *lokales* Ereignis. Gewissermaßen laufen alle vorgeburtlichen Entwicklungen in Richtung auf einen einzigen Punkt zusammen, den Geburtsort. Daher hat es einen Sinn, das Häusersystem des Geburtsortes anzuwenden, das den *Meridian des Geburtsorts zur Bezugsebene* macht. In unserem vorliegenden Beispiel stünde also nach GOH die Sonne im 6. Sektor und wäre in diesem Sinne innerhalb der Geburtskonstellation auszuwerten. Aber der Mensch ist nur in der frühen Periode seines Lebens auf den Geburtsort fixiert. Je älter der Geborene wird, um so mehr spielen Bewegung und Zeit bei der Entwicklung eine Rolle, er tritt aus dem Ort heraus. Aus dieser Überlegung heraus kann es für alle Arten der Prognose – und besonders gilt das für die Primärdirektionen – sinnvoll sein, das System des Placidus beizubehalten, das sich in dreihundert Jahren bewährt hat.

Unser Beispiel zeigt einen jener Grenzfälle, bei denen ein Gestirn (hier die Sonne) bei den beiden genannten Häusersystemen in verschiedene Sektoren zu stehen kommt, in unserem Beispiel nach Placidus noch im 5. Sektor (allerdings fast an der Spitze des 6.), nach GOH im 6. Das hieße also, daß die betreffende Person in ihrer Wesensentwicklung auch in jenem Sinne beurteilt werden muß, den Sonne im 5. Haus ergibt. Im Laufe des Lebens werden sich Schwerpunkte des Ichs sowohl triebhaft wie auch gesundheitlich abzeichnen.

Zurück zu unserem Beispiel. Wir haben geklärt, was zur Position jedes einzelnen Gestirns, hier Sonne, Mond, Venus, zu sagen ist, ohne dabei eine Deutung anzuschließen. Zu ergänzen bleibt noch, daß zwischen Sonne und IC ein Sextilaspekt gegeben ist, ebenfalls ein Sextil zwischen Mond und Venus.

Das Halbsextil zwischen Sonne und Mond und Mond und IC mag zunächst unberücksichtigt bleiben; die Konjunktion zwischen Merkur und Desz liegt noch im zulässigen Orbis, ist daher auch etwas stärker als das Quadrat zwischen Merkur und IC. Ein jedes Horoskop stellt eine Art *Diagramm der Kräfteverteilung* dar. Insofern ist es auch berechtigt, die Position der Sonne in der Achse von Merkur und Mond zu berücksichtigen, doch hieße es vom klassischen Konzept abzurücken, die Besetzung des Schnittpunktes, auch ,,Halbsumme" genannt, als Ersatz für die Aspekte anzusehen.

Wenn wir die Distanzen der einzelnen Planeten bzw. Schnittpunkte untersuchen, ergibt sich folgendes: Wir haben es hierbei mit bestimmten *Distanzen* bzw. *Wegstrecken* zu tun, welche die einzelnen Gestirne bzw. ,,Ecken" nach der Geburt eingeschlagen haben. Denn *nach* dem Ereignis der Geburt ist der Mond ja weitergewandert, hat die Spitze des 5. Hauses (nach Placidus) überschritten, den Sonnenort erreicht, die Spitze des 6. Hauses passiert, ist über den Desz gewandert und zur Position Merkurs gelangt. Die Sonne wanderte über die Spitze des 6. Feldes (nach Placidus), über den Desz und wird – das läßt sich überschlägig sehr leicht abschätzen, da die Sonne durchschnittlich ein Grad pro Tag zurücklegt – 28 Tage nach der Geburt die Merkurposition gewonnen haben. Da aber die Gestirne ja auch die primäre Bewegung vollziehen, ist der Mond in annähernd gleichem Tempo wie die anderen Gestirne zunächst über das IC geführt worden, die Sonne legte die Distanz von 27 Grad zum Mond zurück,

Merkur wanderte über Desz, Spitze 6, den Sonnenort, Spitze 5, die Mondposition, das IC. Das aber sind nun die ,,Direktionen", nämlich *die Wegstrecken zwischen den Planeten und ihren Aspektpunkten bzw. den Hauptachsen* (IC, Desz) sowie den Hausspitzen. Die Frage, ob der Native eine solche Konjunktion, z. B. des ,,weiter dirigierten" Mondes über den Sonnenort radix wahrnimmt, ist zu bejahen und nicht schwer zu deuten. Der Mond ist in diesem Fall Signifikator, d. h. Anzeiger oder besser gesagt Verursacher, sozusagen ,,Sender", die Sonne ,,Promissor", d. h. Verkünder, Sprecher. Es müßte sich demnach um eine lunare, d. h. ,,mondische" Art und Weise handeln, eine Form, die mit dem Gefühl zu tun hat, einen Wechsel in wichtigen Lebensumständen bedeutend. Betroffen aber ist ,,Sonnenhaftes", d. h. der Sonne Zugeordnetes, also das Ich des Geborenen in seiner Gesamtheit. Es ist somit z. B. ein ,,Heiratsaspekt". Wir müssen dieses Ereignis, wie vieles in der Astrologie, symbolisch verstehen, etwa als Vereinigung des Männlichen mit dem Weiblichen, des Ich mit dem Du. Zu dieser Deutung wird noch zu sprechen sein. Offen allerdings bleibt die Frage, zu welchem Zeitpunkt dieses Ereignis in Anschlag zu bringen wäre. Mit anderen Worten: *Es ist das eigentliche Wesen und zugleich das Hauptproblem der Prognose nach Direktionen, eine bestimmte Distanz zwischen zwei Gestirnen im Radixhoroskop, nämlich ihren „Direktionsbogen", in Zeit umzusetzen.* Es geht demnach um den *„passenden" Zeitschlüssel.* Was im Geburtshoroskop als Bewegung gedacht wird, etwa das ,,Dirigieren", d. h. Weiterbewegen, in unserem Beispiel der Sonne über den Desz zur Radixposition Merkurs, hat sich 23 bzw. 28 Tage nach der Geburt wirklich vollzogen. Es handelte sich dabei also um ganz normale Transite, die sich in dieser Zeit beim Säugling freilich kaum sichtbar auswirken können. Wir wissen, daß sich Transite als mehr oder weniger kräftige, immer aber in einer ganz bestimmten Richtung deutbare Trends zeigen, die vom Horoskop-Eigner in der Regel als von außen kommende, an ihn herantretende günstige Gelegenheiten oder als Hemmnisse empfunden werden. Allerdings lassen die direkten Übergänge von Uranus und Saturn über Asz, MC und auch oftmals über den Sonnenort vermuten, daß dieser Eindruck trügt. Nur scheinbar hätten wir es mit äußerer Einwirkung zu tun; vielmehr handle es sich um die Resonanz der eigenen Veranlagung, und damit um Antworten der eigenen Seele oder des Körpers auf Außenreize. Bei den Direktionen wird das freilich eindeutiger, denn die durch sie bezeichneten „Ereignisse" (oder Trends) *sind ja bereits im Radix vorgegeben.* Es kann sich damit bei Direktionen keinesfalls um einen wie immer gearteten *Einfluß von außen* handeln. So muß etwa die vorerwähnte Konjunktion des direktionären Mondes mit der Sonne vielmehr als Ausdruck der Bereitschaft des Horoskop-Eigners angesehen werden, eine starke, sehr intime zwischenmenschliche Beziehung einzugehen, wie sie z. B. eine Heirat darstellt. Bewußt oder unbewußt wünscht sich der Native dann nahezu zwingend die Vereinigung des Ich mit dem Du, er ist gewissermaßen „reif" dazu. Nun steht auf einem anderen Blatt, wann die Realisierung dieses Verlangens möglich wird, denn es ist ja erforderlich, daß der Native auch auf *die* Partnerin trifft. Meistens werden es Transite sein, die solche Umstände bringen. Direktionen haben einen zeitlichen Orbis. Er wird unterschiedlich zu veranschlagen sein, was mit dem Gewicht der Planeten, das sie in der jeweiligen Geburtsfigur haben, zusammenhängt, andererseits auch mit der Art und Weise des signalisierten Ereignisses. Hinzu kommen die persönlichen Lebensverhältnisse des Horoskop-Eigners. Ein dem Zölibat unterworfener Mönch wird vielleicht ein besonderes Marienerlebnis haben, ein „normaler" Mann kann auf andere Art die „große Liebe" erleben, d. h. gewissermaßen den Durchbruch zu einer ganz neuen Lebenseinstellung und einem neuen Abschnitt seines Daseins finden. Es hieße den Symbolgehalt einer solchen Konstellation entschieden zu überfordern, wollte man „Heirat" wortwörtlich verstehen und nicht als einen sehr innigen Kontakt des Zusammenseins oder Zusammenlebens. Weder Standesamt noch Kirche, also das effektive Ja-Wort, stehen in den Sternen, sondern Heirat im astrologischen Sinn ist eine zwischenmenschliche Verbindung, die von den beiden Partnern als solche verstanden wird.

Wir haben es bei den Direktionen mit fiktiven „Bewegungen" zu tun. Unterschiedlich wird das Problem gesehen, wie und nach welchem Zeitschlüssel ein Planet zu Gestirnorten oder Aspektstellen des Geburtshoroskops „dirigiert" wird. Jedes Schematisieren muß zu einer falschen Bewertung der Direktionssysteme führen, denn unabdingbar ist die grundsätzliche Bedeutung des Geburtshoroskops. Wer dieses nicht richtig interpretiert, wird nie mit Direktionen erfolgreich arbei-

ten können. Wessen astrologische Erfahrung einige hundert gründliche Radixdeutungen umfaßt –, sogar der weiß noch zuwenig! Selbst tausende solcher Deutungsarbeiten scheinen nicht zu genügen, die jeweiligen Systeme zu beurteilen. Hinzu kommen evtl. persönliche Trägheit und Routine, denn der Astrologe scheut in der Regel komplizierte und zeitraubende Rechenverfahren, er hält sich an die leichte, rasch vollziehbare Methode, etwa mehr an die Graddirektionen oder an die Progressionen, als an die Primärdirektionen. Sollen sich letztgenannte bewähren, braucht es auch die absolut exakte Geburtsminute, die kaum einer kennt.
Autor hofft, daß dieses Buch vielen Interessierten einen Einstieg bietet, daß sie es aber nicht dabei belassen mögen, sich mit dem Einfachsten zu begnügen, sondern selbst forschend in die schwierigeren Bezirke vorstoßen werden.

Die Grad-Direktionen oder „vorgeschobene Positionen"

Wenn nicht tatsächlich alles Große im Leben einfach wäre, müßte man ob der Primitivität dieser Methode Zweifel haben. Tatsächlich jedoch handelt es sich um ein Verfahren, das oft schon sehr gute *Annäherungswerte* liefert. Wie bei allen Direktionen geht es darum, die Distanz zwischen zwei in der Radixfigur gegebenen Gestirnplätzen in Zeit umzuwandeln. Der Zeitschlüssel ist bei den Grad-Direktionen einfach: 1 Tag = 1 Jahr. Eine überzeugende Erklärung läßt sich kaum dafür finden; es sei, die alten Astrologen hätten sich durch die Bibel leiten lassen, wo der Prophet Hesekiel im A. T. sagte: „Ich will Dir die Jahre zur Anzahl der Tage machen." Heute wissen wir, daß unser Leben rhythmisch gegliedert ist. Direktionen stellen keine wirklichen Bewegungsabläufe dar, sondern haben *symbolische Qualität.* Daher ist es auch legitim, die großen Rhythmen, die sich in der Natur abzeichnen, wie etwa die Jahreszeiten, in den großen Perioden eines Menschenlebens zu sehen bzw. den Ablauf eines Jahres mit dem eines Sonnentages zu vergleichen. Wie dem auch sei, die Praxis spricht dafür, daß die Grad-Direktionen brauchbare Ergebnisse liefern. In unserem Beispiel (Abb. 1) ist die Sonne in 12° Widder, Merkur in 10° Stier. Die Entfernung beträgt demnach 28 Bogengrade, was nach dem Zeitschlüssel 1 Grad = 1 Jahr mit 28 Jahren eine Konjunktion brächte. Ohne hier auf die Deutung im einzelnen einzugehen, läßt sich doch vermuten, daß ein positiver beruflicher Einschnitt in dieser Zeit fällig wäre.

Diese Überlegung ist Anlaß zu einer wichtigen Frage: Fällt das Ereignis *ins* 28. Lebensjahr oder ist es *mit* 28 Jahren zu erwarten? Wenn ein Mensch geboren wird, beginnt sein erstes Lebensjahr. Das heißt, daß die Konstellationen der Geburtsfigur zugleich die Direktionen für das erste Lebensjahr sind. Wird das Kind ein Jahr alt, wird umgangssprachlich „der erste Geburtstag" gefeiert, obwohl es sich ja eigentlich um die erste Wiederkehr des eigentlichen Geburtstags handelt, also das Kind das erste Lebensjahr vollendet hat, ein Jahr alt ist und sein zweites Lebensjahr beginnt. Die Direktionen, die *im zweiten Lebensjahr* fällig werden, müßten demnach *für das erste vollendete Lebensjahr* berechnet werden. Sinngemäß würde der (Winkel =) Abstand zwischen Sonne und Merkur in unserem Beispiel von 28° sich

im 29. Lebensjahr realisieren, also mit 28 Jahren, d. h. *im Alter von 28* Jahren oder *nach der Vollendung* des 28. Jahres.
Davon abgesehen muß man allerdings einen zeitlichen Orbis berücksichtigen. Außerdem handelt es sich hierbei um einen Annäherungswert, also um einen approximativen Zeitschlüssel.
In unserem Beispiel haben wir die Sonne in Richtung der Tierkreiszeichen, also entgegen dem Uhrzeigersinn „dirigiert". Man nennt die Richtung „konvers" oder „progressiv". Da sie der täglichen Bewegungsrichtung der Gestirne entspricht, ist sie logisch. Es hat sich allerdings auch eingebürgert, die Planeten im Uhrzeigersinn, also entgegen der Tierkreiszeichenfolge zu dirigieren. Diese Bewegungsrichtung der direktionären Gestirne wird „regressiv" genannt. Wie bereits erwähnt, ist bei der Deutung allerdings ein Unterschied zu machen, ob die Sonne die Position von Merkur erreicht oder Merkur regressiv zum Sonnenort geführt wird. Die Anwendung dieser einfachen Grad-Direktionen erlaubt es, sich rasch einen Überblick über bestimmte Lebensperioden zu verschaffen. Das wird vor allem dann gut gelingen, wenn die Geburtskonstellation ein Stellium aufzeigt, d. h. die Anhäufung der Gestirne in einem begrenzten Raum. Die Abb. 2 zeigt uns einen Teil der Gestirne am 3. 3. 1941 um 9.30 Uhr Sommerzeit = 7.30 Uhr Weltzeit (Geburtsort: Berlin). Auffällig ist das Stellium im Stier, wo Mond, Saturn und Jupiter eng zusammenstehen. Dies ergäbe nach den Grad-Direktionen eine Konjunktion der Sonne mit diesen Gestirnörtern für Ende der 50er Jahre des Lebens. Das heißt, daß dies eine bemerkenswerte und im Schicksalsgang auffällige Zeit sein wird. Diese Grad-Direktionen werden aber nicht nur bei den direkten Gestirnübergängen angewendet. Selbstverständlich berücksichtigt man sie auch im Hinblick auf Aspektstellen. In unserem Beispiel liegen Quadratpunkte von Mond, Saturn und Jupiter in 9°, 10° und 11° Wassermann. Dirigieren wir Mars in der Richtung der Tierkreiszeichen-Abfolge weiter, wird er gemäß seinem Direktionsbogen von 30°, 31° bzw. 32° für das nämliche Lebensalter entsprechende Spannungen signalisieren. Solche sind auch durch den direkten Übergang von Mars über den Venusort mit 52 Jahren ausgewiesen, sowie für 63 Jahre, wenn er den Sonnenort erreicht.
Wir haben den Sachverhalt jetzt überschlägig betrachtet. Man kann natürlich die Bogenminuten ebenfalls berücksichtigen. Wenn 1° = 1

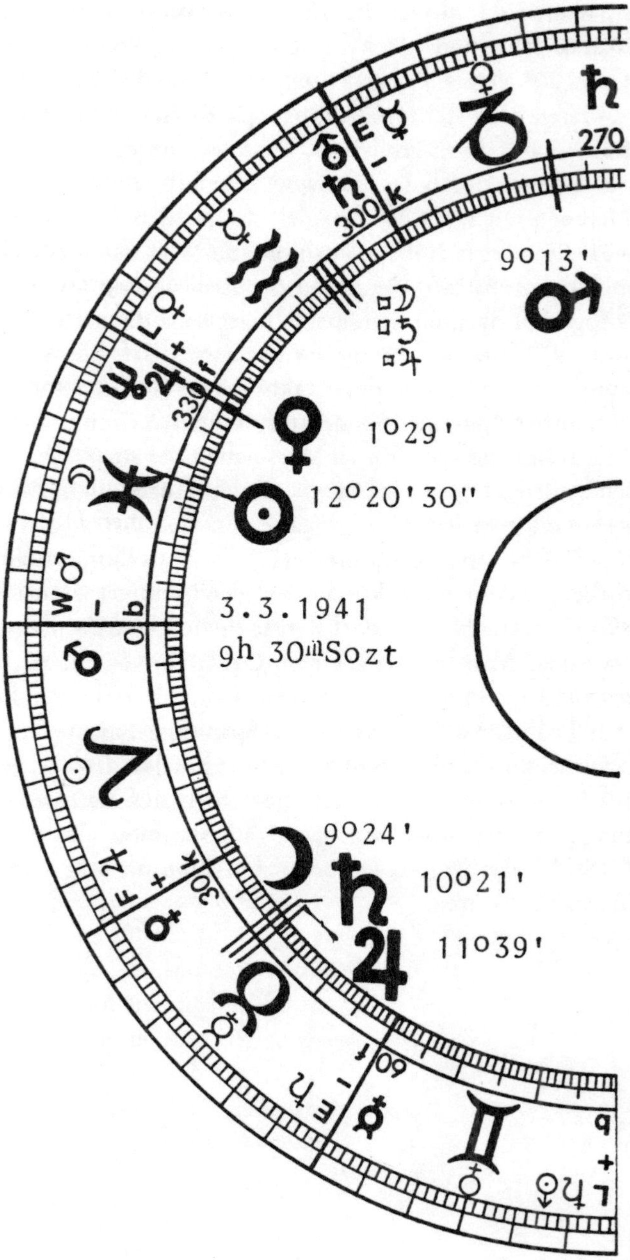
270
300
330
0
30
60
9°13'
1°29'
12°20'30"
3.3.1941
9h 30m Sozt
9°24'
10°21'
11°39'

Abb. 2

Jahr ist, dann ist 1 Monat der 12. Teil davon = 5 Bogenminuten. Zählt man 63 Jahre und 1 ½ Monate zum Geburtsdatum hinzu, denn es sind ja 7′ 30″, ergäbe das als Direktionsdatum den 18. 4. 2004. Auf einem anderen Blatt steht freilich, ob sich zu diesem Datum auch die Direktion so auffallend realisieren wird, wie unter Nummer D 113 beschrieben, etwa durch das Stichwort „Unfall"-Tendenz charakterisiert. Nehmen wir noch ein Beispiel, das zeitlich näher liegt. Es sei die um 31° 08′ vorgeschobene Position von Mars zu untersuchen. Sie liegt im Ort von Saturn. Zeitpunkt der Realisierung wären 31 Jahre und 48 Tage (8 Bogenminuten mal 6 Tage) nach der Geburt, also der 20. April 1972. Die Erfahrung spricht dafür, daß die Auswirkung nicht zum genauen Termin des Exaktwerdens deutlich wird. Häufig bringt ein disharmonischer Sonnentransit die Auslösung, so am 30. 3. 72, als die Sonne das Quadrat zu Mars hatte oder am 30. April, als sie über den Saturnort ging. Halten wir uns vor Augen, daß Direktionen *die innere Gestimmtheit* in einer ganz gewissen Art und Weise darstellen, bei Mars-Quadrat-Saturn (vgl. D 128) als Tendenz zu außerordentlicher Spannung, so könnte ein gleichsinniger Transit für die Auslösung sorgen. Hierbei darf der zeitliche Umkreis nicht zu eng gefaßt werden. Man wird mit einem Orbis von + 1 Jahr/− 1 Jahr rechnen müssen. Somit ist zu untersuchen, ob zwischen Frühjahr 1971 und Frühjahr 1973 gravierende Spannungsaspekte vorgelegen haben. Saturn im Quadrat zum Sonnenort brachte denn auch am 22. Juni eine Ehekrise mit Tätlichkeit, die den Anstoß zu einer späteren Scheidung gab. Der Mond war damals im Skorpion, dem Gegenzeichen des Stiers, das Trigon der Sonne zum Venusort mag die mildernden Umstände erklären.

Signifikator und Promissor, der „Sender" und der „Sprecher"

Wer in der astrologischen Literatur über Direktionen nachliest, wird zwangsläufig auf die Ausdrücke „Signifikator" und „Promissor" stoßen. Er wird feststellen, daß damit ein ziemliches Durcheinander bei den verschiedenen Verfassern in Vergangenheit und Gegenwart verbunden ist. Gemeint sind die beiden Gestirne, zwischen denen ein Direktionsbogen gegeben ist. Übersetzen lassen sich die beiden Worte mit „Bedeuter" („Bezeichner") und „Versprecher" („Verheißer"), was nicht viel weiterhilft. Die Beschäftigung mit dem Thema Direktionen setzt ein Grundwissen über die Deutung einer Radixkonstellation voraus, und zwar nach dem Verständnis der klassischen Astrologie. In dem Einführungsbuch „Helfen Horoskope hoffen?" hat Autor dargelegt, wie man die Qualität einer Planetenposition bewerten kann. Es ist durchaus ein Unterschied, ob Venus z. B. in ihrem eigenen Zeichen Stier das 7. Feld besetzt, oder ob sie im Widder steht und sich im 12. Sektor aufhält. Es ist hier nicht der Ort, darauf genauer einzugehen. Aber ins Gedächtnis gerufen werden muß, daß z. B. ein Sextil zwischen Venus im Stier und Mars im Krebs nicht eben nur als gewöhnliches Sextil zu betrachten ist, wie es die meisten Lehrbücher tun. Vielmehr hat Venus hier die am stärksten mögliche Position, ist von hoher Qualität und damit Mars im Krebs überlegen. Dieser hat dort eine mittlere Position durch „Trigonokratie", weil er Regent oder Mitregent des Wasserzeichens Skorpion ist. Bei diesem Sextil, das ja Bezug auf Erotik im weitesten Sinn hat, werden die Impulse also von Venus ausgehen (vgl. D 92). Wir müssen sie uns als „Sender" und Mars als „Empfänger" vorstellen. Bekanntlich ist ein solches Sextil in der Radixfigur ein Beliebtheitsaspekt. Er kennzeichnet ein glückliches und tatkräftiges Naturell und ermöglicht es, in gefühlsmäßige Übereinstimmung zum Partner oder zur Partnerin zu gelangen. Ist Venus dabei von besserer Qualität, wird der Charme des Nativen größer sein als seine Tatkraft. Die Gelegenheit, sich sozial zu betätigen oder künstlerisch kreativ zu sein und eine heitere Lebensauffassung zu gewinnen, wird überwiegen. Wäre dagegen Venus im Steinbock und Mars im Sextil dazu im Skorpion, würde die Tatkraft stärker sein, sich mehr auf geschäftliche Dinge richten, dem Energieeinsatz und der Bewegungsfreude eine größere

Geltung verschaffen. In diesem Falle ist Mars stärker einzuschätzen als Venus (vgl. D 119). Es kommt demnach sehr darauf an, welcher Aspektpartner der „Sender" ist, von dem die Impulse ausgehen und wer als „Empfänger" eingestuft werden muß. „Das große Transitbuch zur astrologischen Deutung" berücksichtigt dieses Beurteilungskriterium ebenfalls. Es ist schließlich ein Unterschied, ob Venus *im Transit* über einen positiven Aspekt-Ort von Mars geht oder ob Mars die Position eines Venusaspekts überschreitet. Die Position von Mars im Geburtshoroskop (und seine Aspektpunkte) erlauben Aussagen über den Energieeinsatz, über den Willen und über das triebhafte Verhalten. Venus als Transitor wird den Akkumulator Mars auf sanfte Art anspringen lassen, wird Interesse am anderen Geschlecht wecken und so zur Tat beflügeln (vgl. Gr. Transitbuch Nr. 91). Wer den Sachverhalt bildlich dargestellt haben will, möge an eine attraktive, kultivierte, feminine Dame denken, die sich in einen Techniker, Sportler oder Offizier verliebt hat, ein Rendezvous begehrt und an seine Wohnungstür klopft . . . Wandert aber Mars als Transitor über den Radixort von Venus, wird dies ganz anders zu beurteilen sein. Die Position von Venus im Horoskop erlaubt bekanntlich Aussagen über den Stellenwert der selbsteigenen Harmonie im Wesensgefüge, über Liebes- und Hingabefähigkeit, Anpassungsbereitschaft in der Partnerbeziehung, soziale Einstellung, künstlerische Ambitionen. Eine Konjunktion von Mars mit dem Venusort erinnert gleichnishaft an einen energiegeladenen, sehr triebhaft reagierenden Krieger, der die Wohnung einer schönen, femininen Frau auf seine ihm eigene Art betritt. Das kann nur Hektik, Unruhe und damit Störung der Harmonie bedeuten, im besten Fall eine plötzlich auflodernde Leidenschaft. Dabei muß berücksichtigt werden, welcher Planet der aktive und welcher der passive Aspektpartner ist.

Bei den Direktionen ist dies von *entscheidendem* Gewicht. Es kommt darauf an, welches Gestirn in der Radixposition als feststehend zu denken ist und welches sich symbolisch bewegt, d. h. „dirigiert" wird. Die Autoren astrologischer Werke sind unterschiedlicher Auffassung darüber, ob das mit „Signifikator" bezeichnete Gestirn feststehend oder beweglich zu denken sei. Deshalb sollen zwei deutsche Ausdrücke den Zusammenhang erläutern. Vom beweglichen Gestirn gehen *Impulse* aus, so daß wir es uns gleichsam als *„Sender"* vorstellen können. Der andere, ortsfeste Planet oder Horoskoppunkt, der mit der Radixposition identisch ist, sei als „*Sprecher*" bezeichnet. Er ist es ja, der eine bestimmte Aussage macht, dem Nativen gegenüber sozusagen in der Rolle eines Lautsprechers fungiert und ausdrückt, was der Sender durchgibt. In der Antike berücksichtigte man nur Sonne, Mond, Asz und MC (sowie den Glückspunkt) für die Direktionen. Diese Methode ist nicht recht einzusehen, denn wir erfassen heute in psychologischer Hinsicht den Menschen differenzierter als nur durch die Hauptgestirne. Jedes astrologische Gestirn und jede Horoskopachse (also Hausspitze) repräsentieren ja nicht austauschbare Begriffe bzw. Inhalte. Wie vorhin erwähnt, erlaubt etwa Mars in der Geburtsfigur ganz bestimmte Schlußfolgerungen hinsichtlich des Energieeinsatzes, des Willens oder der triebhaften Veranlagung. Saturn hingegen vertritt ausgesprochen das Prinzip der Einschränkung und der Konzentration, bzw. einer langsamen Entwicklung. Jupiter, um noch ein weiteres Beispiel anzuführen, zeigt durch seine Position im Geburtshoroskop an, wo und wie das Lebensoptimum gesucht und gefunden werden kann. Ausgestattet mit bestimmten Erbanlagen bzw. grundsätzlichen Verhaltensneigungen, die nach der Geburtskonstellation zu ergründen sind, tritt der Mensch ins Leben ein, entwickelt sich und gestaltet gemäß dieser Vorgabe sein persönliches Schicksal. Die als Transitoren wandernden oder in den Direktionen symbolisch weiterbewegten Gestirne lassen nun erkennen, wie diese ganz spezifischen, angeborenen Neigungen angesprochen werden. Das kann gemäß der Natur des Gestirns, gemäß der Art des Mondes (unser Beispiel), der Venus, des Jupiter, des Mars, des Saturn usw. erfolgen. Die Beachtung dieses Zusammenhanges und damit vieler Horoskopfaktoren macht es möglich, einen Transit oder eine Direktion auf bestimmte Ereignisebenen des Lebens zu beziehen. Was nun die schriftliche Darstellung einer Direktion angeht, so sei der „Sender" (= Signifikator) an erster Stelle genannt, der „Sprecher" (= Promissor) an zweiter. Saturn-Konjunktion-Sonne bedeutet also ♄ dir. erreicht den Sonnenort r. Die Direktion Sonne-Konjunktion-Saturn dagegen würde so interpretiert werden müssen, daß die weiter dirigierte Sonne den als feststehend gedachten Platz von Saturn erreicht: ☉ dir.-Konjunktion-♄ r, vereinfacht geschrieben als ☉ ☌ ♄, wenn es klar ist, daß es sich um eine Direktion handelt (vgl. D 16).

Die Direktionen mit dem Sonnenbogen

Wir sind bei den einfachen Grad-Direktionen von der Überlegung ausgegangen, daß 1 Lebenstag = 1 Lebensjahr sei. Es sind Sonnentage, denn die Sonne ist der eigentliche Zeitgeber. Also sollte man wohl ihrer Wanderung durch den Tierkreis mehr Beachtung schenken. Es tut nichts zur Sache, daß es sich hierbei um eine scheinbare Bewegung handelt, denn eigentlich kreist ja die Erde um die Sonne, die im Raum still steht, wenn man davon absieht, daß das gesamte Sonnensystem sich ja durchs Weltall bewegt. Wir gehen von den Verhältnissen aus, wie sie sich aus der Sicht von der Erde her ergeben. Aus jeder Gestirnstandstabelle ist zu ersehen, daß die Sonne um die Jahreswende Dezember/Januar am schnellsten ist, dann pro Tag bis 1° 1′ 11″ zurücklegt, während es Ende Juni/Anfang Juli nur 0° 57′ 12″ sind. Wir wollen einmal den Direktionsbogen zwischen Mars radix und der Quadraturstelle von Saturn in 10° 21′ Wassermann, der 31° 08′ beträgt, mit dem *wahren Sonnenbogen* vergleichen, das heißt, wir suchen in der Ephemeride die Position für den Geburtstag, also für den 3. 3. 1941. Die Geburtsstunde bleibt unberücksichtigt. Die Sonne befand sich am Mittag in 12° 31′ 48″ Fische. 31 Tage später, am 4. April, war sie in 14° 19′ 35″ Widder. Um subtrahieren zu können, müssen wir uns die Zahlen „einrichten", was sofort verständlich wird, wenn wir auf das Tierkreisformular blicken. Von 0° Fische war die Sonne 44° 19′ 35″ entfernt. Um die Sonnenposition besser abziehen zu können, richten wir uns die Zahl ein und schreiben 43° 78′ 95″. Davon ziehen wir die Sonnenposition mit 12° 31′ 48″ ab und erhalten als „wahren Sonnenbogen" 31° 47′ 47″. Das sind rund 40 Bogenminuten mehr als der eigentliche Direktionsbogen, was eine Verschiebung des Ereignisdatums um acht Monate ergibt.
Der Sachverhalt soll an einem weiteren Beispiel deutlich werden. Untersuchen wir die Grad-Direktion des Mars v (Mars vorgeschoben) mit Sonne r (Sonne radix). Wir fanden einen Direktionsbogen von 63° 07′ 30″. Um zum wahren Sonnenbogen als dem Direktionsschlüssel zu kommen, müssen wir 63 Tage (für 63 Jahre) zum 3. 3. 41 hinzuzählen. Das bringt uns auf den 66. März oder wenn wir 31 Tage für März und 30 für April abziehen, auf den 5. Mai 1941. In der Ephemeride finden wir die Mittagsposition der Sonne mit 14° 35′ 23″

Stier angegeben. Das sind von 0° Fische 74° 35′ 23″ entfernt. Abzüglich der Sonnenposition von 12° 31′ 48″ ergibt dies einen wahren Sonnenbogen von 62° 03′ 35″. Dies wäre nach dem Zeitschlüssel 1 Grad = 1 Jahr, 5 Minuten = 1 Monat, 1 Minute = 6 Tage eine Zeitspanne von 62 Jahren und 21 Tagen, was als Ereignisdatum den 24. 3. 2003 brächte, also ein ganzes Jahr früher läge. Wir stellen fest, je höher das Lebensalter, um so größer ist die Abweichung vom ursprünglich angenommenen Zeitschlüssel 1° = 1 Jahr. Nun ist 1° aber nicht der *durchschnittliche Sonnenbogen.* Dieser beträgt vielmehr 59′ 08″. Das ergibt zum runden Wert von 1° eine Abweichung von 52 Bogensekunden. Bei einem Direktionsbogen für eine kurze Lebensspanne macht das nicht viel aus, bei einem Lebensalter von rd. 70 Jahren ergibt sich aber eine Differenz von einem Bogengrad, was in der Prognose eine Verschiebung von einem Jahr ausmacht. Es gibt Astrologen, die bevorzugen den wahren Sonnenbogen. Sehr viele aber rechnen mit dem durchschnittlichen Wert von 59′ 08″, der auch *Naibod-Bogen* genannt wird. Er verdankt seinen Namen einem aus Köln gebürtigen, um das Jahr 1580 zu Padua lebenden Mathematiker und Astrologen. Wir werden bei den Primär-Direktionen auf diesen Zeitschlüssel stoßen, denn er entspricht auch exakt dem täglichen Sternzeitfortschritt von 58^{m} 08^{s} (S. 40). Mithin erscheint es gerechtfertigt und praktisch, sich für den durchschnittlichen Sonnenbogen von 59′08″ zu entscheiden, da dieser doch durch die Erdrotation und die damit verbundene Sternzeitverschiebung astronomisch belegt ist. Das Ereignisdatum für Mars v Konjunktion Sonne r wäre nach dem Naibod-Schlüssel der 19. 3. 2005. Das ergibt gegenüber dem wahren Sonnenbogen eine Verschiebung um zwei Jahre. Ob nun Grad-Direktion bzw. vorgeschobene Positionen, Sonnen- bzw. Naibod-Bogen, handelt es sich dabei teilweise um fiktive Vorgänge, die von dem realen Gang der Gestirne abweichen. Eine Ausnahme macht lediglich die wahre Sonnenbewegung selbst und betrifft den Sternzeitfortschritt. Da aber das zeitliche Eintreffen einer Direktion ohnehin von den Transiten abhängig ist und ein zeitlicher Orbis von ein bis zwei Jahren einkalkuliert werden muß, auch größer sein kann, mag zwar diese Methode jene nicht befriedigen, die Genauigkeit verlangen, ist aber eine probate Möglichkeit, um zu einem besseren Ergebnis zu kommen.

Progressionen oder Sekundärdirektionen

Obwohl bei Einhaltung eines gewissen Orbis von etwa zwei Jahren die Grad- bzw. Sonnenbogendirektionen beachtliche Ergebnisse bringen, befriedigen sie nicht vollkommen. Zu simpel erscheint es, menschliches Schicksal, was immer man darunter verstehen mag, durch einfaches Weiterdrehen der Radixgestirne um 1° pro Jahr erfassen zu können. Freilich hat die Version 1 Tag = 1 Jahr vieles für sich, aber die Geschwindigkeit der Gestirne ist doch unterschiedlich. Das mag Placidus de Titis, den Mönch und Hochschullehrer, nach dem das placidianische Häusersystem benannt ist, bewogen haben, die Sekundärdirektionen in die Astrologie einzuführen, die sein Zeitgenosse Kepler vor allen anderen bevorzugte. Sie werden wie die Grad- oder Sonnenbogendirektionen *in Länge* gerechnet, d. h. *auf der Ekliptik,* also *im Tierkreis.* Auch hier wird der Schlüssel 1 Tag = 1 Jahr zugrunde gelegt, aber gemäß der Eigenbewegung der Gestirne angewendet. Das bedeutet, daß z. B. die Gestirnstände des 25. Lebenstages für das vollendete 24. Lebensjahr anzusehen sind und in Beziehung zu den Radixfaktoren (Planeten, Asz, MC) gesetzt werden können. Bleiben wir bei unserem Beispiel einer männlichen Geburt am 3. 3. 1941 um 9.30 Sommerzeit in Berlin. Die Aufgabe lautet, das *progressive Horoskop* für das 25. Lebensjahr aufzustellen, was nach Vollendung des 24. beginnt. Zählen wir zum 3. 3. 41 gemäß des Zeitschlüssels 1 Tag = 1 Jahr 24 Tage hinzu, bekommen wir als Progressionsdatum den 27. 3. 41. Wir müssen nun für 9.30 Sommerzeit = 7.30 Uhr Weltzeit die Planetenstände ausrechnen, aufzeichnen und mit den Radixpositionen vom 3. 3. vergleichen, ob sich Aspekte ergeben.

Bevor wir ans Werk gehen, überlegen wir, daß es doch viel praktischer wäre, wenn wir die fraglichen Daten aus der Ephemeride entnehmen könnten, anstatt zu interpolieren. Das macht keine Schwierigkeit, sofern wir den *Indextag* kennen. Es ist jenes Datum, von dem an die Ephemeridenwerte jeweils für ein Jahr gültig sind; also nicht von Geburtstag zu Geburtstag, sondern von Indextag zu Indextag gilt das progressive Horoskop. Wir überlegen:

24 Stunden eines Tages = 12 Monate (1 Jahr)
2 Stunden eines Tages = 1 Monat

1 Stunde eines Tages = ½ Monat = 15 Tage
30 Minuten eines Tages = ¼ Monat = 7 Tage.

Für 1941 haben wir z. B. eine Ephemeride, die auf 12 Uhr Weltzeit = 13 Uhr MEZ basiert. Die Geburt erfolgte um 7.30 Uhr, demnach 4 ½ Stunden früher. 4 ½ Stunden sind zwei Monate und sieben Tage. Diese zählen wir zum Geburtsdatum hinzu und erhalten den 10. 5. 1941 als Indextag. Die Zeitdifferenz addieren müssen wir aus der Überlegung heraus, daß wir es mit einer Mittags-Ephemeride zu tun haben, nach der die dort verzeichneten Gestirnstände also erst später, d. h. nach dem Geburtszeitpunkt, erreicht werden. Wäre die Geburt an einem Nachmittag erfolgt, müßten wir bei einer Mittags-Ephemeride die Zeitdifferenz abziehen. Wenn wir mit einer Ephemeride arbeiten, welche die Gestirnpositionen für 0.00 Uhr Weltzeit angibt, also für Mitternacht, liegt zwischen dem Zeitpunkt der Geburt um 7.30 Uhr und 24 Uhr ein Zeitraum von 16 Stunden 30 Minuten, was umgerechnet 8 ¼ Monate ergibt. Dies würde auf den 10. November als Indextag führen. Wenn wir bei der Mittags-Ephemeride bleiben, notieren wir uns 3. 3. 41 = 10. 5. 41. Wir zählen bei den Tagen 24 hinzu und addieren die 24 vollendeten Jahre beim Indexdatum.* Das gibt den 27. 3. 1941 als Ephemeridentag und zeigt an, daß die dort vermerkten Gestirnstände vom 10. Mai 1965 an ein Jahr gültig sind. Damit ist es uns leicht, eine Reihenrechnung für mehrere Jahre einfach aus der Ephemeride herauszuschreiben. Die Auswertung ergibt, daß Merkur zwischen 10. 5. 65 und 10. 5. 66 sich von 8° 45′ bis 9° 51′ Fische bewegt, mithin in diesem Jahr ein Sextil zu Mars und dann zu Venus haben wird. Ein Jahr später steht dann der Sextilaspekt Merkurs zu Saturn an.

Der Indextag gehört zu den Konstanten eines Horoskops und sollte daher zweckmäßigerweise vom Bearbeiter auf dem Radixformular vermerkt werden, wenn er künftig Reihenrechnungen vornehmen will.

Manche astrologischen Autoren sind der Meinung, man müsse beim progressiven Horoskop auch Asz und Meridian berücksichtigen. Das hieße in unserem Fall, ein Horoskop für den 27. 3. 1941 um 7.30 Uhr Weltzeit für Berlin zu errichten. Ein solches Verfahren wäre nicht

---

* Vergl. „Helfen Horoskope hoffen?“ s. Seite 267.

sinnvoll, weshalb nachfolgend ausführlicher, als es in dem Einführungsbuch in die Astrologie „Helfen Horoskope hoffen?“ (S. 266) geschehen ist, auf den Sachverhalt eingegangen wird.
Bekanntlich unterscheiden wir zwei Bewegungen unserer Erde, die astrologisch bedeutsam sind. Die erste, die primäre, ist die Rotation, also die Drehung der Erde um ihre eigene Achse, die Tag und Nacht erzeugt. Auf der Horoskopzeichnung geben das Achsenkreuz von Meridian und Horizont, also die Linien IC–MC bzw. Asz–Desz und die Zwischenhäuser, diesen astronomischen Sachverhalt wieder. Die zweite Bewegung der Erde ist die Wanderung durch den Tierkreis, die wir am Sonnenfortschritt an der Ekliptik ablesen können. Nach der Theorie, die sich in der Praxis bestätigt hat, daß 1 Tag = 1 Jahr ist, stellen wir den Planetenfortschritt nach der Ephemeride fest. Das wird beim Mond eine beträchtliche Veränderung ausmachen, ebenfalls bei Merkur und Venus, bei den äußeren Planeten erst, wenn die Lebensjahre fortgeschritten sind. Es gibt aber kein sekundäres MC und keinen sekundären Asz. Mehr darüber auf Seite 39.
Damit verlassen wir den Bereich der Progressionen und haben es im folgenden mit den Primärdirektionen zu tun, zu deren Verständnis wir uns zunächst mit einigen astronomischen Begriffen beschäftigen müssen.

ASTRONOMISCHES ... leicht verständlich und doch sehr wichtig

Es ist wohl als bekannt vorauszusetzen, daß wir unter *Ekliptik* den Pfad der Sonne verstehen, der durch das *breite Band* der zwölf gleichgroßen Abschnitte führt, die wir die Zeichen des Tierkreises, des *Zodiakus,* nennen. Diese Linie der Ekliptik ist ein Großkreis an unserer Himmelskugel. Er steht schiefwinklig zu einem anderen Großkreis, den wir im Schulunterricht kennengelernt haben, dem *Äquator.* Der Äquator der Erde, zu deutsch „Gleicher", teilt sie in eine nördliche und südliche Hälfte. Wir „projizieren" den Erdäquator in den Raum hinaus und haben dann dort den Himmelsäquator. Da die Ekliptik nicht parallel zum Äquator verläuft, muß sie ihn schneiden. Das veranschaulicht Abb. 3. Es geschieht an zwei Punkten, die einander gegenüberliegen. Damit ist bereits die Voraussetzung gegeben, Messungen sowohl auf der Ekliptik, wie auf dem Äquator vorzunehmen, denn wir brauchen ja einen festen Punkt, an dem wir beginnen können. Es ist der Nullpunkt oder „Widderpunkt" genannt. Wenn die Sonne auf ihrer Wanderung im Herbst und Winterhalbjahr auf der Südhälfte sich wieder emporschraubt, überschreitet sie am 21. März eben diesen Widderpunkt. Damit tritt sie in den ersten Abschnitt der Ekliptik ein, den wir das Tierkreiszeichen Widder nennen, das ein Zwölftel des Kreisumfangs ausmacht oder 30 Grad (von den 360 Graden des ganzen Kreises). Wenn wir sagen, die Sonne befindet sich am 1. April in 10° Widder, meinen wir damit den Abstand der Sonne vom Widderpunkt in *Länge,* d. h. gemessen auf der Ekliptik. Wenn sich die Sonne ein halbes Jahr später in 180° befindet, steht sie am Beginn des Tierkreiszeichens Waage, dem „Herbstpunkt", denn nunmehr „schraubt" sich die Sonne wieder über den Äquator in die südliche Hälfte des Himmels. Ist die Sonne am Frühlings- oder Widderpunkt, bzw. erreicht sie den Herbst- oder Waagepunkt, sind Tag und Nacht gleich lang. Man spricht vom *Äquinoktium.* Dieses Fremdwort können wir durch den deutschen Ausdruck „Tag- und Nachtgleiche" ersetzen.

Am Widderpunkt beginnt die Jahresreise der Sonne durch den Tierkreis, doch gibt uns dieser Nullpunkt zugleich eine Chance, Messungen auf dem Äquator durchzuführen. Wie die Ekliptik ist dieser ein

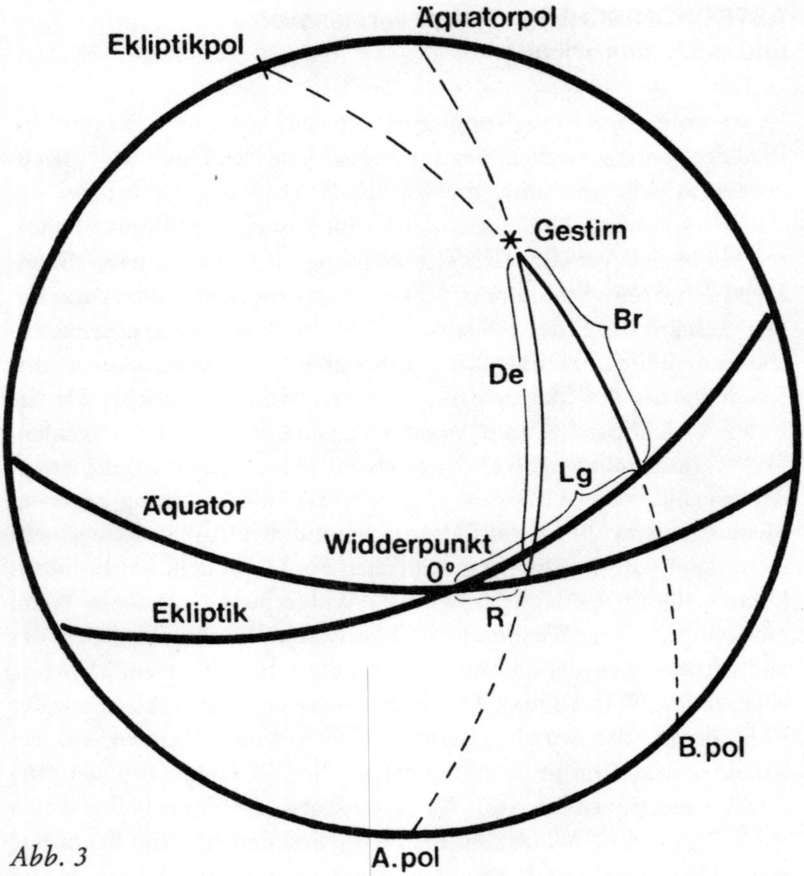

Abb. 3

Die Bestimmung der Position eines Gestirns

R = *Rektaszension*= Entfernung vom Widderpunkt bis zum Schnittpunkt eines gedachten Kreises Äquatorpol-Gestirn-Äquator-Äquatorpol

De = *Deklination*= Abstand des Gestirns vom Äquator

Lg = *Länge*= Entfernung vom Widderpunkt bis zum Schnittpunkt des gedachten Kreises Ekliptikpol-Gestirn-Ekliptik-Ekliptikpol

Br = *Breite*= Abstand des Gestirns von der Ekliptik

Großkreis mit 360 Grad. Er eignet sich vorzüglich zur Orientierung über die „primäre" Bewegung der Erde, der *Rotation*, d. h. ihre Drehung um die eigene Achse. Wir haben es dabei mit dem 24-Stunden-Tag zu tun. Grenzen wir auf dem Großkreis Äquator 12 gleichgroße Teile ab, umfassen diese wie bei der Ekliptik natürlich je 30 Bogengrade, denn es sind ja Zwölftel des Umfangs von 360°. Wir können allerdings, bei einer Tagesdauer von 24 Stunden, auch eine Teilung *in Zeit* vornehmen. Dann würden einem jeden Zwölftel zwei Stunden entsprechen. Nun werfen wir wieder einen Blick auf die Zeichnung Abb. 3, suchen uns den Verlauf der Ekliptik und den des Äquators und wollen uns merken, daß die Schiefe der Ekliptik, also der Winkel zwischen dieser und dem Äquator 23° 27′ ausmacht. Als Astrologen haben wir natürlich schon oft den nächtlichen Himmel betrachtet und gefunden, daß der helle Jupiter, der blaßgelbe Saturn, der rötliche Mars und der Mond sich nicht auf einer einzigen Linie fortbewegen wie die Sonne, sondern sogar übereinander stehen können. Lediglich die Sonne hat keine „*Breite*" und wandelt genau auf ihrer Ekliptik-Kreislinie. Ausführliche Ephemeriden oder Gestirnstandstabellen verzeichnen nicht nur die Bewegung unserer astrologischen Gestirne, d. h. der Planeten (wozu wir entsprechend altem Sprachgebrauch Sonne und Mond zählen), in ihrem täglichen Fortschritt im Tierkreis „nach Länge", sondern es gibt da auch die Spalte „Breite". Unter Breite verstehen wir die nördliche oder südliche Abweichung von der Ekliptik. Auf unserer Abb. 3 hat das Gestirn nördliche Breite. Die Breite wird natürlich senkrecht zur Länge gemessen und ist ein Abschnitt jenes großen Kreises, den wir uns durch den Ekliptikpol und das Gestirn gelegt denken können. Unsere Erde steht nicht ruhig im Raum, sondern rotiert. Haben wir es mit astronomischen Messungen zu tun, die in irgendeiner Weise die Rotation betreffen, können wir diese nicht auf der Ekliptik vornehmen, sondern müssen es auf dem Äquator tun. Wie auf der Ekliptik benötigen wir dazu zwei „Koordinaten", also zwei einander zugeordnete Größen. Auf dem Äquator nennen wir eine bestimmte Entfernung zum Widderpunkt „*Rektaszension*", d. h. „gerade Aufsteigung" oder lat. „Ascensio recta". Daher für die gerade Aufsteigung oder Rektaszension auch die Abkürzung „AR". Wir erinnern uns, daß wir diese auf zwei Arten ausdrücken können, in Bogengraden (o), Bogenminuten

(′) und Bogensekunden (″) oder und Stunden (^{h}) bzw. Minuten (^{m}) und Sekunden (^{s}). Der Name „gerade Aufsteigung" ergibt sich aus der Tatsache, daß wir von unserem Gestirn (Abb. 3) ja auch ein Lot auf den Äquator fällen können, also eine Senkrechte. Der Abstand zwischen Äquator und Gestirn ist das Teilstück eines größeren Bogens bzw. Kreises, der durch den Äquatorpol geht. Der Abstand eines Gestirns vom Äquator heißt *„Deklination"*. Die Abkürzung dafür ist meistens „Dekl." oder der griechische Buchstabe Delta (δ). Müssen wir die Position eines Planeten zu einem bestimmten Zeitpunkt feststellen, haben wir zu überlegen, nach welchem Koordinatensystem das geschehen muß. Geht es um eine ekliptikale Bewegung, also um eine im Tierkreis, legen wir die Position „nach Länge" und gegebenenfalls auch „nach Breite" fest. Damit haben wir bei den Sekundärdirektionen gearbeitet, dies betrifft die Transite und ist vor allem zur Errichtung des Geburtshoroskops nötig. Es gibt Ephemeriden, die nur die Position nach Länge ausweisen, denn die Breite wird im allgemeinen vernachlässigt. Wenn wir aber Messungen durchführen müssen, die mit der Rotation zu tun haben, wenn wir z. B. den kulminierenden Punkt zu bestimmen haben, also den Meridian suchen (das MC oder IC), bzw. wenn wir den Asz ermitteln wollen, wie bei der Aufstellung des Geburtshoroskops, haben wir das Koordinatensystem des Äquators zu verwenden. Anders ausgedrückt, der Äquator ist unsere Bezugsebene, denn nur durch die Rektaszension werden wir den astronomischen Verhältnissen gerecht. „AR. MC" bezeichnet die Position des kulminierenden Punktes, gemessen auf dem Äquator. Zählen wir 90 Grad oder einen Viertelkreis dazu, gewinnen wir den Asz auf dem Äquator, was man die „schiefe Aufsteigung" oder „Aszensio obliqua" („AO") nennt. Horoskope, auf einen Ort am Äquator berechnet, zeigen in der Horoskopzeichnung zwischen Meridian und Horizont einen rechten Winkel. Wir aber wohnen in Deutschland, irgendwo zwischen 47° und 54° nördlicher Breite. Eine Häusertabelle zeigt sehr anschaulich, daß dies eine Winkelveränderung zwischen Horizont und Meridian ausmacht.
Wer diese Zusammenhänge überdenkt, dem wird klar werden, warum es nicht angeht, daß wir außer den Planeten auch MC und Asz „nach Länge" im Tierkreis dirigieren oder weiterverschieben dürfen. Es wäre demnach ein „sekundärer MC (Asz)" unlogisch.

Alle Messungen, die MC und Asz angehen, bzw. die Zwischenhäuser, die den Raum teilen, gehören zum Koordinatensystem des Äquators und müssen nach Rektaszension bestimmt werden. Wir brauchen nur die Abb. 3 anzuschauen, um festzustellen, daß z. B. eine Position von 30° Widder = 0° Stier nicht 30° an Rektaszension beträgt, sondern daß das vergleichsweise Stück auf dem Äquator kürzer ausfällt, nämlich 26° 57′17″, bzw. in Zeit ausgedrückt 1 Stunde, 47 Min., 49 Sek. Wer diesen Vorgang begriffen hat, erfaßt damit auch das Wesen der Primärdirektionen, die ja in erster Linie MC und Asz weiterdirigieren, dann aber auch Sonne und Mond. Was die letztgenannten angeht, müssen wir aber, wenn es gilt einen bestimmten Direktionsbogen zu errechnen, diesen *erst auf den Äquator verlegen, „Länge" also in „Rektaszension" umwandeln.* Fachbücher, die das minutengenaue Rechnen mit Primärdirektionen lehren, enthalten daher eine ganze Reihe Tabellen, die die Umrechnung von Länge in AR oder AO erlauben. Das vorliegende Werk, das Direktionen verständlich und praktisch, d. h. *in einfacher Form* darlegen will, verzichtet auf die völlige Exaktheit, aber liefert gute Annäherungswerte. Es gibt Astrologen, die halten die Primärdirektionen für die Krone dieser Wissenschaft. Da ist wohl etwas Wahres daran, sofern das Horoskop auf dem minutengenauen Zeitpunkt des „ersten Schreis" beruht, der ja in den meisten Fällen nicht bekannt ist und allenfalls nur durch Rektifizierung, d. h. *Korrektur der Geburtszeit* gewonnen werden kann. Diese im vorliegenden Werk zu lehren, würde die selbstgewählten Grenzen übersteigen. Vielmehr kommt es darauf an, ein Grundwissen zu vermitteln, das jederzeit den Einstieg in die schwierigere Fachliteratur erlaubt. Wer den bisherigen Ausführungen gefolgt ist, wird nicht jenen Fehler machen, der in der astrologischen Literatur häufig ist, Zeitminuten ^{m} mit Bogenminuten ′ zu verwechseln oder Zeitsekunden ^{s} mit Bogensekunden ″. Wenn man auch 15 Bogengrade und 1 Stunde vergleichen kann, handelt es sich doch um Maßeinheiten verschiedener Systeme. Vielleicht ist dem Leser aufgefallen, daß wir bei den Sekundärdirektionen wohl den Direktionsbogen für Planeten berechnet haben und daß es für die sekundäre Position des Mondes sogar wichtig ist, eine bestimmte Uhrzeit in Betracht zu ziehen, daß wir aber MC und Asz nicht berücksichtigt haben. Gewissermaßen holen wir das jetzt nach. – Beginnen wir unsere Überlegungen mit der

Frage nach dem Zeitschlüssel, der ja auch hier erforderlich ist, um einen Direktionsbogen, also die Entfernung zwischen MC und einer Gestirnposition oder Asz und einer Gestirnposition, in Zeit umzusetzen. Es gibt viele Versuche und Theorien in dieser Richtung. Logisch und einleuchtend erscheint allerdings nur, den Zeitschlüssel aus der primären Bewegung der Erde abzuleiten. Damit sind wir wieder bei dem „Naibod-Bogen", der ein Lebensjahr = 59′ 08″ gleichsetzt. Dies entspricht der mittleren Geschwindigkeit der Sonne, dem mittleren Sonnenbogen, drückt aber auch den täglichen Sternzeitfortschritt aus, nämlich 3^m 56^s. Dies macht den Naibod-Bogen zum Bindeglied zwischen Sekundär- und Primärdirektionen und damit für *beide* Berechnungsarten zum geeigneten *gemeinsamen* Zeitschlüssel.

Der Vollständigkeit halber sei ins Gedächtnis gerufen, was *Sternzeit* bedeutet. Die Zeit, mit der wir in unserem Alltag leben und nach der wir unsere Uhren stellen, ist „Sonnenzeit". Der Astronom aber hat auch noch die Sternzeit zu berücksichtigen. Sternzeit und Sonnenzeit müssen gut auseinandergehalten werden. Wenn man ein Fernrohr mit einem Fadenkreuz aufstellt, kann man den Durchgang eines Gestirns, z. B. der Sonne oder eines Fixsterns exakt bestimmen, insofern man eine Uhr besitzt, die auf die Sekunde genau geht. Dann wird man ermitteln, daß zwischen zwei Sonnendurchgängen 24^h 00^m 00^s vergehen (ein Mittelwert, daher „mittlere Sonnenzeit"). Mißt man aber die Zeit, die zwischen zwei Durchgängen ein und desselben Fixsterns verstreicht, wird man feststellen, daß der Fixstern fast 4 Minuten schneller ist als die Sonne. Der Fixstern kommt genau 3^m 56^s früher wieder ins Fadenkreuz des Beobachtungsgeräts.

Wie ist das möglich? Das erklärt sich aus der Tatsache, daß Fixsterne (im Gegensatz zu den Planeten, den Wandelsternen) fix, d. h. fest am Himmel stehen. Die Sonne aber bewegt sich pro Tag um rund 1° durch den Tierkreis fort. Dazu braucht sie ca. 4 Minuten. Da der Fixstern nicht wie die Sonne in entgegengesetzter Richtung wandert, ist er um 3^m 56^s auch früher zur Stelle (genauer 3^m $56{,}56^s$).

So kommt es, daß der Sterntag nur 23^h 56^m 04^s dauert, der Sonnentag aber 24^h (im Mittel; infolge der elliptischen Bahn der Erde um die Sonne gibt es Schwankungen zwischen 24^h 00^m 32^s und 23^h 59^m 39^s).

Der Unterschied zwischen Sonnenzeit und Sternzeit ist nach einem Jahr wieder ausgeglichen. An einem bestimmten Tag stimmen beide

Zeiten überein. Es ist (meistens) der 21. März, wenn die Sonne durch den Widderpunkt geht. Dann beginnt auch das astronomische Jahr. Übrigens rechnet der astronomische Tag ab 12^h Mittag (Weltzeit).

Primärdirektionen

Um primäre Direktionen mit den Horoskopachsen überhaupt anwenden zu können, ist die Kenntnis der Geburtszeit erforderlich. Bekanntlich lassen sich ja nur in diesem Falle Meridian (MC–IC) und Horizont (Asz-Desz) berechnen. Sinnvoll ist ein genaues Berechnen der Primärdirektionen aber auch nur, wenn die exakte Geburtsminute bekannt ist, also der Zeitpunkt des „ersten Schreis". Bedenken wir doch: alle vier Minuten wandert ein neuer Bogengrad der Ekliptik durch den Meridian. Legen wir den Zeitschlüssel 1 Grad = 1 Jahr zugrunde, würde also eine Differenz von nur *einem Bogengrad* einer Zeitverschiebung von *einem Jahr* bei der Realisierung der Konstellation entsprechen. Anders ausgedrückt: 20 Minuten Unterschied bei der Geburtszeit ergeben bereits eine Zeitverschiebung von 5 Jahren in der Prognose. Die Eintragung der Geburt auf dem Standesamt wird in der Regel auf eine Viertelstunde genau vorgenommen. Ohne Kontrolle bzw. Korrektur der Geburtszeit ist es daher wenig sinnvoll, Primärdirektionen überhaupt zu berücksichtigen. Das ist auch ein Grund, warum dieses Buch auf eigene Tabellen zur Berechnung verzichtet, denn das Verfahren wäre zu umständlich und entspräche damit nicht der Absicht, einen einfachen und praktischen Weg zur Prognose nach den Direktionen zu zeigen. Wir können aber mittels Häusertabellen, die ja jeder Astrologe ohnehin zur Hand hat, ein beachtliches Annäherungsergebnis erzielen, das um so treffender ausfallen wird, je genauer die Geburtszeit gegeben ist. Daß es ohnehin gilt, einen zeitlichen Orbis von ein bis zwei Jahren zu berücksichtigen, ist ein weiterer Grund.

Das methodische Vorgehen ist bei den Primärdirektionen einfach: Ausgegangen wird vom kulminierenden Punkt, von der Sternzeit der Geburt. Danach bestimmt ja der Astrologe auch die Spitze des 10. Sektors, dann liest er in der entsprechenden Rubrik seiner Häusertafel bei der geographischen Breite des Geburtsorts die Angabe für den Asz. Bis hierher gleichen die Häusertabellen nach Placidus durchaus denen des GOH-Systems nach Dr. Koch. Beim Aufstellen des Horoskops und nach dem Ausrechnen der Sternzeit der Geburt wird der kulminierende Punkt *nach Stunden, Minuten und Sekunden* gefunden und *dieser Wert* in der Häusertabelle nachgeschlagen. Bei den

Primärdirektionen müssen wir einen Direktionsbogen auf dem Äquator *in Rektaszension* bestimmen. Gute Häusertabellen führen beide Werte nebeneinander auf wie ab Seite 313 abgedruckte Tabelle für 51° nördlicher Breite. Sie bringt die Zwischenhäuser nach Placidus.
Will man *eine Direktion mit dem MC* vornehmen, muß zum Wert für die Rektaszension des Geburtshoroskops der entsprechende Naibod-Bogen, der dem Ereignisdatum entspricht, hinzugezählt werden. Will man *Primärdirektionen mit dem Asz* durchführen, müssen bei eigenen AO Tabellen, die hier nicht abgedruckt sind, zunächst zum Wert der Rektaszension der Geburt 90° addiert werden, um die schiefe Aufsteigung des Asz zu ermitteln. Im Gegensatz zur Rektaszension muß aber nun die (nördliche) Breite des Geburtsorts berücksichtigt werden. Wir machen es einfacher: Es gilt jene Rubrik der Häusertafel aufzuschlagen, welche der Rektaszension des Ereignisses (Rektaszension radix plus Naibod-Bogen) entspricht (wie beim Verfahren mit dem MC). In der Spalte „Asz" dieser Häusertafel findet man bei der entsprechenden nördlichen Breite des Geburtshoroskops auch die Angabe für den zum MC gehörenden Asz. Dazu ein Beispiel. Dem Anhang auf S. 78 entnehmen wir das Horoskop von *Helmut Kohl.* Er wurde am 3. April 1930 um 6.30 Uhr in Oggersheim-Ludwigshafen geboren. Da die Rektaszension sich auf den Äquator bezieht, spielen die Breitengrade keine Rolle. So können wir im Anhang auf S. 314 die Spitze des 10. Hauses in rund 11° Steinbock nachschlagen. Wir finden eine Sternzeit der Geburt von 18 Uhr 47 Min. 51 Sek., was dem kulminierenden Punkt entspricht, bzw. kommen auf eine Rektaszension von 281° 57′ 46″. Im Horoskop Dr. Kohls ist der Mond in 1° Zwillinge, so daß die Quadratstelle in 1° Fische liegt, bis auf 11 Bogenminuten genau zugleich die Opposition zu Neptun. Daraus erwächst die Aufgabenstellung: Wann erreicht das dirigierte MC 1° Fische? Aus der Horoskopzeichnung ist wohl die Lage des MC mit 10° 45′ als Spitze des 10. Hauses angegeben, doch fehlt die Angabe, über welche Sternzeit der Geburt der kulminierende Punkt gefunden wurde, bzw. die dazu gehörende Rektaszension. Diese können wir leicht ermitteln. In der Spalte MC/10. Feld suchen wir die Angabe für 11° Steinbock. Dieser gerundete Wert entspricht einer Sternzeit von $18^h\ 47^m\ 51^s$ und einer Rektaszension von 281° 57′ 46″.
Wir müssen nun den Direktionsbogen bestimmen, aber *nicht nach*

Länge, sondern in Rektaszension. Deswegen suchen wir in der Spalte für das 10. Feld (MC) den Wert für 1° Fische. Wir finden links davon die Angabe 333° 02′ 43″ für die Rektaszension. Davon ziehen wir die Rektaszension für die Geburt ab. Um subtrahieren zu können, richten wir uns diese Zahl ein und finden 332° 61′ 103″. Davon ziehen wir ab 281° 57′ 46″, was einem Direktionsbogen von 51° 14′ 57″ entspricht. Dieser Wert ist in Zeit umzuwandeln. Nehmen wir das glatte Maß 1° = 1 Jahr, würde diese Direktion mit 51 Jahren und 3 Monaten zur Realisierung anstehen. Das Ereignisdatum wäre demnach der 1. Juli 1981. Da der Naibod-Schlüssel aber unser eigentlicher Zeitschlüssel sein soll, finden wir als Ergebnis die Zeit um den 52. Geburtstag, also den 1. April 1982. Wir haben in der Tabelle mit gerundeten Werten gerechnet; genaue Werte auf der Direktions-Übersicht S. 79. Somit müßte ein gewisser zeitlicher Spielraum einkalkuliert werden, abgesehen von dem üblichen Orbis bei Direktionen. Soviel aber wird deutlich: Es sind die Monate vor dem Regierungswechsel am 1. Oktober 1982. Das MC im Quadrat zum Mond und in der Opposition zu Neptun (man vergleiche die Deutungen D 369 und D 383). Als Fazit läßt sich mithin schon sagen, daß ein sozialer oder beruflicher Aufstieg nicht möglich sein konnte, solange diese Konstellation noch nicht „abgelebt" war.
Hätten wir, wie es ja nicht sein darf, in Länge den Direktionsbogen zwischen 11° Steinbock und 1° Fische bestimmt, wäre dieser um 2° kürzer ausgefallen und hätte demnach auch ein zwei bis drei Jahre früherliegendes Ereignisdatum geliefert. Halten wir daher nochmals fest: *Alle primären Direktionen mit dem Meridian müssen in Rektaszension umgerechnet werden.*
Direktionen, die mit dem Asz ausgeführt werden, erfordern die Berücksichtigung der schiefen Aufsteigung. Will man also den Asz zu einem Planeten oder einer Aspektstelle im 1., 2. oder 3. Sektor bzw. Haus dirigieren, suche man in der Häusertabelle, die der geographischen Breite des Radixortes entspricht, die Positionen *in der Spalte des Asz* und ermittle für beide die Rektaszension. Der kleinere Wert wird vom größeren abgezogen und gibt das Ereignis in Zeit an. Wir finden das Datum wieder nach dem Naibod-Schlüssel. Das Verfahren sei am selben Horoskop demonstriert: Der Asz ist mit 25° 03′ Widder gegeben. Der zweite Wert für den Direktionsbogen, die Posi-

tion Jupiters in 2° 06′ Zwillinge wird in der Rubrik ASz der Häusertafel entnommen, die der geographischen Breite des Geburtsorts entspricht. Da sie in diesem Buch nicht vorhanden ist, jeder Astrologe sie aber sicher in einer eigenen Tabelle daheim hat, kann der fragliche Wert leicht ermittelt werden. Man suche in der Spalte Asz die Jupiterposition von 12° Zwillinge bei 49 1/2 Grad nördlicher Breite. Der gesuchte Wert hat eine Rektaszension von rund 312°. Davon subtrahieren wir die Rektaszension für die Geburtszeit, rund 283°, was einen Rest von 29° ergibt und damit auf eine Erfolgsperiode um das 30. Lebensjahr weist.

Wir können diese Methode auch mit anderen Worten beschreiben. Um herauszufinden, wann die Konjunktion des Asz in 25° 03′ Widder mit dem Jupiter rad. in 12° 06′ Zwillinge fällig ist, verschieben wir die Meridianachse (MC–IC) des Geburtshoroskops soweit nach links, bis sich der Asz bei einer geographischen Breite von 49 1/2° mit der Konjunktion des Jupiter deckt. Nun zählen wir die Tierkreisgrade zwischen dem dirigierten MC und dem MC bei der Geburt und setzen die Anzahl der Grade gleich den Lebensjahren, bzw. berücksichtigen wir den Naibod-Bogen. Der auf diese Weise dirigierte Meridian liegt bei diesem überschlägigen Verfahren bei 9 1/2° Wassermann. Wenn wir die zuletzt erwähnte Distanz im Tierkreis nachgemessen haben, müssen wir uns aber doch daran erinnern, daß der eigentliche Vorgang der Berechnung auf den Äquator vorgenommen wird. Wollen wir nicht mit dem MC, sondern dem IC rechnen, verfahren wir spiegelbildlich. Ebenfalls ist es so, wenn wir den Desz zu einem Planetenort im 7., 8. oder 9. Haus dirigieren wollen.

MC und Asz bzw. IC und Desz sind nicht die einzigen Signifikatoren („Sender"), mit denen Primärdirektionen durchgeführt werden. Ebenfalls kann dies mit den Spitzen der Zwischenhäuser nach Placidus geschehen. Die Tabellen des GOH-Systems nach Dr. Koch, die ja nicht den Äquator als Bezugsebene haben, sondern den Orts-Meridian, können für die Zwischenhäuser *nicht* berücksichtigt werden. Früher war es üblich, auch Sonne und Mond primär zu dirigieren. Das heißt, der Direktionsbogen zwischen dem Ort der Sonne und einem anderen Planeten wird nicht nach Länge, also im Tierkreis abgezählt, sondern beide Werte müssen sinngemäß auf Rektaszension umgerechnet werden. Wollte man also die Sonne in 12° 44′ Widder, die ja im 12. Sektor des Horoskops ihren Platz hat, zur Position des Mondes in 1° Zwillinge *primärdirektionär* dirigieren, ist so zu verfahren: 12° 44′ finden wir angenähert in der Spalte des 12. Hauses für 49 1/2° nördliche Breite bei einer Rektaszension von 307 1/2°. Die Mondposition von 1° Zwillinge suchen wir ebenfalls in der Spalte 12 unter derselben Breite. Wir finden 342° als Annäherungswert für die Rektaszension. Die Subtraktion der kleineren von der größeren Zahl bringt einen Direktionsbogen von 34 1/2°, was die Realisierung der direktionären Sonne-Mond-Konstellation mit ungefähr 35 Jahren erwarten läßt. Nach Länge gerechnet, müßte ein Direktionsbogen von nahezu 48° berücksichtigt werden, ergäbe demnach ein völlig anderes Ergebnis.

Was über „Sender" (Signifikator) und „Sprecher" (Promissor) gesagt wurde, gilt auch für die Primärdirektionen. *Jeder* Planet kann beides sein. Die Berechnung geschieht gemäß der Position im jeweiligen Horoskopsektor mit der für dieses Horoskophaus zuständigen Rubrik der Häusertafel, der fällige Direktionsbogen gilt in Rektaszension, bzw. wird nach dem Naibod-Maß in Zeit umgesetzt.

Profektionen

Die Profektionen sind ein altes Direktionssystem, das heute von Fachleuten nicht mehr diskutiert wird. Aber das Kapitel „Ihre Zukunftsaussichten nach den 12 Häusern" ist alljährlich ein Bestandteil des LORCHER ASTROLOGISCHEN KALENDERS und wird von den Lesern sehr beachtet. Vermutlich machen diese mehr oder weniger astrologischen Laien mit den Profektionen also doch einigermaßen gute Erfahrungen, wie das Leserecho beweist. Das rechtfertigt deren Aufnahme in dieses Buch. Vor allem aber soll mitgeteilt werden, was es damit auf sich hat, damit astrologische „Tüftler" selbst forschen können, ob diese Methode nützlich ist. Sie kann auch als Versuch angesehen werden, einen 12-Jahres-Rhythmus im Menschenleben darzustellen. Es handelt sich bei den Profektionen um eine Direktionsmethode, bei der wie üblich ein „Sender" (Signifikator) zu einem „Sprecher" (Promissor) dirigiert wird. Dies geschieht innerhalb des Tierkreises, ist demnach eine Längendirektion ähnlich wie Progressionen (Sekundärdirektionen) oder Sonnenbogendirektionen. Allerdings wird nicht wie bei den Progressionen ein wirklicher Sachverhalt untersucht. Vielmehr handelt es sich um symbolische Konstellationen, denen ein bestimmter Rhythmus zugrunde liegt. Dies trifft besonders bei der Zwölfjahresperiode zu, der zufolge sich die Konstellationen des 1., 13., 25., 37., 49., 61., 73., 85. und 97. Lebensjahres einander gleichen; die Auswirkung allerdings entsprechend dem jeweiligen Lebensalter modifiziert werden müßte. Es wird angenommen, daß jeder „Sender" (Signifikator), wozu in erster Linie Sonne, Mond, MC und Asz zählen (in alter Zeit rechnete man auch den „Glückspunkt" hinzu), sich *jedes Jahr um ein Tierkreiszeichen oder um 30° weiterbewegen.* Ein Beispiel mag deutlich machen, wie unter der Verwendung der beigefügten Tabellen mit den Profektionen früher gearbeitet wurde. In Abb. 1 sehen wir die Position des Mondes in 18° Fische. Nach der Methode der Profektionen wird der Mond jedes Jahr um 30° weiterrücken, so daß er am Beginn des zweiten Jahres in 18° Widder, am Beginn des 3. Jahres in 18° Stier, seiner Sextilstelle, zu Beginn des 4. Lebensjahres in 18° Zwillinge zu denken ist. So geht es weiter durch den Tierkreis, bis nach 12 vollendeten Lebensjahren der Mond am Beginn des 13. Jahres wieder in 18° Fische angelangt ist. In diesem Zeitraum, aber auch 12 Jahre später, am Beginn des 25. und dann des 37. Jahres, wird der Mond also wieder in 18° Fische sein. Im Laufe des 13., 25. und 37. Lebensjahres wird er, wenn auch nur symbolisch, über den Sonnenort wandern. Es gilt das Ereignis festzustellen. Zwischen Sonne und Mond beträgt der Direktionsbogen 24°. Diese Distanz suchen wir in der Tabelle 1 und finden dort die Angabe 292 Tage. Das heißt, daß 292 Tage nach dem Geburtstag die Profektion Sonne-Konjunktion-Sonne fällig ist. Nach der Tabelle 5 ist der Geburtstag, der 2. April, der 92. Tag des Jahres. Zu diesem Wert müssen wir 292 Tage hinzuzählen, was uns auf den 384. Tag bringt. Da dieser bereits in das nächste Jahr fallen wird, müssen wir 365 Tage abziehen. Der Rest von 29 ergibt den 29. Januar als Datum der Fälligkeit. Die Bedeutung müßte im 15. Lebensjahr gemäß dem 6. Haus mit einem Arbeitsverhältnis zu tun haben, also sich positiv z. B. im Hinblick auf eine Lehrstelle auswirken, etwa, daß der Entschluß gefaßt wird, einen bestimmten Beruf zu ergreifen, oder es hat mit der Arbeit des Schülers, dem Lernen zu tun. Da das 13. Lebensjahr aber auch in die Zeit der Vorpubertät oder Pubertät fällt, kann gemäß der Bedeutung der Konjunktion von Mond und Sonne auch ein diesbezügliches Ereignis gemeint sein, wobei, da es sich um das 6. Haus handelt, ein körperlicher Bezug anzunehmen wäre. Im folgenden, dem 14. Lebensjahr, wird der Mond sich zwischen 18° Widder und 18° Stier, dem Sextilort, weiterbewegt haben. Es ist dies, wie Tabelle 2 ausweist, zwei Jahre nach der Konjunktion mit der Radixposition. In dieser Zeit überschreitet der Mond den Desz in 5° Stier (was einem Direktionsbogen von 17° entspricht) und erreicht den Merkur-Ort (was einen Direktionsbogen von 22° ausmacht). Das erste Ereignis soll gemäß dem Direktionsschlüssel 1 206 Tage nach dem Geburtstag geschehen, die Konjunktion Mond-Merkur nach 267 Tagen (wer es genau nimmt, zusätzlich um 16 Stunden). Diese Werte sind dem Geburtstag zuzurechnen, also dem 2. April = 92. Tag. Das bringt für die Konjunktion Mond-Desz als Ereignisdatum den 298. Tag, nach Tabelle 5 den 25. Oktober. Die Konjunktion Mond-Merkur müßte nach Tabelle 5 92 Tage + 267 Tage später veranschlagt werden, betrifft also den 359. Tag des Jahres = 25. Dezember. Die Auslegung entnehmen wir der Deutung und beachten, daß beide Konstellationen sich auf den 7. Sektor beziehen, also mit der

Öffentlichkeit zu tun haben, aber auch mit Freundschaft oder Partnerbeziehung. Gemäß dem Lebensalter im 14. Jahr wird die Deutung anders aussehen müssen, als bei der Wiederholung des Aspektes im 38. Lebensjahr. Nach dieser Darlegung sollte es dem Leser der „Astrologischen Aphorismen von *Strauch-Leovitius*"* leicht fallen, den Text des 59. Aphorismus zu verstehen: „Mit der Aufstellung einer Tabelle der jährlichen Profektionen verhält es sich also:
1. Man notiere der Reihe nach ganz nach Belieben einige Zwölferreihen der Lebensjahre auf, denen man rechts einzeln die Jahre nach Christi Geburt hinzufügen soll, indem man mit dem Jahre beginnt, in das die Geburt fiel:
2. Diesen Jahren gerade gegenüber schreibe man die einzelnen Signifikatoren an, d. h. jene Planeten und Örter, die man zu dirigieren pflegt, indem man die Grade und Minuten, in denen man eben diese fand, genau aufzeichnet. Darunter setze man dann die Zeichen, welche die Signifikatoren zur Zeit der Geburt besetzten, und zwar soll man damit in der natürlichen Reihenfolge bis zum Ende fortfahren:
3. Die Aspekte füge man links von den Zeichen der Reihenfolge nach an, damit auf einem Blick gleichsam deutlich werde, welche Profektionen in Bezug auf einen radikalen Ort glücklich bzw. welche unglücklich sind. Diese nämliche Tabelle erhellt dann auch auf welches Haus oder Zeichen oder auf welchen Aspekt der Wurzel (das ist Radixhoroskop) sich die Profektion eines Signifikators in einem beliebigen Jahre erstreckt."
Aegidius Strauch und Cyprianus Leovitius weisen in dem Werk aus dem Jahr 1675 auf die Tage der Profektion hin, „ob sie entweder gut oder glücklich oder aber schlecht und unglücklich sind, je nach der Art der freundlichen und feindlichen Aspekte; wenn nun eine Direktion schlecht ist, d. h. wenn sie mit Unglück droht, so nehme man zu jener Direktion die gleichen Tage der Profektion hinzu, nämlich die schlechten, vorzugsweise jedoch die jener Signifikatoren und Promissoren, deren Direktion man durchführte.
Handelt es sich um eine gute Direktion, so nehme man die glücklichen Tage der Profektionen, am meisten jedoch die jener Planeten, deren Direktion man durchführte. So wird man das Jahr, den Monat und

* A. M. Grimm, Baumgartner Verlag 1954 Warpke-Billerbek.

den Tag des Ereignisses oder Vorfalles, der in der Wurzel angedeutet ist, finden."
Mit diesem Rückblick in die Zeit der astrologischen Arbeitsweise vor dreihundert Jahren soll es sein Bewenden haben. Es wäre interessant, wenn ein Hobby-Astrologe sich die Mühe nehmen wollte, dem Sinngehalt der Profektionen an ganz konkreten biographischen Daten nachzuforschen. Allerdings wird auch hierbei zu beachten sein, daß um den Fälligkeitstermin auftretende Transite die Ereignisauslösung beeinflussen könnten.

Aspekte und Orbis

Hier verhält es sich wie mit der Einschätzung der Aspekte beim Geburts- oder Transithoroskop. Sie sind von unterschiedlicher Intensität der Wirkung, was von der Art der Gestirne, die an der Konstellation beteiligt sind, abhängt, und von der Genauigkeit, mit der sie einen bestimmten Winkel bilden, desgleichen natürlich von der Bedeutung, die der Aspekt im Rahmen der Gesamtkonstellation hat. Dies führt zu einem sehr wichtigen Umstand, der unbedingt zu beachten ist: Handelt es sich bei dem Direktionsaspekt um die Wiederholung einer in der Geburtsfigur vorhandenen Konstellation, kann die Intensität beträchtlich sein. (Wiederholung ist in diesem Fall nicht unbedingt wörtlich zu verstehen.) Ist in der Geburtsfigur z. B. der Mond mit Jupiter durch Sextilaspekt verbunden, wird das Trigon oder die Konjunktion mehr Effekt versprechen, als wenn zwischen beiden Gestirnen keine Radixverbindung gegeben wäre. Liegt im Geburtshoroskop ein harmonischer Aspekt vor, wird eine Direktion, die sich als Spannungsaspekt zeigt, milder zu beurteilen sein, als wenn dies nicht der Fall wäre. **Veranschlagt man die Konstellation mit 100 %, wird die Wirkung der Opposition 75 % betragen, das Quadrat mit 66 % spürbar sein; das Trigon gilt allenfalls noch 50 %, ein Sextil nicht mehr als 25 %.**

Das sind freilich nur *sehr grobe Annäherungswerte.* Ein verwandter Aspekt in der Geburtsfigur verstärkt jede Konstellation, besonders wenn ein auslösender Transit hinzu kommt, der Gewicht hat. Astrologische Adepten übersehen in den Anfängen ihres Studiums meistens, daß schon beim ersten sorgfältigen Abwägen eines Direktions- (oder auch Transit-) Aspekts bereits das meiste der Deutungsarbeit getan wird. Die erste Überlegung ist, die Bedeutung eines Gestirns nach der Geburtskonstellation abzuschätzen. Zwar werden Saturn und Uranus nachhaltiger wirkende „Ereignisse“ (im Sinne von Trends zu verstehen) anzeigen, als etwa Merkur. Wenn dieser aber in der Geburtsfigur im eigenen Zeichen stehend etwa in Konjunktion mit dem Asz Geburtsgebieter ist und durch Aspekte noch eine herausgehobene Position hat, dann wird er als Signifikator („Sender“) auf der von ihm bezeichneten Ebene schon eine beachtliche Rolle spielen können. Es ist damit durchaus ähnlich wie bei den Transiten, nur daß z. B. gerade Merkur in den Direktionen weitaus spürbarer sein wird, denn als Transitor. Bei Merkur und Venus, die sich auch z. B. in den Progressionen schnell bewegen, kann es sein, daß sie bei der Geburt rückläufig sind und einige Tage später, direktionär also einige Jahre nachher, wieder direktläufig werden. Erreichen sie dann die Radixposition, bedeutet dies in der Regel einen markanten Einschnitt mit deutlichen Konsequenzen. War das Gestirn erst rückläufig, so kann nunmehr gewissermaßen „ein Knoten reißen". Es wird die Bahn frei für entsprechende Aktivitäten, z. B. bei Merkur in beruflicher oder geschäftlicher Hinsicht.

Viel hängt von der Exaktheit des Aspekts ab. Die Progression von Gestirnen, die sich wie die großen Planeten sehr langsam bewegen, wird im Schnitt pro Jahr nur einige Bogenminuten betragen. Wollte man hier die von den Transiten her gültige Regel anwenden, daß die Wirkung solange dauert, wie ein Gestirn braucht, um 1° zu durchwandern, dann könnte der Effekt eine ganze Lebensperiode betreffen. Das mag mitunter der Fall sein und kann erklären, warum manche Trends im Leben eines Menschen, seien sie fördernd oder hemmend, so nachhaltig sind. Im allgemeinen aber wird das Bild der Wirkung der Direktionen sehr undeutlich, wenn man die obige Transitregel auf die Direktionen anwendet. Was den zeitlichen Orbis angeht, also die Frage betrifft, wie lange eine Direktion berücksichtigt werden sollte, richtet man sich zweckmäßig nach der Erfahrung. Sie besagt, daß ein Jahr vor und ein Jahr nach dem exakten Fälligwerden der Direktion, mit dieser unbedingt gerechnet werden muß. Das beinhaltet also einen Zeitraum von drei Jahren. Im Auge behalten sollte man allerdings die Direktion bereits zwei Jahre vor dem Jahr des Eintretens bzw. zwei Jahre danach. Das sind fünf Jahre und damit bereits ein Maximum. Hier zeigt es sich, daß zwar das Ergebnis von Direktionsaspekten bei unterschiedlicher Verfahrensweise ähnlich gedeutet werden kann, daß es aber sehr wohl einen Unterschied ausmacht, ob es sich um eine Sekundär- oder Primärdirektion handelt. Bei letzteren tritt erschwerend hinzu, daß Asz, MC oder gar die Spitzen der Zwischenhäuser in der Radixfigur selten genug exakt fixiert sind. Wird aber der Orbis zu weit genommen, erschwert dies die Deutung erheblich, wenn gleichzeitig auch andere Direktionsaspekte zu beachten sind. Hier mag auch der Grund dafür liegen, daß manche

Astrologen von den Direktionen nicht befriedigt sind. Aber generell darf man ein solches Urteil auch nicht fällen. Ist ein Mensch von sehr sprunghafter Natur, so werden Wechselfälle in seinem Leben eine Rolle spielen oder es gibt häufiger und schnell einsetzend Umstellungen in der Blickweise, was sich auf seine Entscheidungen auswirkt. Bei einer trägen Natur werden sich Tendenzen zu einem Umschwung auch über längere Zeiträume davor anbahnen und ebenso noch länger nachwirken. Im Gegensatz zu den Transiten durchmessen Signifikatoren viel kürzere Strecken. Oppositionen werden demnach viel seltener vorkommen. Ein **Sextil** kann häufig sein. Es ist der kleinste Aspekt, mit dem üblicherweise in der Radixfigur gearbeitet wird. Bei den Direktionen haben aber zwangsläufig auch jene Aspekte eine Bedeutung, die sonst zu Recht unbeachtet bleiben.

Hierher gehört das **Halbsextil**, der 30°-Winkel. Er ist nicht ohne weiteres als harmonisches „halbes Sextil“ zu bewerten, obwohl er so genannt wird. Dieser Winkel entspricht nebeneinander liegenden Tierkreiszeichen, die sich bekanntlich „nichts zu sagen haben“. Zwar fehlt dieser Konstellation die Kraft, bestimmte Verhältnisse zu verändern, so daß keine direkten „Ereignisse“ dieser Direktion zugeschrieben werden können. Man wird aber eine gewisse Möglichkeit des Ausgleichs und damit der Harmonisierung erwarten können. Daher ist die positive Einschätzung gerechtfertigt.

Das **Quincunx** ist von anderer Qualität. Es liegt zwischen dem Trigon und der Opposition, kann Grenzsituationen bezeichnen und gilt vielfach als „Sisyphusaspekt“. Bekanntlich mußte dieser sagenhafte Straßenräuber in der Unterwelt zur Strafe seiner Untaten einen immer wieder zurückrollenden Stein einen Berg hinaufwälzen. So erscheinen manche unter Quincunx stehende Arbeiten auch ergebnislos. Dazu schreibt Dr. Walter Koch*: „Da die Lage zu einer Entscheidung für die eine oder die andere Möglichkeit drängt, wird das Quincunx als ‚enttäuschend‘ angesehen, weil man nur die entgangene Möglichkeit betrachtet und nicht die verwirklichte. Tatsächlich bringt das Quincunx Glück durch Verzicht. Esoterisch betrachtet läßt es uns ein wenig hinter den Schleier des ‚Vorher‘ und ‚Nachher‘ blicken,

---

* Dr. Walter Koch, Aspektlehre nach Johannes Kepler, Astrologische Studienhefte 1952, Hamburg.

weil es am Gesetz der Wandlung teilhat. Es lehrt uns, auf längere Sicht zu arbeiten, und weist uns darum auf den geistigen Weg, der uns allein Erklärungen auf unsere Fragen geben und eine Entscheidung begründen kann.“ Insofern wird die richtige Einschätzung des Quincunx in der Direktion sehr von den jeweiligen Umständen abhängen. Anders ist es dagegen beim **Halbquadrat** (= 45°), von Kepler Oktil genannt, dem Achtel des Kreises. Es ist in seiner Wirkung weniger hart und scharf als das Quadrat, zwar immerhin unbequem, kann jedoch kritische Lösungsversuche anzeigen, ohne jedoch zu einem markanten Einschnitt zu führen. Demnach liegt es durchaus auf der Linie eines schwachen Quadrats. Das **anderthalbfache Quadrat** (= 135°), als 3/8 von Kepler Trioktil genannt, hält Dr. Koch für uranisch und in seinem Wesen „merkwürdig, verdreht und verschroben“. Es durchkreuzt das Rechte und durchquert das Richtige. Seine Wirkung ist unstet und unruhig; sie bringt Störungen aller Art, allerdings ohne die Schärfe des schlagartigen Geschehens beim Quadrat. „Zu einer positiven Bewertung kann dies wohl nicht führen.“

Zu den selten gebrauchten Aspekten zählt das **Quintil.** Es begünstigt den gleichmäßigen Fortgang des Begonnenen, ohne direkt auf glückliche Umstände zu weisen. Der Abstand von 72° entspricht dem fünften Teil des Kreises und hat Beziehung zum goldenen Schnitt. Daher auch die harmonische Einschätzung, die aber nur von geringer Intensität sein kann.

Ähnlich ist es beim **Biquintil,** dem 144°-Aspekt. Nach A. Schmitt* haben beide Aspekte eine überwiegend freundliche, harmonische Tendenz, „wenn sie nicht durch Charakter und bösen, unfairen Willen zu negativer Wirkung gezwungen werden ... wie es meist in unseren Berufen der Fall ist“. Nach A. Schmitt sind Quintil und Biquintil Aspekte, die beruflich eine Andeutung signieren, wonach wir streben sollen.

Abschließend zu den kleinen Aspekten sei die Auffassung von Dr. Koch zitiert, daß Konstellationen von 15° und ihr Vielfaches, also auch die Aspekte von 75°, 105°, 165° spürbar seien. Dr. Koch: „Ihre Wirkung ist erregend und doppelwertig. Sie schwankt zwischen An-

---

* A. Schmitt, Deutung der kleinen Aspekte, Baumgartner Verlag, Warpke-Billerbeck, 1956.

näherung und Sackgasse, Beitrag und Schröpfung. Die Qualität der aspektbildenden Planeten gibt den Ausschlag." Die letztgenannte Feststellung verdient unterstrichen zu werden, denn sie ist ein Hinweis, wie Aspekte überhaupt zu beurteilen sind.

Das Verhältnis von Direktionen zu Transiten

Rechnerisch sind beide Methoden der Prognose leicht auseinanderzuhalten. Die Deutung der jeweiligen Konstellation wird im Hinblick auf den fälligen Ereignistrend zwar ähnlich sein, doch gibt es einen graduellen Unterschied, der mit der Natur der beiden Methoden zusammenhängt. **Direktionen** lassen die Entwicklung der Grundstruktur im Wesen eines Nativen erkennen, sei sie harmonisch oder disharmonisch. Das *innere Verlangen* versucht, äußere Verhältnisse zu schaffen, die ihm adäquat, d. h. angemessen sind. Daher können Ereignisse stattfinden, die bei oberflächlicher Betrachtung als von außen gegeben zu sein scheinen, im Grunde aber einem ganz bestimmten körperlichen, geistigen oder seelischen Wollen entsprechen.
Transite bezeichnen von außen an den Nativen herantretende Möglichkeiten, seien sie als Chancen glücklicher Natur oder werden sie disharmonisch erlebt. Da nun aber auch die von außen auf den Nativen einwirkenden Trends von ihm registriert werden, vermag der Betroffene selbst oft nur schwer zu entscheiden, wie weit ein bestimmtes Ereignis von ihm selbst bewirkt bzw. verschuldet ist. In diesem Licht scheint S. T. Coleridges Zitat weniger belächelnswert: „Es amüsiert mich immer, wenn Menschen all ihr Unglück dem Schicksal, dem Zufall oder dem Verhängnis zuschreiben, während sie ihre Erfolge oder ihr Glück mit ihrer eigenen Klugheit, ihrem Scharfsinn oder ihrer Einsicht begründen."
Machen wir uns den Sachverhalt an einem Beispiel klar: Jupiter hat als Signifikator die Konjunktion mit dem Asz als Promissor (D 177). Das heißt, daß der Entwicklungsstand des Geborenen ein Stadium erreicht hat, in dem die Fähigkeit und das Bedürfnis, das Lebensoptimum zu gestalten oder für sich nutzbar zu machen, herangereift ist und daß dies ein Verlangen ausdrückt, das entsprechende Lebensumstände auch tatsächlich schaffen kann. In der Regel wird eine solche Direktion eine gewisse Zeit zur Entwicklung brauchen, dann das betreffende Ereignis erleben bzw. schaffen und noch nachklingen lassen. Erfahrungsgemäß kann ein solcher zeitlicher Orbis, wie dargelegt, mit ein bis drei Jahre veranschlagt werden (unter der Voraussetzung, daß der Asz auch tatsächlich stimmt, denn sonst müßte der zeitliche Orbis in diesem Fall noch weiter sein). Selbstverständlich ist

es möglich, den genauen Fälligkeitstermin einer Direktion auszurechnen. Allein, die Erfahrung lehrt, daß in nur seltenen Fällen dann auch tatsächlich die Realisierung geschieht. Das hat damit zu tun, daß Direktionen zur Auslösung gleichsinniger Transite bedürfen.
Für das vorliegende Beispiel wäre es natürlich ein Idealfall, wenn in der fraglichen Zeit auch gleichzeitig Jupiter als Transitor den Asz überschreiten würde, bzw. mit ihm durch Sextil oder Trigon, allenfalls auch durch Halbsextil verbunden wäre. Darin unterscheiden sich nun Direktionen und Transite, daß letztere es möglich machen, eine Jahresprognose auszuarbeiten, die im Sinne eines Fahrplans gegliedert werden kann. Doch nur jene Transite haben eine Chance, sich zu realisieren, die durch gleichsinnige Direktionen abgestützt werden.
Die Alltagspraxis bringt es oft mit sich, daß es der Bearbeiter einer Prognose mit mehreren Direktionen gleichzeitig zu tun hat, was ebenso auf die Transite zutrifft. Die Schwierigkeit, an der viele Deuter scheitern, ist die Fähigkeit, abzuwägen, welche Konstellation den Akzent tragen wird und wie sich dadurch die Zukunft gestalten könnte. Zumeist werden Prognosen „blind" gemacht, d. h. ohne Kenntnis der näheren Lebensumstände des Nativen, was eine zusätzliche Deutungsschwierigkeit darstellt. Aber auch Prognosen, die über ein oder allenfalls zwei Jahre hinausgehen, können von großer Unsicherheit sein, weil eben die Realität als der eigentliche Maßstab des Geschehens nicht bekannt ist.
Ein ganz entscheidendes Problem ergibt sich aus dem Umstand, wie Direktionen und Transite zusammenstimmen. Hier lassen sich vier große Gruppen unterscheiden:
Erstens: **Harmonische** (günstige) **Direktion** und **harmonischer** (günstiger) **Transit:**
Das Ergebnis ist eindeutig. Wenn es sich um einen Transit in gleicher Richtung, also gleichen Sinnes handelt, wird der Native in jener Entwicklung gefördert, die der direktionäre Erlebnishintergrund bezeichnet.
Zweitens: Harmonische (günstige) **Direktion** und **disharmonischer** (ungünstiger) **Transit:**
Der Native ist innerlich ausgewogen, nimmt eine positive Haltung ein, erwartet einen harmonischen Schicksalsgang. Die äußeren Möglichkeiten bieten ihm aber keine Chance zur Entfaltung und erfüllen

seine Erwartungen nicht. Das wird ihn zwar grundsätzlich nicht zurückwerfen, zumal ja die Direktion einen zeitlichen Orbis hat und eine Auslösung innerhalb von ein oder zwei Jahren noch möglich ist. Er wird also nicht allzu hart getroffen werden, bzw. ist seine innere Entwicklung nicht direkt gestört. Anders ausgedrückt: Selbst kritische Transite werden sich nicht voll schlecht auswirken, sondern einen gemilderten Verlauf nehmen.

Drittens: Disharmonische (ungünstige) **Direktion** und **harmonischer** (günstiger bzw. fördernder) **Transit:**
Die innere Verfassung des Nativen ist gemäß der direktionären Situation gehemmt, er neigt zur Verkrampfung oder verhält sich falsch. Zumindest weiß er den Wert des positiven Transits jetzt nicht voll zu würdigen oder auszuschöpfen. Ist der Transit nur halbkräftig, wird er mit ihm nichts anfangen können, selbst starke glückliche Aspekte kann er kaum umsetzen.

Viertens: Disharmonische (ungünstige) **Direktion** und **disharmonischer** (ungünstiger) **Transit:**
In seiner persönlichen Verfassung zeigt der Native eine negative Einstellung, also Enttäuschungsbereitschaft, Mangel an Initiative, eine problematische innere Einstellung etc. Wird jetzt ein ungünstiger oder gar kritischer Transit fällig, kann dieser sich voll auslösen, bzw. wird maximal verspürt werden.

Häufiger ist allerdings folgende Situation: In einer direktionär als durchschnittlich ausgewiesenen Lebensperiode werden durchschnittliche Transite fällig. Dies ergibt dann ein **Alltagsgeschehen,** in dessen Verlauf auch jene Transite Bedeutung bekommen und die Tendenz der Zeit färben können, die von den „Schnelläufern" Merkur oder Venus ausgehen, bzw. kann Mars dann stärker wirksam werden.

Aus dem Rahmen fallen die **Sonnen-Transite** zum eigenen Radixort. Sie wiederholen sich alljährlich etwa zum gleichen Termin und bezeichnen z. B. im Hinblick auf Partnerschaften Sympathie bzw. Antipathiepunkte gemäß der Natur des Winkels. Es wird vor allem immer wieder beobachtet, daß um die Zeit markanter Sonnen-Transite zum eigenen Radixort, etwa Sonne-Quadrat-Sonne, sich Transite auslösen, die dann eigentlich noch gar nicht fällig wären oder die bereits überfällig sind. Dies sollte auch im Hinblick auf die Beurteilung der Realisierung von Direktionen durch Transite bedacht werden.

Wie weit der einzelne auf kosmische Rhythmen überhaupt anspricht, seien es Direktionen oder Transite, ist eine Sache für sich und hängt davon ab, ob das Geburtshoroskop als Grundlage der Prognose ausgesprochene Schwerpunkte erkennen läßt oder ob es ein etwas zerfahrenes Bild bietet, in dem Positionen gegeneinander aufgewogen werden. Daher mag es kommen, daß für manche Personen eine bestimmte astrologische Prognose sich als sehr zutreffend erweist, bei anderen jedoch weniger. Wer um die Schwierigkeit der Dinge für den Bearbeiter weiß, wird mit einem generellen Urteil zurückhaltend sein. Darin wird sich auch der erfahrene Praktiker vom Anfänger unterscheiden. Jede neue Horoskopberechnung läßt tiefer in die Materie eindringen und eröffnet den Blick auf immer tiefere Zusammenhänge. Zwangsläufig führt dies zu einer gefestigteren Überzeugung von der Wahrheit und dem Wert der Astrologie und läßt dabei jedoch bescheidener in der Einschätzung der eigenen Arbeitsergebnisse werden.

Die Bedeutung des Häusersystems für die Direktionen

Es ist ein Merkmal der klassischen Astrologie, daß sie die zwölf Häuser als Ereignisebenen heranzieht. Das trifft sowohl für das Radixhoroskop wie für Direktionen und Transite zu. Es genügt allerdings nicht, z. B. den 2. Sektor nur als ,,Geldhaus" zu bezeichnen, den 5. Sektor als ,,Liebeshaus" oder ,,Haus der Kinder" oder im 7. Sektor das ,,Ehehaus" zu sehen. Umgangssprachlich mag das noch hingehen, sofern man diese Ausdrücke als Merkwörter oder bequeme termini technici verwendet. Aber ein solch oberflächlicher Begriffsgebrauch rückt Horoskopie für den Laien, der nicht um die Zusammenhänge weiß, arg in die Nähe des Kartenlegens. Das wird anders, wenn man die zwölf Häuser des Horoskops als ein geniales System begreift, dessen Inhalt sich aus den sechs *Achsen der Verwirklichung* zusammensetzt. Diese Systemkenntnis muß als bekannt vorausgesetzt werden. Erinnert sei nur daran, daß die erste Hauptachse, der Horizont, vom Ich (1. Haus) zum Du (7. Haus) führt, woraus sich eine bestimmte Entwicklungsrichtung des Nativen ergibt und damit auch die Zusammengehörigkeit der beiden Sektoren.
Die zweite Hauptachse, der Meridian, führt vom IC zum MC, also von dem Wurzelgrund des Nativen, wie er sich aus den Umständen der Herkunft, des Elternhauses und der Heimat ergibt, hin zum 10. Sektor, dessen Spitze über die angeborene Berufung und über das Höchstmaß der zu erreichenden sozialen Position informiert. Man könnte geradezu von einer Schicksals- oder Erfolgslinie sprechen.
Ebenfalls erinnert sei an die *Determinationslehre Morins°;* das logisch aufgebaute System der Kombination astrologischer Fakten*: Jedes Gestirn wird im Horoskop auf seinen ,,kosmischen Zustand" und auf seinen ,,irdischen Zustand" (lokale Determination) hin untersucht. *Der „kosmische Zustand" geht von der Stellung eines Planeten im Tierkreis aus.* Eine direktläufige Venus im Zeichen Stier, die harmonische Aspekte empfängt, hat einen vorzüglichen kosmischen Zustand,

---

* Vgl. Darstellung in ,,Alexander von Prónay, Helfen Horoskope hoffen?", Rohm Verlag, Bietigheim, 2. Auflage 1983.

° (Jean-Baptiste MORIN, französ. Astronom und Mathematiker, 1583–1656; Hauptwerk: Astrologia gallica, 1661.)

ist sie aber im Gegenzeichen Skorpion, befindet sie sich im „Exil", d. h. sie ist „vernichtet". Befindet sich Venus im Tierkreiszeichen Jungfrau, ist sie durch „Trigonokratie" Mitherrscherin, denn Jungfrau steht zu Stier im Trigon.

Der „irdische Zustand" meint die Stellung in den zwölf Häusern, woraus man ableiten kann, auf welche Ereignisebenen die jeweilige Position eines bestimmten Planeten zu beziehen ist.

Für die Direktionen bedeutet die Durcharbeitung der Radixfigur die notwendige Vorarbeit, um das Wesen der Promissoren richtig einschätzen zu können. Ein Mond im Steinbock im 12. Haus eines Horoskops wird für sich genommen, d. h. ohne seine Aspektbeziehung zu anderen Planeten zu untersuchen, keine sehr erfolgreiche Relaisstation sein, etwa im Vergleich zu einem Mond im Krebs (seinem eigenen Zeichen), der sich im 4. Haus eines Horoskops befindet und der damit einen sehr „starken" Platz hat. Wer also Direktionen bearbeitet, sollte in der Ausdeutung einer Radixfigur sicher sein.

In der Praxis wird jeder Astrologe seine Erfahrungen im Umgang mit Transiten – für die meisten der erste Schritt zu einer Prognose – in die Überlegung einbringen können, wie Direktionen funktionieren. Es wird der Transitor zum Signifikator, der den Promissor als seinen Sprecher anruft. Der grundsätzliche Unterschied zwischen Direktionen und Transiten besteht im Bezug der ersteren auf die innere Verfassung eines Nativen.

Es wurde schon an anderer Stelle darauf hingewiesen, daß die Auseinandersetzung um das „richtige" Häusersystem ein Streit „um des Kaisers Bart" ist. Für die charakterologische Ausdeutung der Radixfigur nach den Häusern des Geburtsorts (GOH) sprechen logische Überlegungen, die aber hinsichtlich der Anwendung bei den Direktionen entfallen. Dies mag wohl auch der Grund sein, warum die meisten Astrologen direktionär mit dem bewährten System des Placidus arbeiten.

Im Hinblick auf die Prognose stelle man sich *die Spitzen der zwölf Häuser* als empfindliche Horoskopstellen vor, als eine Art Sensoren, die auf Impulse der Signifikatoren ansprechen. Sinnvoll ist deren Einbeziehung in die Prognose freilich nur, wenn es sich um ein korrigiertes Horoskop handelt, d. h., daß sich die Achsenstellung der Häuser in der Rückschau bereits bewährt hat. Selbstverständlich ist es möglich, Planetendirektionen für sich zu betrachten, bzw. die Hauptachsen Horizont und Meridian hinzuzunehmen und die Spitzen der Zwischenhäuser zu vernachlässigen. Dies erscheint sinnvoller zu sein, als nach Direktionen und Transiten Ereignistrends vorauszusagen, die sich auf die Spitzen der Zwischenhäuser stützen, sofern diese nicht hieb- und stichfest sind, soweit dies möglich ist.

Aber es ist legitim, ja wünschenswert, bei einer Metagnose (Rückschau) diese Übergänge auch auf die Lebensbereiche des Nativen anzuwenden. Wandert ein Signifikator über eine Hausspitze, verändert dies die Richtung der von ihm ausgehenden Impulse. Wird z. B. der Mond als Signifikator die Spitze des 2. Hauses überschreiten – besser gesagt, die Achse der materiellen Existenzbedingungen – wird sich Materielles in der Vorstellungswelt des Nativen anders, stärker abzeichnen als vordem. Wechsel in den materiellen Existenzbedingungen wird ins Auge gefaßt, weil das Gemüt einer gewissen Absicherung bedarf. Da die Spitze des 2. Hauses aber mit der des 8. Hauses korrespondiert bzw. als Achse eine Verbindung gegeben ist, können lunare „Anforderungen" den Gesamtkomplex der materiellen Reserven „betreffen", also nicht nur deren Aufbau, sondern auch deren Zerstörung. Lunares *will* jetzt einerseits die stärkere Bindung an Irdisches, was sich in der Jugend durchaus auch in bestimmter Weise als Trieb- und Dranghaftes zeigt, das sich in anderer Hinsicht als Erosbeziehung manifestiert (8. Haus). Dann wird Materielles aufgegeben, was zunächst als Einbuße oder Verlust gesehen werden mag, zugleich aber auch den Weg freimacht, Sexualität in einer höheren Form zu begreifen. Hier zeigt sich die Korrespondenz zwischen dem Horoskophaus und dem zugeordneten Zeichen, in diesem Fall das 8. Haus zum 8. Tierkreiszeichen Skorpion. Wer ein Horoskop als Meditationsbild begreift, findet hier Ansatzmöglichkeiten.

Dem in der Radixdeutung Erfahrenen sollte es nicht schwerfallen, die Spitzen der zwölf Häuser als Promissor-Stellen zu interpretieren. Etwas schwieriger wird es, weiterdirigierte Häuserspitzen als Signifikatoren zu verstehen. Bei Asz und MC wurde das bereits berücksichtigt. Im einzelnen können folgende Hinweise weiterhelfen: Auch hier stelle man sich vor, daß ein Signifikator etwas *will*, bzw. daß die Charakteristik des ihm zugeschriebenen Wesens eine Anrufung des Nativen darstellt, sich den kosmischen Impulsen zu öffnen.

Als Signifikator gesehen, sagt die Spitze des 2. Hauses, daß die Zeit reif ist, materielle Reserven mehr als bisher ins Blickfeld zu nehmen, daß materielles Verhalten in jenem Sinne ökonomisch sein muß, den der angesprochene Promissor-Planet ausdrückt. Noch einfacher gesagt: „Geld" *will* bzw. erfordert etwas. Ist der Planet z. B. Jupiter oder handelt es sich um eine positive Aspektstelle von ihm, heißt die Konjunktion mit diesem Punkt: Lege Geld an, investiere, sorge vor! Wäre der Promissor aber Mars mit seinen positiven Aspekten, lautet der „Auftrag": Handle ökonomisch, aktiv, mutig, ergreife die Initiative! Der Übergang über eine negative Aspektstelle hat zwangsläufig den Charakter einer Warnung und muß gemäß der negativen Bedeutung der Planetensymbolik verstanden werden. Es würde entschieden zu weit führen, hier mehr als einen Denkanstoß zu geben. Schließlich ist z. B. der Jupiterort in einem bestimmten Horoskop auch ein ganz individueller Promissor, gemäß seines „kosmischen und irdischen Zustands". Nach der Determinationslehre Morins, hat er Anteil an bestimmten harmonischen oder disharmonischen Aspekten. Damit ist aber bereits gesagt, daß die Deutung ein sehr schwieriges Unterfangen ist. Die Hauptgefahr dabei mag sein, sich auf einen bestimmten Begriff der Häusersymbolik festzulegen. Es kann eben das 2. Haus ökonomisches, realistisches Verhalten im allgemeinen ausdrükken, aber auch Geld oder Kapital im besonderen. Noch diffiziler wird es, wenn man die zwölf Häuser im Lichte der astrologischen Tradition sieht, was z. B. im 3. Haus auch auf jüngere Brüder schließen läßt. Der Bearbeiter einer Prognose müßte schon eine sehr eingehende Kenntnis der individuellen Verhältnisse des Nativen haben, um hier nicht allzu sehr daneben zu greifen. Es sei an dieser Stelle ausdrücklich empfohlen, derartige traditionelle Aussagen nur sehr behutsam zu machen. Bei einer Rückschau mag man untersuchen, wie weit Traditionelles zutrifft, bei der Prognose sollte man davon besser Abstand nehmen.

Horoskopieren ohne zu rechnen – ein Ausblick

Bekanntlich haben die Götter vor den Erfolg den Schweiß gesetzt, und die mit einem Horoskop zusammenhängenden Rechenarbeiten können schon eine beträchtliche Fleißarbeit sein. Horoskopieren ohne zu rechnen wird es freilich nie geben, doch kann der Astrologe sich einige Mühe abnehmen lassen. Der Computer macht's möglich. Insofern hat die Zukunft schon begonnen. Zu denken ist hier allerdings nicht an die Interpretation eines Horoskops, denn die Deutung wird wohl voraussichtlich immer die Domäne sein, in der Kenntnisse, Vernunft und Kombinationsvermögen des Astrologen unabdingbar sind. Wenn es allerdings um das Ausrechnen oder auch um das Anfertigen von Zeichnungen geht, kann **der Leserdienst des Autors** einspringen.

Es mag mit der mundanen Konjunktion von Jupiter und Uranus zusammenhängen, wenn man später einmal 1983 als Jahr des Durchbruchs in der Verwendung von Personal-Computern bezeichnen wird. Denn daran besteht kein Zweifel, der Einsatz von Mikroprozessoren in der Minielektronik ist rasch im Vormarsch. Dies wird von unübersehbarem Einfluß auf das gesamte Berufs- und Arbeitsleben überhaupt sein und unvorstellbare gesellschaftliche Konsequenzen haben. Der Begriff Personal-Computer stammt aus dem Englischen und darf nicht in dem Sinne verstanden werden, als könnte man damit nur ,,Personal"-Angelegenheiten berechnen. Vielmehr eignet sich ein solcher Computer zur Verwendung für alle nur denkbaren persönlichen und anderen Belange. So gibt es heute schon viele Mittel- und Kleinbetriebe, Handwerker und Selbständige, die einen solchen Computer für ihre beruflichen Zwecke nützen, zugleich aber auch private Dinge damit abklären und etwa astrologische Berechnungen vornehmen. In den USA und zunehmend auch bei uns haben Astrologie-Fans die große Chance entdeckt, künftig umfassende Berechnungen anstellen zu können, zu forschen, zu horoskopieren, ohne selbst mit Kopf und Hand rechnen zu müssen.

Etwas für den astrologischen Feinschmecker ist z. B. die ,,Berechnung der Ereignisdaten" nach dem gleichnamigen Buch von Erich Carl Kühr. Es erschien 1936 im Regulus Verlag in Görlitz und ist längst vergriffen. Selbst unter Verwendung der Kühr'schen Formblätter dauert es einige Stunden, bis man die Direktionswerte nach diesem Verfahren beisammen hat. Heinz Specht, im Hauptberuf Heilpraktiker, widmete sich z. B. als astrologischer Forscher und tüchtiger Praktiker dieser Sache. Als Computer-Freak unternahm er es u. a., ein Computerprogramm zu verfassen, mit dessen Hilfe die schwierigen Kühr-Werte elektronisch zu berechnen sind. Eine Auseinandersetzung mit dieser Methode, Primärdirektionen „unter dem Pol des Signifikators“ zu berechnen, ist im Rahmen dieses Buches nicht möglich.

Ein Computer ist eine Maschine. Um mit ihr arbeiten zu können, muß ihr ein „Programm“ eingegeben werden. Erst dann kann sie mit entsprechenden Daten „gefüttert“ werden, in unserem Fall mit den Geburtsdaten und den geogr. Koordinaten des Geburtsorts etc.

Es werden heute in den USA wie auch in Europa verschiedene astrologische Programme sehr unterschiedlicher Qualität angeboten. Sie haben ihren Preis, denn es ist für einen Programmierer sehr zeitraubend, mit Hilfe einer geeigneten Maschinensprache die Arbeitsbefehle für den Computer, also das Programm, zusammenzustellen. Dazu gehört nicht nur das erforderliche technische Fachwissen, das u. a. darüber entscheidet, ob ein Programm einfach und elegant läuft oder ob es umständlich und langsam ist. Unsere diffizile Materie macht es auch unabdingbar, daß der Programmierer selbst gute Kenntnisse im Horoskopieren hat. Grundsätzlich kann ein Computer „alles“. Was man tatsächlich mit ihm schafft, hängt vom Programm bzw. dem Programmierer ab.

Der Leserdienst des Autors verwendet das „Sesam-Astrologieprogramm“ (so die Copyright-Bezeichnung) von Gerhard Vehns. Gleich Heinz Specht ist er Astrologe und ein hervorragender Computer-Spezialist. Bei der Gestaltung seines Computer-Programms hat er weitgehend Wünsche und Empfehlungen des Autors dieses Buches berücksichtigt. Vehns verbessert auch sein Programm ständig, verwertet die Erfahrungen und ist offen für Anregungen aus der Praxis. Dieses Programm kann Interessenten, die mit einem eigenen Computer, etwa einem Apple II oder ITT arbeiten können, wärmstens zum Kauf empfohlen werden.

Leider wird die weite Verbreitung dieser Geräte aber aus Kostengründen noch auf sich warten lassen.

Es dürfte das Besondere an dem vorliegenden Buch sein, daß der Autor es gegen eine geringe Gebühr übernimmt, dem Leser die Rechenarbeit abzunehmen, so daß sich dieser ganz der Deutung widmen kann. **Leser, die künftig weder Radix-, noch Solar-, Transit- oder Direktionsberechnungen vornehmen oder Zeichnungen anfertigen wollen, die sich bei Einzel- oder Partnerhoroskopen, bei privaten, geschäftlichen oder anderen astrologischen Ausarbeitungen, z. B. aus dem Gebiet der Politik oder Wirtschaft, ohne rechnen zu müssen ganz auf die deutende oder forschende Bearbeitung konzentrieren möchten, fordern Informationen über Umfang und Preis beim Leserdienst des Autors an. Es können nur Anfragen berücksichtigt werden, denen ausreichendes Rückporto beigefügt ist.**

Schreiben Sie bitte an

Alexander von Prónay
Heimstättenweg 38
D 4620 Castrop-Rauxel

Anlage

Zum Horoskop Dr. Helmut Kohl

Zum Horoskop Dr. Helmut Kohl

Abbildungen ab Seite 78
Die Wahl von Dr. Helmut Kohl zum Bundeskanzler in der Sitzung des Bundestags am 1. Okt. 1982 und der Sieg seiner Partei bei der vorgezogenen Wahl zum Deutschen Bundestag am 6. März 1983, sind ohne Zweifel die Höhepunkte seiner Karriere.
Helmut Kohl ist bis zuletzt nicht nur von seinen Gegnern, vielfach auch von Freunden unterschätzt worden. Sein Horoskop macht dies deutlich.
Ohne Zweifel liegt der Schwerpunkt der Radixfigur im **12. Haus,** was nicht für ein Glückskind spricht. Vielmehr sind Hemmungen und Widerwärtigkeiten Begleiter auf seinem Lebensweg. Das Quadrat Saturns zum Stellium Sonne/Uranus/Merkur (♄ □ ☉ □ ♅ □ ☿) bekommt dadurch ein zusätzliches Gewicht. Saturn hat eindeutig die stärkste Position: Er steht im eigenen Zeichen Steinbock exakt in der Kulmination (♄ ☌ MC). Es ist ein positiver Saturn, der zum Leitstern für das Leben wurde: unbändiger Ehrgeiz, der sich allen Widerständen zum Trotz durchsetzen will. Schließlich empfängt Saturn auch von Mars einen Sextilaspekt (♂ ✳ ♄ ✳ MC) und ist das Quincunx von Jupiter fördernd und keineswegs schädlich. Damit sind aber Weg und Ziel sehr deutlich abgesteckt und ist der langsame Aufstieg programmiert, den nichts und niemand beeinträchtigen konnte. Das kommt den Widderzügen des Temperaments (☉ in ♈) entgegen. Es ist immer von ganz entscheidender Bedeutung, ob und wie Wille und Gemüt aufeinander abstimmbar sind. Bei einer oberflächlichen Betrachtung könnte die Konjunktion von Uranus mit der Sonne (♅ ☌ ☉) falsch eingeschätzt werden. Sie hat natürlich ihren Stellenwert, doch bringt die Harmonie der Zeichen **Widder** und **Zwillinge** und damit die harmonische Verbindung von Sonne und Mond, zusätzlich das Sextil von Jupiter zur Sonne (♃ ✳ ☉), eine ganz entscheidende Aufwertung der Basis des Naturells. Das innere Gleichgewicht ist daher sehr stabil und auch belastbar und den beiden Angriffen auf die Sonnenposition gewachsen, die von Uranus und Saturn (♅ ☌ ☉, ♄ □ ☉) ausgehen. Die Konjunktion des Mondes mit Jupiter (☽ ☌ ♃) ist nicht sehr kräftig, denn der „Glücksplanet" ist in den Zwillingen „vernichtet", außerdem erfährt er einen Angriff von Mars (♂ □ ♃),

(der in den Fischen durch Trigonokratie kräftiger ist als Jupiter in den Zwillingen). Aber die Konjunktion Mond-Jupiter bleibt dennoch relevant, verbessert die Möglichkeiten, Gefühl auszudrücken, Herz zu zeigen und auch die Chance, sich gesellschaftlich zu bewegen. Zugleich liegt damit ein weiterer Schwerpunkt des Horoskops im **2. Haus,** also auf der materiellen Ebene, was wiederum zum starken Saturn paßt.

Natürlich ist Uranus ein „Unruhestifter". Aber bei einem solchen charakterlichen Fundament muß man nicht befürchten, daß der Geborene ins Taumeln kommen könnte, daß er zu Bluff und Überraschungstaktik neigen und zu sehr auf die Wirkung des Augenblicks abstellen würde. Wohl aber kann diese Konjunktion, die ja nicht prinzipiell „schlecht" zu bewerten ist, plötzliche Umstellungen in der Blickweise bringen und es damit sogar möglich machen, Bindungen an die Tradition, die durch Saturn und Jupiter sehr stark sein müssen, aufzulockern. Ja, die Konjunktion erstreckt sich auch auf Merkur (♅ ☌ ☿), was die geistige Verfassung als äußerst wendig charakterisiert. Gewisse barocke Redewendungen, die Helmut Kohl gebrauchte und die ihm dann genüßlich angekreidet wurden, mögen sich ebenfalls hierdurch astrologisch erklären lassen. Das Alltägliche aber wird auch plötzlich zugänglich werden, und neue Ideen können Platz greifen.

Bleibt das Quadrat Saturns (♄ □ ☉), gewiß massiven Druck auf Geist und Seele anzeigend, eine „Temperamentbremse" erster Ordnung! Die Selbstverwirklichung erfährt eine Beeinträchtigung, gegeben ist ein Mißverhältnis zwischen Anlagen und der Gelegenheit sie auszuwirken (wie Thomas Ring es formuliert). Hier zeigt sich das Schicksal, das z. B. bei der vorangegangenen Wahl diese zwar gewinnen, die Kanzlerschaft aber dennoch verfehlen ließ, also Pech-haben. Saturn-Merkur (♄ □ ☿) mag den Eigensinn stärken, und damit auch zu Vorurteil und vorgefaßter Meinung drängen, sogar zu Sturheit. Das kann bis zur Zerreißprobe gehen und eine Erbitterung auslösen, die Saturn-Quadrat-Uranus (♄ □ ♅) nur zu deutlich belegt.

Was wäre Helmut Kohl ohne die in der Geburtsstunde aufgehende Venus (♀ ☌ Asz)? In dieser Position liegt der Schlüssel, sowohl zu seinem Wesen, wie zum Verständnis seines Schicksals. Venus bedeutet das Bedürfnis und die Kraft, Harmonie zu organisieren. Der direkte

Einfluß des Harmonieprinzips auf den Asz, also auf den individuellen Punkt des Horoskops, hätte durchaus an erster Stelle dieser Interpretation stehen können. Venus ist zwar im Widder vernichtet, denn Mars, Regent dieses Zeichens, ist ihr natürlicher Antagonist, auch ist er im Horoskop im Halbquadrat zu ihr (♀∠ ♂); nur ist der Mars-Venus-Komplex von geringerer Bedeutung. Und Saturn, auf den es vor allem ankommt, ist keineswegs ein Venus-Gegner. Schließlich hat sie in seinem Zeichen Steinbock die Mitregentschaft. Und als Herrin des Stiers, der ja am 1. Haus maßgeblich Anteil hat und wie Kohls Physis ausweist, auch tatsächlich von Gewicht ist, paßt sie vorzüglich zum Regenten des MC. Das vorausgeschickt, kann man den ,,Einfluß" von Venus = Harmonie untersuchen. Die Nähe zum Mondknoten (♀ ☌ ☊), dem bewährten Symbol für alle Arten von Kontakten, Verbindungen oder Zusammenarbeiten, gibt Kohl die Chance zu verbindlichem, besser gesagt zu konziliantem Auftreten. Er versteht, für sich einzunehmen. Kohl hat durch die markante Venusstellung eine erhebliche Portion ,,Stier-Blut", ist daher auch Genußmensch, gesellig, großzügig, im Umgang auf gesellschaftlichem Parkett tolerant. So kann die Mond-Jupiter-Jovialität voll zu ihrem Recht kommen und Popularität bringen. Hier liegt die Erklärung dafür, daß seine Gegner ihn für zu weich hielten, sozusagen für einen ,,Papiertiger". Wenn Kohl Brücken baut, wird ihm das als Schwäche ausgelegt. Dabei möchte er sich nur lieber arrangieren, als andere brüskieren. Doch letzteres kann er natürlich auch. Schließlich ist das recht genaue Quadrat von Mars zum Jupiterort (♂ □ ♃) (nicht umgekehrt!), ein Aspekt des Angriffs. So kann sich Helmut Kohl als dünnhäutiger erweisen, als man denkt. Er ist sehr wohl zu streitbarer Auseinandersetzung befähigt und dazu bereit, wenn es nicht anders geht. Der Spielraum für seine Geduld ist jedoch durch den Saturneinfluß maximal, wesentlich größer als von einem Widdergeborenen zu erwarten wäre. Kohl kann auf Zeit spielen, aber er verliert dabei auch eine Angriffsabsicht nicht aus den Augen. So ist dieses Horoskop ein Paradebeispiel für den Zusammenklang marsischer und saturnischer Trends. Hier liegt auch die Erklärung, warum er seinen Widersachern in der Regel überlegen ist. Ob es für ihn ein Vorteil ist, daß sie dies erst spät merken, sei dahingestellt. Hätte man ihn beizeiten richtig eingeschätzt, würde vermutlich manche innerparteiliche Auseinan-

dersetzung wegen seines Führungsanspruchs entfallen oder kürzer abgelaufen sein.
Mit einer solchen Horoskop-Venus, die Harmonie über alles stellt, verzichtet selbst ein aggressionsbereiter Widder solange es nur irgendwie geht, auf den Zusammenstoß, der ihn in den Brennpunkt der Geschehnisse bringen könnte. Optimismus mag für einen Politiker unabdingbar sein. Er muß ihn ausstrahlen, muß damit für sich werben – auch wenn es in seinem Innern ganz anders ausschaut. Bei Helmut Kohl kann man Zweifel erwarten, eben jenes Verhalten, das aus dem 12. Haus abzuleiten ist. Hier mag auch die Rolle des Quadrats zwischen Mond und Neptun (☽ □ ♆) einsetzen, gekennzeichnet durch Stichworte wie seelische Wirrnis, Gefahr, Opfer einer Mystifikation oder eines Mißverständnisses zu werden, Schaden durch Verleumdung (man denke an die Wahlkampagnen seiner Gegner), üble Nachrede. Eine solche unterschwellig *auch* vorhandene Empfindungslage führt zu einer Schwächung der Zuversicht. Es sind Hemmungen da, die immer wieder überwunden werden müssen, bis vielleicht einmal ein großer Dammbruch den Fluten den Weg endlich freisprengt. Und genau dies mag den Taktiker (Merkur-Sextil-Jupiter) und zeitweisen Zauderer (12. Haus) veranlaßt haben, immer wieder den Generalangriff aufzuschieben. Mond-Neptun aber ist auch ein Aspekt der Intuition, des instinktiven Wissens um die eigenen Chancen; allerdings durch die Quadratur auch gekennzeichnet durch die Gefahr der Instinktbeirrung. Saturn ist es wohl zuzuschreiben, wenn Kohl immer wieder zurückliegende Erfahrungen neu bedacht haben mag, um herauszufinden, ob und wann die Zeit für ihn reif sei.
Das alles muß man vorausschicken, um die Bedeutung der *Primärdirektionen* zu erfassen. Ihnen liegt die amtliche Geburtszeit zugrunde. Die Aufstellung zeigt, daß im Mai 1982 das dirigierte MC das Quadrat zum Mond hatte und im Juli die Opposition zu Neptun fällig war. Hier ist der eindeutige Hinweis, daß erst diese Zeit vorbeigehen mußte, bis Helmut Kohl dazu kommen konnte, seine ehrgeizigen Pläne *aus innerer Überzeugung* zu verwirklichen. Nach Übernahme der Kanzlerschaft zum 1. 10. 82 war er sich seiner Sache sicher und schlug den 6. März 1983 als Termin für die Bundestagswahl vor, von der er sich die Bestätigung seines Amtes durch die Wähler versprach: Der Aszendent als Signifikator bewegte sich auf das Sextil zu Neptun

vor, um es im April 83 exakt werden zu lassen. Die *Sekundärdirektionen* bleiben blaß, wenn man von der Konjunktion des Mars mit dem Asz absieht. Bildlich gesprochen, mag sich der Kanzlerbonus hier als Bereitschaft auswirken, harmonisches Taktieren gegenüber radikalerem Verhalten zurückzustellen.

Nachdem somit die inneren Voraussetzungen für die Realisierung eines Griffs zur Macht gegeben waren, konnten die *Transite* die äußeren Chancen bringen. Der Blick auf die Übersicht des zweiten Halbjahres 1982 macht es klar: Ein Uranus-Neptun-Quadrat war von Ende Juni bis um den 25. September vorhanden, ebenfalls eine Opposition von Uranus zum Mondort. Auch diese Hindernisse und Spannungen mußten erst durch den Ablauf der Zeit (und damit der Ereignisse) entfallen. Dann, in den letzten Septembertagen und bis Anfang Oktober war das Sextil von Jupiter zum MC der berufliche Glücksbringer, und das Trigon von Jupiter zu Mars kündigte sich für Anfang Oktober an. Es milderte die Spannungen der Radixquadratur. Dazu noch der Erfolgsaspekt auf lange Sicht, das Sextil von Jupiter zu Saturn. Untersucht man die *Tagesaspekte* um den fraglichen 1. Okt. 82 zeigt es sich, daß noch die Vortage durch eine ganze Reihe von Merkur-Konstellationen ein widersprüchliches Bild abgaben. Am 29. 9. um 6.12 Uhr das Trigon zu Jupiter, um 16.17 Uhr das Quadrat zu Saturn, am Abend des 29. 9. um 20.34 Uhr die Opposition zu Uranus. Am 30. 9. wirkten diese Aspekte noch nach und erfuhren um 10.42 Uhr eine Bündelung durch das Merkur-MC-Quadrat. In der Stunde der Entscheidung, am 1. 10., als um 15.05 Uhr Dr. Kohl zum Kanzler gewählt wurde, war das Merkurische Hin und Her vergessen, Dr. Helmut Kohl kann Bundeskanzler werden: Venus bahnte langsam das Trigon zum Mond an, die vorerwähnten großen Planeten übernahmen die Regie: Jupiter–Sextil–MC, Jupiter–Saturn–Sextil (auf 6 Bogenminuten genau), ein Quinkunx Jupiters zu seinem Radixort und zu Uranus. Letzteres mag besonders gute Resonanz gefunden haben, da doch im Radix das genaue Sextil bereits die Rolle von Glücksfällen und plötzlichen Lösungen vorgab. (Radixaspekte sind in der Transitübersicht für 1982 auf der äußeren Spalte angeführt.)

Man studiere auch die anderen vorhandenen Aspekte.

Für Sonntag, den 6. März 1983, lag um 18.17 Uhr die Konjunktion von Venus mit Merkur vor, exakt zu jener Zeit, als auf den Bildschirmen die Würfel zugunsten Helmut Kohls fielen. Sein Gegenkandidat hatte schlechte Konstellationen. Da die Direktionsübersicht bis 1985 reicht, sind auch die Transitübersichten für den Lauf der großen Planeten für die Jahre 1984 und 1985 beigefügt. So kann der sachkundige Leser sich selbst ein Bild über den Fortgang der künftigen Trends nach dem Erscheinen dieses Buches machen.

Das Solarhoroskop für Helmut Kohl 1982

Die Behandlung des Solarhoroskops ist im Rahmen dieses Buches nicht vorgesehen und auch nicht möglich. Der Abdruck erfolgt, um versierten Astrologen die Gelegenheit zu geben, sich ein umfassendes Bild über die astrologische Situation Helmut Kohls im Jahr 1982 zu machen. Das Solar 1982 erfaßt sowohl den 1. 10. 1982 wie auch den 6. 3. 1983, da es ja auf die Wiederkehr der Sonne zu ihrem Radixort berechnet wird.

Dies läßt bereits erkennen, daß das Solar ein *Transithoroskop* ist. Es stellt gewissermaßen ein Rhythmogramm des Sonnenlaufs dar, das von der Annahme besonderer Impulse zum Geburtstag ausgeht. Das Solar erlaubt eine Zusammenfassung der Transit-Deutung des ganzen Jahres, bei der das Schicksalhafte herausgestellt wird.

Im Solar 1982 Helmut Kohls fällt vor allem die Position Jupiters sol. auf. Er steht sehr nahe dem Asz. sol. Dieser aber fällt in das 7. Haus rad., besser gesagt sogar noch in den weiteren Bereich der Spitze des 7. Hauses. Das Trigon der Sonne zum MC sol. mindert den Quadrataspekt im Radix, was auch für Merkur gilt. Seine Konj. mit Uranus in der Radixfigur wird durch das Trigon der Solarplaneten entspannt usw.

Siehe Abb. Seite 88

Primärdirektionen unter der Polhöhe der Gestirne, zu denen dirigiert wird. Nach Erich Carl Kühr

Nach Kühr ist es geboten, das weiterzuführende Gestirn, den „Sender“ unter die Polhöhe des anderen, des „Sprechers“ zu dirigieren. Zur Anwendung kommt dabei der Naibod-Schlüssel. Alle auf demselben Meridian liegenden Orte haben das gleiche MC. Es hat keine Polhöhe im Gegensatz zum Asz, dessen Polhöhe der geografischen Breite entspricht. Je näher demnach ein Gestirn am Asz steht, um so größer ist seine Polhöhe, je näher es am MC steht, um so geringer ist sie.

Das Computerprogramm von H. Specht bietet zwei Darstellungen. Erstens die Übersicht über die jeweiligen Rechendaten mit Angabe der progressiven bzw. regressiven primärdirektionalen Orte in Länge für ein bestimmtes Ereignisdatum, in unserem Fall für Helmut Kohl für den 1. 10. 1982. (Naibod = 51°44′32″)

Zur Bezeichnung der Tierkreiszeichen werden die Abkürzungen der lat. Ausdrücke verwendet: ARies = Widder, TAurus = Stier, GEmini = Zwillinge, CAncer = Krebs, LEo = Löwe, VIrgo = Jungfrau, LIbra = Waage, SCorpio = Skorpion, SAgittarius = Schütze, CP = Capricorn = Steinbock, AQuarius = Wassermann, PIsces = Fische.

Die zweite Darstellung ist grafisch und zeigt drei waagrechte Spalten zur Bestimmung der Kühr-Werte.

Das obere Drittel gibt auf einer 30°-Skala die Positionen der primärdirektionalen progressiven Gestirnorte einschl. MC und Asz an, ferner auch Vertex (VTX), Kodeszendent (KO), Mondknoten (NO = Node engl.).

Das mittlere Drittel enthält die Positionen des Radix, ebenfalls als Sternchen ausgedruckt mit der Angabe des Tierkreiszeichens in den obigen Abkürzungen.

Bei Helmut Kohl werden um die fragliche Ereigniszeit, den 1. 10. 1982 u. a. folgende Primärdirektionen nach der Methode von E. C. Kühr fällig:

Ein Trigon von Pluto (als „Sender“) zum Mondort r („Sprecher“) am 7. 4. 1981. Würde man dagegen, wie es ja unzulässig ist, den Mond als Sender ansehen und das Trigon unter der Polhöhe von Pluto errechnen, brächte dies als Ereignisdatum den 2. 2. 82. Zwischen Uranus als

„Sender" und Venus als „Sprecher" liegt in Länge ein Sextil vor, das bis auf 30 Bogenminuten exakt ist. Die grafische Darstellung zeigt deutlich, wie genau der Aspekt ist. Venus r ist aber unmittelbar am Asz und hat daher eine große Polhöhe. Das hat zur Folge, daß der Fälligkeitstermin bereits der 26. 9. 69 war, so daß diese Konstellation für 1982 nicht mehr in Frage kommt.
Dagegen wird Plutos Trigon zum MC erst am 23. 10. 87 fällig, ist also ebenfalls nicht zu berücksichtigen.
E. C. Kühr empfiehlt für die Auslösung der Direktionen nicht nur die Transite zum Radixort zu beachten, sondern auch die *Ingresse*. Das sind die Transite über den direktionalen Ort. Die Signale standen um den 1. 10. 82 durchaus auf Grün. Lediglich mußte erst der Ingreß der Sonne über den regr. Marsort am 30. 9. 82 vorübergehen. Er ist wohl bezeichnend für die Anspannung dieses Tages. An wichtigen Ingressen sind zu registrieren:
Pluto im Trigon zur Sonne, Jupiter im Sextil zu Pluto, Venus im Trigon zu Jupiter. Der Charakter der Pluto-Ingresse paßt recht gut zur eingangs genannten Direktion Pluto-Trigon Mond.
Das untere Drittel veranschaulicht die primärdirektionalen regressiven Orte. Sternchen, die übereinander liegen, zeigen an, daß ein mehr oder weniger genauer Aspekt vorliegt, dessen Winkel sich leicht bestimmen läßt, da ja die Tierkreiszeichen bekannt sind.
Man kann nun die Aspekte zur besseren Übersicht durch Verbindungslinien markieren und mittels des Computers das fällige Ereignisdatum errechnen. Die Beachtung der Polhöhe hat aber zur Folge, daß ein optisch recht genauer Aspekt sich durchaus nicht bald realisieren muß; vielmehr kann der Termin des Exaktwerdens eine Differenz von einigen Jahren bedeuten.

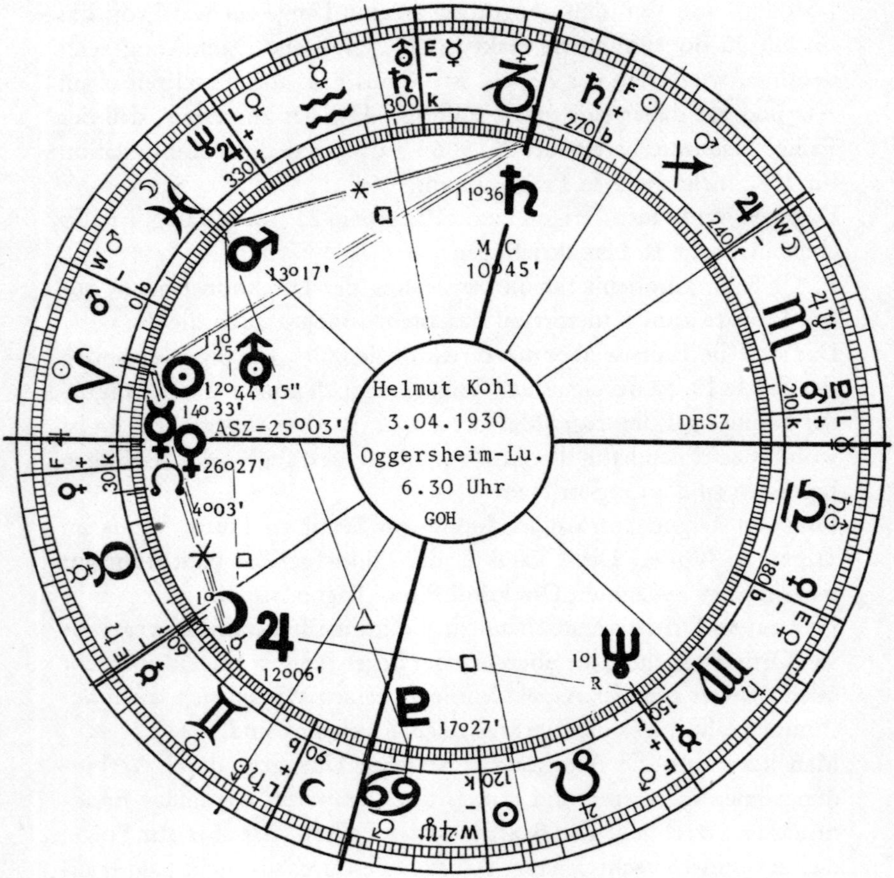

Geburtshoroskop („Radix“) von Dr. Helmut Kohl
Darstellung auf dem vom Autor entwickelten Horoskop-Formular

/19 81 bis /19 85

Direktionen / ~~Transitübersicht~~

für Dr. Helmut Kohl 3.4.30 6.30h

ARMC=281° 41'47"	Asz	MC	Monate	☽	♇	♆	♅	♄	♃	♂	♀	☿	☉	☊
volle Lebensjahre Bogen (Naib.) gültig ab Geburtstag	δ. Primäri.		10. 1 20.	In dieser oberen Spalte werden die Positionen nach dem Naibod-(oder Sonnen)bogen eingetragen, beim Mond auch die Häuserspitzen markiert. Es gelten die Positionen von Geburtstag zu Geburtstag. Fällige Aspekte.										
Progr. tag gültig ab Indextag			10. 2 20.	Hier werden die Sekundär-Positionen (aus der Ephemeride) eingetragen. Zu beachten: Sie gelten ab Indextag! Fällige Aspekte (rot bzw. grün). Spalte 1 und 2 mit vesch. farbigem Kugelschreiber ausfüllen.										
volle 51 J. 50°16'57" (Naibod) ab Geburtstg: 3.4.81			10. 3 20.	21°17' ♋	7°41' ♍	21°27' ♎	1°40' ♊ vorbei: ⚺ ☽(4) □ ♆(6)	1°52' ♓ vorbei: □ ☽(2) ☍ ♆(4) ∠ ♇(7)	2°20' ♌ vorbei: ⚹ ☽(8/80) ⚺ ♆	3°32' ♉ ☌ ☊(7)	16°41' ♊ ⚺ ♇	4°47' ♊ ☌ ☊	3°00'20" ♊	24°19' ♊ ⚹ Asz
24.5.1930 ab 11.7.81			10. 4 20.	15° ♈ Spitze 1. Haus ☌ ♀	18°00' ♋	0°50' ♐	14°05' ♈	11°02' ♑ R	22°23' ♊	22°47' ♈	29°10' ♊	26°05' ♉ R vorbei: ☌ ♀	2°34' ♊ vorbei: ∠ ♇	1°20' ♉
volle 52 J. 51°15'13" ab Geburtstg. 3.4.82		□ ☽ 13.5.82 ☍ ♆ 11.7.82	10. 5 20.	22°16' ♋	8°40' ♍	22°26' ♎			3°14' ♌ □ ☊	4°31' ♉	17°40' ♊		3°59' ♊ ⚺ ☊	25°18'
25.5.1930 ab 11.7.82			10. 6 20.	28° ♈ ☌ ☊	18°01 ♋					23°32' ♈	0°23' ♋	25°36' ♉	3° . ♊ ⚺ ☊	1°17' ♉
volle 53 J. 52°14'21" ab Geburtstg: 3.4.83	⚹ ♆ 22.4.83		10. 7 20.	23°15' ♋	9°39' ♍ ⚻ Asz (12/84)	23°25' ♎	3°38' ♊ ⚺ ☊		4°18' ♌		18°59' ♊ ∠ ☊		4°58' ♊	26°17' ♉ ⚺ ♀
26. 5.1930 ab 11.7.83			10. 8 20.	12° ♉	18°02' ♋					24°17' ♈ ☌ Asz		25°10 ♉ ⚺ Asz	4°29' ♊	1°14' ♉
volle 54 J. 53°13'30" ab Geburtstg. 3.4.84			10. 9 20.	24°14' ♋	10°38' ♍ △ MC ⚻ ♅ ⚻ ♀	24°24' ♎ ☍ Asz					19°38' ♊			1°11 ♉ △ ♆
27.5.1930 ab 11.7.84			10. 10 20.	√ 25° ♉ Spitze 2. Haus ☌ ☽	18°03' ♋					25°07' ♈				27°16' ♉
volle 55 J. 54° 12'38" ab Geburtstg. 3.4.85	⚹ ☊ 15.4.85		10. 11 20.	25°13' □ ♀	11°37' ♍ ⚻ ☉	25°23' ♎ ☍ ♀								1°08' ♉
28.5.1930 ab 11.7.85			10. 12 20.	9° ♊ √ ☌ ♃	18°04 ♋					25°47' ♈ ☌ ♀	4°00 ♋ ⚹ ☊			28°15'

TRANSITE 1982 HELMUT KOHL

Geboren am 3.4.1930 * 6.3 OGGERSHEIM-LU. L8.22 B49.29

```
 JUNI   JULI   AUG    SEPT   OKT    NOV    DEZ    ALEXANDER VON PRONAY
515152515152515152515152515152515152515152515152 51 TELEFON 02305-6630
<<<<<<<>>>>>>>>>>>>>>>>>>>>>>>>>>>>>>>>>>>>>>>>>>>h8 schze01grad
 !      !      !      !      !      !      ^^     !JU AS
 !      !      !      !     SS      !      !--    !JU MC   1^
 .      .      .      .      .^^    .      .  --  .JU SO   OS
 .      .      .      .      .   ^^ .      .    --.JU ME   2S
 .      .      .      .      .      .      .^^    .JU VE   0-
 .      .      .      .      .TT    .      .      .JU MA   1Q
 .      .      .      .      ^^     .      .      .JU JU
 .      .      .      .      SS     .      .--    .JU SA   0^
 .      .      .      .     ^^      .      .--    .JU UR   0S
SSSSS   . SSSS.       .      .             .      .JU NE
 .      .      .      .      .     TT      .      .JU PL
 .^^^^  .^^^^^ .      .      .      .      .      .JU MO
 .      .      . OOO  .      .      .      .      .JU MN
<<//>>>>>>>>>>>>>>>>>>>>>>>>>>>>>>>>>>>>>>>>>>>>>>h7 skorp02
 !      !      !      !      !  OOOO!      !      !SA AS
 .      .      .      .      .     OOO     .      .SA VE
 .      .      .      .      .      .----  .      .SA MA   1S
 .      .      .      .      .     ----    .      .SA JU   0^
---     -----  .      .      .      .      . SSS  .SA NE
 .      .      QQQ    .      .      .      .      .SA PL   5O
-------------- .      .      .      .      .^^^^  .SA MO
<<<<<<<<<<<<<<<<>>>>>>>>>>>>>>>>>>>>>>>>>>>>>>>>>>h8 schze06
 .    QQQQQQQQQ     QQQQQQQQ.      .      .      .UR NE
----    .      .      .      .----  .      .      .UR PL   6Q
 .    OOOOOOOOOOOOOOOOOOOOOO.      .      .      .UR MO
 .      .      .      .      .      .^^^^  .      .UR MN
<<<<<<<<<<<<<<<<<<<<<//>>>>>>>>>>>>>>>>>>>>>>>>>>>h9 schze27
 !     TTTTTTTT       !      !   TTTTTTT   !      !NE AS   6T
TTT     .      .      .      .      .      TTTTT  .NE VE   4T
<<<<<//////>>>>>>>>>>>>>>>>>>>>>>>>>>>>>>>>>>>>>>>h7 waage29
O!      !      !   OOOOOOO   !      !      !      !PL AS   7Q
 .      .      .      .      OOOOO  .             .PL VE   8Q
 .      .      .      .      .      .   ------    .PL MA   4T
 .      .      .      .      .   -----     .      .PL JU
<<<<<<<<<<<<<<<<<<<<<<<<<<<<<<<<<<<<<<<<<<<<<<<<<<h3 krebs03
 !      !      !   OOOO      !      !      !      !MN MC   6T
 .      .  QQQQ.      .      .      .      .      .MN SO
 .QQQQ  .      .      .      .      .      .      .MN ME
 .      TTTT   .      .      .      .      .      .MN MA
 .      .      OOOO   .      .      .      .      .MN SA   7T
 .      .      .QQQQ  .      .      .      .      .MN UR
 .      .      .      .      .      .      .      .MN NE   2T
 .      .      .      .      .      .      .      .MN PL
 .      .      .      .      .      .      .      .MN MO
 .      .      .      .      .      .      .    SS.MN MN
51515251515251515251515251515251515251515251515251
 JUNI   JULI   AUG    SEPT   OKT    NOV    DEZ              SESAM
```

30 SEP 82 DONN . HELMUT KOHL

```
                                   SOLAR 82
ME'SA QUA <<                      :2Q  40
ME'UR OPP <<                      :3KOT
       ME'MC QUA 10.42            :3Q  1T
               JU JU ^   35       :
           JU SA SEX 7            :0^    3S
         JU UR ^   -5             :0S
  JU MC SEX -45                   :1^    2S
    UR NE QUA -32                 :      3Q
                 UR PL §   43     :6Q
   UR MO OPP -42                  :  0T  30
                NE AS TRI 37      :6T  3S1T
             PL VE OPP 22         :8Q0T  00
PL AS OPP -60                     :7Q    00
```

1 OKT 82 FREIT. HELMUT KOHL

```
                                   SOLAR 82
             JU JU ^   23 -       :
         JU SA SEX -5             :0^    3S
       JU UR ^   -17              :0S
JU MC SEX -57                     :1^    2S
    UR NE QUA -35                 :      3Q
                UR PL §   40      :6Q
  UR MO OPP -45                   :  0T  30
                NE AS TRI 36      :6T  3S1T
             PL VE OPP 19         :8Q0T  00
                   PL JU §   59:
```

2 OKT 82 SAMST. HELMUT KOHL

```
                                   SOLAR 82
              VE MO TRI 22.10     :      4Q
                  JU SO ^   51    :0S  0S
           JU JU ^   11           :
       JU SA SEX -17              :0^    3S
     JU UR ^   -29                :0S
   UR NE QUA -37                  :      3Q
                UR PL §   37      :6Q
  UR MO OPP -47                   :  0T  30
               NE AS TRI 35       :6T  3S1T
            PL VE OPP 17          :8Q0T  00
                   PL JU §   56:
```

TAGESTRANSITE FÜR HELMUT KOHL

29.SEP 82		SO'OPP <<	VE ^ 5.36		MC SEX -33		MO OPP -39	AS TRI 37	AS OPP -57		A
MITTW 82		6 1K '1K	6 0K0K'0S0S		7 1^ ' 2S		8 0T' 30	9 6T '3S1T	7 7Q ' 00		L
		JU'TRI 6.12			UR ^ 7		NE QUA -29		VE OPP 24		E
		6 2S '			7 0S '		8 ' 3Q		7 8Q0T' 00		X
		SA'QUA 16.17			SA SEX 19		PL § 45				A
		6 2Q '40			7 0^ ' 3S		8 6Q '				N
		UR'OPP 20.34			JU ^ 47						D
		6 3K0T'			7 0K0K'						E
30.SEP 82		SA'QUA <<			MC SEX -45		MO OPP -42	AS TRI 37	AS OPP -60		R
DONN 82		6 2Q '40			7 1^ ' 2S		8 0T' 30	9 6T '3S1T	7 7Q ' 00		
		UR'OPP <<			UR ^ -5		NE QUA -32		VE OPP 22		V
		6 3K0T'			7 0S '		8 ' 3Q		7 8Q0T' 00		0
		MC'QUA 10.42			SA SEX 7		PL § 43				N
		6 3Q '1T			7 0^ ' 3S		8 6Q '				
					JU ^ 35						P
					7 0K0K'						R
1.OKT 82					MC SEX -57		MO OPP -45	AS TRI 36	VE OPP 19		0
FREIT 82					7 1^ ' 2S		8 0T' 30	9 6T '3S1T	7 8Q0T' 00		N
					UR ^ -17		NE QUA -35		JU § 59		A
					7 0S '		8 ' 3Q		7 '		Y
					SA SEX -5		PL § 40				
					7 0^ ' 3S		8 6Q '				D
					JU ^ 23						4
					7 0K0K'						6
2.OKT 82			MO TRI 22.10		UR ^ -29		MO OPP -47	AS TRI 35	VE OPP 17		2
SAMST 82			6 ' 4Q		7 0S '		8 0T' 30	9 6T '3S1T	7 8Q0T' 00		
					SA SEX -17		NE QUA -37		JU § 56		C
					7 0^ ' 3S		8 ' 3Q		7 '		A
					JU ^ 11		PL § 37				S
					7 0K0K'		8 6Q '				T
					SO ^ 51						R
					7 0S '0S						0
	Sonne	Merkur	Venus	Mars	Jupiter	Saturn	Uranus	Neptun	Pluto		
5.MAER83		VE SEX <<	JU SEX <<		AS § -7	MK'OPP 1	AS § 58		MA'§ 57	NE'SEX -42	P
SAMST 82		11 '	12 0§ '		8 3K'	7 7T1Q'	8 '		7 4T '	3 2T '	
		UR § <<	SO KON 7.04								R
		11 3K0T'	12 1§' 1§								A
		SA § 3.15									U
		11 2Q '40									X
		SO § 19.59									E
		11 1K '1K									L
6.MAER83		ME § 22.31	ME KON 18.17		AS § -11	MK'OPP -2	AS § 57		MA'§ 56	NE'SEX -46	
SONNT 82		11 0K0K'	12 '		8 3K'	7 7T1Q'	8 '		7 4T '	3 2T '	
HELMUT KOHL	SONNE	MERKUR	VENUS	MARS	JUPITER	SATURN	URANUS	NEPTUN	PLUTO	MONDK.	
	FI1617	FI 027	WI1526	WI 801	SE1017	SK 400	SE 906	SE2906	WG2911	KR 023	

Die Transite Sonne bis Mars sind mit Uhrzeitangabe der Fälligkeit. Wird ⟩⟩ angezeigt, erfolgt der Übergang am nächsten Tag, denn der Orbis ist unter 1°. Bei ⟨⟨ war der Übergang bereits. Bei Transiten von Jupiter bis Pluto ist der Entfernungswert in Bogenminuten ausgewiesen. Bei einem Minuszeichen davor, klingt der Transit bereits ab. Die 2. Zeile bringt den Hinweis auf das Horoskophaus und – wenn vorhanden – bis zu vier Hinweisen auf Wiederholungsaspekte.

1. Radix 2. Solar 3. Radix/Solar 4. Solar/Radix. ' bedeutet Rückläufigkeit, § = Halb- und Anderthalbquadrat, ∧ = Quinkunx

HELMUT KOHL
OGGERSHEIM-LU
03.041930
MEZ 6.3 AM
LAENGE 8.224
BREITE 49.294

ARMC= 281.42
MC= 10CP45
ASC= 25AR07
VTX= 09LI18
KO= 08LI27

	EKLIPTIKAL LAENGE	BREITE		WAHRE REKTASZENSION W.A.R.		DEKL.	
SO	12AR45	+00	00	SO	11	43	+05 02
ME	14AR32	-00	49	MO	58	20	+22 48
VE	26AR26	-00	45	ME	13	42	+04 59
MA	13PI16	-01	11	VE	24	47	+09 30
JU	12GE05	-00	22	MA	345	03	-07 40
SA	11CP37	+00	45	JU	70	39	+21 53
UR	11AR25	-00	39	SA	282	33	-22 12
NE	01VI12	R+00	40	UR	10	45	+03 55
PL	17CA26	-00	10	NE	153	28	+11 41
MO	01GE02	+02	29	PL	108	53	+22 09
NO	04TA03	+00	00	NO	31	48	+12 53

	MDMC	MDIC	AD.PHI
SON	90.01	89.59	5.55
MON	136.38	43.22	29.28
MER	91.60	88.00	5.52
VEN	103.05	76.55	11.18
MAR	63.21	116.39	9.04
JUP	148.57	31.03	28.02
SAT	.51	179.09	28.32
URA	89.03	90.57	4.36
NEP	128.14	51.46	13.60
PLU	172.49	7.11	28.27
NOD	110.06	69.54	15.31

	AO	DO	POLHOEHE
SON	6.10	00.00	47.42
MON	37.13	00.00	40.36
MER	8.05	00.00	48.20
VEN	13.45	00.00	48.51
MAR	352.08	00.00	42.32
JUP	56.35	00.00	31.10
SAT	282.57	00.00	.58
URA	6.25	00.00	47.47
NEP	00.00	163.00	38.43
PLU	00.00	112.12	8.06
NOD	17.14	00.00	47.44

PRIMAERDIREKTIONALE ORTE IN LAENGE
EREIGNISDATUM 01.101982
NAIBODBOGEN 51.44.32

	PROGRESSIV		REGRESSIV
SON	26GE36	SON	16CP01
MON	17CA59	MON	05PI23
MER	29GE04	MER	17CP25
VEN	04CA42	VEN	23CP31
MAR	06GE52	MAR	06CP33
JUP	29CA08	JUP	07AR09
SAT	02PI33	SAT	23SC17
URA	26GE56	URA	16CP12
NEP	22SC39	NEP	00CA51
PLU	11VI28	PLU	29TA40
NOD	06CA38	NOD	29CP20
MC	01PI25	MC	22SC22
AS	03CA33	AS	20CP12
KO	15SC36	KO	01VI09
VX	20SC01	VX	28LE19

30 GRAD-TEILUNG FUER HELMUT KOHL OGGERSHEIM-LU
KUEHRWERTE FUER DAS DATUM VOM 01.101982
GRAD

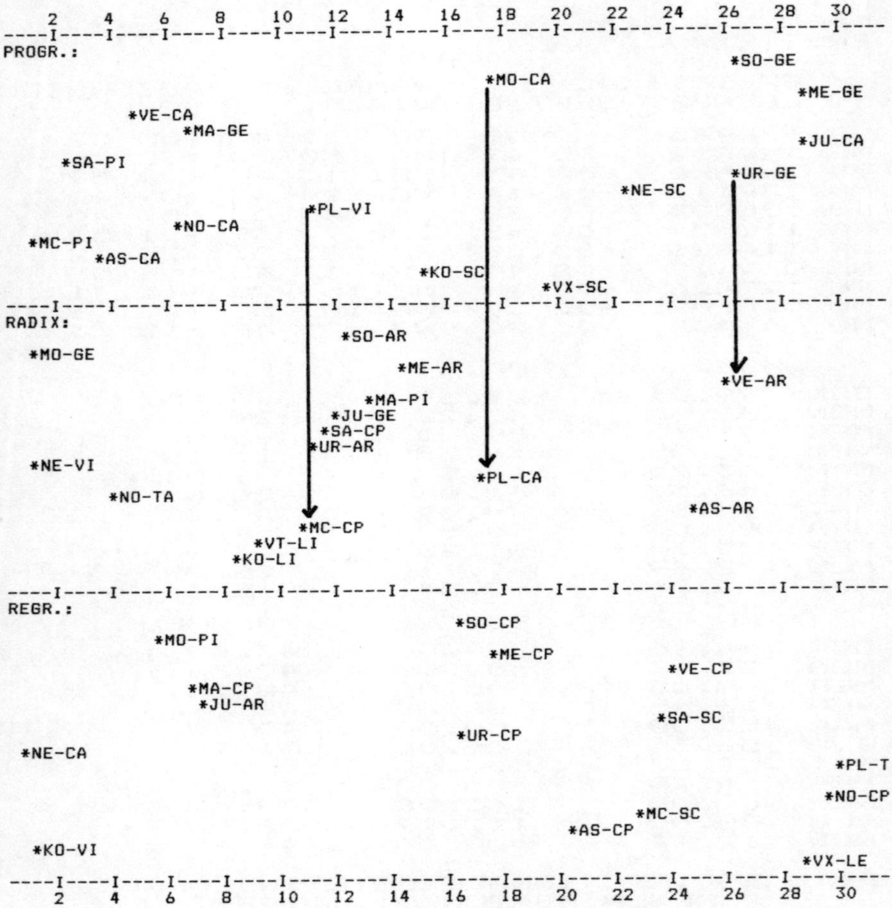

```
DER "SPRECHER" HEISST:PLUTO
     ---------
AR          AO          DO          POLH.

                        112.2        8.06
                        61.92
                        -----
NAIBOD DEZ.             50.28

DER "SENDER " HEISST: MOND
     ------
61.03  LAENGE

SPRECHER                          SENDER

PLUTO         0   -GRAD           MOND

EREIGNISDATUM 7.4.1981

DER "SPRECHER" HEISST:VENUS
     ---------
AR          AO          DO          POLH.

            13.75                   48.51
            334.83
            -----
            38.92       NAIBOD DEZ.

DER "SENDER " HEISST: URANUS
     ------
11.41  LAENGE

SPRECHER                          SENDER

VENUS        -60   -GRAD          URANUS

EREIGNISDATUM 26.9.1969

DER "SPRECHER" HEISST:MC.
     ---------
AR          AO          DO          POLH.

281.7                               00.00
224.97
-----
56.73    NAIBOD DEZ.

DER "SENDER " HEISST: PLUTO
     ------
107.44 LAENGE

SPRECHER                          SENDER

MC.          120   -GRAD          PLUTO

EREIGNISDATUM 23.10.1987
```

TRANSITE 1984 HELMUT KOHL

Geboren am 3.4.1930 * 6.30 OGGERSHEIM-LU. L8.22 B49.29

```
Autor Astrologe JAN   FEBR  MAERZ APRIL MAI   JUNI  JULI  AUG   SEPT  OKT   NOV   DEZ   ALEXANDER VON PRONAY
Gerhard Vehns  1515251515251515251515251515251515251515251515251515251515251515251515251 TELEFON 02305-6630
25schze 9h>>>>>>>>>>>>>>>>>>>>>>>><<<<<<<<<<<<<<<<<<<<<<<<<>>>>>>>>>>>>>>>>>>>>>>>h10stein21grad
    JU AST      !     !     !     !     !     !     !     !     !     !     !     !JU AS
1^  JU MC!      !     !  KKK!     !    KKKK   !     !     !     !     ! KK  !     !JU MC  1^
0S  JU SO.      .     .     . QQQQQQQQQ .     .     .     .     .     .   QQ.     .JU SO  0S
2S  JU ME.      .     .     .     .     .     .     .     .     .     .    QQ     .JU ME  2S
0-  JU VETT     .     .     .     .     .     .     .     .     .     .     .     .JU VE  0-
1Q  JU MA.      .     .     .  SSSSS    .     .     .     .     .     .   SS.     .JU MA  1Q
    JU JU.      .     .     ^^^   .   ^^^     .     .     .     .     .  ^^ .     .JU JU
0^  JU SA.      .     .    KKK    .    KKK    .     .     .     .     .  KK .     .JU SA  0^
0S  JU UR.      .     .    QQ     .    QQQ    .     .     .     .     .  QQ .     .JU UR  0S
    JU NE.     T.     .     .     .     .     .     .     .     .     .     .--   .JU NE
    JU PL.      .     .     .     .     .     .     .     .     .     .     . 00  .JU PL
    JU MO.     ^.     .     .     .     .     .     .     .     .     .     .--   .JU MO
    JU MN.      .TT   .     .     .     .     .    TTTT   .  TTT.     .     .     .JU MN
13skorp 7h>>>>>>>>>//<<<<<<<<<<<<<<<<<<<<<<<<<<<//>>>>>>>>>>>>>>>>>>>>>>>>>>>>>>>>h7 skorp24
    SA AS!      !     !     !     !     !     !     !     !     !     !     !    ^!SA AS
0K  SA MC!      !     !     !     !     SSSS  !     ! SSSS!     !     !     !     !SA MC  0K
1Q  SA SO.      .     .     .     ^^^   .     .     .     . ^^^ .     .     .     .SA SO  1Q
2Q  SA ME.^^^   .     .     .^^^  .     .     .     .     .    ^^^^   .     .     .SA ME  2Q
1S  SA MA.      .     .     .    TTT    .     .     .     .  TTT.     .     .     .SA MA  1S
0^  SA JU.      .     .     .     .  ^^ .     .     .     ^^^   .     .     .     .SA JU  0^
    SA SA.      .     .     .     .   SS.     .     .    SSS    .     .     .     .SA SA
0Q  SA UR.      .     .     .     .   ^^^     .     .    ^^     .     .     .     .SA UR  0Q
50  SA PL.      .     .     .     .     .     .     .     .     .   TTTT    .     .SA PL  50
11schze 8h>>>>>>>>>>>>>>>////<<<<<<<<<<<<<<<<<//>>>>>>>>>>>>>>>>>>>>>>>>>>>>>>>>>>h8 schze15
    UR AS!      !     !     !     !     !     --------   ---------    !     !     !UR AS
1K  UR SO.     TTTTTT .     .   TTTTTTT .     .     .     .     .     .  TTT.     .UR SO  1K
3K  UR ME.      .     .     .     .     .     .     .     .     .     .     .  TTT.UR ME  3K
    UR VE----   .     .     .     .    -----  .     .     .     .   ---     .     .UR VE
    UR MA.      .QQQQQQQQQQQQQQQQQQ     .     .     .     .     .     .  QQQ      .UR MA
0S  UR JU.  0000.     .     .     . 00000     .     .     .     .     0000  .     .UR JU  0S
    UR URTTTT   .     .     .     .    TTTTT  .     .     .     .   TTT     .     .UR UR
29schze 9h>>>>>>>>>>>>>>>>////<<<<<<<<<<<<<<<<<<<<<<<<<<<<>>>>>>>>>>>>>>>>>>>>>>>>h9 stein01
    NE NE.      . TTTTTTTTTTTTTTTTTTTTTTT     .     .     .     .     .     . TTTT.NE NE
0Q  NE MO.      .^^^^^^^^^^^^^^^^^^^^^^^^     .     .     .     .     .     . ^^^^.NE MO  0Q
01skorp 7h>>>>>//<<<<<<<<<<<<<<<<<<<<<<<<<<<<///>>>>>>>>>>>>>>>>>>>>>>>>>>>>>>>>>>h7 skorp04
1-  PL NE.      .     .    SSSSSSS.     .     .     .     .   SSSSS   .     .     .PL NE  1-
1-  PL MO.      .     .    ^^^^^^^.     .     .     .     .  ^^^^^^   .     .     .PL MO  1-
    PL MN.      .     .     .     .     .     .     .     .     .     .     .00000.PL MN
14zwill 2h<<<<<<<<<<<<<<<<<<<<<<<<<<<<<<<<<<<<<<<<<<<<<<<<<<<<<<<<<<<<<<<<<<<<<<<<h1 stier25
9K  MN AS!      !     !    ---    !     !     !     !     !     !     !     !     !MN AS  9K
6T  MN MC!      !     !^^^^ !     !     !     !     !     !     !     !     !  ---!MN MC  6T
    MN SO.     SSSS   .     .     .     .     .     .     .     .     .---- .     .MN SO
    MN MESSS    .     .     .     .     .     .     .     .     .---- .     .     .MN ME
7K  MN VE.      .    ----   .     .     .     .     .     .     .     .     .     .MN VE  7K
    MN MA.     QQQ    .     .     .     .     .     .     .     .     .     .     .MN MA
    MN JU.      . KKKK.     .     .     .     .     .     .     .     .     .     .MN JU
7T  MN SA.      .   ^^^     .     .     .     .     .     .     .     .   ----    .MN SA  7T
    MN UR.      .    SSSS   .     .     .     .     .     .     .     .    ----   .MN UR
2T  MN NE.      .     .     .     .     .     .     .     QQQQ  .     .     .     .MN NE  2T
    MN PL.      .     .     .     .     .     .  --- .     .     .     .     .     .MN PL
    MN MO.      .     .     .     .     .     .     .     .KKKK .     .     .     .MN MO
               1515251515251515251515251515251515251515251515251515251515251515251515251
SESAM          JAN   FEBR  MAERZ APRIL MAI   JUNI  JULI  AUG   SEPT  OKT   NOV   DEZ              SESAM
```

```
TRANSITE    1985      HELMUT KOHL

Geboren am  3.4.1930 * 6.3  OGGERSHEIM-LU. L8.22 B49.29

Autor Astrologe JAN  FEBR  MAERZ APRIL MAI   JUNI  JULI  AUG   SEPT  OKT   NOV   DEZ   ALEXANDER VON PRONAY
Gerhard Vehns   151525151525151525151525151525151525151525151525151525151525151525151525151 TELEFON 02305-6630
21stein10h>>>>>>>>>>>>>>>>>>>>>>>>>>>>>>>//<<<<<<<<<<<<<<<<<<<<<<<>>>>>>>>>>>>>>>>>>>>>>>h11wassm18
     JU AS!  QQ !     !     !     !     !     !     !     !     !     !     !     !JU AS
OS   JU SO.     .     .     . SSS .     .     .    SSS    .     .     .    SS    .JU SO  OS
2S   JU ME.     .     .     .   SSS     .     . SSS .     .     .     .     . SS  .JU ME  2S
0-   JU VE.   QQ.     .     .     .     .     .     .     .     .     .     .     .JU VE  0-
1Q   JU MA.     -     .     .     .     .     .     .     .     .     .     .     .JU MA  1Q
     JU JU.    -.     .    .TTT   .     .     .    TTT    .     .     .   TTT     .JU JU
OS   JU UR.     .     .    SSS    .     .     .    SSSS   .     .     .  SSS      .JU UR  OS
     JU NE.     . ^^  .     .     .     .     .     .     .     .     .     .     .JU NE
     JU PL.     .     .     .     .     .     .     .     .     .     .     .    ^.JU PL
     JU MO.     . TT  .     .     .     .     .     .     .     .     .     .     .JU MO
     JU MN.     .   QQ      .     .     .     .     .     .     .     .     .     .JU MN
24skorp 7h>>>>>>>>>>>//<<<<<<<<<<<<<<<<<<<<<<<<<<//>>>>>>>>>>>>>>>>>>>>>>>>>>>>>>>>h8 schze05
     SA AS^^^   !     !     !     ! ^^  !     !     !     !    ^^^    !     !     !SA AS
OK   SA MC! --  !     !     !    --     !     !     !     !    !---   !     !     !SA MC  OK
1Q   SA SO.     .-------------    .     .     .     .     .     .    ----   .     .SA SO  1Q
2Q   SA ME.     .     .     .     .     .     .     .     .     .  .----  .     .SA ME  2Q
     SA VE.   ^^.     .     .   ^^^.    .     .     .     .     . ^^^ .     .     .SA VE
     SA SA.   ---     .     .   ---.    .     .     .     .     . ----.     .     .SA SA
0Q   SA UR.   --.     .     .   ---.    .     .     .     .     . --- .     .     .SA UR  0Q
     SA NE.     .     .     .     .     .     .     .     .     .     .    QQQ    .SA NE
50   SA PL.     .     .     .     .     .     .     .     .     .     .     ----  .SA PL  50
     SA MO.     .     .     .     .     .     .     .     .     .     .    OOO    .SA MO
7T   SA MN.     .     .     .     .     .     .     .     .     .     .     .  ^^^.SA MN  7T
15schze 8h>>>>>>>>>>>>><<<<<<<<<<<<<<<<<<<<<<<<<<<<<<>>>>>>>>>>>>>>>>>>>>>>>>>>>>>>>h8 schze19
3K   UR ME.     .     .     .     .     .     TTTTTTTT    .TTTTTTTT   .     .     .UR ME  3K
6Q   UR PL.     ^^^^^^^^    .^^^^^^^^^  .     .     .     .     .     .    ^^^    .UR PL  6Q
     UR MN.     .     .     .     .     .     .     .     .     .     .     .   --.UR MN
01stein 9h>>>>>>>>>>>>>>//////<<<<<<<<<<<<<<<<<<<<<<<<<<<<<>//>>>>>>>>>>>>>>>>>>>>h9 stein03
     NE NET     .     .     .     .     .     .    TTTTTTTTTTTTTTTTTTTTT      .     .NE NE
0Q   NE MO^     .     .     .     .     .     .    ^^^^^^^^^^^^^^^^^^^^^      .     .NE MO  0Q
2T   NE MN.     .     .    TTTTTTTT.    .     .     .     .     .     .     .     .NE MN  2T
04skorp 7h>>>>>//<<<<<<<<<<<<<<<<<<<<<<<<<<<<////>>>>>>>>>>>>>>>>>>>>>>>>>>>>>>>>>h7 skorp06
     PL MNOOO   .    OOOOOOOOOO   .     .     .     .     .    OOOOO .     .     .PL MN
25stier 1h<<<<<<<<<<<<<<<<<<<<<<<<<<<<<<<<<<<<<<<<<<<<<<<<<<<<<<<<<<<<<<<<<<<<<<<<<<<h1 stier05
6T   MN MC!     !     !     !     !     !     !     !     !   TTTT    !     !     !MN MC  6T
     MN MA.     .     .     .     .     .     .     .SSSS .     .     .     .     .MN MA
7T   MN SA.     .     .     .     .     .     .     .     .TTTT .     .     .     .MN SA  7T
     MN PL.     .     .     .     .   SSS     .     .     .     .     .     .     .MN PL
                151525151525151525151525151525151525151525151525151525151525151525151525151
SESAM           JAN  FEBR  MAERZ APRIL MAI   JUNI  JULI  AUG   SEPT  OKT   NOV   DEZ               SESAM
```

Erklärung zu den Jahrestransiten von Jupiter bis Mondknoten:
Links und rechts außen sind Spalten mit Angaben zur Radixkonstellation der beiden Aspektpartner. Ausgedruckt sind der Orbis in Bogengrad und die Art des Aspekts. In den Spalten der Monate sind die Angaben jeweils für 1., 5., 10., 15., 20. und 25. Es bedeuten: K = Konjuktion, S = Sextil, Q = Quadrat, T = Trigon, O = Opposition; außerdem –– = Halb- bzw. Anderthalbquadrat, ^^^= Quinkunx. Die Transite zu Sonne und Mond sind halbfett. Der Lauf der Planeten ist durch Pfeile markiert, je nach Direkt- oder Rückläufigkeit. Es ist ersichtlich, in welchem Haus („h") sich der Planet befindet.

ALEXANDER VON PRONAY D-462 CASTROP-RAUXEL HEIMSTAETTENWEG 38 TELFON 02305-6630 * SESAM 83 (C) 1983 AUTOR GERHARD VEHNS

HELMUT KOHL S82

EREIGNIS AM 2.4.1982 * 21.03 BONN L7.06 B50.44

HELMUT KOHL

EREIGNIS AM 3.4.1930 * 6.3 OGGERSHEIM-LU. L8.22 B49.29

						MO 7 TRI							AS 25'03 WI
MO 9 TRI						UR 7 TRI					SA 8 QUA	AS 9 OPP	2 00'59 ZW
UR 8 TRI		AS 8 OPP			SA 7 QUA	SA 7 OPP		JU 9 TRI			MK 7 OPP	MC 8 TRI	3 22'24 ZW
SA 6 OPP		MK 8 QUA		UR 7 OPP	ME 7 QUA	ME 7 KON		PL 8 QUA	PL 8 OPP		ME 7 QUA	MO 8 QUA	>4 10'45 KR
MK 5 QUA	MA 5 OPP	MO 7 QUA		SA 7 TRI	MK 6 OPP	MK 6 QUA	PL 5 SEX	MA 8 QUA	NE 7 TRI	MA 8 TRI	AS 6 SEX	MK 6 QUA	5 01'06 LO
MC 3 TRI	SA 4 OPP	SA 7 OPP	AS 8 TRI	MC 4 SEX	JU 3 SEX	MC 4 TRI	NE 4 TRI	SO 4 QUA	JU 4 OPP	VE 4 QUA	JU 2 SEX	SA 5 OPP	6 00'39 JU
MA 3 OPP	MK 3 QUA	PL 0 OPP	UR 8 QUA	MA 2 TRI	MA 2 QUA	MA 1 OPP	VE 4 OPP	UR 1 §§	AS 0 OPP	UR 3 OPP	MA 1 QUA	NE 1 TRI	>7 25'03 WA
VE 1 §	MC 1 TRI	NE 0 TRI	MK 5 TRI	PL 1 §§	SO 1 QUA	SO 1 KON	AS 3 SEX	SA 1 QUA	MO 0 QUA	MO 2 SEX	SO 1 QUA	VE 1 SEX	8 00'59 SE
SO 0 KON	SO 1 KON	VE 0 SEX	JU 5 TRI	SO 0 SEX	VE 0 §	VE 0 §	UR 3 QUA	MK 0 KON	UR 0 ^	ME 2 SEX	VE 0 §	PL 0 OPP	9 22'24 SE
SO	**ME**	**VE**	**MA**	**JU**	**SA**	**UR**	**NE**	**PL**	**MK**	**MO**	**MC**	**AC**	MC 10'45 SB
12'44 WI	14'31 WI	26'25 WI	13'16 FI	12'04 ZW	11'36 SB	11'24 WI	01'11 JU	17'25 KR	04'03 ST	01'01 ZW	10'45 SB	25'03 WI	11 01'06 WM
ME-SA	MA/SA	VE-NE 0S	JU/MK	SA-MO	ME/SA	SO-MA 30	NE-AS	MA-PL	ME-UR 0T	NE/AS	SO/MA 30	SO-JU	12 00'39 FI
SO-MA 30	ME-PL	MK-MO	MA/MC 6S	>MK-AS	SO/MA 30	ME-SA	SO-MK 5Q	*SO/SA 60	MK-MC	SO/MK 5Q	UR-MC	MK-MO	
	NE/MO	>SA/AS	*SO-MC 3T	MA-MC 6S	*UR-MC	UR/MC	JU-NE			JU/NE	ME/SA	*MA/JU	
	VE-UR 8Q	SO-JU	ME/VE	JU-MK								SO-AS	SESAM 83
	SO-SA 60		PL/MO 7Q									VE-NE 0S	
			SA/MO										

Solarhoroskop für 1982

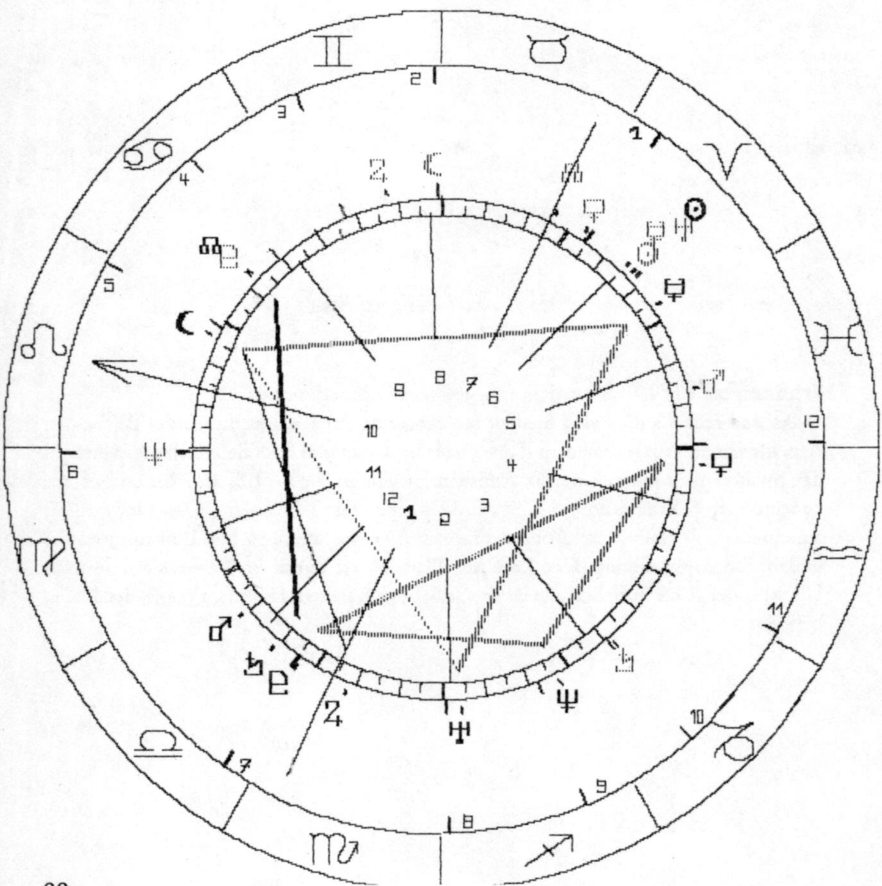

2. Teil

Bewertung und Deutung der Direktionen

Zusammenfassendes Merkschema als Deutungshilfe

Die Radixplaneten werden zu **Promissoren,** d. h., **sie sprechen zum Geborenen** gemäß ihrer Natur. Das gilt auch für ihre Aspektstellung, die schwach (Sextil) bis stark positiv (Trigon) sind oder negativ (Quadrat, Opposition), am intensivsten die Konjunktion.
Die **Sonne** sagt aus über Vitalität, Geltungsbedürfnis.
Der **Mond** sagt aus über Gefühl und Phantasie.
Merkur sagt aus, wie sich Vernunft und Vermittlungstätigkeit äußern.
Venus zeigt an, welcher Art Hingabe und Harmoniebedürfnis sind.
Mars läßt erkennen, in welcher Weise Energie, Initiative und Triebhaftes angewendet werden.
Jupiter gibt Hinweise auf das Lebensoptimum, wie es um das „Glück" steht.
Saturn kündet von Einsicht, Entsagung oder Leid.
Uranus spricht über Zufall und Mißgeschick, über die Richtung der Veränderung.
Neptun zeigt an, ob und wieweit geistige Schwingungen aufgenommen werden oder reichen.
Pluto drückt die Abhängigkeit vom Kollektiv aus. Der **Mondknoten** spricht von der Qualität der Gemeinschaftsbeziehungen.
Ein **Signifikator** sendet Impulse aus, **will** etwas ganz Bestimmtes erreichen. Seine „Schwingungen" treffen den Promissor oder dessen Aspektpunkte und werden dadurch positiv oder negativ geformt und äußern sich im Sinne der von diesem Planeten vertretenen Prinzipien.
Die **Sonne** *will* Macht, Geltung und Vitalität anregen.
Der **Mond** *will* Gefühle erzeugen, Phantasie auswirken oder Wechsel herbeiführen.
Merkur *will* Zweckhaftes, will durch Rede und Schrift vermitteln.
Venus *will* Harmonie erreichen, will liebevolle Hingabe.
Mars *will* Energie einsetzen, Initiative wecken oder steigert Sexualität.
Jupiter *will* Glück, Ausdehnung, Entfaltung.
Saturn *will* Konzentration, Abgrenzung, Beschränkung.
Uranus *will* die radikale Erneuerung, den Umschwung, durch einen „Zufall" eingreifen.

Neptun *will* die feingeistige, ideelle, umfassende humanitäre Orientierung erreichen.
Pluto *will* den Einfluß des Kollektivs spürbar machen.
Der **Mondknoten** *will* zur Gemeinschaft hinführen.

Die Sonne als Signifikator („Sender") ☉

Die Alten nannten Sonne und Mond „Hauptlichter". Das kennzeichnet den herausgehobenen Rang beider Gestirne. So sind in jedem Fall Direktionen mit der Sonne, sei es als Signifikator oder Promissor, ganz besonders wichtig. Aber es gibt graduelle Unterschiede in der Bewertung des Sonnenstandes, sei die Sonne „Sender" oder „Sprecher". Unbedingt muß der Arbeit mit den Direktionen (das gleiche gilt für die Transite) das gründliche Studium der Sonnenposition im Radixhoroskop vorausgehen. Zwar ist z. B. die Sonne Regentin des Löwen, doch kann diese Stellung durchaus beeinträchtigt sein, wenn sie sich etwa im 6. oder 12. Haus aufhält. Umgekehrt wird jede Wassermann-Sonne im 1. Haus stehend, evtl. durch Bindung an den Asz oder durch ihre Position nahe einer anderen „Ecke" des Horoskops, aufgewertet. Sehr wichtig ist es ferner zu untersuchen, an welchen Aspekten die Sonne beteiligt ist und ob es sich um eine harmonische oder eine disharmonische Konstellation handelt. Daher ist es nützlich, sich ein Aspektarium des Radixhoroskops anzulegen, am besten gleich mit Angabe der Bogengrade der Genauigkeit.* Ist die Sonne an einigen Aspekten im Radix beteiligt, wird dies ihre Stellung als Signifikator verstärken. Außerdem gibt es öfter Wiederholungsaspekte. Eine im Geburtshoroskop schwache Sonne kann auch in den Direktionen keine überzeugenden Leistungen bringen.
Ist die Sonne bei einem Direktionsaspekt „Sender", gehen von ihr ganz bestimmte Impulse aus. Wir haben bei Sonne als Signifikator zu fragen: Was bewirkt die geistige Konstitution des Horoskop-Eigners? In welcher Richtung wird sie sich äußern (worüber die jeweiligen Promissoren dann als „Sprecher" aussagen)? Die Sonne ist die Lebensenergie, die Vitalität in ihrer Gesamtheit. Demnach wird im fraglichen Zeitabschnitt die Lebenskraft eine Rolle spielen. Sie kann in positiven Aspekten sowohl gesundheitlich eine Verbesserung bringen, sich aber auch in mentaler Hinsicht durch Unternehmungsgeist oder Schwung bemerkbar machen. Als Repräsentant des Ich zeigt der Signifikator Sonne auch an, wie es um Ehre, Auszeichnungen, um das Ansehen und die soziale Stellung des Horoskop-Eigners steht. Ist

* vgl. Solarhor. H. Kohl, S. 88.

dieser eine Frau, kann die Sonnenposition auch Bezug auf den Gatten haben, bei Kindern auf den Vater. In diesem Falle müßte man auch konkret fragen: Welche Rolle spielt der Vater bei einem Kind zu dieser Zeit?

Diese Beispiele zeigen, wie der fragliche Lebensbereich der „Sonnenwirkung" abzuschätzen ist. Grundsätzlich sollte man die genannten Bedeutungen immer berücksichtigen, auch wenn kriminalistischer Scharfsinn sogleich einer gewissen Fährte folgen will. Anhaltspunkte ergeben sich aus der Stellung der Sonne in einem der Radixhäuser, sodann aus der Beobachtung des Zeichens Löwe und des 5. Hauses, die ja der Sonne zugeordnet sind. Fällt das Zeichen Löwe etwa in das 2. Haus, können die materiellen Reserven bzw. das finanzielle Leistungsvermögen angesprochen sein, ist Löwe im 11. Feld, werden evtl. von Freundschaften die Anregungen ausgehen, die der Promissor aufgreift und als „Sprecher" definiert.

In zweiter Hinsicht kommt es darauf an, in welcher spezifischen Art und Weise der Promissor einzustufen ist. Wieder gilt es, das Geburtshoroskop zu untersuchen. Ist der Planet dort direkt – oder rückläufig – was seine Qualität mindern würde, steht er im eigenen Zeichen oder wenigestens in einem verwandten, in dem er durch Trigonokratie mitherrscht? So ist ein Mars im Widder sehr kräftig, aber auch im Löwen noch überdurchschnittlich gestellt. In welche Aspekte ist der Promissor im Radix eingebunden? Sind es kräftige Konstellationen, sind sie positiv einzuschätzen, liegt eine Eckenbindung vor? Sodann ist die Frage nach der Hausposition zu beantworten. Auf welchen Sektor des Horoskops also ist der Planet durch Hausbesetzung bezogen bzw. durch Anwesenheit „seines" Zeichens? Damit kann klarer werden, in welchen Lebensbereich hinein der Promissor „wirken" wird, in welcher Sache er als „Sprecher" zu Wort kommt. Nicht nur Anfänger tun gut, bei der Durcharbeitung von Direktionsaspekten Notizen anzufertigen, damit kein Detail vergessen wird. Erst danach sollte der fällige Direktionsaspekt geprüft werden.

D 1 **⊙ Sonne dir. harmonisch zu ⊙ Sonne r** ⊙

Die Sonne als Promissor betrifft die Individualität, das Machtstreben, Vitalität und Gesundheit, auch Vorgesetzte, Behörden, Staat, Institutionen, die für den Horoskop-Eigner sehr wichtig sind, staatliche, kommunale oder kirchliche Korporationen, bei Frauen die Ehe, Vater, Gatte, nahestehende männliche Personen. Meistens liegt um das 30. und 60. Lebensjahr eine Periode relativer Vitalität und des Einverständnisses mit sich selbst vor. In den Jahren von Sonnen-Direktionen lebt der Mensch intensiver und entfaltet voller seine Individualität. Dies begünstigt die Durchsetzung innerhalb der Umwelt, kann aber auch dazu führen, daß bisher weniger zur Geltung gebrachte Wesenszüge deutlicher werden. Je nach der Veranlagung, die das Radixhoroskop erkennen läßt, wird der Lebensabschnitt durch ehrgeiziges Verhalten und durch mehr Selbstbewußtsein auffallen. Die Charaktereigentümlichkeiten, welche die Radixposition der Sonne gemäß ihrer Zeichenstellung anzeigt, machen sich stärker bemerkbar, so daß das Sonnenzeichen mehr Gewicht haben wird als das Zeichen, in dem der Mond steht, bzw. in das der Asz r. fällt.

Die Sonne als Promissor in den Häusern:

⊙ **im 1. Haus:** Mehr Dynamik, größere Aktivität, besseres Leistungsstreben.
⊙ **im 2. Haus:** Eine gesunde Einstellung zu den materiellen Belangen. Es gelingt, Reserven anzulegen, bzw. kann mit einem festen Einkommen gerechnet werden. Wichtige Unternehmungen brauchen ihre Zeit. Man darf nichts übereilen.
⊙ **im 3. Haus:** Vorteile durch Wort und Schrift, besonders günstig für Schriftsteller oder verwandte Berufe, aber auch für Unterschriftsleistung, Abmachung, Studien, für den Umgang mit Geschwistern oder Nahverwandten, für die Durchführung amtlicher Veränderungen oder für eine größere Beweglichkeit im Lebensablauf. Es gelingen Studien, eine Prüfung wird bestanden oder markiert einen Einschnitt im Leben. Bei Kaufleuten sehr günstig für Geschäfte, besonders auch für kurzfristige Termine.
⊙ **im 4. Haus:** Tradition setzt sich gegenüber Neuerung durch. Vortei-

le durch Elternhaus, Heimat, innere Bindung an die Vergangenheit, Planung für das Alter, Förderung von Unternehmungen, die dem Besitz gelten.

☉ im 5. Haus: Wenn die Geburtskonstellation Spekulationen zuläßt, können sie jetzt besonders gelingen. Pädagogische Erfolge, Glück durch den Umgang mit einem Kind. Die Sphäre des Triebhaften wird stärker angesprochen, so daß entsprechend dem Lebensalter auch auf ein sehr intensives Liebeserlebnis zu schließen ist.

☉ im 6. Haus: Im Krankheitsfall eine gute Heilungsaussicht, Vorteil im Arbeitsverhältnis, besonders durch Zusammenarbeit mit abhängigen Personen. Man richtet sich in die zwangsläufig gegebenen Existenzverhältnisse ein und kann das Mögliche erreichen.

☉ im 7. Haus: Anerkennung des eigenen Leistungsstrebens durch die Öffentlichkeit, Erfolge in Partner- oder Teilhaberschaft. Das Ich findet zum Du, Chance für einen Eheschluß, Entfaltung der persönlichen Anlagen, die Chance „ein anderer zu werden".

☉ im 8. Haus: Nutzen im Zusammenhang mit einer Hinterlassenschaft, mehr geistiges Profil gewinnen, aber auch Einordnung der Sexualität in den Gesamtbezug der eigenen Persönlichkeit. Intensivere Auseinandersetzung mit Bewußtseinsübergängen, mit Traum und Tod, mit der Wiedergeburt.

☉ im 9. Haus: Idealistische Gesamtbetrachtung des Lebens, weite Horizonte, sowohl geistig wie lokal, also größere Ortsveränderung, Reise, positive Auseinandersetzung mit der Religion. *Trad.:* Angenehmes durch angeheiratete Verwandte.

☉ im 10. Haus: Sozialer Aufstieg, beruflicher Erfolg, Hilfe durch Protektion (wenn das Radix Hinweise gibt). Popularität durch Medien.

☉ im 11. Haus: Hoffnungen und Wünsche erfüllen sich, eine Freundschaft bewährt sich, fördernde Lebensumstände treten ein und helfen auf vielen Gebieten voran.

☉ im 12. Haus: Das Glück liegt in der Beschränkung, Trennung im guten, auf schicksalhafte Weise kann „reiner Tisch" gemacht werden, bewußter Verzicht auf Aufwand und materielle Mittel, einen einfachen Lebensrahmen anstreben und diesen ausfüllen.

D 2 ☉ Sonne dir. im Spannungsaspekt mit ☉ Sonne r

Das Halbquadrat kann sich in der Zeit des Klimakteriums bzw. der

Midlife-Crisis verschärfend auswirken. Es kann sich um direkte gesundheitliche Störungen handeln, die sich evtl. organisch niederschlagen oder aber als Verunsicherung, Zweifel an sich selbst, als Mangel an innerer Sicherheit und Störung des geistigen Gleichgewichts. Kritische Sonnenaspekte können andere Direktionen einer ähnlichen Richtung verstärken oder auslösen und damit zum Anzeichen einer unsicheren Lebensperiode werden.

☉ **im 1. Haus:** Falsche Initiative, Prioritäten im Leben werden nicht richtig gesetzt, die Leistungserwartung ist überzogen, die Dynamik des Auftretens gestört, es gibt Probleme im Milieu oder mit einem Partner bzw. einer Partnerin, die durch die Asz-Lage bedingte gesundheitliche Indisposition kann deutlich werden.

☉ **im 2. Haus:** Finanzielle Einbuße, materieller Verlust, es fehlt an sicheren Lebensumständen.

☉ **im 3. Haus:** Mißerfolge bei Studien oder in Prüfungen, Anregungen einer Reise können nicht aufgenommen werden, *Trad.:* Verdruß durch Geschwister.

☉ **im 4. Haus:** Disharmonische Verhältnisse, die Heim und Heimat betreffen, Unruhe im Alter, berufliche Probleme oder solche durch Haus und Eigentum. Keine Wertschätzung der eigenen Leistung durch andere. Ungünstig für Wohnungswechsel oder Kauf.

☉ **im 5. Haus:** Mißerfolge bei Spekulationen, Verluste im Spiel, durch Vergnügungen, Lebensgenuß. Enttäuschung in Partnerangelegenheiten.

☉ **im 6. Haus:** Krankheitsneigung, herabgesetzte Vitalität, eine Heilung braucht längere Zeit. Ungünstig für Herz und Kreislauf. *Trad.:* Untreue Angestellte und Untergebene, Streit mit Anverwandten.

☉ **im 7. Haus:** Mißerfolg in der Öffentlichkeit oder in Partnerschaft. Probleme in der Ehe, Verlust eines Prozesses, persönliche Nachteile oder Zurücksetzung.

☉ **im 8. Haus:** Eingeschränkte Gesundheit, allgemeine Verlusttendenz, besonders auch durch die Familie. *Trad.:* Verlust durch einen Todesfall, schlecht für Erbschaft.

☉ **im 9. Haus:** Einem falschen Ideal folgen; Ausweitung des eigenen Lebensrahmens gelingt nicht, weil von falschen Voraussetzungen ausgegangen wird. *Trad.:* Verlust auf Reisen, Unannehmlichkeiten durch Gerichtspersonen oder durch Behörden.

⊙ **im 10. Haus:** Hindernisse beim beruflichen oder sozialen Aufstieg, Probleme beim beruflichen Wirken oder im Zusammenhang mit der Öffentlichkeit. *Trad.:* Verleumdung, Ehrverlust, Schwierigkeiten mit Eltern oder Vorgesetzten.
⊙ **im 11. Haus:** Illusionen, Enttäuschung im Hobby oder Verzicht auf Förderung durch sozial Höherstehende. *Trad.:* Falsche Freunde.
⊙ **im 12. Haus:** Anfälligkeit gegen Krankheiten, eingeschränkte Lebensverhältnisse, Unzufriedenheit, Behinderung des Fortkommens. *Trad.:* Heimliche Feinde, Aufenthalt im Gefängnis oder in einer geschlossenen Anstalt, im Krankenhaus.

D 2 a **⊙ Sonne ☌ Konjunktion ⊙ Sonne**
Jede Wiederkehr der Sonne zu ihrer Geburtstagsposition, sei es durch Transite oder direktionär, etwa durch Profektionen, kann ähnlich gewertet werden wie beim Solarhoroskop, nämlich als bemerkenswerter Impuls für einen neuen Lebensabschnitt.

D 3 **⊙ Sonne harmonisch zum ☽ Mond**
Die Art der Verbindung von Sonne und Mond in der Geburtsfigur gibt Aufschluß über die grundsätzliche innere Harmonie eines Menschen. Ist das „Zusammenspiel" der beiden Hauptlichter gegeben, d. h. durch einen harmonischen Aspekt angezeigt, selbst wenn der zulässige Orbis dabei überschritten wird, kann dies als ein gutes Omen für das ganze Leben gelten, denn Verstand und Gefühl, Geist und Seele sind dann aufeinander abstimmbar. Besonders der am Geburtstag zunehmende Mond gilt als Anzeichen für ein harmonisches Dasein und einen glatten Lebensverlauf. Wird eine solche Radixkonstellation durch einen Transit oder stärker noch durch eine Direktion aktiviert, wird der Geborene seine Persönlichkeit besser zur Geltung bringen können, innerlich gelöst sein, sich realistische Ziele setzen, die in jenen Lebensbereichen zu suchen sind, die vom Signifikator Sonne und vom Promissor Mond angesprochen werden. Von der Sonne als „Sender" gehen gemäß der ihr eigentümlichen Bedeutung Anstöße aus, die den Promissor zu jenen Reaktionen veranlassen, die ihm nach seiner Position zugeschrieben sind. Es gehört zum Wesen einer Sonne-Mond-Konstellation, daß sie in besonderer Weise auf Freundschaften, Partnerschaften oder Zusammenarbeit zu beziehen

☉

ist, daß sie gemäß der Natur des Mondes auch Wechsel in Lebensumständen anzeigt. Was die Sonne als Signifikator im Hinblick auf Konstitution, Lebenskraft, Gesundheit, Ansehen etc. ausdrückt, wird auf dem Wirkungsfeld des Mondes deutlich. Das bedeutet z. B. konkret, welchen Einfluß die Gesundheit auf Gefühl und Phantasie hat, wie die Vitalität das seelische Verhalten steuert, in welcher Hinsicht die Gesamtveranlagung des Ich Gestaltung und Wechsel in Lebensumständen bewirkt. Man kann aber auch mutmaßen, wie „sonnige“ Unternehmungen oder Reaktionen das „Mondische“ im Radix berühren, etwa Angelegenheiten, die Verwurzelung in der Heimat, im Volk, Beziehungen zur Mutter u. a. m. betreffen. Gerade beim Mond spielen auch Regeln der Tradition eine Rolle. Nach diesen betrifft der Mond als Promissor Frauen im allgemeinen, Witwen, Kinder, weibliches Dienstpersonal, weibliche Anverwandte und bei Männern die Ehe. Die harmonische Direktion der Sonne mit dem Mond macht Verbesserungen oder Fortschritte möglich und begünstigt durch Phantasie und eine positive seelische Grundeinstellung die Dynamik des Geborenen, seine Befähigung zur Initiative und vor allem zum Wechsel in Milieuumständen bzw. in der Partnerschaft. Es kann sich hierbei sowohl um das Eingehen einer wichtigen oder neuen glücklichen Beziehung handeln, wie um den Abbruch eines lästigen oder hemmenden Kontakts.

Hat der Mond **Bezug auf das 2. Haus** oder kommt die Sonne als Signifikator aus diesem Sektor, dann ist ein Aufschwung in jenen Geschäften möglich, die finanzieller Art sind oder das Anlegen materieller Reserven begünstigen. Die positiven seelischen Reaktionen erleichtern es, materielle Ziele zu erreichen.

Bei **Bezug auf das 3. Haus** ist an kaufmännische Abwicklungen zu denken, an Reise- oder Werbetätigkeit, an Studien, die nach Lust und Laune betrieben werden, also eine emotionale Ursache haben. Mit dieser Konstellation kann man seine Ideen „verkaufen“, innerhalb der nächsten Umgebung populär werden und anderen an der eigenen positiven Lebenseinstellung teilhaben lassen.

Bei **Bezug auf das 4. Haus** können Angelegenheiten der Eltern, besonders der Mutter angesprochen werden, wird eine innere Bindung an die Heimat möglich sein oder es gelingen, sich ein eigenes, gemütliches Heim zu schaffen. Auch diese Konstellation fördert die Be-

liebtheit und „macht bekannt". Unter dieser Direktion kann eine eigene Familie begründet werden oder festigen sich nach einem Wechsel die Lebensumstände, etwa auch in Verbindung mit beruflichem oder sozialem Aufstieg, Umzug oder Ortswechsel.
Bei **Bezug auf das 5. Haus** kann es bei einer Frau zu einer Schwangerschaft oder Geburt kommen, gelingt es dem Horoskop-Eigner, sich intensiv auf seine Kinder einzustellen und diese zu verstehen, ihnen zu helfen und das innere Band fester zu knüpfen.
Bei **Bezug auf das 6. Haus** kann sich die Gesundheit vor allem über das Psychische bessern. Der Geborene ist in seiner Gesamtverfassung aufnahmebereiter, weicher gestimmt, empfindsamer, paßt sich den gegebenen Arbeitsverhältnissen besser an, leidet auch weniger unter einer zwangsläufig gegebenen Enge oder verkraftet Alltagsstreß besser.
Bei **Bezug auf das 7. Haus** ist eine gute Möglichkeit gegeben, eine Dauerbeziehung einzugehen, etwa eine Ehe, aber auch geschäftliche Teilhaberschaft oder öffentliches Wirken. Das Ich findet in besonderer Weise eine glückliche Resonanz beim Du.
Bei **Bezug auf das 8. Haus** wird das innere Gleichgewicht besser ausbalanciert sein, weil eine positive emotionale Einstellung Bewußtseinsübergänge erleichtert. Ein aktives Traumleben beeinflußt günstig und mindert innere Spannungen, auf deren Abbau im erotischen Bereich unbewußte Reflexionen von Einfluß sind. *Trad.:* Günstig für Erbschaften.
Bei **Bezug auf das 9. Haus** profitiert die Weltanschauung, werden über die emotionale Verfassung höhere geistige Interessen angesprochen, kann eine Hinwendung zu natürlicher Religiosität geschehen. Der Geborene ist durch Rituale ebenso beeindruckbar wie durch gefühlvolle kultische Verehrung. *Trad.:* Auslandsbeziehung, weite Reise.
Bei **Bezug auf das 10. Haus** wird in erster Linie eine Förderung der gesellschaftlichen Position möglich sein, nach Auffassungen der Tradition durch den Partner bzw. die Partnerin. Im übrigen kann ein Wechsel in beruflichen oder häuslichen Angelegenheiten eine Verbesserung der Position bringen und wird der Geborene aus beengten Lebensumständen herausfinden. Ein Zuwachs an Popularität ist zu erwarten, Zugewinn an Ansehen und Ehre.

⊙

Bei **Bezug auf das 11. Haus** werden Vorteile durch Freunde oder Gönner zu erlangen sein, bzw. können nützliche Verbindungen angebahnt werden oder lassen sich Hoffnungen und Wünsche verwirklichen.

Bei **Bezug auf das 12. Haus** ist eine gute Voraussetzung geschaffen, mit Gegnern oder Feinden fertig zu werden, durch Angriffe von Kritikern sich nicht berührt zu fühlen und über mißliche Lebensumstände zu triumphieren. Allerdings wird dieser Sieg im Detail durch den Verlust der großen Linie erkauft werden. Der inneren Verfassung wird dadurch aber kein Abbruch getan.

D 4 ⊙ Sonne im Spannungsaspekt zum ☽ Mond

Wie bei jeder Direktion ist zuvor zu prüfen, ob ein Wiederholungsaspekt vorliegt, was den Eindruck einer negativen Direktion verstärken würde. Eine solche Sonne-Mond-Verbindung signalisiert innere Disharmonie und damit gesundheitliche Anfälligkeit, vornehmlich über die Psyche. Innere Unausgeglichenheit kann zu Mißverständnissen führen, besonders Probleme im zwischenmenschlichen Bereich bringen, sei es in einer Zweisamkeit oder anderen Partnerschaft, sei es am Arbeitsplatz mit Kollegen oder in der Beziehung zu Vorgesetzten. Unter dieser Direktion gibt es Launen und Pech, Fehlschläge durch Unsicherheit des Instinkts. In den Jahren mit derartigen Direktionen kann es ungünstige Veränderungen geben.

Hat die Konstellation **Bezug auf das 1. Haus,** sind Schwierigkeiten im Milieu oder in den Belangen der wirtschaftlichen Existenz zu suchen, fühlt sich der Geborene nicht ausgelastet, wie etwa durch Arbeitslosigkeit, oder weil eine Beziehung abgebrochen wird oder leerläuft.

Bei **Bezug auf das 2. Haus** werden über psychisches Fehlverhalten finanzielle Verluste eintreten oder wird in materiellen Lebensumständen eine ungünstige Veränderung getroffen. Es sind Zeiten, in denen keinesfalls spekuliert werden darf.

Bei **Bezug auf das 3. Haus** können unerfreuliche Vorfälle auf Reisen passieren, kann, wenn Mars oder Uranusaspekte ebenfalls vorliegen, ein Verkehrsunfall sich ereignen, verlaufen Geschäfte nicht befriedigend, wird es zum Zerwürfnis mit Geschäftsfreunden kommen oder werden Studien in einer falschen Richtung unternommen. Es ist die

allgemeine bzw. besonders seelische Konzentrationsfähigkeit gestört, was sich geschäftlich nachteilig auswirken kann.
Bei **Bezug auf das 4. Haus** wird Unruhe im eigenen Heim stärker empfunden, löst man sich unter Zwang vom Wohnort, muß umziehen oder Wechsel in familiären Umständen ertragen, bzw. eine Trennung von den Eltern verkraften. Es ist gleichzeitig für die wirtschaftliche Existenz keine günstige Voraussetzung und erschwert es, „Macht" zu demonstrieren und zu Einfluß zu gelangen.
Bei **Bezug auf das 5. Haus** würden Spiel und Spekulation mißlingen, Vergnügungen ein schales Gefühl hinterlassen, was auch für eine unbedachte Partnerverbindung zutreffen kann. Die Konstellation steht einer Liebesverbindung nicht im Wege, wird aber, wenn das Vergleichshoroskop Probleme aufweist, diese verschärft für den Geborenen spürbar werden lassen. Unter dieser Konstellation sorgt man sich um das Wohlergehen der Kinder und ist als Lehrer oder Erzieher mit seinem Beruf nicht zufrieden, bzw. empfindet dessen Belastungen.
Bei **Bezug auf das 6. Haus** wird eine seelische Fehlhaltung psychosomatische Krankheiten bringen oder Störungen, die sich dann auch organisch auswirken können. Zusammenarbeit mit anderen gelingt weniger gut, es fehlt an der Bereitschaft zur Anpassung bzw. an der Lust zur Veränderung oder es gibt Mißklänge für den Geborenen, sowohl in der Position als Chef wie als Arbeitnehmer. Vor allem aber wird eine Minderung der Vitalität sich als Leistungsabfall zeigen.
Bei **Bezug auf das 7. Haus** dürfte es in einem solchen Jahr schwer sein, in der Öffentlichkeit für das eigene Wirken eine positive Resonanz zu finden. Probleme ergeben sich durch unangepaßtes Partnerverhalten, vor allem in der Ehe. Weist das Partnerhoroskop gravierende Spannungsaspekte auf, kann es unter einer solchen Direktion zum Bruch kommen.
Bei **Bezug auf das 8. Haus** wird die Einvernahme des Ererbten, seien es materielle Werte oder auch körperliche, seelische Eigenschaften bzw. Veranlagungen, Talente etc. kaum glatt gelingen. Es ist aber auch eine Konstellation, die in den Krisenjahren des Lebens, seien es Pubertät, Klimakterium etc. Probleme mit der eigenen Sexualität bringen kann. Bedürfnisse werden nicht ausgelebt, sondern verdrängt oder bleiben unerfüllt.
Bei **Bezug auf das 9. Haus** haben Reisen oder Auslandsaufenthalte

nicht den erhofften Effekt, bleibt Sehnsucht in die Ferne unerfüllt oder steht die eigene psychische Verfassung im Wege, wenn man sich gedanklich zu einer neuen Weltanschauung durchringt.
Bei **Bezug auf das 10. Haus** gibt es Schwierigkeiten beim Berufswechsel, werden wirtschaftliche Existenzbedingungen oder gesellschaftliche Ansprüche härter, verliert man an Einfluß und Ansehen. Es mangelt am Gefühl für die richtigen Zeitumstände, bzw. erweist sich der Geborene anfällig für Komplexe und Stimmungen, erleidet entweder Minderwertigkeitsgefühle oder neigt zu einer Übersteigerung seiner Ansprüche.
Bei **Bezug auf das 11. Haus** erweisen sich Freundschaften als enttäuschend, ist der Geborene selbst kein aufrichtiger oder treuer Freund oder macht sich Illusionen hinsichtlich bestimmter Hoffnungen und Wünsche im Zusammenhang mit dem Partner.
Bei **Bezug auf das 12. Haus** ist die Gesundheit ähnlich anfällig wie beim 6. Haus beschrieben, bzw. ist man selbst schuld, wenn Fehlverhalten zu einem Abhängigkeitsverhältnis führt, dessen Konsequenzen man als drückend empfindet. *Trad.:* Verlust durch Großvieh, durch Feinde, Aufenthalt im Gefängnis oder einer geschlossenen Anstalt.
Der **Vollmond** ist nicht unbedingt negativ zu bewerten. Er kann einen Sonne-Mond-Aspekt des Geburtshoroskops deutlicher werden lassen und somit einen bestimmten Lebenseinschnitt markieren, er kann andererseits auch die innere Bereitschaft zu einem Durchbruch bringen, der als „befreiende Tat" völlig neue Voraussetzungen für den Daseinsablauf schafft. Da bei der Vollmond-Direktion ja die jeweiligen Gegenzeichen angesprochen werden, ist sorgfältig zu prüfen, wieweit diese in der Radixfigur von Bedeutung sind. Evtl. kann hier der Schlüssel zu einem vertieften Verständnis der Prognose liegen. Da eine Vollmond-Konstellation auch stets die einander gegenüberliegenden Häuser betrifft, die in einem Sinnzusammenhang miteinander stehen, muß deren gemeinsame Bedeutung beachtet werden. Ein Vollmond in den Häusern 1 und 7 wird also besonders Partnerprobleme verschärfen, im 2. und 8. die materielle Struktur der Existenz betreffen, im 6. und 12. von Einfluß auf die Gesundheit, die Widerstandsfähigkeit und das Regenerationsvermögen sein etc.

D 5 Die ☌ Konjunktion von ☉ und ☽ Mond

Im Radix entspricht die Konjunktion der Neumondstellung, die zwar das jeweilige Tierkreiszeichen besonders heraushebt, damit aber auch eine gewisse Einseitigkeit anzeigt und die Vitalität schwächt. Die Sonne, als Signifikator mit dem Platz des Mondes verbunden, hat keine solche einschränkende Wirkung, sondern ist im Horoskop eines männlichen Nativen eine Konstellation der Vereinigung von Körper und Seele, die daher ganz speziell auf eine Heirat hinweist. Astrologisch ist als solche jene Verbindung zu verstehen, die von den Beteiligten als „Ehe" aufgefaßt wird, auch ohne das vor dem Standesbeamten abgegebene Ja-Wort. Die Konjunktion aktiviert den Mond, wenn er als Promissor im Radix eine gute Position hat. Im Horoskop einer Frau kann wohl ein Bezug auf den Partner gegeben sein, jedoch versinnbildlicht das Vorrücken der Sonne auf den Mondort, daß männliche Potenzen das weibliche Empfinden unterdrücken oder daß die Frau von einem Partner „vereinnahmt" wird. Bei kritischen Mars-Venus- bzw. Uranus-Venus-Aspekten kann das auf körperliche Vergewaltigung hinauslaufen, bei harmonischen Konstellationen der Geschlechtsplaneten aber erkennen lassen, daß eine Frau ihre biologischen Aufgaben erfüllt. Um im modernen Sprachgebrauch zu bleiben: Die Konjunktion ist im Horoskop einer Frau emanzipationsfeindlich, kann aber eine Empfängnis, Schwangerschaft oder Geburt anzeigen. Im übrigen wird durch diese Konstellation bei beiden Geschlechtern die Bedeutung des jeweiligen Horoskophauses herausgestellt und werden Aspekte, an denen der Mond als Promissor im Radix beteiligt ist, stärker spürbar sein. Bei einer Konjunktion ist immer auch an die übertragenen Bedeutungen zu denken, also an Vater und Mutter, deren Schicksal dann mit dem des Nativen besonders verbunden ist, sowie an die gesundheitliche Verfassung.

Vollmond und Neumond können in den Direktionen nach den Auslegungen der Tradition auch Hinweise geben für die Beendigung einer bestimmten Lebensphase, evtl. des ganzen Daseins.

D 6 ☉ Sonne harmonisch mit ☿ Merkur

Die Steuerung der Lebensvorgänge erfolgt unter dieser Direktion vom Intellekt her. Das heißt, daß „vernünftige" Lösungen für anstehende Probleme gesucht und gefunden werden. Betroffen sind vor

allem jene Ereignisebenen, in denen das Merkurische gut ansetzen kann, also sachlich-nützliche Kontakte, Geschäftsleben, Studien, Prüfungen, überhaupt mündliche und schriftliche Äußerungen, ferner auch Rechtsangelegenheiten, Eingaben an die Behörde etc. Der Native wirbt für sich richtig und bringt seine positiven Anlagen bewußt zur Geltung. Die Direktion wird besonders bei einem im Geburtshoroskop stark gestellten Merkur oder bei den Tierkreiszeichen Zwillinge und Jungfrau in herausgehobener Position wirksam werden können. Verstärkt günstig ist der Aspekt zu beurteilen, wenn Merkur auf das 3., 9. und 12. Haus determiniert ist.
Merkur mit **Bezug auf das 1. Haus:** Persönlicher Vorteil durch geschicktes, diplomatisches Reagieren, Ausnützen der gegebenen Sachlage durch die Vernunft, Vorteil durch wissenschaftliche, literarische oder kaufmännische Tätigkeit, bzw. durch geistige Auseinandersetzung mit der Umwelt. Stärkung der Nerven und damit bessere Konzentrationsfähigkeit sowie der Gesundheit, soweit diese nervlich beeinflußt wird.
2. Haus: Geldverdienst im Beruf, durch Verhandlungs- oder Vermittlungstätigkeit, durch Handel und geschickte Kapitalanlage. Besser noch für Aktien und Warengeschäfte, als für Immobilien.
3. Haus: Ein Studienjahr oder gute Lehrzeit, Erfolge in mündlichen und schriftlichen Prüfungen, Reisetätigkeit. Besonders günstig für Schriftsteller, Journalisten, Kaufleute, Computertechnik. *Trad.:* Gutes Verhältnis zu Geschwistern und Nachbarn.
4. Haus: Orts- oder Wohnungswechsel, Nutzen durch Elternhaus und Heimat, Ausbau der eigenen Existenz, Gedankenklarheit im Alter.
5. Haus: Geistig anregende Liebesbeziehung, intensive Beschäftigung mit künstlerischem Hobby, mit Literatur, pädagogische Erfolge, *Trad.:* Gewinne durch Spekulation oder Wetten.
6. Haus: Bessere Gesundheit durch starke Nerven, sich als Patient einsichtig verhalten und dadurch gesunden, bewußte Einstellung zu Hygieneangelegenheiten, etwa auch Gewichtsreduzierung aus Vernunftgründen, Einhaltung von Diät aus Überzeugung oder Notwendigkeit. Gute Zusammenarbeit mit Personal, Arbeitskollegen, geschicktes Ausnützen des Arbeitsverhältnisses, dadurch mehr Handlungsspielraum erzielen. *Trad.:* Vorteile durch kleine Tiere.

7. Haus: Vorteilhafte Kontaktbemühungen gut für die Ehe, Nutzen durch Anzeigen oder andere Werbung, Public Relations, Teilhaberschaft, Eintritt in eine Handelsgesellschaft oder Gründung einer solchen, vorteilhaft für Prozeßausgang.
8. Haus: Vermögenszuwachs durch Ehe, Erbschaft, Teilhaberschaft, gedankliche Auseinandersetzung mit dem Traumleben, positive Einstellung zum Tod.
9. Haus: Anregungen durch See- oder Auslandsreisen, günstig für Auswanderung, Umgang mit Ausländern, Beschäftigung mit Geographie, Politik, Eintritt in eine Partei, da Weltanschauung eine große Rolle spielt.
10. Haus: Beruflicher, geschäftlicher, gesellschaftlicher Erfolg, besonders günstig für Kaufleute, Journalisten, Diplomaten, äußere Ehre, Anerkennung, Kreditfähigkeit, Möglichkeit, beruflich wichtige Pläne realisieren zu können.
11. Haus: Freundschaft auf geistiger Basis, Wunscherfüllung, weil man von sachlichen Voraussetzungen ausgeht; Erwartungen, die auf gedanklicher Klarheit beruhen, realisierbar zu machen.
12. Haus: Vorteile in Prozeßangelegenheiten, weil eine kluge Taktik eingeschlagen oder eine List gebraucht wird.

D 7 **☉ Sonne im Spannungsaspekt mit ☿ Merkur**
Mißerfolg infolge eines Fehlurteils, eines Versagens bei einer Prüfung, schlechte Verhandlungsposition, Schaden durch Zerstreutheit. Wenn das Geburtshoroskop Neigung zu Lüge und Täuschung erkennen läßt, bringt die Direktion das stärker zum Ausdruck und weist auf Selbsttäuschung bzw. Hintergehung anderer, woraus dem Nativen letztlich Schaden erwächst.
Merkur mit **Bezug auf das 1. Haus:** Persönlicher Mißerfolg oder Verlust, angegriffene Nerven, bei Neigung zu Depression: Gemütsleiden evtl. Neurose. Ungünstig für Wohnortwechsel, Veränderungen im Milieu, unmotivierte Sprunghaftigkeit.
2. Haus: Unannehmlichkeiten in Geldsachen, sich in einer Kreditsache übernehmen, Kreditwürdigkeit einbüßen, Verminderung der Einnahmen, Verluste an der Börse, schlecht für Merkur-Berufe wie Kaufmann, Journalist, Lehrer.
3. Haus: Unruhe und Hektik mindern die Erfolgsaussichten im Ge-

schäftsleben, lassen einen falschen Studiengang einschlagen, erschweren die Konzentrationsfähigkeit. Man ist nervlich nicht in der Lage, die Anregungen, die eine Reise oder ein Auslandsaufenthalt bieten, anzunehmen. Bei entsprechendem Radix geistige Verstocktheit. *Trad.:* Ärger durch Geschwister und Nachbarn, unangenehme Briefe bzw. Nachteil durch Unterschriftsleistung.

4. Haus: Nachteile durch Grundstücksspekulation, Mißhelligkeiten in einer Wohnungssache, ungünstig für Umzug, besonders wenn dieser mit dem Beruf zusammenhängt. Probleme mit dem Elternhaus, Verdruß wegen einer Angelegenheit, bei der Tradition eine Rolle spielt. *Trad.:* Streit mit den Eltern.

5. Haus: Falsche Vorstellungen in einer Herzenssache, ungenügende Einstellung auf die Kinder. *Trad.:* Verlust durch falsche Spekulation.

6. Haus: Nervöse Störungen, evtl. eingebildete Krankheiten. *Trad.:* Verlust durch diebische Angestellte, Stellungswechsel zuungunsten des Nativen.

7. Haus: Auseinandersetzung in der Ehe, Scheidungsgedanken, Verlust durch Teilhaber oder Mitarbeiter, Kritik durch Presse und Medien, Nachteile bei öffentlichem Wirken.

8. Haus: Verlust durch Teilhaberschaft. *Trad.:* Mißerfolg in Erbschafts- oder Mitgiftprozeß.

9. Haus: Ungünstig für weite Reisen und Auslandsaufenthalte, für Zusammenarbeit mit Ausländern, Beschäftigung mit einer Ideologie, Studien, Nachteile durch Eintritt in eine Partei mit besonderer Weltanschauung, Kirchenaustritt wegen Kirchensteuer, Mißverhältnis zwischen Vernunft und Glaube.

10. Haus: Beruflicher Fehlschlag, Schädigung des Ansehens, Zurücksetzung, schlechte Abstimmung von beruflichen Pflichten und häuslichen Interessen, Nervosität und Hektik.

11. Haus: *Trad.:* Unehrliche Freunde und Schaden durch diese, Verdruß durch Kinder.

12. Haus: Nervlich bedingte Krankheiten, Auflösungsprozeß, bei der Bewältigung beruflicher Angelegenheiten auf Hindernisse stoßen, Verlust eines Prozesses. *Trad.:* Listige und mächtige Feinde, Aufenthalt in Nervenheilanstalt.

D 8 ⊙ Sonne harmonisch mit ♀ Venus

Impulse und Interessen, vom Signifikator Sonne „gesendet", werden von Venus umgesetzt in eine Steigerung des Liebes- bzw. Harmonieverlangens, einer ästhetischen-harmonischen Lebensführung, bewirken eine optimistische Grundeinstellung und wecken Interessen an Geselligkeit und Hobby. Diese Direktion hat einen ausgesprochen partnerschaftlichen Bezug, so daß besonders die Konjunktion als Heiratsaspekt gilt.

Venus mit **Bezug auf das 1. Haus:** Stärkeres Harmonieverlangen, sich dem Milieu anpassen, dadurch Vorteile erzielen, kräftigere Gesundheit, Lebensfreude, Sympathieerwerb, bessere Fähigkeit zur Integration. Verstärkte Bemühungen um eine Partnerbeziehung.

2. Haus: Aus einer gelösten inneren Einstellung heraus materielle Angelegenheiten mit Schwung angehen, Vorteile in Kreditangelegenheiten und in Venus-Berufen: Kunst, Kunstgewerbe, Versorgung und Unterhaltung der Menschen, dekorative Berufe etc.

3. Haus: Günstig für schriftstellerische Arbeit, insofern sie künstlerische Themen betrifft. Beschäftigung mit traditionell weiblichen Handarbeiten. Unterstützung privater, partnerschaftlicher Vorhaben durch Vertrag, Dokumente, Briefe, Studien. *Trad.:* Erfolge durch Geschwister und Nachbarn, Nutzen durch eine Reise.

4. Haus: Vorteilhaft für Gartenbau und Gartenkunst, Blumen und Obstbau, Floristen, Dekorationen, Freude am eigenen Heim, Harmonie mit den Eltern, Zufriedenheit im Alter, Gewinne im Zusammenhang mit Haus und Hof, Immobilien.

5. Haus: Anregung zu künstlerischem Schaffen, Kreativität, Liebesbeziehung, Harmonie mit Kindern, Zufriedenheit im pädagogischen oder künstlerischen Beruf, Aktivitäten im Showgewerbe. Erfolge im Sport, in der Jugendfürsorge, im Erziehungswesen. *Trad.:* Gewinn bei Wetter, durch Spekulation oder Lotterie, Liebesabenteuer.

6. Haus: Gute Gesundheit, Vorteile durch Mitarbeiter, auch in Berufen, die mit der Kosmetikindustrie im weitesten Sinn in Verbindung zu bringen sind. *Trad.:* Vorteil durch Onkel und Tante, befriedigendes Mietverhältnis.

7. Haus: Glück in Herzensangelegenheiten, Anknüpfung, Verlobung, Heirat, Verbesserung ehelicher Verhältnisse; Erfolge in Teilhaberschaften, in Geschäften, in sozialer Hinsicht, im Zusammenhang mit der Öffentlichkeit. Juristische Angelegenheiten werden bereinigt, ein Prozeß günstig abgeschlossen. ⊙

8. Haus: Gesunde Erotik, beglückende Partnerbeziehung, *Trad.:* Vermögen durch Mitgift, Erbschaft, durch den Tod anderer, auch durch Teilhaberschaft.

9. Haus: Nutzen und innere Befriedigung durch weite Reise, Auslandsaufenthalt, Geschäfte mit Ausländern, schriftstellerische Arbeit, befriedigende Beschäftigung mit ideologischen Fragen, Philosophie, Religion.

10. Haus: Erfolg im Beruf, Aufwertung der sozialen Stellung, gesellschaftliche Anerkennung, Ehre, Gewinn, finanzielle Aktivitäten.

11. Haus: Unterstützung und Förderung durch Freunde und Gönner, Erfüllung von Hoffnungen und Wünschen. *Trad.:* Glück durch Freunde und Freundinnen, besonders durch einflußreiche Frauen, glücklicher Zufall.

12. Haus: Stärkung der Gesundheit, evtl. durch Aufenthalt in Klinik oder Sanatorium, günstig für eine Reise oder Veränderung, Überwindung von Schwierigkeiten und Widerstand, Beilegung von Differenzen. *Trad.:* Günstiger Prozeßausgang.

D 9 **⊙ Sonne im Spannungsaspekt zu ♀ Venus**

Hervortreten disharmonischer Wesenszüge, was Verlust an Sympathie bringen kann. Vor allem dem Partner gegenüber werden Emotionen zu wenig kontrolliert. Glückliche Liebeserlebnisse sind durchaus möglich, doch ist deren Konsequenz ungewiß oder durch Probleme belastet. Man ist „sich selbst nicht gut“, gestörte innere Harmonie, Überborden von Leidenschaften oder mangelnde Möglichkeit zu deren Enthaltung. Neigung zu leichten Erkrankungen.

Venus mit **Bezug auf das 1. Haus:** Zu sehr im Mittelpunkt stehen wollen, Dominierung des Partners mit negativen Konsequenzen oder sich durch diesen bedrückt fühlen (Aussage des Vergleichshoroskops beachten). Nachteile aus dem Milieu, ungünstig für Wechsel im Aufenthaltsort, Schwierigkeit, sich auf andere einzustellen, gesundheitliche Anfälligkeit.

2. Haus: Finanzielle Ausgaben sind größer als die Einnahmen, oft veranlaßt durch Extravaganzen, die ins Geld gehen, „Borgen macht Sorgen“, ungünstig für Spekulationen, Wetten.

3. Haus: Unzufriedenheit mit dem Verlauf einer Reise, mit künstlerischen Studien. *Trad.:* Ärger durch Liebesbriefe, durch Geschwister oder Nachbarn, auch veränderliche Verhältnisse.
4. Haus: Unerfreuliche Vorgänge im Elternhaus, im eigenen Heim, Minderung der Einnahmen aus Grundbesitz, ungünstige Zeit für Wohnungswechsel.
5. Haus: Unausgewogenes Gefühls- und Liebesleben, gestörte Partnerkontakte, Mißerfolge in Spekulationen, unbefriedigende Lehr- oder Erziehungstätigkeit. *Trad.:* Neigung zu Ausschweifung, uneheliche Geburt.
6. Haus: Sexuelle Neurasthenie oder Impotenz, schwierige Zusammenarbeit mit Kollegen oder Mitarbeitern, *Trad.:* Schaden durch kleine Tiere.
7. Haus: Untreue, Eifersucht, Spannungen in der Ehe, Kritik durch Medien, Presse, Probleme im öffentlichen Auftreten, ungünstig für Teilhaberschaft oder Prozeß.
8. Haus: Unlust, Kräfteverfall, Mißerfolg in gesellschaftlicher Betätigung, *Trad.:* Streit oder Prozeß wegen Erbschaft oder Mitgift.
9. Haus: Ungünstige Entwicklung einer Auslandsangelegenheit, negatives Ergebnis einer Reise, Irrtum in Weltanschauungsfragen, weil „Herz" gegen „Vernunft" steht. Negativer Einfluß einer Konfessionszugehörigkeit auf eine Partnerschaft.
10. Haus: Geschäftliche Schwierigkeiten, Verlust an sozialem Ansehen, Unbefriedigtheit mit der gesellschaftlichen Stellung, Versagung von Wünschen, unerfüllter Ehrgeiz, Probleme mit Vorgesetzten. *Trad.:* Fehlschläge durch Frauen, Verleumdung.
11. Haus: Gescheiterte Hoffnungen und Wünsche. Neigung zu Verschwendung. *Trad.:* Unzuverlässige Freunde oder Freundinnen.
12. Haus: *Trad.:* Feindschaft von Frauen, Prozeß, der mit Frauen zusammenhängt oder sich auf ein Sexualdelikt bezieht.

D 10 **☉ Sonne harmonisch mit ♂ Mars**
Aufwertung des Willens und der Energie durch Anteilnahme der Gesamtpersönlichkeit. Daraus erwachsen dynamische Aktionen mit dem Ziel der Durchsetzung der Persönlichkeit; von Forderungen, besonders aus dem Triebhaften, aber auch um Ehrgeiz zu befriedigen. Der Zuwachs an körperlicher Energie begünstigt Sport als Hobby.

Erfolg mit Feuer, Eisen, sowie in den traditionellen Mars-Berufen: Soldat, Techniker, Feuerwehrmann, Chirurg etc. Mut und gesteigertes Leistungsvermögen lassen eine neue Position erobern, befreien aus Abhängigkeit, dominieren in einer Zweierbeziehung. Verbesserte Vitalität hat günstigen Einfluß auf die Funktion der Organe.
Trad.: Bei Frauen Heiratsantrag, übereilter Heiratsentschluß, der u. U. bereut wird.
Mars mit **Bezug auf das 1. Haus:** Gute Gesundheit, verbesserte Regenerationsfähigkeit, Steigerung der Aktivität, Erfolg durch Arbeitseinsatz. Durchsetzung in der Öffentlichkeit.
2. Haus: Materielle Besserstellung durch eigene Tätigkeit, harter Einsatz, um zu Geld zu kommen. Großer Finanzeinsatz, um einen materiellen Durchbruch zu erzielen, Vorteile durch Mars-Berufe, also auf den Gebieten Mechanik, Technik, Optik, Militär, Polizei sowie dem Ingenieurwesen.
3. Haus: Energische Durchführung einer Reise, geistige Aktivität, besonders günstig für Presse und Werbung. *Trad.:* Vorteil durch einen gerissen aufgesetzten Vertrag, durch Nachbarn und Geschwister.
4. Haus: Sich innerhalb der Familie durchsetzen, Gewinnung von Grundbesitz, evtl. um für die berufliche Tätigkeit einen geeigneten Rahmen zu schaffen.
5. Haus: Neigung zu Liebesverhältnis, Sport, sich in einem Lehr- oder Erziehungsberuf durchsetzen, Zuwachs an Autorität. Spekulationsgewinn oder gutes Gelingen eines gewagten Geschäfts.
6. Haus: Mit Fleiß bei der Arbeit sein, gute Gesundheit, starke Anforderungen an sich und andere stellen. *Trad.:* Gewinn durch Onkel oder Tante, sich Respekt bei männlichen Angestellten verschaffen.
7. Haus: Beherztes Auftreten in der Öffentlichkeit, Erfolg in Teilhaberschaft oder Prozeß. Vielfach: Eingehen einer sexuellen Dauerbeziehung, Neigung zur Ehe. Initiativen bei Unternehmungen, die rasch zu einem Ende gebracht werden sollen.
8. Haus: Mit Erfolg um ein Erbe kämpfen, Vorteile durch Hinterlassenschaft. Stärkeres sexuelles Verlangen.
9. Haus: Durchsetzung bei Auslandsgeschäften, See- oder Abenteuerreise, Ermunterung zum Wagnis.
10. Haus: Durch eigene Kraft beruflich aufsteigen, den Ehrgeiz befriedigen, in eine führende Position gelangen, gesellschaftliche Aner-

kennung erringen, „durch Kampf zum Sieg“, vorteilhafte Entwicklung persönlicher Lebensumstände, der inneren Berufung folgen. *Trad.:* Erfolg bei Behörden und beim Militär.
11. Haus: Durch mutige Handlungsweise lassen sich Hoffnungen erfüllen. *Trad.:* Treue und eifrige Freunde.
12. Haus: Mit Schwierigkeiten fertig werden, besonders mit körperlichen Gebrechen; Steigerung der Gewandtheit, Verbesserung der Gesundheit. *Trad.:* Sieg über Feinde und Gegner.

D 11 ☉ Sonne im Spannungsaspekt zu ♂ Mars
Fehlleistung durch Voreiligkeit, unbedachte Reden, Mangel an innerer Ausgeglichenheit, Gereiztheit und Unzufriedenheit führt zu Streit, Konflikt, Prozeß.
Trad.: Gewaltsames Schicksal, Verwundung, Unfall, Biß von Tieren, Gefahr durch Waffen und Feuer, „Wer sich in Gefahr begibt, kommt darin um“, Scheidung.
Mars mit **Bezug auf das 1. Haus:** Neigung zu Zorn, Gewalttätigkeit, zu unüberlegter Handlungsweise, ungeschliffenes Benehmen, Delikt, das im Affekt begangen wird. *Trad.:* Scheidung.
2. Haus: Verlust durch waghalsiges Geschäft, durch Verschwendung; Spielleidenschaft.
3. Haus: *Trad.:* Gefahr auf kurzer Reise, Schaden durch unüberlegte Korrespondenz, Streit mit Verwandten und Bekannten.
4. Haus: Plötzlicher Verlust an Immobilien. *Trad.:* Gefahr durch Sturz oder Feuer, auch Unfall oder Krankheit des Vaters, Streit mit Mieter oder Vermieter.
5. Haus: Sexuelle Begierden schaffen Probleme; Sorgen um oder durch Kinder; erheblicher Verlust im Spiel, bei Spekulation oder Wetten. *Trad.:* Schwierigkeiten bei einer Entbindung.
6. Haus: Krankheit durch Überanstrengung, Fieber, Entzündung, Verletzung, Unfall. Insgesamt zu starke Beanspruchung der Vitalität *(Organbedeutung des Tierkreiszeichens beachten)*.
7. Haus: Streit in der Ehe, Scheidung, Trennung von einem Teilhaber. *Trad.:* Plötzliche öffentliche Feindschaft, Verlust durch Prozeß.
8. Haus: Unfallneigung, übersteigerte Erotik, Prozeß um Erbschaft geht verloren. *Trad.:* Krankheit in der Familie, plötzlicher Tod Nahestehender, dadurch Verlust.

9. Haus: Gegner fühlen sich herausgefordert. *Trad.:* Mißerfolg auf Reisen, bei Auslandsgeschäften, Konflikt mit der Behörde.
10. Haus: Beruflicher oder geschäftlicher Mißerfolg, ramponiertes Ansehen, mangelnde gesellschaftliche Anpassungsmöglichkeit, Ausbruchsversuch mit negativer Folge. *Trad.:* Stellungsverlust; Streit mit Vorgesetzten, mit Eltern und Amtspersonen.
11. Haus: In die Isolierung geraten, Verlust einer Freundschaft, Streit.
12. Haus: *Trad.:* Viele offene, hartnäckige, hitzige Feinde, Prozeßverlust, Strafverfolgung, Gefahr durch Unfall oder durch Tiere.

D 12 ⊙ Sonne in ☌ Konjunktion mit ♂ Mars

Nur bei einer einwandfrei harmonischen Radixverbindung kann eine harmonische Auslösung erwartet werden, doch wird auch hier der schnelle Zugriff zur Übereilung, der Mut zum Übermut. *Trad.:* Die Konjunktion im 4., 6. oder 12. Haus soll Selbstmordneigung anzeigen, wenn sich dafür im Radix Anhaltspunkte finden.

D 13 ⊙ Sonne harmonisch mit ♃ Jupiter

Nur bei einer Radixbeziehung sind Erwartungen hinsichtlich einer besonders glücklichen Auswirkung gerechtfertigt. Im allgemeinen werden Jupiter-Direktionen überschätzt, vor allem bei den geringeren Aspekten.
Zeit der Expansion, einer kräftigeren Gesundheit, zielstrebigeres Leistungs- und Machtstreben, im allgemeinen Freude, Glück, Zuversicht und die Neigung, eine günstige Gelegenheit beim Schopf zu erfassen.
Konjunktion: *Trad.:* Beste Verfassung, Reichtum, aber bei Frauen signifikant für Heirat; aber auch Neigung zu Herzinfarkt.
Jupiter mit **Bezug auf das 1. Haus:** Besserung der wirtschaftlichen Verhältnisse, Legalisierung einer Verbindung, Legitimierung zu einer Rechtsposition, Durchsetzung im Milieu. Besonders günstig für die Gesundheit.
2. Haus: Verbesserung der materiellen Rücklagen und der finanziellen Situation, größerer geschäftlicher oder beruflicher Erfolg, Gehaltszulage, Erhöhung des Einkommens, glückliche Hand bei Geldgeschäften.

3. Haus: Vorteile für alles, was mit Reisen und Vermittlungstätigkeit zu tun hat, sowohl auch mit zwischenmenschlichen Begegnungen, bei denen ein Nutzeffekt angestrebt wird, wie Studienerfolge, Eindringen in neue Sachgebiete, Bestehen einer Prüfung, Protektionsanliegen; besonders günstig für Journalisten, Kaufleute, für Tätigkeit im Zusammenhang mit den Medien. *Trad.:* Harmonisches Verhältnis zu Freunden und Nachbarn.
4. Haus: Gewinnung oder Vermehrung von Grundbesitz, günstig für Orts- oder Wohnungswechsel, Harmonie im eigenen Haus, geschäftliche Expansion.
5. Haus: *Trad.:* Glück in Spiel, Wetten, Spekulation und Liebe, im Umgang mit Kindern.
6. Haus: Bessere Gesundheit, stärkeres Regenerationsvermögen, Erfolge durch eigene Arbeit, aber auch durch Angestellte. *Trad.:* Glück im Umgang mit Personal, Vorteile durch Miete und Pacht.
7. Haus: Glück in allen Partnerschaftsangelegenheiten, Erfolge in der Öffentlichkeit. *Trad.:* Eheschluß, guter Prozeßausgang, Wahlerfolg.
8. Haus: *Trad.:* Mitgift erhalten, erben.
9. Haus: Vorteile für alles, was mit „Fernem" zusammenhängt, sowohl durch Reise, durch Ausland, Ausländer, aber auch ideologisch-konsequente Einstellung, neue philosophische, literarische Interessen, religiöse Inspiration. Vorteilhaft für einen Ortswechsel.
10. Haus: Sozialer oder beruflicher Aufstieg, wirtschaftliche Expansion, Anerkennung. *Trad.:* Ehre. Ansehen, Beförderung, Macht gewinnen.
11. Haus: Glück in der Liebe, Nutzen durch neue Bekannte.
12. Haus: Durchsetzungsmöglichkeit gegenüber einem Gegner. *Trad.:* Günstiger Prozeßausgang, Glück im Umgang mit großen Tieren.

D 14 ☉ Sonne im Spannungsaspekt mit ♃ Jupiter

Ein Übermaß an Vitalität, die nicht beherrscht wird. Daher Expansionsversuch zur falschen Zeit und am falschen Ort, gegen den Widerstand der Behörde oder Vorgesetzter, was Verlust an Protektion bringen kann. Unsicheres Rechtsempfinden, juristische Nachteile, in Konflikt mit dem Gesetz kommen, Fehlspekulation, Schaden durch einen Vertrag, Auflösung desselben (auch die Ehe ist ein Vertrag!).

Neigung zu Eitelkeit, Hochmut und Stolz und unangebrachter Großzügigkeit. Symptomatisch für Streß, Managerkrankheit, Herzinfarkt, schlechte Blutzirkulation oder Krankheiten von Leber und Magen.

Jupiter mit **Bezug auf das 1. Haus:** Bei anderen einen falschen Eindruck von sich erwecken, zu unrecht im Mittelpunkt stehen wollen, die Aufmerksamkeit anderer auf sich lenken, Mangel an Selbstzucht, Angeberei, gesellschaftlicher Mißerfolg

2. Haus: Finanzielle Einbuße, Minderung der materiellen Reserven oder keine Gelegenheit, solche anzulegen. Schulden, Einbuße der Kreditfähigkeit, Ausgabenüberhöhung für Luxus, Mangel an Sorgfalt bei der Vorbereitung von Geschäften, durch riskantes Gebaren Verluste erleiden. *Trad.:* Bankrott.

3. Haus: Schaden durch voreilig abgefaßte Dokumente, durch Bürgschaft; Mißerfolg auf Reisen und bei geschäftlichen Verhandlungen; Nichtbestehen einer Prüfung durch Leichtsinn oder durch Mißgunst der Prüfer.

4. Haus: Geschäftlich und für die häuslichen Verhältnisse ungünstig, rechtliche Auseinandersetzung mit den Eltern, Probleme bei der Vorbereitung auf das Alter, bei Geschäften mit Immobilien. Die eigene gesellschaftliche und berufliche Situation wird überschätzt. Schlecht für Ortswechsel.

5. Haus: Verlust durch Spekulation, Einbuße durch Spiel und Wetten, Neigung zu kostspieligem Liebesabenteuer, finanzielle Sorgen wegen der Kinder. Zu große Geldausgabe für ein Hobby, Nachteile durch Leichtsinn, da Mangel an Vernunft.

6. Haus: Schaden durch unzureichende Kontrolle von Personal und abhängigen Personen. Beeinträchtigung der Gesundheit durch Diätfehler bzw. falsche Lebensgewohnheiten. *Trad.:* Krankheit der Verdauungsorgane, besonders der Leber, Blutandrang, Ohnmacht, auch Neigung zu Erkrankung gemäß der entsprechenden Tierkreiszeichen.

7. Haus: Ehestreit, Scheidung, bzw. Heirat, die nicht von Bestand ist, ungünstig für öffentliches Auftreten, für Prozesse, Teilhaberschaft, Expansion zur falschen Zeit.

8. Haus: Unannehmlichkeiten durch juristische Auseinandersetzung in einer Erbsache, falsche Einstellung zur Erotik. *Trad.:* Gesundheitlicher Schaden, Todesfall, Unannehmlichkeiten durch Vereine und Gesellschaften.

9. Haus: Mißerfolg auf dem Gebiet der Politik, Probleme mit Behörden und religiösen Institutionen, unerfreulicher Verlauf einer Reise, Schaden durch Behörden.
10. Haus: Beruflich oder gesellschaftlich in Mißkredit kommen, Verlust der Stellung und des Ansehens, Übergangenwerden bei Beförderungen, Differenzen mit Vorgesetzten, Geldeinbuße durch falsches Disponieren. Eigene Lebensziele werden zu hoch gesteckt oder sind nicht erreichbar, daher Enttäuschung.
11. Haus: *Trad.:* Verlust durch Freunde oder Ausbeutung durch falsche Freunde, sich in der Gesellschaft unbeliebt machen.
12. Haus: *Trad.:* Einflußreiche Feinde und Gegner, einen Prozeß verlieren oder bestraft werden, Aufenthalt in geschlossener Anstalt.

D 15 ☉ Sonne harmonisch mit ♄ Saturn

Wenn bei einer Direktion die Sonne Signifikator („Sender") und Saturn Promissor („Sprecher") ist, so treten die Gesamtheit der Ich-Kräfte, Vitalität, Machtstreben usw., alles was „Sonne" symbolisiert, mit „Saturnischem", dem Prinzip der Verdichtung, der Konzentration, des Notwendigen, der Bindung, in Zusammenhang. Es werden Schwerpunkte gesetzt, Grenzen gezogen, Vorsicht und Zurückhaltung zu beobachten sein, langsame Entwicklungen eingeleitet, und man legt sich nach einer Zeit des Heranreifens definitiv fest. Damit steht die von der Direktion betroffene Lebensphase im Zeichen der Verantwortung, einseitiger, aber tiefgründender Betrachtungen und prinzipieller Entscheidungen. Auf dem jeweiligen Lebensbereich wird Übersicht angestrebt, dem klaren und eindeutigen Verhalten der Vorzug gegeben. Nach der Tradition steht dann das Ich im Zusammenhang mit saturnischen Wirkungsfeldern, etwa Landwirtschaft, Gartenbau, Viehzucht, Holzhandel, Hoch- und Tiefbau, Bergwerksbetriebe, Hütten und Salinenwesen, Steine, Erde. Soweit es sich um Gesundheitliches handelt, kann sich die Direktion auf Knochen, Gelenke, besonders auf die Knie, aber auch auf die Haut beziehen und Einfluß auf die Regenerationskraft haben, etwa in dem Sinne, daß chronische Beschwerden zum Stillstand kommen oder erträglich werden.
Saturn mit **Bezug auf das 1. Haus:** Die Persönlichkeit des Nativen wird Gewicht bekommen, ernster genommen, was auf ein sachliches,

zweckbezogenes Auftreten in der Öffentlichkeit zurückzuführen ist. Er übernimmt Verantwortung, geht im Rahmen seiner Veranlagung methodisch vor, riskiert weniger, ist in seinem Verhalten vorsichtig und folgt grundsätzlichen Überlegungen.

2. Haus: Die materiellen Lebensumstände bessern sich langsam aber stetig, die Mittel werden durch Fleiß, Sparsamkeit und Ausdauer vermehrt. Grundlage von Studien sind Umsicht und Konzentration, bei Geschäften Vermeidung von Risiken und Orientierung nach Richtdaten, Arbeit nach Plan, Nützlichkeitsüberlegungen sind von Einfluß auf wichtige Entscheidungen. Gut für Gewerbetreibende.

3. Haus: Erfolgreiche Reisen, besonders zu Lande. Aufstieg nach Bestehen einer Prüfung, bestimmten Zwecken unterworfene Studien. *Trad.:* Gutes Verhältnis zu Geschwistern und Nachbarn.

4. Haus: In sich ruhen, Einkehr, Meditation, feste Bindung an Heimat, Wohnort, Elternhaus, Vorteile durch Landwirtschaft und Grundbesitz, positive Vorbereitung auf das Alter und materielle Absicherung desselben.

5. Haus: Nur günstig für Spekulationen, wenn diese Saturnisches betreffen, Landwirtschaft, Geldanlage in Bergwerksaktien, Immobilien. Es ist aber keine Zeit für Spiel und Wetten. Liebesbeziehung von Dauer oder zu einem reifen Partner bzw. *(Trad.)* mit Altersunterschied. Im Unterrichts- und Erziehungswesen bewähren sich eingeführte Methoden, aber nicht Experimente.

6. Haus: Stabilisierung der Gesundheit, zähe Vitalität. *Trad.:* Gewinn durch eigene Arbeit und gutes Verhältnis zu Angestellten oder Mitarbeitern.

7. Haus: Ruhiges, solides Familienleben, langsame Anerkennung in der Öffentlichkeit und Aufwertung der eigenen Position. *Trad.:* Erfolge durch Teilhaber, für Frauen Heiratschance.

8. Haus: Ernste, sachliche Einstellung zu Fragen der Bewußtseinsübergänge, besonders des Todes. *Trad.:* Geringe Vorteile durch Mitgift oder Erbschaft.

9. Haus: Feste Weltanschauung, „Ochsentour" in der Karriere eines Politikers, Betrachtung konfessionellen Belange unter dem Gesichtspunkt der Nützlichkeit und Zweckmäßigkeit, Geschäftstätigkeit mit dem Ausland auf lange Sicht, Beständigkeit in der Zusammenarbeit mit Behörden.

10. Haus: Langsamer, aber sicherer Aufstieg, Befriedigung ehrgeiziger Ansprüche, soziales Ansehen, berufliche Anerkennung. *Trad.:* Gewinn durch die Eltern.
11. Haus: Hoffnungen und Wünsche richten sich nach der Realität und können sich daher erfüllen. Man ist nicht allein, sondern wird von treuen und einflußreichen Freunden gefördert. Ihr Beistand hat Gewicht auch in schwieriger Situation.
12. Haus: *Trad.:* Erfolgreicher Prozeßausgang, geschäftlicher Zugewinn, einträgliche weite Reise.

D 16 ☉ Sonne im Spannungsaspekt mit ♄ Saturn

Bei entsprechend starker Stellung von Saturn im Radix und harmonischer Aspektverbindung zur Sonne kann die *Konjunktion* auch günstig sein. In den meisten Fällen wird sie aber negativ beurteilt werden müssen und zwar erheblich. Die Lebenskräfte, durch die Sonne symbolisiert, werden im disharmonischen Aspekt mit Saturn geschwächt. Dann tritt er als Verkörperung des lebensverneinenden Prinzips auf, bedeutet Herabsetzung der Widerstandsfähigkeit und der Gesundheit, was schleichende und chronische Krankheiten zur Folge haben kann. Vorsicht wird zur Zurückhaltung, die Chancen verpassen läßt. Sparsamkeit wird zu Geiz und trägt Sympathieverlust ein. Übertriebene Einseitigkeit läßt zu sehr das Detail betrachten und die große Linie aus den Augen verlieren. Im Verhalten wird bewirkt, daß man sich enger an eine bestimmte Person anschließt, was bei dieser das Gefühl der Bedrückung auslösen kann, so daß man gleichzeitig unbewußt einen Trend zur Isolierung oder Trennung einleitet, zugleich aber auch die Unfähigkeit des Anschlusses an andere. Die Dynamik wird abgebremst, Verunsicherung, Zweifel und Verbitterung lassen schlechte Wege gehen und das Falsche tun. Negative Verhaltensfolgen lösen Pessimismus aus, Sorge und Angst vor der Zukunft, verstärkt durch einen Mangel an Selbstvertrauen. Seelisch empfindsame Naturen neigen zu psychosomatischen Störungen, Heilungsprozesse werden verzögert, organische Funktionen gestört.
1. Haus: Je nach Veranlagung und Lebenserfahrung sollte man sich in den Zeiten negativer Saturnaspektierung sagen, daß man vieles zu schwarz sieht, soll man versuchen, sich abzulenken oder durch eine positive innere Einstellung zu den Angelegenheiten deren Wirkungen

innerlich verarbeiten. Trotzreaktionen würden nur die Situation verschärfen. Es ist vor allem die Gesundheit in der angezeigten Weise betroffen, in zweiter Linie partnerschaftliches Verhalten. Man gibt sich nicht so, wie man selbst oder der Partner es möchte, man wirft zu schnell die Flinte ins Korn, obwohl vielleicht nur der falsche Zeitpunkt für bestimmte Aktivitäten gewählt wurde. Im Milieu kann es zu einer gewissen Isolierung kommen, zu negativen Trends bei Veränderungen.

2. Haus: Das Bemühen um eine materielle oder finanzielle Besserstellung scheitert, es gibt wirtschaftlichen Verlust, auch Einbuße der Kreditfähigkeit, Geschäftsrückgang, geringere Einnahmen, Wendung zu Verlusten, Zwangsvollstreckkung, Konkurs etc.

3. Haus: Negative Konsequenzen aus einem Vertrag, aus Korrespondenz, durch Reisen. Sich durch Verwandte oder Nachbarn schikaniert fühlen, Mißerfolg in einer Prüfung.

4. Haus: Symbolisch für einsames, kaltes, freudloses Heim, Sorgen durch die Eltern oder um sie. Nachteile durch Haus- oder Grundbesitz, durch Handel mit Immobilien, keine Entfaltungsmöglichkeit für Land- und Forstwirtschaft, ungünstig für materielle Vorbereitung des Alters und seine Absicherung. *Trad.:* Verlust durch Mieter oder Pächter.

5. Haus: Mißerfolg in Spekulationen, Unglück im Spiel und in der Liebe, Krankheit der Kinder oder Sorgen um sie. *Trad.:* Gefährliche Entbindung, Komplikation im Wochenbett; Ansteckungsgefahr bei sexuellem Verkehr.

6. Haus: Krankheit, evtl. Erkältung, Rheumatismus, Ischias, Haut- oder Gelenkleiden. Stellungsverlust und Probleme mit Personal.

7. Haus: Sich von anderen isoliert sehen. Trennungsgedanken, Scheidung, Lösung einer Geschäftsbeziehung, Nachteile in der Öffentlichkeit, Verdruß durch Gesellschafter, ungünstiger Prozeßausgang.

8. Haus: Gefahr für Leib und Leben durch schwere Krankheit, Sturz oder Fall. *Trad.:* Erbschafts- oder Mitgiftsentgang.

9. Haus: Ungunst politischer Verhältnisse, Nachteile durch eine bestimmte konfessionelle Bindung, Mißerfolg in Auslandsangelegenheiten und bei Kontakten mit der Behörde. Ungünstig für schriftstellerische Arbeit.

10. Haus: Krise im Beruf, Zweifel an bes. beruflicher Befähigung oder an innerer Berufung, Verlust an Ansehen, Minderung der gesellschaftlichen Position, Herabsetzung in der Öffentlichkeit, allgemeine Verlusttendenz, besonders im Hinblick auf Vermögen, Geschäft oder Betrieb, auch in Angelegenheiten des eigenen Heims.

11. Haus: Scheitern von egoistischen Wünschen und Hoffnungen. *Trad.:* Enttäuschung durch ältere Freunde, Vertrauensmißbrauch.

12. Haus: *Trad.:* Krankheit oder Unfall, heimtückische Feinde und Gegner, Verrat, Täuschung, Kriminalprozeß.

D 17 ☉ Sonne harmonisch mit ♅ Uranus

Wenn die Sonne, sei es im Transit oder verstärkt direktionär die Position von Uranus oder einen „uranischen" Aspektpunkt erreicht, bedeutet dies eine ganz spezifische „Wirkung". Uranus als Katalysator leitet heftige Trends und plötzliche Veränderungen ein, durchgreifende Umstellungen, die das ganze Wesensgefüge betreffen und die je nach Stärke des Aspekts einen völligen Umschwung bewirken können. Es ist, als ob aus der universalen Macht, die die Sonne repräsentiert, wie durch ein Filter nur jene Stoßkräfte freigesetzt werden, die im Guten oder Schlechten alles auf die Probe stellend, zu einem reinigenden Gewitter führen, wo sich alles erneuert und Lebensprozesse in völlig neuen Bahnen ablaufen. Uranisch sind der Schock und die Krise, die sich langsam vorbereiten, um plötzlich auszubrechen. Je nach Aspektlage kann das Ergebnis eines momentanen Sturzes aber doch auch zu einem Neubeginn werden, andererseits ein plötzlich einsetzender, unvermittelt positiver Ablauf nur von begrenzter Dauer sein. Uranus als Promissor bringt das Prinzip der Erneuerung, des Zufalls in das Schicksal ein, steht für Erfindungen, Technisches, Revolutionäres, für Nerven, Operationen. Die positiven Aspekte werden bei harmonischer Uranusstellung im Radixhoroskop die Chance zu plötzlichen, nicht vorhersehbaren oder einplanbaren Veränderungen ergeben. Es können alte Bande zerrissen oder neu geknüpft werden, es kann sich der geistige Horizont ausweiten, plötzlich die Erkenntnis eines neuen Lebenszieles kommen. Damit markieren Sonne-Uranus-Direktionen auch Lebensperioden, die schöpferisch sind, von denen revolutionäre Impulse ausgehen oder in denen originale, unverwechselbare Lösungen für Probleme gefunden werden. Eine solche Sonnendirektion schafft die Voraussetzung zu einem Umschwung zum Guten, ist signifikant für unerwartete Vorteile, für den plötzlich einzuschlagenden Weg zum Wohlstand, auch zur Gesundheit, bzw. drückt Tendenz zu plötzlicher Veränderung aus, die je nach dem betroffenen Haus des Horoskops einzuschätzen ist.

Uranus mit **Bezug auf das 1. Haus:** Ein ungewöhnliches Heilverfahren bessert die Gesundheit, der „Zufall" reguliert persönliche Lebensumstände zum Vorteil, das nicht zu Hoffende oder nicht zu Wagende wird doch Ereignis.

2. Haus: Neue Wege zum Geldverdienen, um den Besitz zu mehren, Erfolge durch Erfindung oder Patent, doch ist ungewiß, ob der auf uranische Art erworbene Reichtum auch von Dauer ist.

3. Haus: Günstig für Reisen, Veränderungen, Geschäfte, besonders im Zusammenhang mit moderner Technik, Elektronik, Lebensreform, Hinwendung zu einer neuen Lehre, bzw. auch exzentrische Einstellung, archäologische Studien.

4. Haus: Starkes Verlangen nach plötzlicher Umkrempelung der persönlichen Verhältnisse, evtl. Loslösung von Heim und Heimat oder vom Elternhaus, daher eine Situation der Unabhängigkeit oder neuer Perspektiven im Hinblick auf Immobilien, Grundstücke, Hausbesitz. Auch Möglichkeit von Ortswechsel oder Veränderung.

5. Haus: Wenn das Radixhoroskop es zuläßt: plötzlicher Gewinn, Wetterfolg, gelungene Spekulation, aber auch Glück in der Liebe, neue pädagogische Methoden. Vorteile durch Handel mit Antiquitäten, Hinwendung zur Archäologie.

6. Haus: Plötzliche Besserung der Gesundheit, vor allem der nervlichen Verfassung, unvermittelt Erfolg in eigener Arbeit und Vorteil durch Angestellte. *Trad.:* Nutzen durch kleine Tiere.

7. Haus: Plötzliche Verlobung oder rascher Eheentschluß, überraschender Ausgang eines Prozesses oder nicht vorhersehbarer Nutzen durch Teilhaber. Man wendet sich entschlossen Lebensreformen zu, beschäftigt sich mit neuartigen Ideen oder sucht das Ungewöhnliche in einer Zweierbeziehung zu verwirklichen.

8. Haus: *Trad.:* Plötzlicher Vorteil durch einen Todesfall, Einsicht in das eigene Karma, vor allem so weit Sexualität dabei eine Rolle spielt.

9. Haus: Teilnahme an einer Expedition, an einer Abenteuerreise oder an Wagnissen, die im Zusammenhang mit dem Ausland, mit Übersee oder der Luftfahrt stehen. Interesse an Sektentätigkeit oder

Okkultismus; Hinwendung an eine politische Anschauung als Heilslehre.
10. Haus: Plötzliche Anerkennung, Ehre oder Verbesserung der sozialen Stellung. Vorteilhafter Wechsel in Lebensumständen, Teilnahme an einem seltsamen Ereignis, mit Popularitätsfolge auch im Showgewerbe oder im Zusammenhang mit moderner Technik oder durch andere originelle Aktionen.
11. Haus: Förderung, durch den Kontakt mit geistig hochstehenden Personen oder ungewöhnlichen Menschen; auch Bemühung um eine ungewöhnliche Freundschaft.
12. Haus: Plötzlicher Sieg über Gegner, Konkurrenten, Aufdeckung unbekannter Zusammenhänge, Reisetätigkeit.

D 18 **☉ Sonne im Spannungsaspekt mit ♅ Uranus**
Die Individualität wird überbetont, der Native sucht ungewöhnliche Wege oder Auswege; originelle Lösungen, die sich aber als exzentrisch oder nicht durchführbar erweisen. Es leidet die Kontinuität des Schicksalsablaufs, es gibt Störungen in den kosmischen Rhythmen, so daß plötzliche Wendung, Umstellung oder Abbruch die Folge sind. Es fällt schwer, die Entfaltung der eigenen Persönlichkeit im Rahmen konventionellen Verhaltens vorzunehmen. Je stärker das Naturell eines Menschen – an der Radixsituation ablesbar – zu Veränderungen, Umstellungen, Reformen, Neubeginn etc. neigt, um so heftiger werden die Reaktionen ausfallen. Sie können sich gesundheitlich als Nervenkrise zeigen, aber auch plötzliche organische Fehlfunktionen bezeichnen. Typisch sind Krämpfe oder Zusammenbrüche, plötzlich auftretende Attacken.
Uranus mit **Bezug auf das 1. Haus:** Der gleichmäßige Lebensfluß wird durch plötzlich aufkommende Hindernisse unterbrochen, so daß es Verzögerung oder Aufschub gibt, Widerwärtigkeiten, Trennung, Pannen im öffentlichen Auftreten, schon weil es sich als schwierig oder unmöglich erweist, Richtpunkte für die Zukunft auszumachen oder sich selbst entsprechende Wegmarken zu setzen. Zu den Wechselfällen zählen vor allem auch gesundheitliche Störungen, die sich als Zusammenbruch (Kreislauf), Kolikneigung oder in Streßfolgen zeigen.
2. Haus: Die gesamte Ich-Verfassung gerät in eine Krise, die entwe-

der materiell bedingt ist oder deren Konsequenzen materieller Natur sind. Daher plötzlicher Kreditverlust, plötzliche Zahlungsunfähigkeit, Einkommensminderung oder – einbuße.

3. Haus: Im voraus nicht zu vermutender Schaden durch Verträge, Urkunden, Dokumentationen, durch Reisen oder durch Zwist mit Verwandten *(Trad.)*.

4. Haus: Gefahren für das eigene Heim, plötzliche Probleme mit den Eltern, Verlust von Haus und Hof, Nachteile durch Blitzeinschlag, Explosion, technische Pannen, Gefahr eines Sturzes. *Trad.:* Krankheit des Vaters.

5. Haus: Fehlschlag von Spekulationen, Wettverlust, Zwischenfall bei der Erziehung oder pädagogischen Betreuung von Kindern, plötzliche Sorgen um dieselben. *Trad.:* Für Frauen: Gefahr bei einer Schwangerschaft; Auflösung einer Liebesbeziehung.

6. Haus: Unfallgefahr durch Elektrizität, Explosion, Verbrennung, Nerven- oder Gemütsleiden, Neurasthenie, Infektion oder Erkältungskrankheit. *Trad.:* Treulosigkeit von Angestellten; Verlust der eigenen Stellung.

7. Haus: Ehescheidung oder plötzliche Trennung von einem Partner oder Teilhaber, eine ungünstige Zeit für Verlobung oder Ehe, für Teilhaberschaft oder Prozeß.

8. Haus: *Trad.:* Verlust einer Erbschaft oder Mitgift, eigene Lebensgefahr. Probleme in der Ehe bes. durch aufgestachelte Leidenschaften.

9. Haus: Mißgeschick auf einer Reise, plötzliche Probleme im Umgang mit Behörden, kirchlichen Institutionen oder politischen Parteien.

10. Haus: Stellungsverlust, plötzliche Schwierigkeiten in der sozialen Anpassung, Mißkredit in gesellschaftlichen Beziehungen, Skandal.

11. Haus: Eine Freundschaft zerbricht, plötzlich einer Hoffnung entsagen müssen.

12. Haus: Konflikt, unversehens in eine Strafsache verwickelt werden, wegen eines Unfalls vor Gericht stehen, mißglückter Ausbruchsversuch aus geordneten, festen, aber einengenden Lebensverhältnissen.

D 19 ☉ **Sonne in ☌ Konjunktion mit ♅ Uranus**

Es handelt sich in der Regel um einen sehr starken negativen Direktionsaspekt der Sonne, der nur auch sein Gutes haben kann, wenn die Radixbezogenheit überdurchschnittlich günstig ist und dies auch auf die fälligen Transite zutrifft.

D 20 ☉ **Sonne harmonisch mit ♆ Neptun**

Die Umsetzung der Sonnen-,,Wirkung" wird nur bei jenen Personen gelingen, die eine besondere Antenne für geistige Schwingungen haben, die ihren Lebensvollzug gewissermaßen aus einer höheren Warte sehen, nach Idealen streben und zu einer Verinnerlichung bzw. Vergeistigung befähigt sind. Diese Konstellation steigert allerdings die Kreativität und kann dadurch Anlagen hervortreten lassen, die bisher verdeckt waren oder als nicht vorhanden angesehen wurden. Zusammen mit der Begeisterungsfähigkeit wächst die Sehnsucht nach der Ferne. Es ist ein Reiseaspekt erster Ordnung, der auch vorzüglich zu Auswanderungsbegehren paßt. Aber auch Menschen, die weniger empfindsam sind, werden unter einer kräftigen Sonne-Neptun-Direktion zu einer Harmonisierung ihrer Lebensumstände befähigt sein. Dieser Aspekt schenkt ein Gefühl der Verinnerlichung oder Vergeistigung, der Einstimmung der Persönlichkeit in größere, übergreifende Zusammenhänge, den Wunsch nach Beheimatung im Universum, der jene Wesenseigentümlichkeiten deutlicher hervortreten läßt, die das Materielle geringer achten. Natürlich bezieht sich diese Konstellation auch auf bestimmte Lebensbereiche, aber da sie sich vielfach nur stimmungsmäßig äußert, wird die Begrenzung auf bestimmte Beziehungskategorien weniger deutlich. Schöpferische Aktivitäten sind besonders bei jenen anzutreffen die, wie z. B. Künstler, feinnervig sind und aus ihrer Intuition schöpfen. Vielfach werden kreative Leistungen möglich, etwa im Aufdecken von Zusammenhängen, ohne daß dabei ,,vernünftige" oder vom Intellekt her einsehbare Wege gegangen werden. Für die Auseinandersetzung mit der Wirklichkeit kann eine derartige Direktion nur dann als günstig gewertet werden, wenn das Radixhoroskop prinzipiell Realitätssinn erwarten läßt. Eher wird man annehmen müssen, daß ein Ausweichen oder Nachgeben erfolgt, wenn sich Widerstände ergeben oder Hindernisse auftauchen, bzw. eine Konfrontation mit widrigen Umständen oder persönlichen Gegnern erfolgt. Vielfach weisen unterschwellige Ahnungen den richtigen Weg, man begibt sich auf unsicheres Terrain, sucht jene Kontakte, die instinktiv zu finden sind, und umgeht verstandesmäßig kritische Wegmarken. Im Zustand von Neptun-Direktionen tritt das helle Tatbewußtsein gegenüber dunklen Empfindungen zurück. Mythisches kann dabei zum Vorschein kommen, längst überwundene Strukturen übernehmen Steuerungsfunktionen und lassen anknüpfen, z. B. an Ahnenerbe, an persönliche Wunschbilder oder Vorstellungen, denen eine projekthafte Rolle zufällt, die unbestimmte, ideelle Ziele werden, nach denen sich der einzelne in seinem unbewußten Drang ausrichtet. Es müssen nicht unbedingt „neue Ufer" sein (wie bei Uranus), sondern es sind Leitbilder, die tief in unserem Innern verwurzelt eine magnetische Macht ausüben. (Allgemein, nicht nur **1. Haus**). In der Gestalt wird das Relief der eigenen Persönlichkeit schwer zu fassen sein, künstlerische Interessen tauchen auf, äußern sich als Hobby oder fördern im Beruf auf eigentümliche Art und Weise. Instinktiv wird erkannt, was an materiellen Lebensumständen fördert, wo Sicherheit zu finden ist, ohne daß dies zu „berechnen" wäre. Wer von diesem Aspekt Nutzen haben will, muß sich fallen lassen, jenen Strömungen anvertrauen, die letzten Endes mit Glauben mehr zu tun haben als mit Wissen **(2. Haus)**.

Der familiäre Zusammenhang, die Hinorientierung nach dem Verwandten, nach Großfamilie oder Sitte, das Gefühl der Beheimatung in der Umwelt kann gute Kontakte fördern, z. B. nachbarschftliche Verbindungen verstärken **(3. Haus)**.

Das Eintauchen in tiefe Bewußtseinsschichten kann Verdrängungen lösen, nach Geborgenheit in Familie oder Sitte führen, weil man Traditionen übernimmt, sich nach Eltern und Voreltern richtet, sich geborgen fühlt, weil man den eigenen Lebenskreis besser ausfüllt **(4. Haus)**.

Ein harmonischer Sonne-Neptun-Aspekt entfaltet altruistische Neigungen, die Hinwendung zum Du, die Intimbeziehung, bei der die körperliche Liebe zweitrangig ist, aber Hinstimmung, Empfindung, phantasievolle Fürsorge zum wesentlichen Bestandteil werden. Das Triebhafte wird vergeistigt, veredelt, Glaubensmotive bestimmen Erziehungsmethoden, das Bedürfnis nach innerer Harmonie ist das

Band, das die familiäre Zusammengehörigkeit zwischen Eltern und Kindern ausmacht. Es ist eine solche Neptun-Direktion aber auch für jene Charaktere bedeutsam, die sich treiben lassen, die ihren Spieltrieb ausleben, ohne ein bestimmtes Wettergebnis oder einen Spekulationsgewinn dabei im Auge zu haben (**5. Haus**).
Ist Neptun signifikant für die Gesundheit, werden jene unbewußten Kräfte wirksam, ohne die keine Gesundung bzw. keine Heilung möglich ist. Auch hier kann sich die Wirkung des Glaubens zeigen, der die psychosomatischen Bedingungen der Existenz aufwertet (**6. Haus**).
Wird die Direktion auf das **7. Haus** bezogen, sucht der Native sich im Du wiederzufinden, denn es ist ein Aspekt der Teilhabe, des Strebens nach innerer Vervollkommnung, der lichte Weg vom Ich zum Du, daher eine ideale Zeit für Freundschaft, Liebe und für die daraus erwachsenden Konsequenzen, z. B. für den Eheschluß. Aber auch das Wirken in der Öffentlichkeit kann hier dranghafte Züge bekommen und den einzelnen aus der Menge herausheben.
Die Bewußtseinsübergänge, seien es Traum oder Tod, werden in besonderem Maße eine Bezugsebene für diese Konstellation sein. Sie verspricht innere Kraft und Läuterung, damit auch einen nichtmateriellen „Nutzen" durch Erbe oder Hinterlassenschaft. Unter dem Einfluß eines derartigen Aspekts wird sexuelles Verlangen zu erotischen Wünschen stilisiert (**8. Haus**).
Phantasie, Sehnsucht oder das Verlangen nach einem ungewöhnlichen Leben, fernab jeder Routine, lenken die Gedanken in die Ferne. Daher ist es ein idealer Reiseaspekt, sind Beziehungen vorstellbar, die über Religion und Weltanschauung zu neuen Aufgaben führen, bei denen vor allem die innere Anteilnahme entscheidend ist (**9. Haus**).
Fällt ein positiver Aspekt des „Senders" Sonne auf den „Sprecher" Neptun, und ist damit ein Bezug auf das **10. Haus** gegeben, so können sich unterschwellige, intuitive Impulse in einer Weise äußern, die Künstler oder verwandte Berufe zu einer phantasievollen oder kreativen Tätigkeit animieren. Es wird aber auch die eigene Position innerhalb des sozialen Umfeldes gestärkt werden, denn Kräfte der Selbstbehauptung werden geweckt. Der Mensch ruht mehr in sich, ist sich seiner geistigen Gaben bewußt, „sieht seinen Weg", bzw. orientiert sich nach Zielen, die von ihm nicht unbedingt beschreibbar sind.

Etwas von nachtwandlerischer Sicherheit scheint vorzuliegen, die zu Aktivitäten ermuntert.
Ist die Konstellation im **11. Haus** wirksam, verlangt sie nach mehr Menschlichkeit, drückt das Bestreben aus, „gute Werke" zu tun, anderen, besonders Freunden beizustehen. Die Konstellation läßt auch Freunde finden und eine ideelle Unterstützung von jenen erwarten, denen man sich zugetan fühlt oder sympathisch ist. Unter einer solchen Direktion gedeihen Herzensangelegenheiten, wächst die Liebe, fühlt man sich in der Gruppe geborgen.
Im **12. Haus** wird sich im Zeitraum dieser Direktion das Gefühl einstellen, den Niedrigkeiten des Alltags gegenüber erhaben zu sein, was der inneren Sicherheit zugute kommt und damit auch indirekt der Behauptung des eigenen Standpunkts dient, z. B. bei Prozessen, Rechtsstreitigkeiten etc. Man weiß, wer man ist und wird weniger Zweifel haben, ob das eigene Anliegen auch gerechtfertigt ist. Selbst ein unfreiwilliger Aufenthalt in einem abgeschlossenen Gebäude, sei es Klinik, Sanatorium oder sogar Gefängnis, wird sein Gutes haben, wird läuternd wirken und damit den Aufbau neuer seelischer Strukturen begünstigen.

21 ⊙ Sonne im Spannungsaspekt mit ♆ Neptun

Realitätssinn und Geradlinigkeit des Denkens und des Handelns werden von unterschwelligen Einflüssen berührt. Darunter leidet das Bemühen, sich ein objektives Bild von der Wirklichkeit zu verschaffen und mit den eigenen Mitteln hauszuhalten.
Wenn die Konstellation Bezug auf das **1. Haus** hat, dann werden es vor allem persönliche Umstände sein, die unter einer Fehlinterpretation leiden, die Nachteile bringen, weil man sich falsch auf andere einstellt.
Im **2. Haus** dagegen kann eine zu starke Phantasie oder können unkorrektes Verhalten, Intrige oder Unaufrichtigkeit zu materiellen Verlusten führen. In den Zeiten solcher Direktionen sollte man anderen kein Geld anvertrauen und sich nicht zum Bürgen für jemandes Sache machen. Man geht von falschen Voraussetzungen aus, sieht die Dinge nicht richtig in ihrer Entwicklung, mutet sich zuviel zu oder läßt sich, bei entsprechender Veranlagung, treiben. Phantasie wird aufgewendet, sich Genüsse zu verschaffen, die in dieser Form weder

dem Körper noch dem Konto zuträglich sind. Es ist ein Abbau der Kräfte möglich, durch alles, was mit Gift zu tun hat, also auch Gefahr, in Abhängigkeit von Drogen zu geraten.

Eine Konstellation der geistigen Verwirrung und Unklarheit kann auch niemals eine gute Voraussetzung sein, wissenschaftlich zu experimentieren, kaufmännische Leistungen zu vollbringen, bei denen Ehrlichkeit oberstes Gebot ist. Es gibt Anpassungsschwierigkeiten, die nicht unbedingt einer bösen Absicht entspringen müssen, vielmehr wird ihre Ursache in innerer Unklarheit zu suchen sein oder in einer Fehleinschätzung des eigenen Standpunkts. Ein Statistiker z. B. wird dazu neigen, seine Ergebnisse zu schönen, wird nicht ehrlich sich selbst oder anderen gegenüber sein (**3. Haus**).

Sonne mit Neptun in kritischer Distanz in der Auswirkung auf das **4. Haus** kann Depressionen fördern, die mit dem Verlust der Heimat zu tun haben oder die eine notwendig werdende Lösung vom Heimatort erschweren. Das muß sich nicht als Kummer und Seelenpein darstellen, kann sich auch als unbestimmte Laune zeigen, die zu einer gewissen Antriebsschwäche wird. Es hat wenig Sinn, unter einer solchen Direktion Geschäfte mit Grund und Boden zu tätigen, einen gestörten häuslichen Frieden wieder herstellen zu wollen oder aber auch sich einen sozialen Aufstieg zu versprechen. Eher ist damit zu rechnen, daß Einbußen an Ansehen und Einfluß hingenommen werden müssen.

Liebesbeziehungen sind die eigentliche Domäne dieser Konstellation. Man neigt dazu, sich vom Partner Illusionen zu machen, eine falsche Beziehungswahl zu treffen, ausgenützt oder hintergangen zu werden. Wohl mag es möglich sein, besonders wenn günstige Transite das Bild mildern, zeitweise beglückende Erlebnisse zu haben, weil die Phantasie angerührt wird. Aber instinktiv wird man doch spüren, daß eine solche Verbindung nicht von Dauer sein kann. Für das Fortkommen der eigenen Kinder ist diese Konstellation im Horoskop der Eltern ungünstig. Es fehlt an Zuwendung, an Verständnis, es können Generationskonflikte auftreten, aber auch Resignation oder Fehlhaltung, weil Sohn oder Tochter „keine Lehre annehmen“, sich anders verhalten als man möchte. Auch die „fromme Lüge“ kann in der Zeit einer solchen Direktion nicht darüber hinwegtäuschen, daß die Dinge keinen glücklichen Verlauf nehmen (**5. Haus**).

Suchtgefahren, körperliche Schwächung durch Ansteckung, Sepsis, gesundheitliche Störungen durch nicht erkannte Krankheiten sind ein Teil der Auswirkungen im **6. Haus.** Je nach Konstitution kann es zu einem mehr oder weniger raschen Verfall der körperlichen Kräfte kommen. Gemäß der Tradition ist aber auch der Umgang mit Personal oder Mitarbeitern vermutlich schwierig, kann es Eifersüchtelei geben, Rangstreitigkeiten, Schaden durch Betrug.

Im **7. Haus** wird der Weg vom Ich zum Du durch Irrlichter abgelenkt. Man sieht den Partner nicht so, wie er ist und präsentiert sich ihm auch selbst anders. Handelt es sich um eine vordergründig sexuelle Beziehung, wird dieser Aspekt weniger schädlich sein, als wenn die seelische Komponente eine stärkere Rolle spielt. Sicher aber ist die Konstellation kein geeigneter Hintergrund, um in der Öffentlichkeit aufzutreten, eine Rolle zu spielen oder ein Ehrenamt zu übernehmen. Es ist besser, wenn man in solchen Lebensperioden auf sich selbst gestellt bleibt, sich an das Bewährte hält, den eigenen Lebensgang überprüft, als sich auf irgendwelche Experimente einzulassen, die zu nichts führen. Es muß mit Bezug auf das **8. Haus** sich nicht um eine entgangene Erbschaft handeln oder um Erbstreiterei, die Unannehmlichkeiten bringt. Es kann jedoch Familienerbe eine Rolle spielen, auch in Bezug auf die Gesundheit; zu denken ist an Erbkrankheiten oder an ideologische Störungen, die bis in die Bewußtseinsübergänge hinein wirksam sind. Zu dieser Konstellation gehören auch Flucht aus der Wirklichkeit, Resignation, körperliche Schwäche, die geistige Verwirrung zur Folge hat. Der Gebrauch von Drogen oder Narkotika kann lebenszerstörend sein.

Weder Reisen, Auslandstätigkeiten, seien sie geschäftlicher oder privater Natur, werden unter Neptuneinfluß eine Befriedigung des wirklichen Ich zulassen. Es ist keine Zeit, um ausgreifende Pläne zu schmieden, um sich ideologisch in einer bestimmten Richtung gestzulegen: die Folgen können materielle Nachteile sein. Man ist zu sehr im Vorurteil befangen, um objektiv zu sein. Aber auch auf andere wirkt man fremd und unzugänglich, steht daher seinem eigenen Glück etwas im Wege (**9. Haus**).

Ist die Sonne-Neptun-Verbindung auf das **10. Haus** projiziert, gehen Machtverlangen, Ehrgeiz, das Bemühen, arbeitsmäßig eine Rolle zu spielen, falsche Wege. Pläne werden nicht reiflich genug erwogen,

Umstände zu wenig bedacht, Phantasie überwuchert, was allein rational zu bewältigen wäre. Man halte sich an das Bewährte, stelle weitreichende Pläne zurück und sehe davon ab, gesellschaftlich, beruflich oder in anderer Hinsicht die erste Geige spielen zu wollen. Enttäuschend ist die Konstellation für Freundschaften, für Liebe, Herzensglück, eigentlich für alles, was einem Freude bereitet, wie z. B. Hobby, Muße oder Tätigkeiten der Entspannung. Im **11. Haus** wird diese Konstellation eine Periode anzeigen, in der man „sich selbst nicht gut ist", dazu neigt, sich etwas vorzumachen, den mehr oder weniger holden Schein für Wirklichkeit zu nehmen, was dann mit Ernüchterung oder bitterem Erwachen endet.

12. Haus: Intrigen, Verleumdung, Unaufrichtigkeit, aber ebenso Unachtsamkeit dem „Kleingedruckten" gegenüber, Fußangeln, wie komplizierte Verträge sie bieten, sind unter negativem Sonne-Neptun-Aspekt zu befürchten. Je nach Lage der Dinge kann dadurch eine beträchtliche Zuspitzung oder Verschärfung einer an sich schon ungünstigen Situation erfolgen oder aber eine solche wird überhaupt erst geschaffen. Es ist jedenfalls keine Zeit, um „reinen Tisch" zu machen, eher muß man sich darauf einstellen, daß Widerwärtigkeiten noch eine Weile anhalten. Das kann sich auch gesundheitlich in Form eines schleichenden Leidens, stärkerer chronischer Beschwerden, für die es momentan nur sehr geringe Heilungsaussichten gibt, zeigen. Die Möglichkeit, einem solchen Trend entgegenzuwirken, ist wie bei allen negativen Aspekten, an denen Neptun beteiligt ist, ein offenes und geradliniges Wesen, ein behutsamer, aber direkter Zugriff, Zurückstellung von Zweifel und der Verzicht, eine neue Problematik ins Spiel zu bringen.

D 22 ☉ Sonne harmonisch mit ♇ Pluto

Welcher Art ist der Filter, durch den die Sonne als Repräsentantin aller Ich-Kräfte zur Geltung kommt, wenn sie eine Direktionsverbindung mit Pluto hat? Das Stichwort „Macht und Masse", das Pluto von Astrologen schon bald nach seiner Entdeckung als Etikett erhielt, ist durchaus gültig. „Macht und Masse" rührt an die archaischen Urformen, an den „Steinzeitmenschen in uns", betrifft das Kollektivbewußtsein oder jene ererbten Strukturen, die dann eine Rolle spielen, wenn der Mensch als Individuum sich innerhalb eines Massenschicksals bewähren kann oder muß: im positiven Falle also Chance, im negativen, Druck, der bis zur Zerstörung des Individuums gehen kann. Mit einer Sonnen-Pluto-Direktion wird deutlich, daß das Ich stärker als sonst nach Selbstverwirklichung drängt, aber nicht oder weniger deutlich in jenen Bereichen, die durch Intellekt oder Emotionen durch die bekannten Sinne angesprochen werden, sondern Urtriebhaftes. Vergleichbar einer Mutation, einem Erbsprung, der in der Abfolge der Geschlechter ein Wesen oder dessen Eigenschaft hervorbringt, die sich sehr deutlich vom Üblichen unterscheiden, kann das Ergebnis „ein neuer Mensch" sein.

„Macht und Masse" meint aber auch die Beziehungen zu den gleichartigen Wesen, zu den Menschen, nicht im Sinne einer gleichen oder ähnlichen soziologischen Gruppierung, sondern Aussonderung, Beherrschung, Domination. Es könnte diese Konstellation eine der stärksten überhaupt sein, wären wir heute nicht sehr wesentlich Produkte unserer Zivilisation und würde nicht das, was unser sichtbares Wesen ausmacht und unsere Eingliederung in das gesellschaftliche System, überwiegen. Soll also eine positive Sonne-Pluto-Direktion in einem bestimmten Zeitabschnitt eine Rolle spielen, dann darf sie nicht isoliert gesehen werden, sondern muß eine starke Aufwertung durch andere positive Direktionen erfahren. Hier sind dann auch die Ansatzmöglichkeiten zu suchen, in denen die Sonne durch Pluto (als „Sprecher") sichtbar werden wird, nach der Stellung in den Häusern. Eine Ausnahme mögen die Eckenbindungen sein, zumal wenn Pluto in der Radixfigur dahin Aspekte bildet, im stärksten Falle eine Konjunktion. Sonne mit Pluto kann kennzeichnend sein als Führungsanspruch aus innerem Antrieb, als eine positive Auseinandersetzung mit dem Kollektiv und damit als Hinweis, einen „Durchbruch" zu schaffen.

Die Stärkung des Selbstbewußtseins, als Ausdruck aller Ich-Kräfte, bedeutet eine Belebung der Vitalität, und zwar erstrangig im Sinne von „Denken". Damit aber können je nach Lebensalter körperlich, ja parapsychisch oder wie immer bezeichnet, Veränderungen u. U. zu einem neuen Lebensgefühl führen. Was indifferent an seiner Natur wird, tritt hervor, so daß Pluto als Promissor das Sonnen-„Licht" strahlender, heller, wärmender, vitalisierender macht.

D 23 **☉ Sonne im Spannungsaspekt mit ♇ Pluto**

Man lese aufmerksam **D 22** und wird finden, daß die eigentliche, die überragende Bedeutung einer Sonnen-Pluto-Direktion sich vor allem in der Konjunktion manifestieren müßte. Allein die Radixfigur kann angeben, wie weit eine positive Beurteilung Geltung haben wird. In der Regel ist davon auszugehen, daß das Übermaß jener archaischen Elemente, der „Druck von innen" den einzelnen in einem Maße vom Kollektiv aussondert, daß nur sehr starke Naturen den damit verbundenen Umständen gewachsen sein können. Goethes „So mußt du sein, dir kannst du nicht entfliehen", bekommt eine zwanghafte Färbung. Das dumpfe Gefühl, „etwas" tun zu müssen, kann je nach Unterstützung durch andere Direktionen oder auch Transite aufgehellt werden oder aber verstärkt ins Triebhafte zurücksinken lassen. Die starken negativen Aspekte wie Quadrat und Opposition entsprechen einer zwanghaften Auflehnung gegen jenes, was man als „Macht" über sich zu fürchten hat. Wie weit dabei die Überwindung von Urängsten eine Rolle spielt, muß dahingestellt bleiben. Sicher aber ist, daß Bedenkenlosigkeit, Risikobereitschaft oder andere Gefahrenmomente ins Spiel kommen, weil Vernunft als Regulativ, das Vertrauen auf die eigenen fünf Sinne über den Haufen geworfen werden. Dies läßt den Politiker zum Rebellen werden, den Pantoffelhelden zum Gewaltverbrecher, der sich eines gehaßten Partners entledigt, kann va-banque-Spiel bedeuten, das durch die Brille mildernder Umstände betrachtet werden sollte.

Die Ereignisebenen sind durch die Häuser nur unvollkommen zu erfassen.

Im **2. Haus** mag die materielle Sicherheit aufs Spiel gesetzt werden, im **3. Haus** das Geschäft, der Studiengang, die Beziehungen zum Kollektiv, im **5.** das Abenteuer ins Ungemessene gesteigert werden, im **6.** kann Raubbau an der eigenen Gesundheit ins Verderben stürzen.

Selbstzerstörerische Tendenzen im **7. Haus** haben mit dem Partner bzw. mit der Öffentlichkeit zu tun, sie müßten im **8. Haus** nach der *Trad.* den Tod durch Gewalt bezeichnen etc. Sicher ist z. B. Sonne-Pluto bezogen auf das **10. Haus** bedeutsamer als im **11.**, aber man wird die eigentliche Ereignisebene am besten nach der Radixverbindung bestimmen, an der Pluto und Sonne Anteil haben.

Woran es liegt, daß manche Menschen weder Pluto-Transite noch Pluto-Direktionen wahrnehmen, mag vielleicht damit zusammenhängen, ob und wie zwingend das Ahnenerbe aus grauer Vorzeit jeweils durchbricht. Es scheint, daß Pluto keinen ausgesprochenen Bezug zu körpereigenen oder soziologisch bedeutsamen Rhythmen hat, was den *einzelnen* anbetrifft. Dagegen können seine Zeichenstellung und die sich daraus ergebenden Aspekte zu den anderen großen Planeten in ihrer mundanen Verflochtenheit sich signifikant äußern.

24 ☉ Sonne harmonisch mit dem ☊ Mondknoten

Die Bewertung des Mondknotens war in der Geschichte der Horoskopie verschieden stark. In jenen Perioden, in denen die sensitiven Punkte eine Rolle spielten, wurde auch er stärker beachtet. In der jüngsten Gegenwart sind es vorwiegend die praktischen Gründe seiner leichten Berechenbarkeit, daß z. B. Anfänger im Zusammenstellen astrologischer Computerprogramme hier ein dankbares und überschaubares Aufgabenfeld sehen. Tatsächlich erlaubt der Mondknoten Aussagen über Form oder Intensität von Zusammenarbeit. In der Radixfigur gehört er zu jenen Faktoren, die wie z. B. auch Asz. Meridian oder die anderen Häuserspitzen selbst keine Aspekte aussenden können, jedoch zu empfangen vermögen. Direktionär ist der Mondknoten dadurch als Promissor geeignet. Eine herausragende Bedeutung hat lediglich die *Konjunktion,* während die anderen Aspekte mehr oder weniger zur Färbung des Erlebnistrends beitragen.
Mit den Stichworten: Kontakt, Verbindung, Gemeinschaftsleben, ist der Symbolgehalt des Mondknotens umrissen. Da man in der modernen Horoskopie nur mit dem aufsteigenden Knoten, früher Drachenkopf genannt, arbeitet, bedeutet die Oppositionsstelle automatisch das Gegenteil, also Trennung, Probleme im Zusammenwirken.
Wenn die Sonne als Repräsentantin aller Ich-Kräfte angesehen wird, dann steuern diese, sobald sie sich in der Rolle des Signifikators befindet, auf das Du hin. Dann werden also jene Bemühungen intensiver ausfallen, die den Horoskop-Eigner in Kontakt zu anderen bringen, um den eigenen Wesenszügen mehr Geltung zu verschaffen. Das bedeutet praktisch Hilfe und Unterstützung durch andere, wie es sich als Folge einer gelungenen Anpassung abzeichnet. Man hat das Bedürfnis, den eigenen Lebensrahmen auszuweiten, im Arbeitsteam

persönliche Gedanken zu verwirklichen, in der Zweisamkeit mit dem Du das beglückende Empfinden zu erleben, ,,vollständig" zu sein. Es kann sich diese Direktion als grundsätzliche Haltung und Aufgeschlossenheit zeigen, die es möglich macht, daß andere verwandte Direktionsaspekte, etwa nach Art von Merkur oder Venus, bessere Ansatzmöglichkeiten finden. In einer durch äußeren oder inneren Druck gekennzeichneten Verbindung zu leben, wird mit dieser Konstellation erträglicher, ja, es können neue, lebenserleichternde Wesenszüge wirksam sein.

So einleuchtend es erscheinen mag, die Hausstellung des Aspekts zur Deutung heranzuziehen, ist es doch ergiebiger, die Aussagen hinsichtlich Sonne-Mondknoten in die Gesamttendenz der Prognose zu integrieren. Wer mag, dem wird es nicht schwerfallen, Wirkungsmöglichkeiten gemäß der Natur der Häuser (s. S. 302) aufzufinden. Daß Kontakte im 2. Haus eher einen materiellen Nutzwert haben dürften als z. B. im 3. oder 9. Haus, liegt auf der Hand. Im 5. und 11. werden sie Herzens- oder Liebesschicksale fördern, im 6. und 12. Trennungen erleichtern, im 4. Feld die Verbindung an die Familie, an Heim und Heimat stärken, im 10. Haus der beruflichen oder gesellschaftlichen Zusammenarbeit Wirkungsmöglichkeiten eröffnen. Da aber gerade *die Konjunktion der Sonne mit dem aufsteigenden Mondknoten zugleich die Opposition mit dem absteigenden* darstellt, muß bei einer derartigen Auslegung auch das gegenüber liegende Haus berücksichtigt werden. Das heißt also, bei einer Konjunktion im 5. Haus Liebesglück mit der Gefahr, daß dadurch eine andere freundschaft oder etwa gesellschaftliche Kontakte brechen. Dieser Umstand wird bei der Auslegung oft zu wenig beachtet. Die Konjunktion im 1. Haus wird naturgemäß einen positiven Effekt für die rein persönlichen Belange durch eine Verbindung haben, jedoch zum Schaden einer anderen. Umgekehrt ist die Konjuntion im 7. Haus eine stärkere Zuwendung zum Du, was bei einer schwachen Natur das Zurückstecken eigener Wünsche und vielleicht auch berechtiger persönlicher Forderungen signalisieren kann. Deswegen ist die Hereinnahme des Mondknotens eine sehr diffizile Angelegenheit.

D 25 **☉ Sonne im Spannungsaspekt mit ☊ Mondknoten**

Es scheint nicht nötig, die Bedeutungen im einzelnen abzuhandeln, denn es ist allgemein das Gegenteil, wie unter **D 24** angeführt, anzunehmen. Doch auch hier gilt, daß eine Trennung durch Sonne-Opposition-Mondknoten mit Bezug auf Haus 7 nicht unbedingt schlecht sein muß, weil ja gleichzeitig die Konjunktion mit dem absteigenden Knoten in das 1. Haus fällt. So kann eine Trennung zu einer Art innerer Befreiung werden. Aber es wird in der Zeit der Wirksamkeit der Opposition-Sonne-Mondknoten mit Bezug auf das 7. Haus schwerfallen, zu einer Legalisierung einer Verbindung zu kommen, zu einer „Ehe", ohne daß der Aspekt zunächst erkennen läßt, in welcher Richtung die Trennungstendenzen zu suchen sein werden. Aber selbst in einer Partneranalyse darf der Knoten nicht überschätzt werden, sei es im positiven wie im negativen Sinne.

D 26 ⊙ **Sonne harmonisch mit Asz**

Nur wenn die Geburtszeit absolut exakt gegeben ist oder korrigiert wurde, kann der Asz als Promissor in Frage kommen, schwächer als die Konjunktion *D 28.* Da der Asz als Promissor immer die Spitze des 1. Hauses darstellt, kann der Aspekt nur ganz persönliche Angelegenheiten betreffen. Dies wird in erster Linie charakterlich der Fall sein. Es kann die Gesundheit betroffen sein, kann die persönlichen Lebensumstände angehen, vor allem soweit diese auch mit dem Partner oder der Öffentlichkeit zusammenhängen.

D 27 ⊙ **Sonne im Spannungsaspekt mit Asz**

Die Opposition hat eine besondere Bedeutung, die nachfolgend unter **D 28** beschrieben wird. Die anderen Spannungsaspekte der Sonne zum Asz werden eine innere Kluft aufreißen können, wenn diese im Radix angelegt ist. Fallen Sonnenstand und Asz in unverträgliche Zeichen, wird die negative Direktion die Unvereinbarkeit der einen mit der anderen Wesensrichtung erkennen lassen. Zumeist entzündet sich der Widerspurch zwischen verschiedenen Anlagerichtungen an Umständen des Milieus. Dies kann auf Kosten der Gesundheit gehen und entweder organische Störungen je nach Zeichenlage bringen oder aber ganz allgemein auch psychosomatisch bedingte Leiden auftreten lassen. Wer mit sich selbst uneins ist, wird auch nicht in der Lage sein, Partnerangelegenheiten zu koordinieren, sich anzupassen, bzw. auf den Partner einzustellen, sei es geschäftlich oder in der Ehe harmonische Du-Beziehungen zu schaffen. Die *Quadratur* ist entschieden kein glückliches Vorzeichen für den betreffenden Lebensabschnitt, weil die Schwierigkeiten, mit denen zu rechnen ist, in der Natur des Geborenen selbst liegen. Tritt z. B. Neptunisches hinzu, werden Unklarheiten Lebensziele verwirren, bereit sein lassen, sich anzustecken oder verführen zu lassen. Ist Marsisches in den Direktionen von Einfluß, kann es in Freundschaft, Liebe oder Partnerbeziehung zum Eklat kommen, tritt Saturnisches hinzu, überwiegt der Druck, das Depressive, die Tendenz zur Isolation. Die Lösung, in welcher Weise der Aspekt zu beurteilen sein wird, liegt demnach in der *Natur des Zeichens,* bzw. in der Art und Weise, *wie dessen Regent im Radixhoroskop eingebaut ist.* Es wird der Direktion nicht Genüge getan, wenn man sie allein für sich betrachtet, sondern man muß nach den Ursachen fahnden, die – in Grenzen – ja auch erkennbar sind.

D 28 ☉ Sonne in ☌ Konjunktion (auch in ☍ Opposition) mit Asz

Hier wird das unter **D 26** Angeführte besonders deutlich. Kommt die Sonne, was vor allem in jüngeren Jahren ja der Fall ist, direktionär unmittelbar aus dem 12. Haus, kann dies nunmehr der Lebensabschnitt des Durchbruchs sein, also die Hinwendung zu einer positiven Selbstgestaltung des Daseins aus eigenem Antrieb. Erreicht die Sonne aber die Konstellation ursprünglich aus dem 11. Hause kommend, dann werden jene Kräfte aktiviert, die in jüngeren Jahren bereits zur Vollendung hin tendierten, und zwar mit Hilfe von Freunden oder Partnern, doch mag während der Wanderung der Sonne durch den 12. Sektor dieser positive Ansatz zeitweise verschüttet gewesen sein. Sonne am Asz ist Hinweis auf einen Wandel, auf Veränderung, auf Neubeginn, was man je nach Lebensalter sehen muß. In welcher Weise dies glücklich erfolgen kann, läßt sich nicht nur an Hand gleichzeitiger in ähnlicher Hinsicht gerichteter Direktionen erkennen, sondern auch an einschneidenden Transiten, besonders wenn es sich um Übergänge über den Asz handelt. Selbst die Hektik einer Uranus-Asz-Konjunktion kann zu einer befreienden Tat führen, der saturnische Übergang als Transit zu einer positiv zu bewertenden inneren Einkehr werden, richtungweisend für das ganze künftige Dasein. Man untersuche also sehr genau den Charakter der wichtigen

Transite in der Lebensperiode von ein bis drei Jahren, wenn diese Direktion fällig wird.
Untrennbar ist die Konjunktion der Sonne mit dem Asz zugleich auch mit der *Oppositionsstellung zum Desz* verbunden. Das heißt nichts anderes, als daß z. B. die Ich-Werdung und damit die Konzentration aller angeborenen, erworbenen oder anerzogenen Wesenszüge, wie sie sich ja aus den Milieueinflüssen ergeben, zugleich eine Absage an das Du und dessen Machtbegehren oder Einflußnahme darstellen. Wenn die Sonne in der Konjunktion mit dem Asz „Ich" sagt, dann wird dieses in der fraglichen Zeit über das „Du" gestellt. Folglich ist auch die Betonung der rein körperlichen, persönlichen Angelegenheit intensiver und kann zur Vernachlässigung jener Belange führen, die den Partner angehen. Sicher ist eine derartige Konstellation Hinweis auf eine einschneidende Lebensperiode, ohne daß man sofort sagen könnte, in welcher Hinsicht denn nun der „Vorteil" zu suchen sei. Aber gerade eine solche Betrachtungsweise ist unpsychologisch und vor allem bei dieser Aspektverbindung völlig fehl am Platz. Diese Konstellation ist überhaupt nur richtig einzuschätzen, wenn das Verhältnis zwischen Sonne und Asz in der Radixfigur deutlich erkannt wird. Hierbei ist auch das Geschlecht des Horoskop-Eigners von Bedeutung. In einer weiblichen Nativität muß ja bei der Beurteilung der Sonne auch immer daran gedacht werden, daß sie den Gatten repräsentiert, so daß die Konjunktion durchaus ein Heiratsaspekt sein kann. Alle positiven Konstellationen haben einen mehr oder weniger stärkeren Annäherungswert, was auch für die Opposition gilt. Für diese sogar par excellence, denn es handelt sich ja hierbei um die Verbindung des eigenen Ichs mit dem „Partnerpunkt", dem Deszendeten. Gerade weil die Konjunktion der Sonne mit Asz oder Desz eine immense Bedeutung hat, eignet sie sich auch zur Kontrolle der Geburtszeit oder wird bei der Darstellung einer Lebensübersicht herausragend zu beurteilen sein.
Die vielfältigen Schattierungen des 1. und 7. Hauses müssen natürlich auch ein Auge auf die Lebensverhältnisse des Geborenen werfen lassen. Es kann ein Eremit aus seiner Vereinsamung herausfinden und plötzlich in der Öffentlichkeit eine Rolle spielen. Für den Künstler, der nicht nur für sich schafft, kann eine solche Konstellation den Sieg beim Publikum bringen. Wenn auch Direktionen grundsätzlich die

innere Menschennatur betreffen, wird man zur Beurteilung doch die äußere Stellung berücksichtigen müssen.

D 29 ⊙ Sonne harmonisch mit MC

Es gibt moderne Astrologen, die die Bedeutung der Hauptachsen ähnlich sehen und nicht so differenziert, wie es sich aus dem alten Häusersystem ergibt. Insofern empfiehlt sich das Studium dessen, was über die Beziehung von Sonne zum Asz gesagt wurde. Doch, die Erfahrung bestätigt, daß der obere Meridian die Höhe dessen symbolisiert, was sich der einzelne bewußt oder unbewußt als Lebensziel vornimmt, wo seine Berufung liegt, bzw. was er überhaupt erreichen kann. Ehrgeiz ist auch durch den Asz gegeben, hat aber eine andere Stoßrichtung als am MC. Betrifft der Asz die Durchsetzung des Ich innerhalb des Milieus, umfaßt das MC Machtzuwachs, Einflußgewinn, äußere Ehre. In dieser Richtung wird jeder Aspekt der Sonne fordernd zu beurteilen sein. Aber die Konjunktion wird zwangsläufig den stärksten Effekt haben. Es kann die Krönung der Lebensbahn sein. Kommt die Sonne z. B. aus dem 7. Haus zur Konjunktion, dann werden die Wunschträume der Jugend wahrscheinlich eine größere Chance haben, verwirklicht zu werden, als wenn sie im 8. Haus ihren direktionären Lauf startet. Hier handelt es sich mehr um eine Verpflichtung gegenüber der Tradition, dem „Ahnenerbe", oder aber auch ganz praktisch um das Ausnützen materieller Vorteile, z. B. einer Erbschaft. Kommt die Sonne aus dem 9. Haus zum MC, dann hat sich der Geborene vorwiegend mit ideologischen Fragen beschäftigt oder wurde gemäß der Natur dieses Hauses mit einer ihm ansonsten fernliegenden Lebensproblematik befaßt. Diese Konstellation könnte signifikant für die gegenwärtigen Zeitverhältnisse sein, bei denen junge Leute eine Parteikarriere einschlagen oder sich der Arbeit von Institutionen verschreiben.

Die Konjunktion der Sonne mit dem MC wird ein Anfänger sogleich als Erreichen des Lebenszieles deuten. Berücksichtigt man aber die möglichen differenzierten Aussagen sowohl über die Sonnenposition wie die des MC in der Radixfigur, können die in dieser angelegten Schwierigkeiten sich auch voll auswirken, z. B. bei einem Leichtsinnigen den Griff zur Macht bringen, wodurch sein schließlicher Sturz eingeleitet wird. Damit hat diese Direktion auch einen Aussage-

wert, wie weit es möglich ist, eine soziale Position zu entwickeln bzw. aufzubauen und diese zu halten. In der Regel wird man auf beruflichen Aufstieg, geschäftlichen Erfolg, Beförderung Anerkennung tippen können, wobei die Regeln der Tradition nicht zu wörtlich genommen werden dürfen, was ja überhaupt gilt.
Wie man beim Asz auch sogleich den Desz in Betracht ziehen muß, gilt bei einem Sonnenübergang über den oberen Meridian zugleich die *Opposition zum IC*, das Heim und Heimat, Herkunft, Elternhaus und das eigene Alter repräsentiert. Z. B. kann der eigene soziale Aufstieg durch eine endgültige Loslösung vom Elternhaus erfolgen. Hierbei wird es eine Rolle spielen, wie Jupiter (=Tradition) und Saturn (=Vater) im Radix fördernd oder hemmend eingebaut sind. Es ist heutzutage schon fast ein Regelfall, wie die Lektüre der Presse oder der Nachrichten in den Medien zeigt, daß öffentlicher Erfolg um den Preis eines Verlustes an heimatlicher Bindung erkauft wird. Gut also, wenn in der Radixfigur „wohltätige" Gestirne, etwa Venus oder Jupiter, durch günstige Aspektverbindungen zu MC und IC dem Aufkommen von Spannungen, Trennungstendenzen oder je nach Sachlage Verkrampfung vorbeugen. Erfolgt die Sonnen-MC-Konjunktion in der zweiten Lebenshälfte und gibt es Hinweise auf eine problematische Ehe, kann verdienstvolles öffentliches Wirken erst recht zu einer Scheidung führen, aber auch zu nachfolgender Wiederverheiratung.
Derartige Gedanken legen es nahe, solche massive Direktionsaspekte nie innerhalb eines zu geringen zeitlichen Orbis zu sehen, zumal man ja nur in seltenen Fällen die exakte Geburtsminute als Basis für alle Berechnungen haben wird.

☽ 30 Sonne im Spannungsaspekt mit MC

Kritisch ist lediglich *das Quadrat* zu beurteilen, da die Konstellation als Aberkennung einer Leistung, als Abstieg, evtl. sogar Sturz oder Aufgabe bestimmter Lebensziele gedeutet werden muß. Das Faktum Arbeitslosigkeit trifft den Kern der Sache zu wenig, eher ist es der Verlust an Ansehen, die innere Unzufriedenheit, weil berufliche Dinge oder wozu man sich „berufen" fühlt, nicht im gewünschten Maße gelingen. Die *Opposition* muß den Aufstieg nicht erschweren, kann aber Familie oder Herkunft als „Klotz am Bein" doch spürbar machen. Andererseits ist positiv zu sehen, daß die Opposition zum MC zugleich die Konjunktion mit dem IC ist, was das Aufgehen in der Familie, dem ,,inneren" Lebenskreis, erleichtert. Verrät die Geburtskonstellation z. B. durch Betonung des Zeichens Krebs und entsprechende Jupiterkonstellationen eine starke Bindung an die Heimat, kann unter einer solchen Opposition das eigene Lebensziel auf einem Sektor gefunden werden, der der wahren Natur des Ichs mehr entspricht, als es Außenstehende annehmen möchten. Kommt dazu noch ein ,,Aussteige"-Transit, etwa ein hochkarätiger Uranusaspekt, dann werden die Dinge für Außenstehende völlig unverständlich, lassen die eigenen Lebensziele aber in Bereichen suchen, die dem Nativen ,,auf den Leib geschrieben" sind. Um äußere Ehren wird es dabei allerdings kaum gehen.

Was für Asz und MC, für Desz und IC sowohl positiv wie negativ ausgesagt wurde, kann nun *sinngemäß auf die* **Häuserspitzen** der Zwischenfelder angewendet werden. Ratsam ist es aber, lediglich *die direkten Übergänge* zu berücksichtigen, da nur ihnen mehr oder weniger Wirkungen zukommen. Überzogen wäre es in jedem Fall, z. B. bei Sonne-Konjunktion mit Spitze des 5. Hauses, einem Nativen Lottoglück zu prophezeien oder mit Spitze 8, die Hoffnung auf eine bedeutsame Erbschaft zu nähren etc. Allenfalls darf man derartigen Konstellationen, wenn sie durch andere Fakten aus der Radixfigur, aus Direktionen und Transiten gestützt sind, eine gewisse fördernde Tendenz zuschreiben, je nach der Natur des Lebensbereichs. Verfasser macht ausdrücklich darauf aufmerksam, daß Übergänge über Zwischenhäuserspitzen nicht in eine Prognose gehören, die den Anspruch erhebt, seriös sein zu wollen. Allenfalls kann eine so weitgehende Deutung experimentellen Charakter haben oder läßt sich bei der Untersuchung vergangener Lebensperioden rechtfertigen.

Der Mond als Signifikator

Der Mensch ist eine Einheit aus Körper, Seele und Geist. Das heißt, daß weder die einzelnen Organe für sich betrachtet werden dürfen, wenn es um Fragen der Gesundheit geht, wie, daß etwa nur Nervliches untersucht wird, wenn es die Gedankentätigkeit betroffen ist, noch daß man Gefühle und Empfindungen für sich sehen darf. Wenn auch die Sonne die Wesenskräfte eines Naturells in ihrer Gesamtheit verkörpert, lassen sich dennoch Schwerpunkte erkennen, bzw. ist eine gewisse Vereinzelung oder besser gesagt Sonderung bestimmter Teilbereiche unserer Natur möglich. Nur geht es eben nicht, die Seele auf den Seziertisch zu legen und sie *allein,* für sich zu sehen. Immer wird die Seele mit dem Körper verbunden sein und in Wechselwirkung zu den geistigen Anlagen stehen. Das macht es in der praktischen Astrologie ja auch so schwer, zu treffsicheren Diagnosen oder Prognosen zu kommen, weil die Gefahr einer Sonderbehandlung auch stets zu Schubladendeutungen verführt. Auf die vier Signifikatoren Sonne, Mond, Asz, MC (auch noch der Glückspunkt) legten die Alten ausschließlich Wert.
Wenn wir heute die Dinge differenzierter sehen, was sich darin ausdrückt, daß wir alle Planeten als Signifikatoren gelten lassen, mag das den veränderten gesellschaftlichen Verhältnissen unserer Existenzbedingungen entgegenkommen.
Man muß sehr genau unterscheiden, durch welche Art Direktion der Mond zum Signifikator wird. Bewegt er sich langsam direktionäre voran (etwa 1 Grad = 1 Lebensjahr), so wird er in weit stärkerem Maße zum „Verursacher" bestimmter innerseelischer Vorgänge. *Handelt es sich um Progressionen, legt der Mond direktionär dagegen ja fast ein halbes Tierkreiszeichen pro Jahr zurück. Dann hängt mehr von seiner Hausstellung ab, die er einnimmt, als von den Berührungen mit Promissoren, durch die er zu uns spricht.* **Bitte beachten Sie also, welche Bedeutung die Häuser im einzelnen haben (S. 302).**
Der Mond hat einige sehr markante Grundbedeutungen, die zwar miteinander in Zusammenhang zu bringen sind, aber auch jede für sich genommen bewertet werden können. Tritt der Mond als „Sender" in den Direktionen auf, bekommt die seelische Grundverfassung des Naturells eine steuernde Funktion zugewiesen. Damit ist das

Gemüthafte angesprochen, das dann mehr als zu anderen Zeiten eine Rolle spielt und auch, immer unter Einschätzung der radikalen (d. h. der aus dem Radix kommenden) Gegebenheiten, sein Gewicht haben wird. Die Seele ist das Bleibende, bewahrt Empfindungen, Erinnerungen, hat mit dem Unterbewußtsein zu tun. Das Sprichwort von dem weichen Kern in einer harten Schale mag auf die Verletzlichkeit des Empfindungsnaturells deuten. Doch Seelisches kann auch mit Macht aufbrechen, kann als Leidenschaft fortreißen und über jede „vernünftige" Eingebung siegen. Man sollte versuchen zu differenzieren, welcher Art die Leidenschaften sind. Sind sie eben *nur* seelischer Natur oder kommen sie aus der Triebverfassung, haben sie mit Sexualität zu tun? Leider ist kaum eine scharfe Trennung vorzunehmen, was man sich nur am Beispiel von Werken der Poesie zu vergegenwärtigen braucht.

Sonne und Mond sind wie yang und yin im chinesischen Taoismus, gleichwertig wie männlich und weiblich, wie positiv und negativ. Wir sehen allerdings Akzentverschiebungen in der Geburtskonstellation deutlich werden.

Es gibt eben nicht den *nur* „männlichen" Mann, die *nur* „weibliche" Frau. In jedem sind maskuline *und* feminine Wesenszüge vorhanden. Es ist hier nicht der Rahmen, diese Dinge weiter zu erörtern, doch gibt es bekanntlich bestimmte Konstellationen, die Homosexualität im Horoskop anlagemäßig erkennen lassen. Handelt es sich also um einen Nativen, gleich welchen äußeren Geschlechts, der eine sehr starke Geburtssonne in der Radixfigur hat, wird diese insgesamt mehr zu beachten sein als der Mond. Ist es aber ein „feminines" Horoskop mit einem dominierenden Mond, so kann dieser mindestens gleichwertig, wenn nicht sogar noch stärker als die Sonne zu bewerten sein und das nicht nur in der Radixfigur, sondern auch direktionär. Es ist eine Folge des traditionellen gesellschaftlichen Rollenverhaltens, wenn lapidar festgestellt wird, daß der Mond bei Frauen oft eine stärkere Rolle spielt als die Sonne. Natürlich ist der Mond in erster Linie Repräsentant aller Gefühlsbezogenheiten, daher eben auch symbolisch für jene Bereiche zuständig, die in uns mit weiblichen Wesenselementen korrespondieren. Dazu gehören die Familie, das eigene Heim, Wohnort und Wohnung. Es ist der traditionelle Lebensbereich, der in der Vergangenheit das persönliche oder soziale

Aufgabenfeld der Frau ausmachte. Im Horoskop eines Mannes mag der Mond auch für die Gattin stehen, kann Bezug zur Mutter haben, vor allem auch bei Kindern.

Obwohl das Familiäre, Sippenhafte, Häusliche nach Festigkeit verlangt, somit einen zentralen Punkt unserer Existenz bildet, ist der Mond doch Symbol allen Wechsels und jeglicher Veränderung. Daher auch sein Bezug zu Reisen und Umzug. Solare Kräfte tendieren nach außen, sind extravertiert, lunare haben das Innere als Zielrichtung. Wechsel und Veränderungen schließen keineswegs das Bedürfnis nach Sicherung der Existenz aus, weshalb Vermögen und Eigentum ebenfalls unter „Mond" erfaßt werden.

Die Überlegungen, wie in einer konkreten Direktionslage der Mond als Signifikator einzuschätzen ist, beginnen bei der Durchleuchtung seiner Radixposition. Es muß z. B. vorausgesetzt werden, daß der Deuter weiß, daß ein Radixmond im Krebs anders zu bewerten ist als im Steinbock, was eine ganz andere Ausprägung im Naturell zur Folge hat. Direktionär wird das Symbol „Mond" ja nicht für sich allein zum Signifikator. Gewiß ist er „Sender", doch wissen wir aus der Radiotechnik sehr wohl, daß eben Sender nicht gleich Sender ist und daß, wird er in Betrieb gesetzt, stets alle ihm vom Anfang an eigentümlichen technischen Besonderheiten oder Unzulänglichkeiten, ebenso wie Standortvorteile etc. für alle Zukunft eine Rolle spielen. Es wird also nicht „der Mond" schlechthin zum Signifikator bei einer Direktion eines ganz bestimmten Horoskops, sondern es wird stets der individuelle, unverwechselbare Radixmond dirigiert. Das ist genau so wie bei der Sonne und den Planeten, sofern sie „Sender" werden. Der Mond hat auch einen gesundheitlichen Aspekt, selbst wenn er nicht auf das 6. Haus determiniert ist. Er reguliert schließlich den Flüssigkeitshaushalt des Körpers, ist Symbol rhythmischer Abläufe, maßgebend für Stoffwechsel, Sekretion, Fortpflanzung und im besonderen zuständig für einige Organe wie z. B. für den Magen. Wird daher der Mond zum Signifikator, so ist zu prüfen, in welchem Maße etwa das Gemüthafte, Seelische, Triebhafte oder Haus und Heim, Ortswechsel, Reisen, der Magen etc. Impulse aussenden, auf Veränderungen hindrängen. Gerade beim Mond scheint es noch schwerer zu sein als bei der Sonne und den anderen Gestirnen, herauszufinden, wo der Schwerpunkt anzusetzen ist.

D 31 ☽ **Mond harmonisch mit ☉ Sonne**

Es ist nicht gesagt, daß der stärkste Aspekt, die **Konjunktion**, auch in jedem Fall positiv einzuschätzen sei. Vor allem in einer ,,weiblichen" Nativität überlagert der Mond damit das Solare im Horoskop, können ,,Launen« (abgeleitet von Luna – lat. der Mond) die feste Struktur der Ich-Kräfte stören. Mit dem Signifikator ,,Mond" sucht sich das Lunare im Menschen gewissermaßen den stärksten ,,Lautsprecher", eben die Sonne, als Promissor. Das Ergebnis hängt davon ab, wie in der Radixfigur Sonne und Mond zueinander stehen, ob in Harmonie, mindestens in verwandten Zeichen oder durch Aspektverhältnis verbunden. Ist aber zwischen Wille und Gefühl eine Diskrepanz, so scheint der ,,Lautsprecher" auch Mißtöne zu produzieren, wodurch
der Charakter der ,,Sendung" erheblich beeinträchtigt werden kann. Die **Konjunktion** kann einen markanten Lebenseinschnitt signalisieren, vor allem die Verbindung zwischen Ich und Du und kann daher ein Heiratsaspekt erster Ordnung sein. Es können aber auch andere rhythmische Abläufe gestartet werden oder zu einem Abschluß kommen, wobei die Häuserstellung eine Rolle spielt. Zu denken ist an Ausbildung, Beruf, Gesellschaftliches etc. In den Zeiten positiver Mond-Sonne-Direktionen wird die Instinktreaktion des Nativen besser sein als sonst, was mehr Sicherheit bei Entscheidungen bringt, vor allem im partnerschaftlichen oder gesellschaftlichen Rahmen. Aber betroffen ist in erster Linie dann auch das, was die Sonne als Promissor ausdrückt, also die Lebenskraft als ein Grundprinzip, das Ich, die Individualität, die Stellung des einzelnen in der Welt. Hier gehen vom Gefühlsleben jetzt jene Impulse aus, die anfeuern, stärken, vitalisieren. Z. B. könnte unter dieser Direktion ein Nativer, der seine Handlungsweise vorwiegend durch die Vernunft steuert, aber einen starken Mond im Radix hat, jetzt versuchen, mit mehr Gefühl und unter instinktiver Ausnützung einer günstigen emotionalen Lage seine Machtansprüche durchzusetzen. Auf eine Besonderheit der schnell ablaufenden Mond-Direktionen sei hingewiesen: Es ist nicht gleichgültig, in welchem Tierkreiszeichen sich der Mond aufhält. Bei Bezug auf den Widder kann das z. B. die Erklärung für Kopfschmerzen oder Abgespanntheit bieten, oder rasche Handlungsweise begünstigen etc. Befindet sich der Mond im Stier, werden dagegen materielle Werte

durch die Gefühlslage positiv beeinflußt, können Halsbeschwerden oder Krankheiten der oberen Bronchien erfolgreich behandelt werden. Ähnlich ist bei der Deutung der anderen Tierkreiszeichen zu verfahren. Die Stellung des Signifikators Mond im jeweiligen Haus des Horoskops hebt dieses besonders heraus und verleiht ihm Gewicht.

Ist das **1. Haus** betroffen, wird die Wanderlust und das Bemühen stärker sein, sich zu verändern. Bei Bezug auf das 2. Haus sind die Vermögensverhältnisse zwar schwankend, werden sich schließlich aber doch stabilisieren.

Ist der Mond im **3. Haus** oder muß die Konstellation darauf bezogen werden, kann dies als gutes Vorzeichen für Studien und Reisen gewertet werden, denn die Sonne als Zentralgestirn wird sich in dem Bereich nun stärker durchsetzen, angespornt vom Gefühl, von einem traditionellen Impuls oder von Anstößen, die von Elternhaus oder Familie ausgehen, die dem Weiterkommen dienen, z. B. Lernerfolge, um den Eltern Freude zu machen etc.

Die Konstellation mit dem Promissor Sonne auf das **4. Haus** gedeutet, wird die Kräfte, die an die Scholle binden, Heim und Heimat betreffen, sehr gefühlsbezogen sein lassen und das Gemüthafte ins Spiel bringen. Unter diesem Aspekt ist die Bindung an Heim und Heimat stärker als sonst, hat Tradition einen eigenen Stellenwert. Da man aber bei Mondaspekten auch immer das Gegenzeichen im Auge haben sollte, könnte gleichzeitig dies mit einem Verzicht auf eine berufliche Aufwertung verknüpft sein.

Ist die Konstellation mit dem **5. Haus** verbunden, so bekommen triebhafte Dinge, Freundschaft, ja der Umgang mit Kindern einen eigentümlichen Anstoß von der Phantasie, vom Gemüt her. Zugleich aber, weil ja die Sonne als Hauptgestirn gilt, wird nun der durch die Anwesenheit der Sonne im Radix in diesem Sektor als besonders wichtig herausgehobene Lebensbereich eine schicksalsformende Kraft erhalten.

Ist das **6. Haus** betroffen, so können die Gemütskräfte einen heilenden Effekt haben, werden psychosomatische Störungen überwunden, kann aufgearbeitet werden, was unterschwellig beunruhigt. Gemäß der Bedeutung dieses Hauses werden aber auch berufliche Dinge, z. B. ein Abhängigkeitsverhältnis, günstig beeinflußt. Man findet

Verständnis bei anderen oder kann sich in bestimmte Arbeitsverhältnisse besser einpassen, weil innerlich kein Widerstand, selbst gegen unliebsame Tätigkeiten aufkommt.
Es liegt auf der Hand, daß der Aspekt mit Bezug auf das **7. Haus** eine besondere Rolle spielen wird, vor allem in Ehesachen, Partnerschaft oder in den Beziehungen zur Öffentlichkeit. So kann ein Prozeß bereinigt werden, können Vermögensangelegenheiten in Ordnung gebracht werden, gelingt eine Teilhaberschaft, oder man ist in einer besseren Verhandlungsposition, weil man den anderen „von innen her" zu nehmen weiß. Immer muß man im Auge haben, daß der Anstoß von der lunaren Seite unserer Persönlichkeit kommt, daß Phantasie, Gemüthaftes, ja Leidenschaften eine treibende Kraft sind.
8. Haus: Bei einer starken innerlichen Beteiligung werden Erbangelegenheiten bedacht oder geregelt. Es muß sich dabei nicht um Materielles handeln. „Stirb und Werde", Karma, Bewußtseinsübergänge können sexuelle Wurzeln haben.
Fällt der Schwerpunkt des Aspekts in das **9. Haus,** so werden religiöse Angelegenheiten, parteipolitische oder ideologische Belange in den Vordergrund treten und ebenfalls mit Gefühl und innerer Anteilnahme vorangebracht werden.
Im **10. Haus** winken Erfolge. Ehrgeiz kann seine Befriedigung finden, und gerade dadurch auch manches Unausgesprochene realisierbar werden.
Dieser Aspekt begünstigt den Erwerb von Eigentum und Ansehen, denn es ist ja schließlich die Sonne, die hier „zu ihrem Recht" kommt. Nur geht der Anstoß eben von einer bestimmten Seite unserer Ich-Verfassung aus bzw. kommt von jenem, was der Mond als Signifikator anzeigt.
Im **11. Haus** werden Freundschaften eine vorwiegend gefühlsbezogene Ausprägung erhalten, können Hobbys entdeckt und durchgeführt werden, ist die gesamte Wesensstruktur anschmiegsamer und weicher.
Im **12. Haus** wird man über Feinde siegen, nicht weil äußere Machtverhältnisse dazu helfen, sondern weil die innere Veranlagung das Gefühl der Sicherheit gibt, auf dem rechten Weg zu sein.

D 32 ☽ Mond im Spannungsaspekt mit ⊙ Sonne

Es ist klar, daß hier der Gegensatz, wie ihn die Vollmondstellung-**Opposition** ausdrückt, den stärksten Effekt haben wird. Im wesentlichen gilt, was schon bei D 31 angeführt wurde, nur muß jetzt der Anstoß in einer negativen oder ungenauen Weise gesehen werden. Daher vermag das Ergebnis auch nicht zu befriedigen. Lediglich die Vollmondstellung kann zu einem Durchbruch verhelfen und einen Rhythmeneinschnitt markieren, der, wenn durch andere Aspekte gestützt, seien es Direktionen oder starke Transite, dem Leben des Nativen eine neue Richtung zu geben vermag. Handelt es sich aber um eine **Quadrat**stellung, so wird der Anstoß, der vom Gefühl her kommt, die Ich-Kräfte zu ungenauen Reaktionen aufstacheln und zu Fehlleistungen führen. In einer Zeit derartiger Direktionen ist es unklug, Gefühlsentscheidungen zu treffen, von denen das weitere Leben abhängt oder überhaupt Dinge „in die Reihe" bringen zu wollen, die von Phantasie, Gemüt oder Leidenschaften mehr abhängen als von Vernunft oder Einsicht. Auch hier gilt, daß die Sonne als Promissor zu uns spricht und sagt, wie und auf welche Weise, bzw. auf welchem Gebiet Lunares wirksam wird oder wie es die Gesamtkräfte unseres Wesens steuert. In der Regel wird es ein Zeitabschnitt sein, der durch ein schwankendes Lebensgefühl bezeichnet ist, in dem Veränderungen eintreten, die der gesamten Harmonie des Individuums abträglich sind. So kann eine Teilhaberschaft oder ein Eheschluß aus recht kurzsichtigen Motiven erfolgen, es kann eine gesundheitliche Störung geben, wobei deren Ursache aus den Radixbedingungen der Gesamtveranlagung ablesbar ist bzw. aus den Zeichen, die betroffen sind. Es wird an dieser Stelle darauf verzichtet, die Bedeutung des Aspekts auf die einzelnen Häuser darzustellen. Einen Anhalt findet man in D 31, doch ist natürlich eine negative Auslösung zu beachten. Ist das 2. Haus betroffen, dann eben Verlusttendenz, ist der 7. Sektor berührt, dann ist der Trend für Teilhaberschaften ungünstig und neigt der Geborene zu Irrtum und zu Fehleinschätzung, weil seine eigene Gefühlslage ihn im Stich läßt.

D 33 ☽ Mond harmonisch mit ☽ Mond

Bei diesem Aspekt wird der Mond sowohl als Sender in Erscheinung treten als auch zugleich Promissor sein. Daher ist die fragliche Zeit

des Wirkens absolut „mondisch“ orientiert. Als Promissor entspricht der Mond besonders dem weiblichen Element, traditionell also Frauenspersonen, aber auch Volk und Staat, Heim und Heimat. Am bedeutsamsten und stärksten ist die **Konjunktion**, die zugleich der Rückkehr des Mondes zu seinem Radixort entspricht. Deswegen werden in diesem Jahr jene Faktoren die stärkste Ausprägung haben, die in der Geburtsfigur mit dem Mond zusammenhängen. Die Auslegung bei der Prognose kann sich demnach voll auf jene Erkenntnisse stützen, die sich bei der Durcharbeitung des Geburtsbildes ergeben haben. Ist z. B. ein Trigon zwischen Mond und Jupiter vorhanden und dieses stark, so wird die direktionäre Konjunktion, Popularität und Durchbruch in der Öffentlichkeit bringen, ein gutes Omen für alle möglichen Kontakte. Zwar sind die Rhythmen im Menschenleben, die durch die Umläufe der großen Planeten angezeigt sind, als Stufenjahre generell bedeutsam, individuell mögen Direktionen subtiler sein, damit auch von großem Einfluß.
Es können jene Veränderungen in der Natur des Menschen eintreten, die sonst nicht zum Zuge kämen, etwa weil gesellschaftliches Rollenverhalten es unmöglich macht, daß der Betreffende seinen Gefühlen freien Lauf läßt. Das kann unter einer Konjunktion des Mondes mit seinem Radixort nun deutlicher werden. Die bevorzugte Ereignisebene wird jener Lebensbereich sein, durch den die Hausstellung des Mondes im Geburtshoroskop bezeichnet ist. Aber auch die anderen Felder, auf die der Radixmond Bezug hat, können mehr ins Blickfeld treten.

D 34 ☽ Mond im Spannungsaspekt mit ☽ Mond

Vor allem die progressiven Aspekte werden hier eine geringere Rolle spielen, weil der Signifikator sich zu schnell bewegt. So bleibt nur das Quadrat als eigentlich beachtenswerter Faktor übrig, während die Opposition eher nach Ergänzungen in jener Gefühlswelt suchen läßt, zu der der einzelne üblicherweise aufgrund seiner persönlichen Veranlagung sonst nur einen geringen Zugang hat. Das kann heißen, daß z. B. eine Partnerschaft, die auf Ergänzung als Basis angewiesen ist, jetzt eine Aufwertung erfährt, weil der Native nun eher in der Lage ist, sich selbst zu verleugnen. Dies freilich bringt keine Dauerlösung, sondern kann bestehende Unstimmigkeiten höchstens zeitweise überdecken. Der eigentliche Trend dieser Mond-Direktion wird sich als gefühlsmäßige Verunsicherung manifestieren. Er kann sich als Zweifel zeigen, den man an seiner eigenen Veranlagung hegt, oder aber jenem entgegenbringt, was der Mond ausmacht: Heim und Heimat, Tradition, Bindung an die Mutter, Wohnortwechsel, Reisen etc. Sind in den Jahren, die durch kritische Mond-Direktionen ausgezeichnet sind, wichtige Entscheidungen zu treffen, sollten diese möglichst nicht nach der ,,inneren Stimme" erfolgen, sondern eher durch die Vernunft gesteuert werden, sofern nicht gleichfalls kritische Merkuraspekte direktionär gegeben sind.

D 35 ☽ Mond harmonisch mit ☿ Merkur

Was Merkur als Promissor ausdrückt, also Studienangelegenheiten, Geschäfte, Prüfungen, Bewerbungen, Kaufmännisches, aber auch Jugendangelegenheiten und Reisen, wird jetzt durch das Gefühl angespornt. So gibt die Phantasie den Anstoß zu einem Auslandsaufenthalt, ermöglicht eine kreative Tätigkeit, nicht nur künstlerische Werke zu schaffen, sondern diese auch zu verkaufen. Vom Mond, dem Symbol und Drang des Veränderlichen, gehen jene Impulse aus, die der Intellekt dann umsetzt und auf jenen Gebieten zum Erfolg verhilft, die durch die Hausstellung angezeigt sind. Es hängt vieles von der Position Merkurs im Radix ab, ob der Impuls, der vom Mond ausgeht, zur tragfähigen Basis wichtiger Entschlüsse wird oder ob diese mehr oder weniger nur Absicht, ,,Laune" bleiben.
Es könnte diese Konstellation z. B. dem geschwisterlichen Zusammenleben dienen, weil vom Elternhaus her Anstöße kommen, weil man sich auf Jugend und Vergangenheit besinnt, somit eine versöhnliche Note vorliegt. Das aber gilt natürlich auch nachbarschaftlich, das hat geschäftliche Bedeutung, etwa weil das nötige Fingerspitzengefühl vorliegt. So werden zur rechten Zeit auch die richtigen Geschäfte abgewickelt. Diese mögen zwar kaufmännischer, pädagogischer oder anderer merkurischer Art sein, aber sie lassen sich weniger planen oder im voraus bestimmen, sondern sind abhängig von der Gefühlslage. Da diese partnerschaftlich eine große Rolle spielt, können z. B. Geschäfte durch Einflußnahme des Partners ins Rollen gebracht werden. Gerade bei der Ausdeutung von Mond-Merkur-Konstellationen sollte man immer wieder daran denken, daß der Signifikator der ent-

scheidende Faktor ist, der in Bewegung setzt, was dem Leben Richtung und Inhalt gibt, im vorliegenden Falle in merkurischer Weise.
Was den Lebensbereich anbetrifft, in dem sich die Konstellation auswirken dürfte, lesen Sie bitte auf S. 302 über die grundsätzliche Bedeutung der einzelnen Häuser nach.
Besonders wenn die Konstellation auf Ecken des Horoskops Bezug nimmt, sei es auf Asz-Desz, auf MC oder IC, wird ein deutlicher Effekt zu spüren sein, der nicht nur an die Bedeutung der Häuser Nr. 1, 4, 7 und 10 anknüpft, sondern rein Persönliches betreffen kann.

D 36 ☽ Mond im Spannungsaspekt mit ☿ Merkur

Alles was „Mond" bedeutet, ist aufeinander abzustimmen, denn die gemüthafte Orientierung ermuntert andere, den Nativen auszunützen, so daß eine Fehlleistung der Nerven infolge psychischer Ursachen vorkommen kann. Diese Direktion zeigt Irrtum an. Er äußert sich auf jenem Gebiet, das durch Merkur ausgewiesen ist. Unter einer solchen Direktion ist es nicht ratsam, eine Reise anzutreten, Dinge zu tun, wozu man wache Sinne braucht oder Nerven, die auch einer kritischen Situation standhalten. Selten gelingt die Orientierung nach dem Machbaren, weil die eigenen Gefühle zu hoch veranschlagt werden. Der Intellekt vermag nicht zu steuern oder zu kontrollieren, wodurch sich oft eine Handlungsweise wider besseres Wissen manifestiert, ein Vorurteil sich einnistet, das viele Arten des Versagens möglich macht. Merkur erfüllt seine Vermittlerfunktion nicht, was sich als zu starke, vom Gemüt oder von der Leidenschaft inspirierte Kritik äußern kann. Er kann Meinungsänderungen signalisieren oder aber auch Schaden für den Nativen in vieler Hinsicht anzeigen. Das wird dort der Fall sein, wo Geschäftliches zu erledigen ist, wo Unterschriftsleistung, ein Vertragsabschluß, Berufliches, Studien oder Prüfungen auf dem Spiel stehen. Liebesbeziehungen gelingen weniger, weil Vorbehalte gemacht werden, weil die Gefühle und Empfindungen des eigenen Egos zu sehr im Vordergrund stehen.

Beachten Sie auch den Hinweis auf die Häuserstellung oben auf dieser Seite.

☽ 37 **☽ Mond harmonisch mit ♀ Venus**

Die Konjunktion drückt am stärksten das heitere und frohe Gemüt aus, das dieser Aspekt zur Grundlage der fraglichen Lebenszeit macht. Venus als Symbol des Bestrebens, mit sich und anderen in Harmonie zu leben, heiter und gelöst den Dingen des Lebens gegenüberzutreten, in kreativer Betätigung eine Entfaltung zu suchen, wie sie am stärksten in der Kunst möglich ist, wird durch Gefühle, Empfindungen, durch „Mondisches" angeregt. Es ist diese Direktion daher Ausdruck der Sinnenfreude, der zarten Empfindung. Sie schwächt harte Charaktereigenschaften ab, fördert die Hingabe, das Wunschdenken in der Partnerschaft, läßt nach gesellschaftlicher oder freundschaftlicher Begegnung begehren und den Sinn des Lebens in Frieden, Humanität und jener Liebe suchen und finden, die über das rein Persönliche hinausgehen kann. In erster Linie allerdings ist es eine Konstellation intimer Zweisamkeit, kann daher als Heiratsaspekt gewertet werden, vor allem in einem „männlichen" Horoskop. Allgemein wird eine Mond-Venus-Direktion anziehend auf das andere Geschlecht wirken lassen, denn sie ermöglicht es, sich gelöst, entkrampft und sympathisch zu geben. Dieser Aspekt ist das Gegenteil von „tierischem Ernst". Daher wird Geldverdienst zwar gelingen, jedoch nicht in erster Linie das eigentliche Anliegen sein. Spekulatives, Spielerisches hat den Vorzug, Künstler, Dichter, Musiker profitieren von der Konstellation. Häusliche Verhältnisse gestalten sich harmonisch, die Gesundheit profitiert durch die positive Gemütseinstellung. Aber auch im Umgang mit Personal kann eine gewisse Großzügigkeit Sympathie erwerben lassen. Bitte Hinweis auf Häuserstellung S. 150 zu beachten.

☽ 38 **☽ Mond im Spannungsaspekt mit ♀ Venus**

Die Opposition wird kaum zu einer Verstimmung in Partnerschaften oder zu einer unsicheren Gefühlslage führen. Eher kann man davon ausgehen, daß Empfindungen, Harmoniebestrebungen, das Verlangen nach intimen Kontakten oder überhaupt das Bedürfnis nach Zärtlichkeit nicht in der „richtigen" Weise zur Geltung kommen. Es wird eher zuviel als zu wenig getan, Hoffnungen sind überzogen, wenn auch nicht unerfüllbar. Sollten gleichzeitig entsprechende Aspekte der Disziplinierung vorliegen, des Maßhaltens oder der Methode, so kann die **Opposition** es möglich machen, daß ein Mensch sein inneres Gleichgewicht durchaus findet. Aber im Falle des **Quadrats** muß man doch annehmen, daß Verstimmung in Partnerschaft, unsichere Gefühle oder eine Störung der Harmonie wahrscheinlich sind. Es drohen daher Konflikte in Liebe oder Freundschaft, mit dem Hobby ist man unzufrieden, man neigt zum Abenteuer, zu Ausgaben, ist gereizt, launisch, im Moralempfinden geschwächt. Venus als Promissor ist auch zuständig für gesellschaftliche Wünsche und Belange. Hier kann der Mond Störungen bringen oder anzeigen, daß sich der Native auf einen Weg begibt, der seinem Wesen nicht liegt. Für das Gelingen einer harmonischen Dauerbeziehung ist eine kritische Mond-Venus-Direktion kein gutes Omen. Bitte Hinweis auf Häuserstellung S. 150 zu beachten.

D 39 ☽ Mond harmonisch mit ♂ Mars

Mars als Promissor steht für Triebhaftes, für den Willen, für die Tat. Harmonisch ablaufende seelische Prozesse verbürgen daher Lebenskraft und Gesundheit, aktivieren körperlich und geistig, was dem Unternehmungsgeist zugute kommt, der sich in vielfältiger Hinsicht äußern wird. In einer Zeit glücklicher Mond-Mars-Direktionen finden Hoffnungen und Wünsche, psychische Bestrebungen ihren richtigen Ausdruck, werden durch ein geprägtes Wesensbild vertreten, das die Durchsetzung fördert. In der Zeit einer solchen Direktion gelingt es dem Geborenen sehr gut, sich zu profilieren, etwas aus sich zu machen, wobei vor allem an jene Bereiche zu denken ist, die Mars bezeichnet. Daher kann Technik, ebenso wie Sport, alles, wozu Wille und Tatkraft, Dynamik und Leistungsstreben gehören, jetzt Erfolge bringen, denn der Native ist „mit dem Herzen" dabei. Ist er phantasievoll, wird er trotz des marsischen Dranges nach direktem Einsatz geschickt Mittel und Wege suchen und finden, aus sich herauszugehen und jene Dinge zu tun, die er einfach tun muß, um zu innerer Zufriedenheit zu kommen. In den Zeiten, wenn der Signifikator Mond durch Mars zu uns spricht, fühlen wir uns triebhaft angeregt, ist das sexuelle Verlangen gesteigert, unzugänglich für Steuerung durch die Vernunft. Vitalität siegt über Unpäßlichkeit, Leistung über Spekulation und schwankende Zustände, in der Gemeinschaft setzt sich der Native durch, verschafft seinen seelischen und gemütvollen

Regungen Befriedigung und damit auch für seinen Ehrgeiz. Deswegen kann unter diesem Aspekt auch beruflich ein Durchbruch erzielt werden, obwohl in erster Linie natürlich an eine stärkere Hinwendung zum anderen Geschlecht zu denken ist. Wenn andere Direktionen oder Transite mitwirken, dann kann in den Zeiten derartiger Direktionen viel erreicht werden, vor allem wenn der Beruf marsischer Natur ist, also mit Technik, Sport, Soldatentum etc. zu tun hat. Bitte Hinweis auf Häuserstellung S. 150 zu beachten.

D 40 **☽ Mond im Spannungsaspekt zu ♂ Mars**

Es ist das Wesen einer Mond-Mars-Verbindung, daß sie Impuls ausdrückt. Im negativen Falle muß man auf Handlungen aus dem Affekt schließen, auf eine Gereiztheit, die ungünstig für wohlüberlegte Aktivitäten ist. Leidenschaft wird überborden, Erotik zu Sexualität gesteigert, die sich mit Gewalt den Gegenstand ihrer Wünsche nimmt, was in anderer Zeit nicht gewagt würde. So kann es Wirrnisse geben, Probleme in der Partnerschaft, bis hin zur Scheidung. Vitalität wird überbeansprucht, die körperliche Leistungsfähigkeit strapaziert, durch Leichtsinn ist ein Unfall möglich evtl. sogar eine selbstzerstörerische Tendenz gegeben. Vor allem wird man dies bei der Opposition annehmen müssen. Für lunare Dinge, also Gemüt, Wechsel, innere Harmonie, für „das Weibliche in uns“ ist Mars ein denkbar schlechter Promissor, wenn er kritische Aspekte verdeutlichen soll. Gerade vom Geburtshoroskop her wird man erfahren können, ob Zerwürfnisse mit Personen des anderen Geschlechts tiefgehender Natur sind oder ob die eine oder andere Verbindung doch noch reparabel ist. Spieler werden sich unter dieser Konstellation um Kopf und Kragen bringen, unüberlegte Reden und Handlungen können jenen stören, der als Merkur-Typ auf Besonnenheit angewiesen ist. Das Wesen ist aufgeregt, aggressiv, polternd, das eigene Verschulden größer als das anderer. Unüberlegtes Disponieren mit den materiellen Mitteln kann Verluste bringen, eine im stillen gehegte „Mordabsicht“ u. U. sogar verwirklicht werden, bzw. in übertragenem Sinn kann es Sturz oder Attentat geben; heftige Krankheiten entzündlicher oder ansteckender Natur sind möglich. Der Umgang mit Angestellten oder Mitarbeitern läßt das rechte Augenmaß vermissen. Daher wird auch die eine oder andere Rechtsangelegenheit nicht so gelingen, wie es sein sollte. Beruflich wird man leicht das Falsche tun, sich mit Vorgesetzten oder sozial Höherstehenden anlegen, mit Freunden zanken oder streiten und sich Feinden gegenüber als unversöhnlich erweisen. Aber auch diese können sich heimtückisch zeigen. Lebensperioden, die durch kritische Mond-Mars-Direktionen ausgewiesen sind, bringen nicht voran, sondern werfen zurück. Es ist nicht geraten, zu diesen Zeiten alles auf eine Karte zu setzen bzw. große Risiken einzugehen. Für die Gesundheit ist dieser Aspekt kritisch, denn er signalisiert Operationsgefahr. Wer mit Technik umgehen muß, neigt zu Unfall, vor allem wenn die Geburtskonstellation Hinweise in dieser Richtung gibt. Bitte Hinweis auf Häuserstellung S. 150 zu beachten.

D 41 **☽ Mond harmonisch mit ♃ Jupiter**

Jupiter als Promissor zeigt an, wo das Lebensoptimum gesucht werden kann, auf welchem Gebiet es möglich ist, das Wohlbeschaffene, Harmonische, das ,,Glück" zu finden. Tritt der Mond mit Jupiter in Verbindung, so kann die innerseelische Verfassung sich gut äußern, was dann auch als Glücksfall erscheint. Ein ,,guter" Jupiter im Horoskop läßt schwierige Wege vermeiden, macht es möglich, sich sozial zu verhalten, religiös zu empfinden, gerecht zu denken und zu handeln, auch wird dieser Jupiter zum Sprachrohr seelischen Verhaltens. Somit bezeugt er Sympathieerwerb, verspricht Hilfe, Förderung, Protektion, läßt zu Ansehen und Ehre kommen, die Gunst Höhergestellter erreichen, das eigene Vermögen mehren oder gilt als glückliches Omen für materielle Unternehmungen. Aber auch Reisen gelingen gut, denn hier hat der Mond als Symbol des Wechsels eine besondere Bedeutung. Es ist eine ideale Konstellation für Auswanderer ebenso wie für jene, die in der Heimat ein eigenes Heim begründen wollen. Freundschaften gedeihen, die Liebe blüht, nicht zuletzt, weil auch die gesundheitliche Verfassung erfreulich ist. Es eröffnen sich Möglichkeiten zu sozialem Aufstieg und um gesellschaftlich eine Rolle zu spielen. Jupiter ist signifikant für Macht und Einfluß, für Tradition und für das Festhalten am Überlieferten. Deswegen werden die Wege zum Erfolg selten in eine völlig neue Richtung gehen, sondern sich nach bewährten Mustern orientieren. In diesen Zeiten besinnt man sich auf Herkunft und Tradition, stärkt den familiären Zusam-

menhalt und ist in der Lage, partnerschaftliche Verbindungen für dauernd glücklich zu gestalten. Deswegen ist diese Konstellation auch von Bedeutung für die Legalisierung einer Zweierbeziehung. Rückt der Mond als Signifikator auf eine Jupiter-Promissorenstelle vor, so finden Hoffnungen, Gefühle, Wunschvorstellungen der Phantasie die Chance einer Realisierung. Das kann je nach Persönlichkeit sich im Beruflichen wie im Privaten zeigen, z. B. dem Politiker Popularität verschaffen, wenn solche in der Radixfigur angedeutet ist, für die Frau die Erfüllung eines Herzenswunsches bringen, evtl. glückliche Nachkommenschaft. Fallen in die Zeiten einer Mond-Jupiter-Direktion hilfreiche Transite, so können Höhepunkte im Leben erreicht werden, ohne daß dies auf die Zielstrebigkeit oder den Energieeinsatz zurückgeht. Unter dem Einfluß einer positiven Mond-Jupiter-Direktion wird vieles möglich. Die Einsicht in die Verhältnisse führt zu Reife, zu Gediegenheit, zu gerechtem Verhalten anderen gegenüber, aber auch zu einer objektiven Einschätzung der eigenen Leistung. Es wird weniger die Dynamik angerührt als die ,,glücklichen Umstände", die es möglich machen, zur richtigen Zeit am richtigen Ort zu sein und das zu tun, was im jeweiligen Lebensbereich wünschenswert erscheint. Besonders in den Stufenjahren des Lebens, sei es Pubertät oder Wechseljahre, kann eine Jupiter-Direktion hilfreich sein, Schwierigkeiten zu überwinden, leichter einen alten Lebensabschnitt abzuschließen und einen neuen unbelastet von Ressentiments zu beginnen. Diese Konstellation hat auch einen hilfreichen Effekt bei der Heilbehandlung, vor allem weil psychosomatische Störungen oder Krankheiten, die auf eine falsche psychische Einstellung zurückzuführen sind, abgebaut werden.
Bitte Hinweis auf Häuserstellung S. 150 zu beachten.

42 ☽ Mond im Spannungsaspekt mit ♃ Jupiter

Glück wird nicht unmöglich, aber es wird leichtfertiger mit ihm umgegangen. So kann das, was unter **D 41** aufgeführt wurde, unter der **Opposition** noch am ehesten erreicht werden, wenn auch unter Schwierigkeiten. Ausgesprochene Jupiterbelange, wie Geld-, Behörden-, Justiz- oder Reiseangelegenheiten werden dagegen kaum gelingen. Das Rechtsempfinden funktioniert nicht, man neigt zu Irrtum, läßt sich gehen, sucht Nebenverbindungen, wodurch die Harmonie

in der Ehe gestört ist. Ein Quadrat wäre keine gute Voraussetzung, um Unterschriftsleistungen zu tätigen, wichtige Verträge einzugehen oder auszuwerten. Es ist ein Aspekt, der des Guten zuviel anzeigt. So kann die gesundheitliche Komponente dieser Konstellation zur Fülle neigen lassen, sowohl zur unerwünschten Fülle und, wenn andere Aspekte dabei sind, auch Zellwucherungen begünstigen. Bei der Beurteilung einer negativen Mond-Jupiter-Konstellation muß man im Auge haben, daß meistens Selbstverschulden vorliegt. Es sind also nicht die anderen, die einem schaden, bzw. finanzielle Verluste beibringen, sondern es ist der Mangel an Vorsicht, es ist die unangemessene Großzügigkeit, die Leidenschaft zu Spiel und Wetten, zum Vergnügen oder aber auch ein leichtfertiger Umgang, der die gesellschaftliche Position aufs Spiel setzt. Vor allem darf man nicht erwarten, Ruhm und Ansehen zu erlangen oder daß selbst gerechtfertigte Wünsche sich so erfüllen, daß das Ergebnis von Dauer wäre. Vorstellbar ein Lotteriegewinn, der allerdings zu schnell verjubelt wird, wobei zusätzlich noch jene Reserven ausgegeben werden, die an sich damit nichts zu tun haben.
Bitte Hinweis auf Häuserstellung S. 150 zu beachten.

D 43 **☽ Mond harmonisch mit ♄ Saturn**

Erreicht der Mond als Signifikator einen saturnischen Promissorpunkt des Horoskops, werden seine Botschaften auf eine ganz eigentümliche Art und Weise verstärkt oder zur Geltung kommen, die der Natur des Saturn entsprechen. So werden Emotionen kanalisiert, findet das Prinzip der Verdichtung Anwendung auf ein Gebiet, in dem es eigentlich am wenigsten angebracht ist. Der Lebensstrom der Gefühle scheint eingeengt, was zwar deren Tiefe fördert, aber auch Grenzen setzt. Es kann eine Verbindung zwischen Mond und Saturn die Einsicht in gewisse Notwendigkeiten eröffnen, sie kann aber auch bedeuten, daß Lunares, also Seele, Gefühl, Phantasie sich äußern im Hinblick auf saturnische Belange, seien es Bedingungen, die z. B. der Vater geschaffen hat, die einer vorsichtigen Lebensführung entsprechen oder die mit schwieriger Arbeit zu tun haben. Gesundheitlich werden es Körperbau, Knochenbildung, Haut, Milz und jene Organe sein, die über das Seelische am stärksten berührt werden. Der Mond will als Symbol des Wechsels die Veränderung, ohne die Beständigkeit

aufzugeben. Saturn übt Hemmungen aus, begünstigt demnach eine gewisse Vorsichtshaltung, ist daher auch ein Filter für die Gefühle, die dann der Pflicht oder der Selbstdisziplin unterworfen werden. Handelt es sich um einen nüchternen, methodisch vorgehenden Menschen, werden ihm Stimmungsschwankungen nicht zu schaffen machen. Er wird Selbstvertrauen durch Leistung gewinnen und durch langsames Vorgehen das erreichen, was er sich in seiner Phantasie ausmalt. Im sozialen Bereich kann es zu einem verbindenden Effekt kommen, wobei nicht kurzfristige Entwicklungen angestrebt werden, sondern langzeitliche Aktionen von Bedeutung sind. Phantasie und Methode verbinden sich zu gemeinsamem Wirken. Es hängt sehr viel von der Radixstruktur von Saturn und Mond ab, ob die Selbstbescheidung, die Rücknahme von Äußerungen so weit geht, daß dadurch eine Art geballter Krafteinsatz möglich wird oder ob Isolation die Folge ist. Schließlich ist, um ein Beispiel zu erwähnen, der Rückzug in sich selbst für einen tief innerlichen Menschen, für einen Gläubigen, etwa einen Mönch, das erstrebenswerte Lebensziel, für einen Händler oder für einen Politiker aber kaum die geeignete Vorbedingung, seiner „Berufung" zu folgen. Einen Ortswechsel wird Saturn kaum zulassen, es sei, er stünde im Zusammenhang mit Ererbtem oder sei lang vorbereitet und damit ein bestimmtes Ziel des Lebens. Wer wissenschaftlich arbeitet oder fundierte Studien betreiben muß, gleich welcher Fachrichtung, wird unter dieser Konstellation durch seine Phantasie und seine Emotionen nicht abgelenkt werden, sonden kann in seiner Aufgabe die Erfüllung finden. Es liegt in der Natur des Aspekts, daß der einzelne in einem derartigen Lebensabschnitt mit sich selbst besser umgehen kann als mit anderen, so daß für Teamarbeit kein geeigneter Erlebnishintergrund vorliegt. Dagegen werden aus eigener Intention gefaßte Entschlüsse sich meistens langfristig gut verwirklichen lassen.
Bitte Hinweis auf Häuserstellung S. 150 zu beachten.

44 ☽ Mond im Spannungsaspekt mit ♄ Saturn

Was die **Konjunktion** angeht, wird man einen negativen Effekt annehmen müssen, es sei denn, beide Gestirne wären in der Radixfigur in exzellenter Position zueinander. Erreicht der Signifikator Mond einen negativen Saturn-Promissorpunkt, so wird aus Vorsicht: Zurückhaltung, aus Methode: Einseitigkeit, aus Zurückhaltung: Isolation. Es ist keine Möglichkeit gegeben, daß Phantasie sich entfalten kann. Die Vorstellungen von einem besseren, freieren und ungebundenerem Leben werden abgeblockt, man fühlt sich zurückgesetzt, neigt zu gemüthafter Verstimmung und muß sich mit Verzögerungen abfinden. Saturn, Planet der Einsamen, Kranken und Schwachen ist für alles, was Gefühl und Phantasie ausmacht, kein „Lautsprecher", der Hoffnungsfreude kündet. Eher wird in dieser Lebensperiode Pessimismus aufkommen und können Depressionen zu einem psychischen Druck führen. Meistens ist dies die Folge einer Trennung oder einer Scheidung, eines erheblichen Verlustes, sei er materiell oder ideell. Wer dazu neigt, sich gehenzulassen, wird es nicht aus Bequemlichkeit tun, sondern weil es am inneren Antrieb und Schwung fehlt.

Der dominanten Stellung des Mondes entspricht der Umstand, daß ein Jahr saturnischer Prägung zu den „schlechten" des Lebens gehört, daß mit einem Rückschritt gerechnet werden muß, daß die Gesundheit leidet oder geschäftlich kein Gewinn erwirtschaftet wird, daß Reisen mit einem Mißgeschick enden, daß man bei einer Prüfung versagt. Vor allem aber wird es in den ureigenen saturnischen Gebieten wie Landwirtschaft, Immobilien, aber auch der eigenen Häuslichkeit und in bezug auf die Eltern, keine angenehmen Verhältnisse bringen. Die Gesundheit ist weniger widerstandsfähig, chronische Krankheiten können aufkommen und hartnäckig sein, die Aussicht auf eine Heirat, durch die eine materielle Aufbesserung möglich wäre, schwindet. Es ist keine Zeit für durchgreifende geschäftliche Betätigung oder um sozial zu wirken bzw. gesellschaftliches Ansehen zu erringen. Wahrscheinlich muß man von der eigenen Lebenshaltung Abstriche machen, sorgt sich um Nahestehende, erlebt eine Periode schlechter persönlicher Beziehungen oder der Behinderung. Die Niedergeschlagenheit wird das Verlangen nach Zerstreuung dämpfen, man irrt sich in Freunden oder sieht sich in Hoffnungen getäuscht. Bitte Hinweis auf Häuserstellung S. 150 zu beachten.

D 45 ☽ Mond harmonisch mit ♅ Uranus

Gemäß der Bedeutung von Uranus können vor allem stark individualistisch geprägte Persönlichkeiten von diesem Aspekt profitieren. Das

Seelenleben fließt nicht breit dahin, sondern äußert sich sprunghaft, exzentrisch, die Erregbarkeit erfährt eine Steigerung, was zu heftigen Ausbrüchen oder Wendungen führen kann. Leidenschaften werden brennend und ungestüm, partnerschaftlich überwiegen plötzliche Reize, Konventionen bleiben außer Betracht. Es sind Spannungen, die im Alltag nicht unterzubringen sind. Künstler mögen von einem solchen Aspekt profitieren, der Durchschnittliche wird jedoch eine zu starke Hinwendung zum Neuen erleben, bzw. das Verlangen nach einer Trendwende haben, wobei originellen Lösungen der Vorzug gegeben wird. Jahre, die durch Mond-Uranus gekennzeichnet sind, werden zu Zeiten, in denen es „drunter und drüber" gehen kann, obwohl oft ein unerwartet positives Ergebnis dabei herauskommt. Es kann sich um einen ideellen Gewinn handeln, etwa um eine glückliche Zweitehe, um „das große Los", das ein Vereinsamter hier zieht und nun emotional ganz neu starten will und kann. Das Plötzliche und „Zufällige" ist das Filter für Gefühle, für Gemüt und Leidenschaft, für Wechselfälle und angestrebte Veränderungen im Leben. Das kann dazu führen, daß der eine oder andere ganz unvermittelt Wesenseigentümlichkeiten an sich entdeckt, die ihm bisher fremd waren, daß er materiell zu ungewöhnlichen finanziellen Transaktionen neigt, daß er sich auf ein extravagantes Liebesabenteuer einläßt, daß er aber auch im Hinblick auf seine Gesundheit unübliche Wege einschlägt, vielleicht von Außenseitermethoden profitiert. Auch beruflich kann eine unvermutete Vergrößerung des Aufgabenbereichs, ein Aufstieg, eine plötzliche Beförderung, Vorteile bringen.
Bitte Hinweis auf Häuserstellung S. 150 zu beachten.

46 ☽ Mond im Spannungsaspekt mit ♅ Uranus

Wie unter **D 45** ausgeführt wurde, daß die Filterwirkung des Uranus die Erregbarkeit steigert, zeigt sich nun zugespitzter, heftiger, plötzlicher. Es wird nicht mehr gelingen, der Neigung zu einer Extravaganz oder Übereilung zu widerstehen. Die Nerven können durchgehen, es kann zu einem Zusammenbruch kommen, weil Erregungszustände der Psyche zu stark sind. Innere Unruhe wird zur Ursache von Fehlhandlungen. Es kann zu einem Ausbruch kommen, der das Gemüt irritiert. Man verrennt sich zu sehr in seine eigene Idee, legt sich einseitig oder vorschnell fest, die Phantasie pulvert auf, die Reaktion

sind Spannung und Hektik. In diesen Jahren überwiegt Gereiztheit und produziert Launen, es ist kein gutes Klima für Zweisamkeit. Materiell können schlagartig Verluste einsetzen, doch muß man immer dabei sehen, daß die Grundbedeutung des Signifikators Mond eigentlich Gefühle und Emotionen sind. Aber im übertragenen Sinn können Geschäfte unter diesem Aspekt nicht ausreifen, zu wenig bedacht werden oder sich als Fehlschlag erweisen. Dies nicht zuletzt, weil Uranus ja den Zufall symbolisiert, der die schönste seelische Entwicklung plötzlich durchkreuzen und zunichte machen kann. Das bringt Störungen in der Verbindung mit dem anderen Geschlecht, beeinträchtigt die harmonische Zuneigung, läßt Leidenschaft zur Ursache eines Ausbruchs oder einer Trennung werden. Unter Konjunktion, Quadrat und Opposition treten einschneidende Veränderungen ein, die zu aufregend sind, als daß sie sich günstig auswirken könnten.
Bitte Hinweis auf Häuserstellung S. 150 zu beachten.

D 47 **☽ Mond harmonisch mit ♆ Neptun**

Man könnte Neptun sehr wohl als einen Teilbereich lunarer Eigentümlichkeiten ansehen, etwa der Phantasie oder Empfindsamkeit. Somit ist gerade in der Radixfigur entscheidend, ob seelisch-geistige Schwingungen etwa zu stark angelegt sind. Nur wenn der Faktor bewußter Einstellung und intellektuellen Denkens eine Rolle spielt, werden lunare-neptunische Trends dazu beitragen, daß der Native kreativ wirken kann. In jedem Fall ist eine Steigerung der Sensitivität anzunehmen, was selbst in positiver Aspektverbindung die Gefahr von Illusion und Täuschung nie ausschließt. Den positiven Direktionen entsprechen Auflockerung, Aufweichung fester Formen, eine intensivere Hinneigung zur Frau, dem Femininen an sich, mehr Phantasie und Einfühlung etc.
Bitte Hinweis auf Häuserstellung S. 150 zu beachten.

D 48 **☽ Mond im Spannungsaspekt mit ♆ Neptun**

Es liegt in der Natur des Aspekts, daß sich eine unklare seelische Situation körperlich auswirken kann, daß Rausch, Illusion und Täuschung, Gefahr von Neurosen, von eingebildeten Krankheiten, Störungen in den Funktionen der Drüsen, etwa der Magentätigkeit,

möglich werden. Das sind nur einige Beispiele für das neptunische Filter lunarer „Sendungen". Es ist keine günstige Voraussetzung für Positionsveränderungen, seien es solche im Wohnort, ein Wechsel im Aufenthalt, eine Reise; aber auch um ideelle Standpunkte zu verlassen und sich geistig neu zu orientieren. Eine intensive Beschäftigung mit Okkultismus oder parapsychischen Phänomenen könnte eine sehr nachteilige Wirkung haben. Menschen, die anfällig sind für Verführung oder Rausch, denen ein „fester Mars" im Horoskop als stabilisierendes Element fehlt, werden ausgenützt, erweisen sich als verführbar, leisten sich schädliche Schwächen.
Bitte Hinweis auf Häuserstellung S. 150 zu beachten.

☽ 49 **☽ Mond harmonisch mit ♇ Pluto**

Das Außergewöhnliche im Gefühlsverhalten kann zu einer bergeversetzenden Leidenschaft werden, die in positiver Weise den eigenen Interessen fördernd ist. Drückt Pluto in der Radixfigur das Streben nach Macht aus, wird die Direktion des Mondes dies auslösen. Es ist die Unerbittlichkeit des Schicksals, die zu positiven Konsequenzen ermuntert.
Bitte Hinweis auf Häuserstellung S. 150 zu beachten.

☽ 50 **☽ Mond im Spannungsaspekt mit ♇ Pluto**

Was Schicksal bedeutet, erfährt der Native durch seine Gefühle. Er kann sich an eine bestimmte Person ketten, sich ihr verschreiben, kann einer politischen Bewegung angehören und in ihr aufgehen, kann einer Idee „aus vollem Herzen" folgen, seiner Phantasie ungehemmt freien Lauf lassen und wird sich dadurch um eine ausgewogene Lebensführung bringen. Ist Pluto im Radix in kritischen Aspekten, kann der Mond zum Auslöser eines Schicksalsschlages werden.
Bitte Hinweis auf Häuserstellung S. 150 zu beachten.

☽ 51 **☽ Mond harmonisch mit ☊ Mondknoten** *(besonders Konjunktion)*

In den Jahren dieser Direktion wird der Wert von Verbindungen oder Kontakten vor allem auf seelische Harmonie gelegt oder können Gefühle von anderen gut verstanden werden, woraus sich für den Nativen Hilfsangebote ableiten lassen. Die Konstellation wird für sich selbst gesehen kaum entscheidende Veränderungen bewirken, kann

aber im Zusammenhang mit ähnlichen Direktionen z. B. in positiver Weise den Eheentschluß fördern oder die sachliche Zusammenarbeit aufgrund gemeinsamen Einverständnisses erleichtern.
Bitte Hinweis auf Häuserstellung S. 150 zu beachten.

D 52 **☽ Mond im Spannungsaspekt mit ☊ Mondknoten,** *besonders Opposition*

Was unter **D 51** als positiv anzunehmen ist, kann sich nun ins Gegenteil verkehren. Es gibt in der Zeit dieser Direktion Schwierigkeiten in der Anpassung, eine Störung der Zusammenarbeit, weil man nicht in der Lage ist, an einem Team seelisch teilzuhaben, auch nicht bereit ist, eigene seelische Vorstellungen bestimmten sachlichen Forderungen zu unterwerfen.
Bitte Hinweis auf Häuserstellung S. 150 zu beachten.

D 53 **☽ Mond harmonisch mit Asz**

Der Asz ist für sich genommen der individuelle Punkt des Horoskops, der jene Aussage möglich macht, die anzeigt, wie sich die Persönlichkeit „markiert“ (lat. Persona = Maske), in welcher Weise also das Temperament bzw. der Charakter von anderen empfunden werden. Daher auch die Auslegung: Asz = Milieu. Wird der Asz als Promissor verstanden, ist diese Funktion evident. Am deutlichsten wird dies bei der **Konjunktion** der Fall sein, wenn jener Teilbereich der menschlichen Natur, die in der Astrologie als „Mond“ bezeichnet wird, in ein besonders enges Verhältnis zu den Umweltfaktoren tritt. Dahinter verbirgt sich nicht die Absicht so oder so auftreten zu *wollen,* sondern es ist der Tatbestand einer gewissen Wandlung. Die durch den Mond bezeichneten Eigentümlichkeiten erfahren eine Veränderung, mindestens im Urteil Außenstehender, die sich mit dem Nativen auseinandersetzen. Sein seelisches Verhalten, seine Gemütslage werden in der fälligen Erlebniszeit, wobei der Orbis etwas reichlich genommen werden sollte, in Art und Weise des aufgehenden Zeichens wirksam sein. Der erweiterte Orbis ergibt sich nicht allein aus einer gewissen Unsicherheit, die wohl fast jeder Geburtszeit innewohnt, sondern man muß berücksichtigen, daß gerade der Übergang des Mondes auch im Sinne eines seelischen Entwicklungsprozesses zu verstehen ist, der, fällt er in die Nähe von Stufenjahren, sehr nachhaltig sein wird. Da die Hauptpunkte des Horoskops die Positionen von Sonne, Mond und Asz sind, wird nunmehr die Asz-Lage stärker hervortreten, und zwar über das seelische Verhalten wirksam sein. Daraus ergibt sich in der Regel auch eine vertieftere Kenntnis der eigenen Person. Bei der langsamen Fortbewegung des Mondes (1 Grad = 1 Jahr) wird es davon abhängen, aus welchem Lebensbereich der Mond startet. Sind es die jüngeren Jahre und er kommt aus dem 12. Haus, kann es ein Befreiungsprozeß sein, der Hinderungen abbaut, Hemmnisse beseitigt und damit auch neue Zielstellungen möglich macht.

Startete der Mond aus dem 11. Haus, wird dieser Effekt ebenfalls deutlich werden, nachdem vermutlich in der zurückliegenden Zeit, als er das 12. Feld durchwanderte, manches verschüttet war, was seit der Jugend im Geborenen angelegt war.

Die **Opposition** ist ähnlich zu beurteilen, auch wenn die seelischen Prozesse vermutlich unter Spannung ablaufen. Schließlich ist der Desz ja im Gegenzeichen zum Asz, steht zu diesem aber in einem besonderen ergänzenden Verhältnis. Wir haben zu bedenken, daß der Mensch im Laufe seines Lebens sich – etwa in großen Zügen – vom Asz zum Desz hin entwickelt, daß also der Native mit Asz Widder im Alter manches annehmen wird, was dem Zeichen Waage entspricht, damit auch einen gewissen Ausgleich seines Naturells möglich macht; andererseits wird ein Waage-Asz im Laufe des Lebens auch einige Widder-Färbung annehmen, was die Balance nicht unbedingt vertieft, sondern das angeborene Gleichgewicht stören könnte. Man muß den Übergang des Mondes über den Desz also in dieser Richtung bewerten, daß hier psychologische Fakten in das Gesichtsfeld treten, die in der Vergangenheit weniger Beachtung gefunden haben. Die halbkräftigen Konstellationen, wie **Sextil** und **Trigon,** können mehr oder weniger das Auskommen innerhalb des Milieus erleichtern, das **Halbsextil** ist bei schnellem Lauf unbedeutend.

Dem lunaren Prinzip entspricht das Aufsaugen und Annehmen des Vorhandenen. So wird also auch die seelische Konstitution verinnerlicht, was der Asz ausdrückt. Sie wird damit die seelischen Kräfte durch jene Wesenseigentümlichkeiten gefördert sehen, die dem aufgehenden Zeichen zugeschrieben werden. In der Regel kann man damit auf eine Profilierung der Persönlichkeit schließen, so daß der Gebore-

ne eine tragfähigere psychische Basis für seine Existenz hat. Das aber bringt wieder den Gegenpol ins Spiel, den Desz, nämlich die Annäherung an das Du. Wer mit sich selbst im reinen ist, kann Partnerschaften, gleich welcher Art, zweckmäßiger, zielgerichteter und damit unproblematischer abwickeln. Er weiß, was ihm nottut. Da die Psyche angesprochen ist, erklären Mondübergänge auch, warum es gerade dann zu dauerhaften Partnerverbindungen kommen kann.
Für die Frau hat der Mond als Fruchtbarkeitssymbol noch eine besondere Bedeutung, denn er ermöglicht, die entsprechende biologische Bereitschaft vorausgesetzt, Empfängnis bzw. Geburt.

D 54 ☽ Mond im Spannungsaspekt mit Asz

Das Studium des Abschnitts **D 53** macht deutlich, daß nur das Quadrat als ausgesprochen störend und auffällig zu beurteilen sein wird. Dies hat damit zu tun, daß zwei Tierkreiszeichen miteinander in Verbindung zu bringen sind, die nicht zusammenstimmen. Daher wird es schwieriger als sonst sein, die eigene psychische Situation zu beherrschen, was sich als problematisch für die Umstände im Milieu ergeben kann oder aber im Hinblick auf Partnerbeziehungen, besonders auf deren engste Form, die Ehe oder eine ihr entsprechend gemeinte Intimbindung.

D 55 ☽ Mond harmonisch mit MC

Was im Abschnitt **D 53** ausführlich über das Verhältnis Mond-Asz dargelegt wurde, ist sinngemäß auf die Vertikalachse des Horoskops zu beziehen. Das MC als Promissor sagt dem Geborenen: ,,Dies kannst Du erreichen, hier liegt Deine Chance zu sozialem Aufstieg, um Deine innere Berufung zu verwirklichen, um Deinen Ehrgeiz zu befriedigen.“ Natürlich hat das alles auch mit dem Charakter als solchen zu tun, denn er ermöglicht ja erst die bestimmte Formulierung der Existenzziele. Auch wenn diese dem einzelnen nicht bewußt sein sollten, bleibt der ,,Sprecher“ als Verkünder jener Chancen, die der Mond möglich macht: Der seelische Reifeprozeß erfährt einen Wechsel, sei es eine Intensivierung, wenn dasselbe Tierkreiszeichen angesprochen wird, in dem der Mond sich bereits befindet, sei es, daß eine Umstellung erfolgt, wenn der Mond aus einem anderen Zeichen, ohnedies ja aus dem 9. Feld heranzieht. Religion, Ideologie, Weltanschauung können entsprechend dem geistigen Niveau des Geborenen den Charakter von Triebfedern bekommen. Aber auch Familiäres (das gegenüberliegende IC als Spitze des 4. Hauses gesehen) ist von Einfluß. Mehr als noch beim Desz kommt der Spitze des 4. Hauses, das ja dem Mond-Zeichen Krebs in gewisser Hinsicht entspricht, eine besondere Rolle zu. ,,Mond am IC" heißt Wechsel in Lebensumständen, gibt der Psyche die Chance, direkter noch als beim Asz auf die äußere Stellung des Geborenen einzuwirken, wie sie sich im sozialen Umfeld darstellt. Jetzt kann der Geborene entdecken, worauf es in seinem Leben ankommt, welche Art Wechsel sein wird bzw. sein muß, damit er ,,er selbst" werden kann. Sind es für den Asz mehr Vorgänge, die der Persönlichkeitsentwicklung, also dem ,,inneren Menschen" dienen, wird der Übergang des Mondes über das MC vor allem die äußere Position berühren. Indem der Mond z. B. bei der Konfunktion, wenn es besonders deutlich wird, ja auch automatisch alle in der Geburtsfigur angelegten Aspekte zum MC mehr oder weniger stark zum Klingen bringt, sind daher bei Einschätzung dieser Konstellation vor allem jene Umstände zu berücksichtigen, die das Radixbild als gegeben ausweist.

Für die Opposition ist unter Beachtung jener Gegebenheiten, die unter **D 53** für den Desz dargestellt sind, eine ähnliche Situation anzunehmen. Aber die Wechselwirkung von MC und IC erklärt sich auf besondere Weise: Vom IC her nimmt die Entwicklung der Persönlichkeit seinen Ausgang, denn hier sind die Eltern, ist das Ahnenerbe, liegt die Wurzel. Zugleich aber geht die Entwicklung vom MC auch wieder zurück zum IC, symbolisch für das Alter. Daher wird die Stellung des IC vergleichsweise nachhaltiger gegenüber dem MC zu beurteilen sein als der Desz gegenüber dem Asz. So kann die Opposition sowohl einen gewissen Erfüllungscharakter haben, als auch Spannungen produzieren.

Es entspricht der positiven Natur des Aspekts, jenes zu fördern, was das MC ausdrückt, in Stichworten also: Aufstieg, Ansehen, Erfolg, Ehre.

56 ☽ Mond im Spannungsaspekt mit MC

Die richtige Einschätzung des Aspekts ist nur nach Studium der Punkte **D 53, D 54** und **D 55** möglich. Es wird sich zeigen, daß vor allem das Quadrat als Störfaktor zu beachten ist, da es zugleich zum MC wie zum IC hin wirkt. Daher ist im fraglichen Lebensabschnitt die Integration beruflicher Art oder hinsichtlich der gesellschaftlichen Stellung ebenso erschwert wie das Zurechtfinden in der eigenen Familie bzw. im Wohnort. In diesen Jahren sollte besser kein Wechsel in den bestehenden Lebensumständen vorgenommen werden.

Das heißt: Der „Verstand“ kommt in Bewegung, „Vernünftiges“ wird eine größere Rolle spielen (oder „Unvernünftiges“), „Interesse(n)“ (lat. dazwischen sein) werden wach. Ist der Mensch noch derselbe, der er vordem war? Merkur gilt als Planet, der weder positiv noch negativ ist, weder männlich noch weiblich, was ihn befähigt, Vermittlerfunktionen zu übernehmen. So hat er auch Bezug zum Nervensystem.

Allerdings muß man fragen, ob es gerechtfertigt ist, „Merkurisches“, etwa den Intellekt, aus der Gesamtstruktur der Persönlichkeit herauszusondern und ihm ein mehr oder weniger eigenständiges „Wirken“ beizumessen. Natürlich wäre es ein Fehler, wollte man Merkur ganz für sich allein betrachten. Vielmehr ist es ja *der* Merkur eines ganz bestimmten Radixhoroskops, von dem jetzt Impulse ausgehen. Auf seiner direktionären Bahn bleibt er immer der alte, ist immer gefärbt durch seine Radixstellung in einem bestimmten Tierkreiszeichen oder Horoskophaus, wird durch seine Aspektverbindungen in der Geburtsfigur beflügelt oder gehemmt. Dem Signifikator Merkur geht es wie allen anderen Gestirnen, die weiterdirigiert werden. Und doch ist ein Unterschied. Eben weil er Merkur ist, der Ungeschlechtliche, der neutrale Vermittler, vermag er sich gleich einem Chamäleon anzupassen, in diesem Falle an die Qualität des Promissors. Bei einer Merkur-Direktion müssen wir sehr genau „hinhören“, um hinter der Klangfarbe des Promissors die eigentliche Stimme Merkurs zu vernehmen. Es kommt auch sehr darauf an, in welcher Lebensperiode er etwas sagt. In den Stufenjahren des Lebens, etwa der Siebenerperiode, die in der Jugend und der Pubertät, etwa zur Zeit des Schuleintritts und der Geschlechtsreife, Umstellungen im Denkverhalten mit sich bringen, kann Merkurisches doppelt auffallen. Schließlich ist Merkur Verstand und Lernfähigkeit, drückt die Anpassung an neue Verhältnisse aus, nämlich in welchem Maße der Geborene in der Lage ist, neue Eindrücke aufzunehmen und zu verarbeiten. Kommt ein Nativer in Perioden beruflicher Umstellungen oder Entwicklungen, so sollten fördernde Merkur-Direktionen vorhanden sein. Es macht etwas aus, ob ein Angestellter, der zum Abteilungsleiter befördert wird, „merkurische“ Hilfen im Horoskop hat oder ob er darauf verzichten muß, bzw. ob kritische Konstellationen vorhanden sind. Man könnte es freilich auch anders sehen: Eine harmonische Merkur-Jupiter-Direktion als Signal, daß ein beruflicher Aufstieg möglich wird. Das kann, muß aber nicht sein. Schließlich können sich neue Interessen auch anders darstellen. Ist es denkbar, daß eine Beförderung in der Zeit einer kritischen Merkur-Direktion überhaupt stattfindet? Selbstverständlich. Prinzipiell gilt die Regel des Radixhoroskops, daß irgendeine Gestirnverbindung besser ist als gar keine. Aber wenn Merkur im Radix von minderer Qualität ist, die den Geborenen für die neue Aufgabe nicht befähigt erscheinen läßt, so mag er unter einer günstigen Direktion zwar den Aufstieg begrüßen, doch ist der Sturz damit bereits programmiert, denn er wird nicht in der Lage sein, die neue Positon auszufüllen.

D 57 ☿ Merkur harmonisch mit ⊙ Sonne

Geistige Beweglichkeit kommt dem gesamten Naturell zugute. Die Konstellation kann selbst in späteren Jahren Jugendfrische anzeigen, neue Interessen fördern, zwischenmenschlichen Begegnungen einen Auftrieb geben, jedoch sind es mehr sachliche Bestrebungen, die betroffen sind. Aufmerksamkeit und Produktivität sind gesteigert, vorhandene Begabung läßt sich beruflich nützen, es gibt Aufstiegsmöglichkeiten bzw. die Chance zu Nebentätigkeit, zur Werbung für eigene Angelegenheiten. Es ist ein Aspekt der Bewegung, daher auch geeignet für Reisen. Vielseitige Interessen machen es möglich, sich einem neuen Studiengebiet zuzuwenden, äußere Eindrücke werden nervlich gut verkraftet.

Je nach Wirksamkeit in den Häusern können geistige Beweglichkeit, rednerische Begabung, Vermittlungsfunktionen sich auswirken. Im **1. Haus** betreffen sie u. a. die Persönlichkeit des Geborenen selbst, im **2.** kann mit Hilfe merkurischen Einsatzes der materielle Rückhalt der Existenz vertieft werden. Sehr schön ist die Einflußnahme auf das **3. Haus,** denn es ist das eigentliche Feld des Merkur, also gutes Gelingen von Studien, von Reisen, Vorteile durch mündliche und schriftliche Betätigung etc. Fällt die Direktion in das **7. Haus,** fördert sie die Beziehung zum Du, aber besonders zur Öffentlichkeit. Je nach Beruf des Horoskop-Eigners kann dies wichtig sein. Die positive Auseinandersetzung mit Erbanlagen oder auch mit materiellem Erbe gelingt bei einer Direktion im **8. Haus,** während das **9.** Auslandsaufenthalte, Reisen, das Erlernen fremder Sprachen fördert. Hilfreich ist die Konstellation im **10. Haus,** weil sich dann „Merkurisches" beruflich-gesellschaftlich ausprägt.

Bitte Hinweis auf Häuserstellung S. 150 zu beachten.

D 58 ☿ Merkur im Spannungsaspekt mit ⊙ Sonne

Was Merkur unter diesem Aspekt bedeutet, läßt sich in der Periode einer solchen Direktion schlecht in die Gesamtpersönlichkeit integrieren, so daß der Native mit sich selbst nicht zufrieden sein wird. Ist er ein Gefühlsmensch, plagen ihn Skrupel, steuert er seine Handlungen hauptsächlich vom Intellekt, werden ihm Zweifel kommen oder er neigt zur Selbsttäuschung, bzw. zur Täuschung anderer. Merkur in schlechter Position ist Lüge, Verstellung, Zerstreuung, Miß-

verständnis oder kann angegriffene Nerven bedeuten. Eine Widder-Lüge wird anders zu beurteilen sein als eine Krebs-Lüge. Das Spektrum der Wirkungsmöglichkeiten der Direktion ergibt sich gemäß der Hausstellung, etwa im **3. Haus** als Versagen bei einer Prüfung, als schlechte Zeit, um eine fremde Sprache zu erlernen oder Reisetätigkeit auszuüben. Ein Lehrer, der diese Direktion im **5. Haus** (Kinder) hat, wird vermutlich in seinem Beruf nicht recht froh werden, weil es ihm nicht gelingt, sein Lehr-oder Erziehungsanliegen zu verdeutlichen, er wird bei den Kindern nicht die richtige Resonanz finden und es schwerhaben, sich auf die Bedingungen seines Unterrichts einzustellen. Bei einer kritischen Konstellation im **9. Haus** muß bezweifelt werden, ob eine weite Reise oder ein Auslandsaufenthalt die erhofften Anregungen oder Befriedigung bringen können. Treten noch andere Aspekte hinzu, die einen sozialen oder beruflichen Abstieg möglich machen, sind entsprechend harte Transite vorhanden, so kann die Direktion im **10. Haus** beruflich ein beträchtlich negatives Gewicht erlangen.
Bitte Hinweis auf Häuserstellung S. 150 zu beachten.

D 59 ☿ Merkur harmonisch mit ☽ Mond

Verstand und Psyche treten in Verbindung. Vom Intellekt kommt der Anstoß, den das Gefühl aufnimmt und weiterleitet. Die Konjunktion scheint problematisch: Ist es ein „gefühlvoller" Merkur (im Radix etwa in den Fischen), wird der lunare Effekt aus der Geburtsfigur verstärkt. Es sind nicht nur Emotionen, die auf ihre ganz spezielle Art und Weise formen oder in das Geschehen eingreifen, jetzt ermuntert der Verstand die Phantasie. Das Ergebnis kann Kreativität sein, Schöpferisches, das sich aus Emotionen nährt. Ist der Impulsgeber etwa ein Zwillings- oder Jungfrau-Merkur, und/oder wäre die Radixverbindung spannungsträchtig, kann die Konjunktion eine Diskrepanz zwischen Denken und Fühlen auslösen. Es wird dann schwerhalten, daß der Native Ausgedachtes, Geplantes, „Merkurisches" in die Tat umsetzt, weil er sich gefühlsmäßig gegen die Anforderungen sperrt, mögen sie auch selbstgestellt sein, also eigenen Intentionen entsprechen. Es ist ein vorzüglicher Reiseaspekt, bzw. läßt er Tendenz- zu Wechsel vermuten, wobei es sich je nach Häuserstellung um persönliche Beziehungen, sachliches Engagement, Studienfächer, im

Wohnort oder in den Arbeitsverhältnissen handeln kann. Ist die Radixverbindung einigermaßen harmonisch, so wird eine ebensolche Direktion eine tragfähige Ausgangsbasis für jene Aktivitäten schaffen, bei denen „Mond" die Hauptrolle spielt. Daher erleichtert der Aspekt sowohl sachliche Zusammenarbeit wie Freundschaft oder kann ein Liebesverhältnis begünstigen, vor allem wenn der Partnervergleich anzeigt, daß die beiden Personen „miteinander sprechen" können. ☿
Bitte Hinweis auf Häuserstellung S. 150 zu beachten.

☽ 60 **☿ Merkur im Spannungsaspekt mit ☽ Mond**

Unlust oder Gereiztheit können ihre Ursache in einer schlechten nervlichen Verfassung haben, bzw. kann ein geschwächter Radix-Merkur, der zum Signifikator wird, gewissermaßen auf einen toten Punkt gelangen. Es will sich keine „vernünftige" Lösung für eine Herzensangelegenheit finden, für einen Wechsel oder eine Veränderung, die infolge Emotionen wünschenswert wären. Erschwert ist die Einpassung in das soziale Gefüge, weil sich der Native nicht „wohl fühlt". Liegen nicht gleichzeitig Energieaspekte (in Direktionen oder Transiten) vor, kann er seinem Unmut durch Klatsch oder Intrige Luft machen, muß aber auch selbst mit einer Fehleinschätzung seiner Person rechnen. Seine Gefühle wehren sich gegen intellektuelle Anforderungen. Unter dieser Direktion kann bei einem Schüler Lerneifer erlahmen, weil pubertärer Gefühlsüberschwang ihn ablenkt. Erste romantische Liebesgedichte können die Folge sein. Einen Künstler vermag dieser Aspekt allerdings anzuregen, wenn es ihm gelingt, das Ergebnis der auflaufenden intellektuellen-psychischen Prozesse zu sublimieren. Aber auch ein geistig und/oder emotional weniger beweglicher Geborener kann versuchen, aus der gegebenen astrologischen Situation das Beste zu machen. Schließlich bedarf die Realisierung einer Merkur-Mond-Konstellation des festen Willenseinsatzes – sei es im Guten wie im Schlechten. Gibt es etwa gleichzeitig eine positive marsische Komponente, kann der Betroffene mit seinen Launen, seiner Unlust und Gereiztheit gut fertig werden.
Bitte Hinweis auf Häuserstellung S. 150 zu beachten.

D61 ☿ **Merkur harmonisch mit** ☿ **Merkur**

Der Native ist in seinen mündlichen und schriftlichen Äußerungen, die ja Ausfluß seiner Gedankentätigkeit sind, beweglich, kann seine Vorstellungen genau artikulieren und seine Chancen besser als sonst erkennen. Er wird den Nützlichkeitseffekt seiner Aktionen bedenken, Vorteile durch Besuche, Reisen oder Kontakte wahrnehmen können und wird je nach Bezug der Direktion auf die jeweiligen Häuser entsprechende Interessengebiete bevorzugen. Eine kräftige Merkur-Direktion kann sozusagen Selbstzweck sein, bzw. Voraussetzung, daß der gut funktionierende Verstand sich als einsatzbereit erweist. Transite bringen dann die Auslösung. Bitte Hinweise auf Häuserstellung S. 150 zu beachten.

D 62 ☿ **Merkur im Spannungsaspekt mit** ☿ **Merkur**

Läßt das Radixhoroskop Zweifel an geordneter Gedankentätigkeit aufkommen, neigt der Native zu Zerstreuung, zu unkonzentriertem Denken und einseitiger Betrachtung, er wird jetzt Fehler in beruflichen Belangen machen, eine Reise nicht genügend vorbereiten oder sie mit einem Mißerfolg beenden. Kontakte, besonders sachlicher Art, mißlingen leicht, denn der Geborene geht von falschen Voraussetzungen aus, neigt zu Irrtum oder macht Fehler. Er wechselt ohne ersichtlichen Grund seinen Standpunkt, bzw. wird beruflich nicht recht zum Zuge kommen oder da versagen, wo sein Radix merkurische Schwachstellen aufweist. Bitte Hinweis auf Häuserstellung S. 150 zu beachten.

D 63 ☿ **Merkur harmonisch mit** ♀ **Venus**

Natürlich kommt in der Konjunktion der Charakter dieser Verbindung am stärksten zur Geltung. Drückt die Radixposition der Venus die Umstände des Glücksverlangens aus, die Art und Weise, wie der Geborene mit sich selbst und anderen in Harmonie leben möchte, gibt die Merkur-Direktion dazu die gedanklichen Impulse, also Harmonie durch Einsicht oder aus Interesse. Freundschaft oder Liebe werden nicht nur aus einem „dunklen Drange" erlebt, sondern bewußt eingegangen. Es können neue Talente hervortreten, etwa daß mehr Sinn für Kunst, Literatur, für Musik und Tanz gegeben ist, daß die künstlerische Entwicklung in Richtung harmonischer Einswerdung bewußt gesteuert ist. Nach den Regeln der Tradition ergeben sich Vorteile durch Geschwister oder Freunde. Es ist ein Aspekt der Inspiration, der besonders jenen hilft, die sich mit Merkur-Venus-Dingen befassen, sei es in der Show-Branche, im Touristikgewerbe oder bei anderen Formen, bei denen geselliger Verkehr eine Rolle spielt. Aber auch für Maler, Zeichner, Werbefachleute, für Reisende, für Berufe, die sich mit Freizeitgestaltung beschäftigen, vermag eine derartige Direktion sehr hilfreich zu sein. Bitte Hinweise auf Häuserstellung S. 150 zu beachten.

64 ☿ Merkur im Spannungsaspekt mit ♀ Venus

Es sind sehr unterschiedliche, sogar leichtsinnige Reaktionen möglich. Sie erschweren die gesellschaftliche Anpassung, Zusammenarbeit im Beruf, beeinträchtigen die Harmonie in Freundschaft, Liebe, Familie, es wird spekuliert und das Glück auf die Probe gestellt. Je nach Häuserstellung kann es sich aber auch um gesundheitliche Störungen handeln (die durch die Venusposition im Radix angegeben sind), ausgelöst durch nervliche Überbeanspruchung, es werden größere Ausgaben gemacht, es gibt geschäftliche Nachteile oder Fehlschläge, Mißerfolge auf Reisen oder in literarischer oder wissenschaftlicher Arbeit, Ungelegenheiten im eigenen Heim, Streit mit den Eltern, Schaden durch Wetten, Enttäuschungen in Liebe oder Ehe, gesundheitliche Beeinträchtigung durch Überreiztheit, Enttäuschung durch Freunde oder Verdruß durch Gegner. Bitte Hinweis auf Häuserstellung S. 150 zu beachten.

65 ☿ Merkur harmonisch mit ♂ Mars

Intellekt und Wille werden aufeinander gut abgestimmt. Ist die Radixkonstellation günstig, gibt es jetzt positive Anreize zu Handlungen, erfolgt „die kluge Tat". Der Native sucht und findet Wege zur raschen Erledigung seiner Angelegenheiten, erweist sich (je nach Temperamentlage) als betriebsam, aktiv, ist präzise in der Erfüllung seiner Pflichten, versteht es, Geschäfte zu seinem Nutzen abzuwickeln und wird seine Kräfte rationell einsetzen. Ist aber die Radixverbindung kritisch, kann die Direktion eine gefährliche Lebensperiode signalisieren, weil dann Übereifer über das Ziel hinausschießen läßt, Gereiztheit zu Streß führt, Unaufmerksamkeit Fehlhandlungen zur

Folge hat, die bis zum Unfall gehen können. Wer sich in abhängiger Stellung befindet, kann diese durch unangebrachte oder auch unsachliche Kritik aufs Spiel setzen, der beruflich Selbständige findet kein freundliches Echo und wird zu hart gefordert. Merkur ist Symbol der Vermittlung, Mars drückt die Tat aus. Nur wenn beide Faktoren grundsätzlich (Radix) aufeinander abstimmbar sind, ist Erfolg zu erwarten, der dann allerdings beträchtlich sein kann. Bitte Hinweis auf Häuserstellung S. 150 zu beachten.

D 66 ☿ Merkur im Spannungsaspekt mit ♂ Mars

Selbst bei einer harmonischen Radixverbindung beider Gestirne wird der Signifikator Merkur, wenn er die Position von Mars erreicht, seine geistigen Bestrebungen, seine intellektuellen Wünsche zu laut geäußert sehen. Der Aspekt gleicht einem Trompetenstoß, der andere aufschreckt und zum störenden Mißklang wird; der aktive Zugriff wird als Aggression verstanden, ein sachlicher Vorbehalt falsch angebracht oder als unberechtigte Kritik verletzend empfunden. Die kritische Merkur-Mars-Verbindung wirkt auf andere als Provokation und kann mit Sympathieverlust quittiert werden. Aber auch der Native selbst wird merken, daß er zu Affekthandlungen neigt, daß Selbstdisziplin nottut, daß er sich nervlich nicht übernehmen darf und für die Einhaltung von Pausen sorgen muß, damit ihn nicht Streß aus der Bahn wirft. Unter dieser Konstellation findet man selten Freunde oder noch weniger Geschäftspartner. Reisen müssen gut vorbereitet werden, damit sie nicht mißlingen, finanzielle Transaktionen oder Technisches sind erfolglos. Aufgeregtheit ist aber auch ein schlechter Gemütszustand, wenn man sich einer Operation unterziehen muß. Bitte Hinweis auf Häuserstellung S. 150 zu beachten.

D 67 ☿ Merkur harmonisch mit ♃ Jupiter

Wenn der neutrale Merkur die Position Jupiters erreicht, stellt er seine Fähigkeiten und Dienste in die Gewinnung des Lebensoptimums. Wie dieses ausfallen kann, auf welchen Gebieten es zu erlangen ist, das ist aus der Radixfigur zu ersehen. Ein schwach stehender Jupiter, bedrängt von kritischen Aspekten, wird auch durch die Berührung mit Merkur als Signifikator nur sehr verhalten von „Glück" sprechen können. Hat er aber eine vorzügliche Radixanlage, stehen die Signale auf Expansion, Geschäftsgründung, Beförderung, auf Vorteile bei Behördenangelegenheit, Reisen und Vertragsabschluß. Es weitet sich der geistige Horizont, die Gesundheit wird stabiler, denn die Nerven kräftigen sich. Es wächst die Lust an geistiger Aktivität, die durch Lob, finanzielle Anerkennung, Beförderung oder eine andere Auszeichnung gewürdigt wird. Bitte Hinweis auf Häuserstellung S. 150 zu beachten.

☽ 68 ☿ Merkur im Spannungsaspekt mit ♃ Jupiter

Eine harmonische Radixverbindung wird durch diese Direktion keineswegs aufgehoben. Sie wird sich lediglich etwas ungenauer realisieren, es wird des Guten leicht zuviel getan, was sich als Selbstüberschätzung, als Neigung zu großen Ausgaben, zu Wetten und Glücksspiel oder zu riskanten Geschäften zeigen kann. Ist Jupiter an Venusaspekten beteiligt und sind diese etwa mit Uranus verbunden, so kann die Direktion auch ein Liebesabenteuer besonderer Art anzeigen. Im allgemeinen aber tendiert diese Konstellation zu Leichtfertigkeit und mangelnder Präzision und wird sich damit vor allem negativ im Geschäfts- oder Berufsleben zeigen, eine Art Großspurigkeit im Denken kennzeichnen, das mit Wortbruch oder überheblichen Ansprüchen einhergeht. Es ist eine Konstellation der Charakterschwäche, die bis zum Meineid gehen kann. Beim Vorliegen entsprechender Radixhinweise sind auch nervöse oder psychische Depressionen möglich, ist die Urteilskraft geschwächt oder werden Charakterfehler sichtbar. Deutlich wird dies auf dem finanziellen Sektor, in juristischen Angelegenheiten, in den Beziehungen zur Behörde, in Glaubenssachen, bzw. in anderen, auf Jupiter zu beziehenden Sachgebieten. Bitte Hinweis auf Häuserstellung S. 150 zu beachten.

☽ 69 ☿ Merkur harmonisch mit ♄ Saturn

Ist die Radixverbindung zwischen beiden kritisch, wird die Direktion eine Lebensperiode mit gemilderten Umständen schaffen. Für sich genommen begründet sie eine Hinwendung zur Methode, läßt durch kluge Einsicht gewinnen, auf Details achten, was beruflich eine Spezialisierung ermöglicht. Es wird hausgehalten mit finanziellen Mitteln, was die Verwaltung des Besitzes angeht, aber auch die Ökonomie der Kräfte betrifft. Vor allem wird erkannt, wie wertvoll Verbindungen sein können, so daß deren Dauer betrieben wird. Damit unterstützt die Konstellation alle Vertragsvorhaben, in erster Linie beruflich, Studien- aber auch private Belange bis hin zur Ehe. Die Befähigung zur Konzentration läßt Abstand von Risiken nehmen und den eigenen Lebenslauf nüchtern betrachten. Es geht eher Schritt für Schritt, als schnell voran. Interessen und Forderungen werden gut ausbalanciert. Tüchtigkeit und Geschicklichkeit können sich bewähren. Bitte Hinweis auf Häuserstellung S. 150 zu beachten.

D 70 ☿ **Merkur im Spannungsaspekt mit ♄ Saturn**

Am nachhaltigsten wirkt die Konjunktion, auch wenn die Radixverbindung nur schwach ist. Saturn als Gegenpol zu Jupiter bedeutet bildlich einen Engpaß im Horoskop für wandernde Gestirne, seien sie Signifikatoren oder Transitoren. Demgemäß ist eine Bremswirkung zu erwarten. Der Höhenflug der Gedanken wird abgestoppt, bzw. kann gar nicht erst stattfinden. Egoismus läßt sich selbst, den eigenen Chancen, aber auch anderen mißtrauen. Die Grundeinstellung ist nicht Zuversicht, sondern Pessimismus. Es wird zu lange gezögert, eine Chance vertan oder mangelhaft vorbereitet in eine wichtige Verhandlung gegangen. Je nach Bezug der Konstellation auf einzelne Lebensbereiche ist es eine Einschränkung der persönlichen Möglichkeiten, ein finanzieller Engpaß, das Versagen bei Studien, sind es häusliche Mißhelligkeiten, die Lösung einer Liebesverbindung oder Probleme im Umgang mit Kindern, sind es psychosomatische Störungen, weil die Nerven nicht mitmachen. Es kann sich um Probleme im Zusammenhang mit dem Partner oder der Öffentlichkeit handeln, es können Enttäuschung über ein Erbe oder eine Auseinandersetzung mit Erbkrankheit oder anderer „Hinterlassenschaft" vorliegen, es kann ein unbefriedigendes Ergebnis einer Reise sein. Ehrgeiz kommt nicht zu seinem Recht, es droht Verlust der Stellung oder gesellschaftlicher Abstieg, Lösung einer Freundschaft oder Isolation. Gegner sind mächtig und sehr nachhaltig am Werk – je nachdem, welcher Sektor betroffen ist, in dem sich die Konstellation auswirken dürfte. Lesen Sie bitte auf S. 302 über die grundsätzliche Bedeutung der einzelnen Häuser nach.

Besonders wenn die Konstellation auf Ecken des Horoskops Bezug nimmt, sei es auf Asz-Desz, auf MC oder IC, wird ein deutlicher

Effekt zu spüren sein, der nicht nur an die Bedeutung der Häuser Nr. 1, 4, 7 und 10 anknüpft, sondern rein Persönliches betreffen kann.

D 71 ☿ Merkur harmonisch mit Uranus

Bei einer harmonischen Radixverbindung kann der „Zufall" jetzt eine Wende bringen, bzw. eine Umgestaltung im Denken zur Folge haben. Originelle Ideen, ungewöhnliche Gedanken, besonders im Zusammenhang mit der Werbung oder mit modernen Ansichten, begünstigen jene, die nicht auf Traditionen angewiesen sind. Es ist ein Aspekt des Reformeifers, der sich weniger mit Energie als aus innerer Überzeugung auf das Neue wirft. Sind noch andere Hinweise durch Direktionen oder mächtige Transite, auf Lebenswendungen gegeben und weist das Radixhoroskop den Geborenen als profilierte Persönlichkeit aus, kann diese Direktion Unmögliches ankündigen. Durch seine Taten erweist sich der Geborene als Genie oder wird als solches eingeschätzt. Eine hervorragende Konstellation für Erfinder wie für jene, die plötzlich ungewöhnliche Entschlüsse fassen müssen, oder für Wissenschaftler, denen eine überraschende Problemlösung gelingt. Es kann im zwischenmenschlichen Bereich eine unerwartete Begegnung sein, eine plötzliche Freundschaft und, wenn andere Aspekte in diese Richtung weisen, auch eine plötzliche Liebesbeziehung. Was den Lebensbereich anbetrifft, in dem sich die Konstellation auswirken dürfte, lesen Sie bitte auf S. 302 über die grundsätzliche Bedeutung der einzelnen Häuser nach.

D 72 ☿ im Spannungsaspekt mit ♅ Uranus

Es ist nicht möglich, die geistigen Kräfte zu bündeln und auf ein Ziel zu konzentrieren. Die Situation wird falsch eingeschätzt, zu hastig und gereizt reagiert, auf einer eigensinnigen Durchführung bestanden. Es wäre besser, sich an bewährte Erfolgsmuster zu halten, als radikal Neues zu versuchen, Brücken abzubrechen und unbedingter Individualität zum Durchbruch zu verhelfen. Die Konstellation drückt unmotivierten Sinneswandel aus. Wenn man aber in der Radixkonstellation nachforscht, kann sich dort der Bezug zum Unterschwelligen und Unbewußten finden lassen. Es ist keine Zeit für Entscheidungen, die eine harmonische Realisierung wichtiger Dinge zum Inhalt haben. Bitte Hinweis auf Häuser S. 150 beachten.

D 73 ☿ **Merkur in Konjunktion mit ♅ Uranus**
Ist die Radixverbindung einigermaßen günstig, wird die Konjunktion es ebenfalls sein. Bei einem kritischen Radixaspekt allerdings wird eine plötzliche Neigung zu Veränderung oder Wechsel ausgelöst, die eher einer fixen Idee entspringt als sachlicher Überlegung. Was immer auch erreicht wird, es dürfte nicht von Dauer sein. Entscheidend ist die Hausposition von Uranus, denn sie zeigt das Sachgebiet an, auf dem die Konjunktion sich am ehesten auswirken wird.

D 74 ☿ **Merkur harmonisch mit ♆ Neptun**
Es hängt sehr von dem Wesen der Persönlichkeit ab, deren „klare" Verstandeskräfte sich durch ein Filter völlig anderer Art auszudrükken suchen. Wie kann sich Vernunft durch Inspiration äußern? Allenfalls als das richtige Gefühl für künftige Entwicklung. Die sachliche, auf Zweckhaftigkeit hin orientierte Vernunft bedient sich des Hebels feingeistiger Schwingungen, der Inspiration, aber auch des Mystischen, um zum Ziel zu kommen. Beste Chancen also für einen Künstler, dem unter dieser Konstellation der Durchbruch gelingen kann oder der Werke von einmaliger Qualität zu schaffen weiß. Günstig für den Romantiker, dessen Denkleistungen in einer „blauen Stunde" einmalig zu sein vermögen, den Dichter, den Literaten und dem Reisenden, der das Land seiner Sehnsucht mit dem Herzen sucht, bläht der Wind die Segel. Er treibt zu fernen Gestaden, entrückt der Alltagswirklichkeit, schenkt Erlebnisse, die zwar wenig mit der Realität, viel aber mit der Phantasie zu tun haben. So werden feinste Zusammenhänge erfaßt, bzw. kann der zart besaitete Flüchtling der Pression des Alltags entrinnen und findet sein Refugium in einer stillen Oase. Den großen Geist aber läßt diese Konstellation in die Ferne schauen, weitet den inneren und äußeren Horizont und wertet die geistig-seelische Gesamtverfassung zur Fülle auf. Bitte Hinweis auf Häuserstellung S. 150 zu beachten.

D 75 ☿ **Merkur im Spannungsaspekt mit ♆ Neptun**
Nur begnadete Menschen werden aus der Konjunktion des Signifikators Merkur mit dem Promissor Neptun „Nutzen ziehen", ein Wort, das zur Charakterisierung hier eigentlich fehl am Platz ist. Merkurisches wird gewandelt, Gedanken verändern sich und sind nicht wie-

derzuerkennen. War Zweck beabsichtigt oder beruhte Organisation auf Planung, ist das Ergebnis ein freies Spiel der Kräfte, kommt Unwägbares und Undefinierbares auf und verändert, was zielgerichtete Absicht war. Die Spannungsaspekte machen es noch deutlicher; der holde Schein wird zur trügerischen Illusion, die Entschuldigung zur Selbsttäuschung, die Realität zu schwächenden Schemen. Merkur ist nicht mehr der sachliche Vermittler, sondern ein bestechlicher, betrügerischer, diebischer, falscher Freund. Der Aspekt der Schwäche lähmt die geistige Initiative, weist auf Schwächen im Nervensystem, weil Versuchung, Anfälligkeit, Ablenkung oder ,,Vergiftung" vorkommen lassen, was eigentlich aufgebaut werden sollte. Das zweckbetonte Merkurische scheitert am geheimen Widerstand, an Nachrede, an Skandal. Daher trügerische Aussichten für Studien, Geschäfte, für den glatten Ablauf einer Reise etc. Was den Lebensbereich anbetrifft, in dem sich die Konstellation auswirken dürfte, lesen Sie auf S. 302 über die grundsätzliche Bedeutung der einzelnen Häuser nach.

☽ 76 ☿ Merkur harmonisch mit ♇ Pluto

Das Denken besiegt jeden Widerstand. Aufgaben, die jenseits des Alltäglichen liegen, die aus der Verbundenheit des einzelnen mit der ,,Masse" erwachsen, werden lösbar durch Schläue, Tricks oder aber auch nur durch eine gewisse Zugkraft, die das Merkurische bekommt. Das Denken erhält Durchschlagskraft, weil es mächtige Impulse empfängt; man sehe Pluto als höhere Oktave des Mars. Was den Lebensbereich anbetrifft, in dem sich die Konstellation auswirken dürfte, lesen Sie bitte auf S. 302 über die grundsätzliche Bedeutung der einzelnen Häuser nach.

☽ 77 ☿ Merkur im Spannungsaspekt mit ♇ Pluto

Die Konjunktion scheint gefährlich, wenn vom Radix her die Annahme gerechtfertigt ist. Dann nimmt der Native sich zuviel vor, plant riskant, überfordert sich und andere oder erlebt, daß er infolge seiner lebenspraktischen Ansichten, seiner Weltanschauung oder aber im wissenschaftlichen Meinungsstreit bzw. bei der Verfolgung kaufmännischer Interessen arg überzieht, was eine Konfrontation mit dem Schicksalhaften bringen kann. Bitte Hinweis auf Häuserstellung S. 150 zu beachten.

D 78 ☿ **Merkur harmonisch mit ☊ Mondknoten**

Ein Verstand, der der Anregung bedarf, der sich aber auch in Form von mündlichen und schriftlichen Äußerungen anderen mitteilen will, findet im Mondknoten einen wertfreien Sprecher. Unter dieser Konstellation beleben sich alte Kontakte, lassen sich neue Verbindungen knüpfen, gelingt die Zusammenarbeit mit anderen oder kann die Liebe gedeihen, wenn andere Aspekte in diese Richtung weisen. Bitte Hinweis auf Häuserstellung S. 150 zu beachten.

D 79 ☿ **Merkur im Spannungsaspekt mit ☊ Mondknoten**

Bewußt oder unbewußt arbeitet der Verstand in einer Weise, die zum Sympathieverlust führt. Es ist, als träfen Äußerungen auf taube Ohren, als würde einem Hilfeersuchen nicht Folge geleistet und Zusammenarbeit versagt. Unter dieser Konstellation wird es schwer halten, Kontakte irgendwelcher Art zu vertiefen oder neue zu knüpfen. Bitte Hinweis auf Häuserstellung S. 150 zu beachten.

D 80 ☿ **Merkur harmonisch mit Asz**

Am nachhaltigsten ist natürlich der direkte Übergang zu beurteilen. Hier treten zwei sehr wichtige Elemente zueinander in Beziehung. Selbst bei neutraler Radixstellung, also Aspektlosigkeit zwischen Merkur und Asz, wird die Direktion spürbar sein. Die Art und Weise, wie gedacht, vermittelt, Interesse gezeigt wird, die sich wesentlich nach der Stellung in den Tierkreiszeichen und an den Aspektverbindungen Merkurs ablesen läßt, nimmt Bezug auf die Körperlichkeit des Geborenen. Das kann von Einfluß auf die Nerventätigkeit sein. Es wird in dieser Lebensperiode aber auch deutlich werden, daß die Asz-Lage durch Merkur belebt wird. Das Asz-Tierkreiszeichen ist „verantwortlich" für das Auftreten im Milieu. Merkur steuert jetzt Vernunft bei, läßt den Verstand die Dinge regulieren, was einem Gewinn an Einfluß gleichkommt und Diplomatie, Beweglichkeit, Vermittlungstalent und geistige Fühlungnahme beeinflußt. Vielfach wird dadurch die beste Seite der Asz-Lage hervorgehoben, vergleichbar dem Klingen der Saite eines Instruments durch gleichgestimmte Schwingungen. Naturgemäß färbt diese Merkur-Direktion auch auf jene Aspekte ab, die im Radix den Asz an bestimmte Planeten binden.

D 81 **☿ Merkur im Spannungsaspekt mit Asz**

Die Linke weiß nicht, was die Rechte tut, der Verstand agiert anders als die „Person“ es möchte. Das ergibt ungeschicktes Verhalten gegenüber anderen im Milieu, eine unsachliche Einstellung, Verlusttendenz durch eigenes Fehlverhalten in ganz persönlichen Dingen.

Die Opposition zum Asz bedeutet gleichzeitig die Konjunktion mit Spitze des 7. Hauses, ist daher nicht unbedingt als spannungsträchtig zu verstehen, denn öffentliches Wirken kann gerade dadurch gefördert werden. Der negative Trend ist eher im gesundheitlichen Bereich zu sehen, wie etwa in einer Überbeanspruchung der Nerven. Für Vertragsangelegenheiten ist die Opposition günstig.

D 82 **☿ Merkur harmonisch mit MC**

Gedanken, mündliche und schriftliche Äußerungen, Vertragsangelegenheiten, geistige Beweglichkeit und Nützlichkeitsüberlegungen sind von Einfluß auf den Beruf und die soziale Position. Die Konjuktion als der direkte Übergang wird sich am stärksten auswirken und kann, wenn das entsprechende Lebensalter vorliegt, gewissermaßen einen Höhepunkt an geistiger Betätigung im Leben bringen. Das aber heißt beruflicher Aufstieg, Bestehen von Prüfungen, Ausübung einer wissenschaftlichen Tätigkeit oder Tätigung ungewöhnlicher Geschäfte. Da diese Konstellation zugleich die Opposition zum 4. Haus darstellt, können Fortschritte u. U. durch häusliche Nachteile bezahlt werden müssen. Für einen Wechsel im Wohnort ist die Konstellation daher auch nur bedingt tauglich. Hat in der Radixfigur Merkur aber eine harmonische Distanz zum MC (somit gleichzeitig auch zum IC), sind unangenehme Spannungen unwahrscheinlich.

D 83 **☿ Merkur im Spannungsaspekt mit MC**

In dieser Lebensperiode wird es nicht gelingen, das Denken in jene Bahnen zu lenken, die beruflich oder gesellschaftlich als nützlich und sinnvoll ausgewiesen sind. Die eigene Position wird falsch eingeschätzt, was zu Verzögerung oder Nachteil beim Aufstieg führt. Es mangelt an Einsicht in die beruflichen, aber auch in die häuslichen Verhältnisse. Dieser Aspekt könnte familiäre Differenzen oder Unzufriedenheit signalisieren und einen Gegensatz zwischen beruflicher bzw. gesellschaftlicher Position und familiärer Bindung bringen.

Venus als Signifikator

Bei einer oberflächlichen Betrachtung mag es scheinen, als hätte Venus in verschiedenen Lebensstufen eine unterschiedliche Bedeutung. Natürlich wird Venus in der Zeit der Geschlechtsreife profilierter in Erscheinung treten; aber bedarf nicht auch das Kind der Zuwendung, braucht nicht ein alter Mensch auch Liebe? Venus ist mehr als ,,kleines Glück", auch wenn diese Bezeichnung zweckmäßig erscheint, sie von Jupiter, dem ,,großen Glück" abzuheben. Die *Radixstellung des Planeten in den Zeichen* ist wichtig. Ist Venus im Stier, bezeichnet sie die sinnenfrohe, sinnliche, irdische Qualität, oder ist sie in der Waage, betont sie mehr das Ästhetische, Elegante, den kultivierten Genuß. Ist es eine reine, keusche Venus, etwa in der Jungfrau oder hat Liebesbegehren eine romantische, sentimentale Note wie bei der Position in den Fischen? Dazu die *Aspektverbindung:* Wird Venus aufgewertet durch harmonische Aspekte zu Mars, was der Erotik zugute kommt oder zu Jupiter, was die Genußfreude stärkt, zum Mond, als der Psyche? Oder ist es eine ,,begehrliche", sündige Venus, etwa durch Verletzung von Mars, Uranus oder Saturn? Das alles gilt es zu prüfen, bevor darangegangen werden kann, die fragliche Direktion richtig zu bewerten. Aus welchem Haus wird Venus dirigiert, welche Stationen hat sie im Laufe des Lebens schon hinter sich gebracht (Direktionsaspekte, wohin steuert sie demnächst? Ist der momentane Zustand des Signifikators Venus Hinweis auf eine Übergangsphase oder stehen Entscheidungen an? Es wäre zu einfach, Venus nur als Signifikator des Liebeslebens in und außerhalb der Ehe anzusehen, als maßgeblich für Kunst, Musik, Theater, Vergnügen, Sport, Kinder und Kindererziehung. Das alles ist Venus auch, sowohl positiv wie negativ. Venus bejaht das Leben, steht für die schönen Seiten des Alltags, ist höherer Eros oder niedere Sinnlichkeit; sie hat biologisch Bezug auf die Drüsen, die Nieren und die Venen. Venus ist das Prinzip der Harmonie, das im Menschen doppelt wirksam wird, primär *nach innen.* In der Pubertät beginnt der Heranwachsende über sich zu reflektieren und sucht sich dann bewußt in Einklang zu bringen mit den Forderungen, die sein Körper, seine Seele, sein Geist, nach Harmonie stellen. Das kann ein Prozeß sein, der Jahre oder Jahrzehnte dauert und der bei vielen überhaupt nicht zu einem harmonischen Ausklang kommt, d. h. zur Einstimmung in die universelle Harmonie. Eine disharmonische Venusstellung im Radix wird die Handlungsweisen und das, was passiv als Auseinandersetzung mit der Welt und dem oder den Nächsten zu erwarten ist, natürlich unter ganz eigentümlichen Abläufen sehen lassen, es wird dem Betroffenen schwer machen, sich harmonisch zu äußern. Anders der Begnadete, dem eine harmonische Venusposition fürs Leben mitgegeben wurde. Dann gelingt die zweite Seite besser, sich zu *äußern,* Harmonie auszuleben, die eigenen Seiten des Wesens darzustellen, was selbst Schwächen „charmant" erscheinen und „milde Richter" finden läßt. Auch im Falle von Venus können Direktionen nicht aufheben, was als Geschenk oder Makel seit der Geburt dem Planten auf seiner direktionären Reise durch den Tierkreis mitgegeben wurde. Daher dürfen auch im Falle von Venus die nachstehenden Deutungen der Direktionen nicht als „Rezept" verstanden werden. Die Individualität macht's. Die Radixposition gibt den Ausschlag.

D 84 ♀ Venus harmonisch mit ⊙ Sonne

Vor allem die Konjunktion ist einer der schönsten und das Leben am meisten erleichternden Aspekte. Venus im Horoskop ist die Personifikation der Genußmotive. Sie finden in dieser Direktion ihre Erfüllung durch die Gesamtpersönlichkeit, so daß sich Harmonie allen Strukturen des Wesens mitteilt. Das wiederum aber wird am deutlichsten in der Frage des Temperaments, das durch den Sonnenstand bezeichnet wird: Daher wird innerhalb des direktionären zeitlichen Orbis das Sonnenzeichen im Horoskop besonders mild, harmonisch und unter glücklicher Sicht beurteilt werden können. Die Integration von Venus in das Sonnensymbol bringt Hinwendung zum Schönen im Leben, kennzeichnet eine Periode der Liebeserwartung, der Gesundheit oder Gesundung, weil innere Harmonie vorherrscht, doch ist es in erster Linie ein Heiratsaspekt. Im Horoskop einer Frau drückt die Sonne ja auch symbolisch den Gatten aus, Venus die Hingabe an diesen. Man darf allerdings nicht vergessen, daß auch in diesem Falle das Geburtshoroskop den Ausschlag gibt, daß eine arg beschädigte Venus also auch in dieser sehr glücklichen Direktion nie mehr „leisten" kann, als die Stellung in der Radixfigur ausdrückt.

Was den Lebensbereich anbetrifft, in dem sich die Konstellation auswirken dürfte, lesen Sie bitte auf S. 302 über die grundsätzliche Bedeutung der einzelnen Häuser nach.

D 85 ♀ Venus im Spannungsaspekt mit ⊙ Sonne

Da sich Venus nie weiter als 48 Grad von der Sonne entfernen kann, ist das Halbquadrat der einzig mögliche Spannungsaspekt zu ihr im Radix. In diesem Falle wird eine ungünstige Direktion auch stärker beurteilt werden müssen. Der Signifikator Venus drückt das Verlangen nach Liebe und Harmonie aus. Aber es gibt im Wesen des Geborenen liegende Faktoren, die der Wunscherfüllung entgegenstehen. So kann es eine Periode sein, in der erotische Wünsche übersteigert sind, das Triebverhalten dominiert und damit Herzensangelegenheiten anders verlaufen als gewünscht. Gemäß der Bedeutung von Venus als Signifikator kann es eine Zeit der Verschwendung, des Verdrusses sein, der Mißverständnisse, die auch zu einer Trennung führen können.

Was den Lebensbereich anbetrifft, in dem sich die Konstellation aus-

wirken dürfte, lesen Sie bitte auf S. 302 über die grundsätzliche Bedeutung der einzelnen Häuser nach.
Besonders wenn die Konstellation auf Ecken des Horoskops Bezug nimmt, sei es auf Asz-Desz, auf MC oder IC, wird ein deutlicher Effekt zu spüren sein, der nicht nur an die Bedeutung der Häuser Nr. 1, 4, 7 und 10 anknüpft, sondern rein Persönliches betreffen kann.

D 86 ♀ Venus harmonisch mit ☽ Mond

Ähnlich wie bei **D 84** ist die Konjunktion der am stärksten wirkende Aspekt. Er läßt das Harmoniestreben, Glücksverlangen, die Liebessehnsucht, vor allem die Psyche ausfüllen. Daher ist dieser Aspekt zwar nicht so umfassend wie D 84, aber dafür intensiver, weil Venus ja im Mond den geeigneten Resonanzboden hat. Daher spricht der Promissor auch für lunare Erfolge, läßt „Mondisches" gelingen, wertet die Seelenlage auf und gibt ihr einen schicksalsformenden Charakter. Das bedeutet in erster Linie Freude und Optimismus, der in jenen Bereichen zu finden sein wird, die durch die Mondposition (Häuserstellung, Aspekte etc.) berührt werden. Es können aber auch psychosomatische Spannungen abgebaut werden, gemäß der Natur des Mondes, Wechsel in Lebensumständen eintreten und gelingen, es kann ein Abschnitt im Dasein werden, der mehr Popularität verheißt oder gesellschaftliche Erfolge bringt, doch wird in erster Linie das gesamte Naturell sensibler sein. Bitte Hinweis auf Häuserstellung S. 150 zu beachten.

D 87 ♀ Venus im Spannungsaspekt mit ☽ Mond

Das Harmonieverlangen trifft auf eine anders gestimmte Psyche. Die Folge ist Unsicherheit im Seelischen. Unzufriedenheit stellt sich da ein, wo Zärtlichkeit, Weichheit und Anschmiegsamkeit die schönste Erfüllung finden könnten, in der Zweierbeziehung, in Partnerschaft, Ehe oder Familie. Der Spannungsaspekt läßt zwar auch darauf spekulieren, übertreibt aber oder macht Andeutungen über das Mißlingen entsprechender Vorhaben, also etwa Liebeskummer, Trennung, doch sind auch Reisen selten befriedigend. Bitte Hinweis auf Häuserstellung S. 150 zu beachten.

D 88 **♀ Venus harmonisch mit ☿ Merkur**

Genußmotive des Handelns, Liebes- und Harmonieverlangen suchen durch den Verstand zur Realisierung zu kommen. Am besten gelingt dies bei der Konjunktion, Ausdruck für verfeinertes Empfinden, für eine diplomatische, anpassende, auch künstlerisch oder erotisch gefärbte Gedankentätigkeit bringt. Es ist ein Jahr, in dem man sich auch mit dem Hobby intensiv beschäftigen kann. Bitte Hinweis auf Häuserstellung S. 150 zu beachten.

D 89 **♀ Venus im Spannungsaspekt mit ☿ Merkur**

Der Wunsch nach einem angenehmeren Leben stört das intellektuelle Gleichgewicht, bzw. findet der Native durch die Vernunft keine Unterstützung. Es ergibt sich daher eine Lebensperiode, die durch Verstimmung oder Ärger, auch Unbefriedigtsein gekennzeichnet ist. Bitte Hinweis auf Häuserstellung S. 150 zu beachten.

D 90 **♀ Venus harmonisch mit ♀ Venus**

Die positiven Seiten der Radix-Venus werden etwas verstärkt. So können sich die dort angegebenen Trends im Direktionsjahr auch deutlicher darstellen. Der Schwerpunkt liegt in typischen Venusbereichen: Freundschaft, Liebe, Partnerschaft, Verlangen nach Luxus, Geselligkeit, Vergnügen, Bereitschaft zu sozialem Engagement. Bitte Hinweis auf Häuserstellung S. 150 zu beachten.

D 91 **♀ Venus im Spannungsaspekt mit ♀ Venus**

Wünsche bleiben unerfüllt, das Verhalten ist leichtsinnig, es wird zuviel ausgegeben, Vergnügungen halten nicht, was man sich erhofft, es fehlt an der rechten Befriedigung in Venus-Tätigkeiten. Was den Lebensbereich anbetrifft, in dem sich die Konstellation auswirken dürfte, lesen Sie bitte auf S. 302 über die grundsätzliche Bedeutung der einzelnen Häuser nach.

D 92 **♀ Venus harmonisch mit ♂ Mars**

Läßt das Radixhoroskop auf ein harmonisches Sexualleben schließen, wird diese Konstellation aktivieren. Sinnlichkeit durchpulst das Leben. Sie ermöglicht eine intensive Partnerbeziehung, steigert aber auch allgemein die Vitalität und die optimistische Lebenseinstellung.

Selbst wenn die Radixdistanz beider Gestirne ungünstig ist, kann diese Konstellation Spannungen mindern und zeitweises Herzensglück möglich machen. Die Aktivierung der Sinne, der Anreiz zur Tat aus einem Genußmotiv, kann sich in sehr vielen und unterschiedlichen Lebensbereichen darstellen. Bitte Hinweis auf Häuserstellung S. 150 zu beachten.

93 ♀ Venus im Spannungsaspekt mit ♂ Mars

Die **Konjunktion** muß als spannungsträchtig angesehen werden. Zwar setzt der Drang nach sinnlicher Befriedigung, nach Genuß jetzt in dem Punkt an, wo im Radix Trieb, Wille, Energie sich am stärksten und deutlichsten manifestieren, dem Marsort. Aber Mars ist auf der sexuellen Ebene auch der Gegenpol von Venus. Eine Liebesverbindung unter dieser Direktion wird niemals verbindlich bleiben, sondern kann blinde Leidenschaft wecken. Allerdings macht die Konjunktion eine Ausnahme, zwar wird die „Mitteilung" des Senders durch den „Sprecher" verzerrt wiedergegeben, kann zartes Verlangen zur Gier werden, erscheint harmonischer, ästhetischer Eros im Gewand des unbeherrschten Sexus. Und doch macht gerade die Konjunktion des Signifikators Venus mit dem Promissor Mars einen beträchtlichen Unterschied gegenüber **D 120** aus, wenn die Direktion sich mit vertauschten Rollen abspielt. Ein ungestümer, allzu fordernder Mars der Radixkonstellation wird durch den direktionären Übergang von Venus milder, umgänglicher und ist zarten Empfindungen zugänglicher. Das Geburtshoroskop ist sehr genau zu untersuchen, wie das Stärkeverhältnis beider Gestirne ist, denn u. U. kann die Konjunktion **(D 93)** die befreiende Tat bringen, den Umschwung, die Lösung von langjähriger Verkrampfung. Dagegen müssen **Quadrat** oder **Opposition** einhellig als kritisch burteilt werden, allenfalls gemildert durch eine harmonische Radixverbindung. Bitte Hinweis auf Häuserstellung S. 150 zu beachten. ♀

94 ♀ Venus harmonisch mit ♃ Jupiter

Eine „glückliche" Radix-Venus gelangt auf ihrer direktionären Wanderung zu einer „Sprechstelle", die ihr sehr liegt, weil sie die positiven Schwingungen aufs schönste verstärkt und weitergibt, so daß Venushaftes hier seine Erfüllung finden kann. Daher ein Lebensabschnitt, in dem Herzenswünsche befriedigt werden. Das Harmonieverlangen ist nicht unbedingt personal ausgerichtet, kann sowohl intimes Glück anzeigen und damit das Gelingen einer Zweierbeziehung möglich machen, kann aber auch das soziale Engagement erleichtern, so daß in dieser Zeit eine gesellschaftliche Rolle übernommen werden kann. Läßt die Radixfigur Spekulationen zu, werden sie jetzt gelingen. Juristische Verfahren werden unbekümmert erledigt, z. B. ein Ehevertrag aus dem Gefühl innerer Beschwingtheit unterzeichnet. Es verbindet sich aufs angenehmste das ,,kleine" mit dem ,,großen" Glück. Bitte Hinweis auf Häuserstellung S. 150 zu beachten.

D 95 **♀ Venus im Spannungsaspekt mit ♃ Jupiter**

Läßt die Radixfigur Selbstkontrolle vermissen, kann diese Direktion Probleme anzeigen. Sie liegen auf juristischem Gebiet, etwa Vertragsauflösung (Scheidung), betreffen Kredit oder finanzielle Dinge, insgesamt eine zu großzügige und allzu unbekümmerte Einstellung zum Leben, was Schaden durch Leichtsinn oder Mißerfolge bringt, gesundheitlich Diätfehler, Störungen im Hormonhaushalt, bzw. in der Drüsentätigkeit. Bitte Hinweis auf Häuserstellung S. 150 zu beachten.

D 96 **♀ Venus harmonisch mit ♄ Saturn**

Es ist das Lebensalter wichtig, in dem diese Direktion wirksam wird. Sie bringt in der Jugend Verzögerung in der Erfüllung von Venus-Wünschen, läßt in reiferen Jahren diese aber um so schöner gelingen. Venus und Saturn sind sehr wohl aufeinander abstimmbar, sofern die Radixfigur erkennen läßt, daß in Herzensangelegenheiten keine leichtsinnige, lockere oder oberflächliche Haltung eingenommen wird. In diesem Falle wird der Aspekt zwar eine gewisse Festigkeit möglich machen, so daß der Native mindestens zeitweise festen Grund unter die Füße bekommt. Eine heitere, beschwingte Venus wird sich aber im Gewand der Pflicht, des Lebensernstes und der Versachlichung, was ja Saturn ausdrückt, nicht unbedingt wohlfühlen. Unter diesem Aspekt kann vorübergehendes Glück erlebt werden; es ist aber nicht gesagt, daß z. B. der ,,richtige" Partner gefunden wird. Oder es wird von vornherein ein Kompromiß, wie etwa eine Vernunftehe, angestrebt. Man untersuche die Bedeutung der Saturnposition im Horoskop. Verdient er im speziellen Fall die Bezeichnung der Alten „das große Unglück", kann Venus sein tiefes Schwarz zu einer angenehmen dunklen Farbe aufhellen. Es kann demnach ein Aspekt der Zuversicht sein, der einem Geschlagenen Mut macht, dem Kranken Besserung verspricht, d. h. Hoffnungsfreude weckt. Oder hat die Radixstelle vor allem Bedeutung für Ehrgeiz? Dann wird dieser Saturn durch die Direktion nicht kalt und berechnend nach der Macht greifen, sondern Ansehen durch Verbindlichkeit und Charme gewinnen lassen. Oder ist es ein „weiser" Saturn, der Einsicht in die Notwendigkeit schenkt? Dann kann sogar die ganze Gefühlslage durch die sehr positive innere Gestimmtheit gekennzeichnet sein, sich in das Unvermeidliche zu schicken, den Grund für „Schicksal" in der eigenen Seele zu suchen. Unter dieser Direktion ist Zuversicht möglich, werden Gefühle relativiert und realistisch betrachtet, spricht Vernunft mit, bei Herzensdingen ist oft eine Verbindung mit Altersunterschied begünstigt. Oder es können finanzielle Geschäfte gestartet werden, und es erweist sich der Geborene treu, verläßlich und moralisch. Bitte Hinweis auf die Häuserstellung S. 150 zu beachten. ♀

97 ♀ Venus im Spannungsaspekt mit ♄ Saturn

Wahrscheinlich wird die **Konjunktion** unter diesem Aspekt zutreffend erfaßt werden, wenngleich sie eine Sonderstellung einnimmt. Es muß nicht das Lebensfrohe, Heitere, Vergnügliche, das Verlangen nach Harmonie, das Venus ausdrückt, ausgesperrt sein, doch kann durch den „Sprecher" Saturn dieser Aspekt die Note des Unbefriedigtseins, der Depression, des Pessimismus, der Enttäuschung bekommen. Was warmherzig aus Seele und Gemüt fließt, kann durch Saturn sarkastisch gefärbt sein. Aber es ist bei der Konjunktion eben auch möglich, daß Venushaftes einen festen Lebensrahmen findet, daß bewußt Pflicht über Liebe gestellt wird, daß Keuschheit über das Ausleben der Sinnlichkeit siegt. In der Regel freilich wird man den Durchgang von Venus durch den saturnischen Engpaß als kritische Periode sehen müssen, wenn auch nicht im selben Maße negativ wie **D 191,** wenn die Direktion vertauschte Rollen hat.
Die kritischen Aspekte allerdings machen deutlich, daß die Botschaft des Senders Venus durch den Sprecher Saturn nur verstümmelt weitergegeben wird, was Entsagung, Trennung, Gefühlskälte, wirt-

schaftliche Verluste, Neid und Eifersucht bringen oder sich als Abschied, Trennung oder gesundheitliche Störung zeigen kann. Bitte Hinweis auf die Häuserstellung S. 150 zu beachten.

D 98 ♀ Venus harmonisch mit ⛢ Uranus

Harmonie und Affekt passen eigentlich nicht recht zusammen. Jedoch kann Liebesbegehren durch eine plötzliche Steigerung so stark werden, daß es zu Ausbruchsversuchen kommt, daß konventionelle Spielregeln nicht beachtet werden, der Native „rasend vor Glück" ist. Es ist nicht die stille neptunische Romantik, sondern der begeisternde Impuls, das originelle Verlangen, offensichtlich von einem „Zufall" gesteuert, der, wenn die Radixfigur nur kleine Hinweise gibt, ein aus dem Rahmen fallendes Geschehen möglich macht. Es betrifft die Liebe, die Partnerschaft, aber auch Kunst oder soziale Belange. Es ist die Konstellation einer unüblichen Lösung des Originellen, z. B. einer Liebe, die von dem Betroffenen ganz anders verstanden wird als seit Romeo und Julias Zeiten. Es ist auch das Glück des Augenblicks, die Verbindung zweier Menschen, die keine Vergangenheit miteinander teilen und kaum Chancen für die Zukunft haben, denen allein die Gegenwart die Erfüllung verheißt. Liebe kann ein Strohfeuer sein, heftig auflodern, ein seltsames Spiel in allen Farben, dessen Schein aber noch lange empfunden werden wird, wo doch der Schatten des Endes schon fühlbar ist. Aber diese Konstellation ermuntert, macht Mut, steigert die Sensitivität, ist ideal für Künstler und jene, die auf Inspirationen angewiesen sind.
Bitte Hinweis auf Häuserstellung S. 150 zu beachten.

D 99 ♀ Venus im Spannungsaspekt mit ⛢ Uranus

Hier wird vor allem die **Konjunktion** berücksichtigt werden müssen, weil die dadurch bedingten erotischen Spannungen zu groß sind, als daß sie im normalen Lebensablauf untergebracht werden könnten. Exzentrisches wird ausgelöst, die Übersteigerung, die Hemmungslosigkeit, das Verlangen, sich triebhaft auszuleben, sind unter diesem Aspekt zu erfassen. Es mag ein Abenteuer gelingen, mindestens in einigen Phasen, aber es wird nicht möglich sein, die heftige Erregung harmonisch ausschwingen zu lassen. So ist es ein Aspekt der Beunruhigung, der Gefahren, des Leichtsinns, der selbst Künstler, die derartige Impressionen aufnehmen und sublimieren können, überwältigen kann. Er ist typisch für Scheidungen. Bitte Hinweis auf Häuserstellung S. 150 zu beachten.

D 100 ♀ Venus harmonisch mit ♆ Neptun

Im allgemeinen paßt ein Promissor, der romantische und feinste Seelenschwingungen verstärken und weiterleiten kann, sehr gut zu Sinnenfreude, zu ästhetischen Anreizen, zu heiterer Lebendigkeit und Optimismus. Neptun gilt ja auch als höhere Oktave der Venus, was sich bei dieser Direktion bewähren wird. Je nach Radixlage wird der Venus-Anteil am Naturell des Geborenen empfindsamer sein, sich weicher, anschmiegsamer, aber auch diffuser darstellen. Liebes- und Freundschaftsverlangen kommen aus einem übervollen Herzen und bleiben nicht auf eine Person beschränkt, sondern teilen sich vielen mit. Der Aspekt hat eine karitative Note, begünstigt die Einstimmung in universale Harmonien, schafft daher Voraussetzung für religiöse Erlebnisse, läßt angerührt sein vom Schönen, Edlen und Wahren und weckt Sehnsucht danach. So kann der Native dem Zauber der Ferne erliegen, was sich lebenspraktisch als Reiselust zeigt, in jungen Jahren etwa als Begeisterung für den Zusammenschluß mit Gleichgesinnten, um Idealen zu folgen. Je nach Lebensalter und Radixgegebenheiten wird durch den Aspekt begünstigte Schwärmerei Gewicht bekommen. Die Konstellation begünstigt natürlich in erster Linie Liebe und Freundschaft, kann aber auch indirekt materiellen Bezug haben. Bitte Hinweis auf Häuserstellung S. 150 zu beachten. ♀

D 101 ♀ Venus im Spannungsaspekt mit ♆ Neptun

Bei sehr guten Radixverhältnissen kann die **Konjunktion** positiv ausfallen, aber da durch Neptun zuviel Unwägbares den Venus-Wünschen bzw. -Motiven beigefügt wird, ist die Gefahr der Täuschung oder Illusion, damit auch der Unklarheit groß. Die negativen Aspekte werden zu Lüge, Betrug, Irrtum neigen lassen, bzw. können Einbuße an gesellschaftlichem Ansehen oder eine gestörte Dynamik durch Unsicherheit in den Liebenswünschen anzeigen. Verluste bleiben nicht auf ideelle Belange beschränkt, sondern können auch zu direkter, materieller Einbuße führen. Bitte Hinweis auf Häuserstellung S. 150 zu beachten.

D 102 ♀ Venus harmonisch mit ♇ Pluto

Der Signifikator Venus erreicht einen Punkt, der zarte Empfindungen, innerliche Bewegtheit sich kräftig und nachhaltig äußern läßt, was bis zu Forderungen an das Schicksal gehen kann oder deren Erfüllung durch Schicksalhaftes möglich macht. Triebhaftes ist gesteigert, und erotische Vorstellungen bestimmen die Handlungsweise, Partnererlebnisse werden intensiver empfunden, weil vernünftige Überlegungen weitgehend ausgeschaltet sind. Im positiven Sinne kann sich der Native einer gewissen Erotisierung seiner Lebensprozesse nicht entziehen und will sich ihnen auch gar nicht entgegenstellen, sondern sucht sie im Gegenteil noch herbeizuführen. Bitte Hinweis auf Häuserstellung S. 150 zu beachten.

D 103 ♀ Venus im Spannungsaspekt mit ♇ Pluto

Aus erotischer Spannung wird Überspannung, die Orientierung nach einem bestimmten Liebespartner ist zu einseitig, läßt Vorsicht und Konvention unbeachtet, was im Falle sehr kritischer Aspekte, wozu die **Konjunktion** zählen kann, die schicksalhafte Bindung an den Partner bedeutet, hier aber zu einem tragischen Ausgang führen kann. Es ist ein Aspekt des Übermaßes bzw. der Trennung. Bitte Hinweis auf Häuserstellung S. 150 zu beachten.

D 104 ♀ Venus harmonisch mit ☊ Mondknoten

Vor allem die **Konjunktion** begünstigt Kontaktbemühungen aller Art, Zusammenarbeit und kann den einzelnen aus einem Lebensabschnitt der Isolation herausführen. Die Zielrichtung ergibt sich aus der Hausstellung, denn die Direktion besagt zunächst ja nichts anderes, als daß das Bedürfnis nach harmonischer Äußerung der Ich-Kräfte deutlich geäußert wird und daß darauf von den anderen eine positive Reaktion erwartet wird, für die die geeignete Aufnahmefähigkeit vorliegt, also Bereitschaft zur Anpassung, zum Zusammenwirken, zur Gemeinsamkeit. Bitte Hinweis auf Häuserstellung S. 150 zu beachten.

D 105 ♀ Venus im Spannungsaspekt mit ☊ Mondknoten

Unter dieser Konstellation wird es schwerfallen, eine Liebes- oder Freundschaftsbeziehung zu intensivieren, berufliche Kontakte aufzunehmen oder zu verstärken, bzw. in einem Arbeitsteam größere Leistungen zu erzielen. Vor allem die Opposition kann eher eine Abwehrhaltung ausdrücken, die auf eine trotzige innere Reaktion zurückzuführen ist. Damit drückt der Aspekt so ziemlich das Gegenteil von **D 104** aus. Die Störungen sind vorwiegend nach der Häuserstellung zu bestimmen. Vgl. S. 302.

D 106 ♀ Venus harmonisch mit Asz ♀

Die **Konjunktion** ist die herausgehobene Konstellation. Die positive Erwartungshaltung im Hinblick auf Harmonie, Liebe, Zweisamkeit, aber auch auf finanzielle Besserstellung, die je nach charakterlicher Grundlage ausschlaggebend für die Vorbedingungen dazu ist, sind zu kombinieren mit den Aussagen, die der Asz Radix erlaubt. Die Direktion ist gewissermaßen so zu beurteilen, als stünde im Radix Venus unmittelbar am Asz. Aber die Auswirkung wird modifiziert sein gemäß der tatsächlichen Radixposition bzw. nach der Aspektlage. Diese Konstellation muß wohl eher psychologisch verstanden werden, als im Sinne der Tradition ereignishaft. Dessen ungeachtet, kann diese Direktion Gesundheit oder Gesundung anzeigen, ideale innere Voraussetzungen für eine Partnerbeziehung schaffen und damit zum Heiratsaspekt werden, können Herzenswünsche sich aufs schönste erfüllen. Wesentlich freilich erscheint, daß die Äußerung intimer Wünsche und des Harmonieverlangens in dem Maße erfolgt, das dem persönlichen Auftreten des Geborenen entspricht. Daher wird vor allem der direkte Übergang die gegebene Radix-Asz-Lage milder, optimistischer, positiver beurteilen lassen und die dort angezeigten Kräfte der Persönlichkeit bestens zur Geltung bringen.
Die **Opposition** ist im Hinblick auf Ehe und Öffentlichkeit sehr günstig zu beurteilen und hat stark verbindenden Charakter. Neigt der Geborene zu einer altruistischen Einstellung, können sogar Belange des Ich zugunsten des Du, der anderen, vernachlässigt werden.

D 107 ♀ Venus im Spannungsaspekt mit Asz

Die Einpassung in die sozialen Verhältnisse gelingt nicht recht. Es gibt Schwierigkeiten mit der Umwelt, gesundheitliche Störungen oder leichtsinniges Verhalten, das allerdings auch im Falle einer Opposition zu beobachten sein wird.

D 108 ♀ Venus harmonisch mit MCB

Für einen Künstler oder eine im sözialen Leben tätige Person kann diese Direktion der Durchbruch sein, öffentliche Anerkennung, gesellschaftlichen Erfolg oder einen anderen Gunstbeweis des Schicksals anzeigen. Schließlich muß man auch sehen, Daß Venus am MC überhaupt persönliche Fortschritte möglich macht oder erleichtert, bzw. günstig zur Disposition stellt. Der Nachteil: Als Oppositionsstellung zum IC können sich Spannungen im Bereich des 4. Hauses ergeben, Unzuträglichkeiten in Heim und Familie etc.

D 109/110

♀ Venus im Spannungsaspekt mit MC

Die Direktion drückt unangepaßtes Verhalten aus, das sich sowohl im Beruf zeigt, etwa bei Aufgaben, denen der Mensch sich aus innerem Antrieb stellt, als auch familiär, bzw. wo er sich ,,beheimatet" fühlt. Die Konjunktion mit dem IC, zugleich die Oppositionsstellung zum MC, gibt Belangen der Tradition, der Bindung an Heim und Familie den Vorzug gegenüber beruflicher Mobilität oder was die soziale Stellung angeht. Ein ,,schlechter Aspekt" ist diese Konjunktion indessen nicht.

Mars als Signifikator

Energie, Wille und die ganz persönlich geprägte Form „aktiv“ zu sein, wie es speziell triebhaft geschieht, nimmt bei dieser Direktion eine bevorzugte Stellung ein. Besonders die gravierenden Direktionen können als Einschnitte in die Lebensbahn recht markant ausfallen. Je nach Art des Promissors werden sich Triebe und Drang äußern, wobei allerdings die Direktion nicht mehr hergeben kann, als das Radix enthält. Ein schwacher Mars der Geburtsfigur kann den Nativen nicht zum abenteuerlustigen Himmelsstürmer umformen, sondern wird allenfalls sein Selbstbewußtsein stärken. Ein kühner und mutiger Charakter, stets auf Angriff aus, kann durch eine an sich positive Mars-Direktion zu waghalsigen Risiken verleitet werden. Andererseits wird er Lebensperioden, die direktionär schwach belegt sind, auch aktiver überstehen. Gerade am Beispiel Mars, dessen „Wirkungen“ ja immer direkt sind, läßt sich ablesen, wie intensiv Direktionen veranschlagt werden dürfen. Es ist empfehlenswert, anstatt sogleich Direktionen für die Prognosen auszurechnen, zunächst einmal für eine vergangene Lebensperiode die Probe aufs Exempel zu machen, um herauszufinden, wie ergiebig Mars-Direktionen im Falle des Geborenen sein können.

„Mars“ will die Tat, setzt Gewalt gegen Vernunft, Direktheit gegen Diplomatie, Wagnis gegen Vorsicht. Und doch sind die marsischen Strukturen einer Persönlichkeit nur Teil eines Ganzen, weshalb Aspektverbindungen im Radix ebenso zu beachten sind wie die kosmische Stellung, also in den Zeichen.

D 111 ♂ Mars harmonisch mit ☉ Sonne

Diese Mars-Direktion beendet eine Periode der Gleichgültigkeit, bietet Ermunterung oder Tatanreiz, schafft ein mehr oder weniger positives Reizklima, wie es eine gespannte Grundsituation bringt. Damit aber wird der Mensch frei, reagiert gemäß seiner individuellen Veranlagung lebhafter und rascher, streift Schwerfälligkeit wie auch Vorsicht oder Entschlußlosigkeit ab, wenn diese vorgegeben sind. Es ist ein Jahr, in dem der Geborene viel leisten kann, sei es körperlich oder daß er geistig und seelisch zupackender wird. Sensibilität kann der Dynamik geopfert werden, denn es gilt Hindernisse zu nehmen und Widerstand zu überwinden. So ist diese Mars-Direktion ein Hinweis auf Vitalität, auf Ehrgeiz und Durchsetzungsfähigkeit, wodurch die eigene Position verbessert wird. Welches Sachgebiet im einzelnen betroffen ist, hängt von den Umständen ab. Der Sportler hat ein Jahr der Triumphe vor sich, der zögernde Liebhaber profiliert sich beim anderen Geschlecht, der in einem Abhängigkeitsverhältnis lebende Angestellte übernimmt Verantwortung oder setzt sich im Kreis der Kollegen bzw. gegenüber Vorgesetzten durch, das ganze Leben bekommt Farbe. Es ist ein „männlicher" Aspekt, wenn man ihn im Sinne der traditionellen Rollenverteilung der Geschlechter sieht. Jedoch auch in einer weiblichen Nativität hat er Gewicht, denn Partnerangelegenheiten können direkter anfangen, nach Dominierung kann gestrebt werden und sich eine richtig verstandene Emanzipierung nützlich erweisen.

Wache Sinne, gute Beobachtungsgabe und Dynamik können auch materiell ansetzen und zu einer durchgreifenden Besserung der Lebensumstände führen. Vor allem aber wird die kämpferische Einstellung, je nach dem Grundcharakter, dort zur Geltung kommen, wo der Geborene „Held" sein muß oder möchte. Bitte Hinweis auf Häuserstellung S. 150 zu beachten.

D 112 ♂ Mars im Spannungsaspekt mit ☉ Sonne

„Marsisches" ist zwar ein Teil der Gesamtpersönlichkeit, doch in diese naturgemäß nicht immer harmonisch integriert. Unausgewogene Charaktere werden unter einer solchen Direktion entweder zu sehr von Leidenschaften getrieben oder neigen zu Überreaktion, bzw. versuchen triebhaftes Verlangen durchzusetzen. In diesem Lebensabschnitt spielen Aggressionen eine Rolle, ebenso unüberlegte Initiative und Überforderung, was zu Sympathieverlust führt und Konfliktmöglichkeiten bringt, die bis zur Scheidung gehen. Der marsischen Natur entsprechen Fieber, akute Krankheit, Entzündung oder Operationsneigung.

In der Partnerschaft mangelt es an Flexibilität, vor allem bei egoistischen Naturen. Der eigene Standpunkt will unter allen Umständen durchgesetzt werden, was der Harmonie im Arbeitsteam ebenso schädlich ist wie der Zweisamkeit. Eine sexuelle Beziehung erweist sich als Abenteuer, kann zwar leidenschaftlich sein, ist aber kaum von Dauer. In passiver Hinsicht kann Eifersucht übermäßig werden.

Der Mut zum Wagnis wird zum Übermut, die rasche Entscheidung zu Voreiligkeit, so daß materielle Einbußen recht beträchtlich und selbstverschuldet sein werden. ♂

Auch beruflich fehlt es am Augenmaß und an der Fähigkeit sich anzupassen, Disziplin zu halten und zurückzustecken. Das Ergebnis kann Kündigung oder Sturz sein. Siehe auch Häuserstellung S. 150.

☽ 113 ♂ Mars in Konjunktion mit ⊙ Sonne

Die Direktion ist kritisch zu beurteilen, da selbst bei einer harmonischen Radixverbindung die Stoßrichtung der Dynamik das eigene Ich ist, das überstrapaziert wird. Es zeigt sich eine ausgesprochene „Unfall"-Tendenz. Auch hier ist die Hausstellung der Sonne zu beachten, denn damit dürfte jenes Lebensgebiet umrissen werden, das ein Schwerpunkt des Horoskops ist.

☽ 114 ♂ Mars harmonisch mit ☽ Mond

Der Ängstliche wird schwach, der Feige mutig, der Charmeur zu direkteren Unternehmungen angestachelt. Das Grundhoroskop läßt erkennen, wie weit „Mond" einen dynamischen Anstoß verträgt, der Verkrampfung lösen kann, Konventionen gering achtet und triebhaft stärker erregt.

Partnerschaftlich wird Liebesbegehren die Folge sein, brechen erotische Wünsche auf und zeigen sich als sexuelles Verlangen, doch ist auch allgemein eine Neigung zu Wechsel und zu neuen Erlebnissen oft die Folge. Bei Frauen ist es ein Aspekt der Hingabe und begünstigt Konzeption bzw. Mutterschaft.

Der marsische Impuls kann den Ausschlag für Wechsel und Veränderung geben, die sich materiell manifestieren. So wird jede Art von Neubeginn ermöglicht, sei es privat, beruflich, finanziell oder sogar technisch.
Was den Lebensbereich anbetrifft, in dem sich die Konstellation auswirken dürfte, lesen Sie bitte auf S. 302 über die grundsätzliche Bedeutung der einzelnen Häuser nach.
Besonders wenn die Konstellation auf Ecken des Horoskops Bezug nimmt, sei es auf Asz-Desz, auf MC oder IC, wird ein deutlicher Effekt zu spüren sein, der nicht nur an die Bedeutung der Häuser Nr. 1, 4, 7 und 10 anknüpft, sondern rein Persönliches betreffen kann.

D 115 ♂ Mars im Spannungsaspekt mit ☽ Mond

In erster Linie ist hier an die Konjunktion zu denken, denn marsische Affekte stören die Psyche. Labile Personen können aus dem Geleise geworfen werden, innere Unruhe verhindert den Genuß dessen, was stilles Glück bedeutet. Aufgeregtheit schlägt auf den Magen, bzw. kann die Drüsenfunktion beeinträchtigen oder in den weiblichen Sexualorganen Störungen auslösen.
Für Partnerschaften sind die Voraussetzungen unter dieser Direktion schlecht. Vorurteil, Eifersucht, unangepaßtes und ungeschicktes Verhalten, eine zu drängende und fordernde Einstellung machen es unmöglich, dem Partner das von ihm erhoffte Verständnis entgegenzubringen. Bewußt oder unbewußt mag damit der Native seinen eigenen Interessen zuwider handeln. Konflikte können bis zur Scheidung gehen.
Unter dieser Direktion sollte kein Wechsel bzw. keine Veränderung vorgenommen werden. Es ist nicht der Zeitpunkt, in eine neue Situation einzusteigen, Dinge ins Rollen zu bringen, etwa im Sinne einer Weichenstellung für später. Der Anstoß wäre zu heftig, die Reaktion überzogen.
Bitte Hinweis auf Häuserstellung S. 150 zu beachten.

D 116 ♂ Mars harmonisch mit ☿ Merkur

Der Tatanreiz setzt an, wo Beobachtung, Denken oder Vermittlungstätigkeit den Einsatz erfordern. Energie wird situationsgerecht angewendet, es kann eine Chance wahrgenommen werden, weil es dem

Nativen gelingt, sich unmittelbar auf die Lösung eines Projekts zu konzentrieren. Eine vorwiegend sachlich orientierte Partnerschaft kann unter der Voraussetzung gelingen, daß der Native die Richtung angibt und an die Schalthebel gelangt. Es ist auch möglich, andere für die eigenen Interessen einzusetzen, doch ist es wesentlich ein Aspekt, der den Alleingang begünstigt. Schlagfertiges und elastisches Handeln führen zu materiellen Erfolgen, die weniger lange geplant als vielmehr ohne Umschweife angegangen werden. Die geistige Beweglichkeit macht es möglich, sich in neue Studiengebiete rasch einzuarbeiten, Wesentliches vom Unwesentlichen zu trennen und ökonomischen Gesichtspunkten einen Vorrang einzuräumen; instinktiv wird die richtige Lösung gefunden. Der stoßweise Einsatz der Energie kann beruflich oder wenn es darum geht, sich sozial Geltung zu verschaffen, zu einer überraschenden Anerkennung führen. Bitte Hinweis auf Häuserstellung S. 150 zu beachten.

D 117 ♂ Mars im Spannungsaspekt mit ☿ Merkur

Initiative wird zu Voreiligkeit, Leistung zu Überanstrengung, Beweglichkeit schießt über das Ziel hinaus. Verluste ergeben sich demnach da, wo der Energieeinsatz konstant sein müßte und wo der Wille nicht rasch erlahmen darf, wo Unruhe und Reizbarkeit zu vermeiden sind. Unter diesem Aspekt können gesundheitliche Störungen vorliegen, weil der Native nervös ist.

Geschäftliche Partnerbeziehungen laufen nicht störungsfrei ab, Meinungsverschiedenheiten führen zu Streit und zum Abbruch einer Beziehung.

Materiell kann ein Plan durchkreuzt werden, vor allem weil Merkurisches sich als verletzlich erweist, also falsche kaufmännische Reaktion, plötzliches Versagen bei einer Prüfung, Verlust, der rasch einsetzt.

Bitte Hinweis auf Häuserstellung S. 150 zu beachten.

D 118 ♂ Mars in Konjunktion mit ☿ Merkur

Bei entsprechender Radixlage kann der direkte Übergang sehr wohl den triumphalen Sieg bedeuten. Aber eher wird man eine zu starke Reizung dessen annehmen müssen, was Merkur in der Geburtskonstellation aussagt. Deshalb ist die Häuserstellung bedeutsam.

D 119 ♂ Mars harmonisch mit ♀ Venus

In manchem läßt sich die Konstellation mit **D 92** vergleichen. In das Leben kommt Farbe, der Native taut auf, will und kann intensiver genießen, wird in seinem Liebesverlangen angeregt und damit sinnlicher und leidenschaftlicher. In den Stufenjahren des Lebens, wenn Partnerschaftliches eine besondere Rolle spielt, kann diese Konstellation zum Eheschluß führen. Die Verbindung zum anderen Geschlecht wird intensiviert, wobei z. B. der Künstler kreativ angeregt wird. Ganz allgemein begünstigt diese Konstellation das Aufnehmen von Partnerkontakten, Wünschen und Fähigkeiten, erotisches Verlangen auszuleben. Mit Geld und Gut wird großzügig umgegangen, Vergnügen, gesellschaftliche Betätigung und Hobby, eine bewußte Freizeitgestaltung, die großzügig gehandhabt wird, können in den Mittelpunkt der Interessen treten. Beruflich wird innere Gelöstheit ebenso von Vorteil sein wie Straffung der Sinne, Lebensfreude und Optimismus. Voraussetzung ist allerdings, daß der Beruf mit ,,Venus" zu tun hat. Bitte Hinweis auf Häuserstellung S. 150 zu beachten.

D 120 ♂ Mars im Spannungsaspekt mit ♀ Venus

Wenn die Geburtsfigur inneren Zwiespalt signalisiert, kann jetzt jene Periode sein, in der zu locker und zu unbekümmert sexuellen Anreizen nachgegeben wird, wobei außer acht bleibt, was Moral, Erziehung oder Konvention als Rücksichtnahme erfordern. Die Konstellation ist Kennzeichen einer übereilten Liebesverbindung, kann Eifersucht, Skandal, Untreue und Trennung umfassen. Gesundheitlich sind Nieren oder Blasenfunktion sowie Drüsentätigkeit störanfällig. Leichtsinn macht sich auch dort bemerkbar, wo es um Geld geht oder wo es für Vergnügen ausgegeben wird. Pflichten werden gegenüber dem Hobby vernachlässigt, das ,,schöne Leben" fordert seinen Tribut.

Für Angehörige sozialer Berufe kann der kritische Aspekt eine beträchtliche Störung bringen, der Künstler aber vermag daraus evtl. Nutzen zu ziehen. Beruflich zahlt es sich nicht aus, zu spekulieren und sich gehen- bzw. ablenken zu lassen. Eine Zeit der Unlust zur Arbeit. Wenn auch die vorwiegende Wirkungsebene des Aspekts die Zweierbeziehung ist, kann die Stellung nach den Häusern doch auch andere Faktoren ins Spiel bringen. Beachten Sie dazu bitte den Hinweis auf S. 150.

D 121 ♂ Mars in Konjunktion mit ♀ Venus

Auch bei einem positiven Radixaspekt wird die **Konjunktion** sich als zu stark erweisen und damit negativ zu beurteilen sein.

D 122 ♂ Mars harmonisch mit ♂ Mars

Im Rahmen der Veranlagung, die sich aus der Geburtsfigur ablesen läßt, erfolgt eine stärkere Hinwendung zur Impulsivität, so daß Widerstände spontan besiegt werden und plötzliche Energieleistungen zustande kommen können. Der Geborene will und kann etwas leisten, was je nach Lebenssituation zu einer Veränderung der Milieuumstände wie auch persönlicher Beziehungen führen wird. Kämpferisches, entschlossenes und leidenschaftliches Verhalten erlaubt die „Eroberung“ eines Partners. Sexuelle Anreize betreffen den Intimbereich. Im Rahmen sachlicher Beziehung wird die Führung im Arbeitsteam, in der Gruppe oder gegenüber dem Geschäftspartner angestrebt.

Das entschlossene Zupacken kann materielle Chancen wahrnehmen lassen, wobei die Neigung vorliegt, die Ellenbogen zu gebrauchen. Wie weit Führungsqualitäten jetzt beruflich respektiert werden, bzw. zur Realisierung kommen, muß die Geburtsfigur klären. Bitte Hinweis auf Häuserstellung S. 150 zu beachten.

D 123 ♂ Mars im Spannungsaspekt mit ♂ Mars

In einer Zeit, in der die Wesenszüge härter werden, Anpassung erschwert ist und Dynamik sich nicht nach den vorhandenen Möglichkeiten orientiert, z. T. auch nur Selbstzweck ist, kann Expansion nicht gelingen. Affekte peitschen den Willen auf. Es fehlt an der Kontrolle durch die Vernunft und durch das Gefühl, so daß das Geltungsstreben in Streß oder Vergeudung von Kräften mündet. Gesundheitlich entsprechen dieser Direktion Entzündung, Fieber, Unfall- oder Operationsgefahr. Partnerschaftlich ist ein gestörtes Verhältnis zu anderen gegeben, sind Forderungen unannehmbar oder mangelt es an Takt und Nachsicht. In der erotischen Zweierbeziehung kann eine Instinktbeirrung die Wahl des „richtigen“ Partners beeinträchtigen. Zu sehr stehen sexuelle Wünsche im Vordergrund. Bitte Hinweis auf Häuserstellung S. 150 zu beachten.

D 124 ♂ Mars in Konjunktion mit ♂ Mars

Wird nach Rückläufigkeit Mars im direkten Gang den Radixort überschreiten, kann dies einen starken Einschnitt im Leben markieren. Blockierte Kräfte werden freigesetzt, es gelingt ein Durchbruch. Andererseits aber wird der Grundzug des Charakters, soweit er von marsischen Konstellationen abhängig ist, stärker schicksalsbestimmend sein. Daher ist die Position, die Mars im Radix nach den Häusern einnimmt, auch die bevorzugte Ereignisebene, die in dieser Lebensperiode eine Rolle spielt.

D 125 ♂ Mars harmonisch mit ♃ Jupiter

Ob die *Konjunktion* positiv zu beurteilen ist, wird von den Umständen des Einzelfalles abhängen. Sicher gewinnt Mars hier für seine Aktivitäten, also für Wille, Trieb, Leistung und Dynamik einen vorzüglichen Interpreten. Das wird Zuwachs an Vitalität und Potenz bringen, den Lebensstrom verbreitern und es möglich machen, Fortschritte zu erzielen. Eine positive Mars-Jupiter-Direktion bessert die Gesundheit und verstärkt die Lebensfreude. Wer Optimismus ausstrahlt, kann auf ein Echo hoffen. Im Triebhaften kommt es vom anderen Geschlecht, so daß unter dieser Direktion Kontakte realisiert werden, die sich gemäß der Symbolik Jupiters auch legalisieren lassen. Da, wo Tat und Erfolg gefragt sind, vorzugsweise im Geschäftsleben oder wo es darum geht, zu Macht und Einfluß zu kommen, wird der Native entscheidungsbereit sein, plötzlich seine Chance sehen und sich mit allem Einsatz seiner Kräfte in die Bresche werfen.

D 126 ♂ Mars im Spannungsaspekt mit ♃ Jupiter

Im Falle einer **Konjunktion** kann auch **D 125** berücksichtigt werden. Wenn Mars Jupiter angreift, wenn dieser Absichten und Tat der Umwelt nicht richtig verdeutlicht und nicht jenes Quentchen Glück beisteuert, das auch der Mutige braucht, um Erfolg zu haben, verpuffen Energie, schadet der aggressive Einsatz dem Nativen mehr, als ihm zu nützen. So kann die Konstellation zu einem Ausbruchsversuch werden, der aus Abenteuerlust geboren ist, aber nicht durchhält, was die Sinne als Ziel vorgeben. Gesundheitlich drohen Überanstrengung, Diätfehler, auch durch Unmäßigkeit hervorgerufene Krankheiten der Leber.

Partnerschaftlich wird unüberlegt gehandelt, die Legalisierung einer Beziehung verhindert oder die Scheidung ausgelöst. Es ist kein Jahr, um wichtige juristische Abmachungen zu treffen.
Materiell ergibt sich Verlust durch Leichtsinn oder durch mutwillige Spekulation bzw. aggressives Verhalten. Dadurch kann eine harmonische Entwicklung abrupt unterbrochen werden. Wer zu Widerspruch neigt, wird unter dieser Direktion Streit mit Vorgesetzten bekommen, bzw. sich selbst unter Spannungsdruck setzen, der die sozialen Beziehungen verschärft. Es ist keine Zeit, nach Geltung zu streben oder um Ehrgeiz zu verwirklichen. Eine Kraftprobe indessen ist kaum auszuschließen.
Bitte Hinweis auf Häuserstellung S. 150 zu beachten.

D 127 ♂ Mars harmonisch mit ♄ Saturn

Auch wenn man von der Terminologie der Alten abrückt und beide Planeten nicht als „das kleine und das große Unglück" betrachtet, wird selbst in positiven Direktionen der kalte, vorsichtige, auf Konzentration bedachte Saturn nur sehr bedingt ein Interessenvertreter des hitzigen, impulsiven, abenteuerlichen Mars sein können. Immerhin darf man erwarten, daß die Lebensperiode für den Geborenen eine bessere Fähigkeit zur Selbstbehauptung bringt, daß Willensleistungen nicht nur auf kurze Zeit begrenzt sind, sondern daß Anstrengungen sich über eine längere Zeit hin durchhalten lassen. Das Wesentliche ist wichtig, dort wird angesetzt. Daher kann ein marsischer „Stoß" sehr viel erreichen, wenn er auch einspurig abläuft und äußere Umstände gering achtet.
Der Tenor der Konstellation heißt Härte und Durchsetzung, was im Rahmen einer Arbeitsgemeinschaft möglich sein wird, in einer auf Liebe und Zuneigung gegründeten Verbindung aber fehl am Platze wäre. Materiell kann die außergewöhnliche Anstrengung sich lohnen. Aber Grund und Boden, fester Besitz oder dauerhafte Anliegen, die unter Saturn begriffen werden, bedürfen mehr als einer gewaltigen Initiative, die früher erlahmt, als es von der Sache her erforderlich wäre. Immerhin wird sich Stehvermögen zeigen, Aktionsbereitschaft, die das Arbeitsverhalten konstruktiv beeinflußt. Fortschritte ergeben sich gemäß der Häuserstellung. Lesen Sie bitte auf S. 302 über deren grundsätzliche Bedeutung nach.

Besonders wenn die Konstellation auf Ecken des Horoskops Bezug nimmt, sei es auf Asz-Desz, auf MC oder IC, wird ein deutlicher Effekt zu spüren sein.

D 128 ♂ Mars im Spannungsaspekt mit ♄ Saturn

In erster Linie muß man an Charakterfehler denken, etwa Sarkasmus, Gewalttätigkeit, Bosheit, aber auch an fehlgeleitete Dynamik, die Pech oder Unglück zur Folge hat. Gesundheitlich kann eine Überbeanspruchung der Kräfte ebenso Probleme bringen wie Gewalteinwirkung.

Muß der Aspekt auf die Partnerschaft bezogen werden, lautet die traditionelle Aussage: Trennung oder Trauer, Verlust, Isolierung. Im Geschäftsleben können unter dieser Direktion keine Gewinne erwartet werden. Der Umgang mit anderen gestaltet sich schwierig. Es ist eine Lebensperiode, in der man kurztreten muß, die Fehler für falsches Verhalten bei sich selbst suchen und Trotzreaktionen möglichst vermeiden sollte.

Bitte Hinweis auf Häuserstellung S. 150 zu beachten.

D 129 ♂ Mars in Konjunktion mit ♄ Saturn

Zwar können bei positiver Verbindung beider Gestirne gewaltige Anstrengungen geleistet werden, doch wird die Direktion weitaus in den meisten Fällen als sehr kritisch zu beurteilen sein.

D 130 ♂ Mars harmonisch mit ♅ Uranus

Die positiven Aspekte gleichen Transmissionsriemen, die Wille, Trieb, Dynamik, Uranisches ankurbeln. Was dann abläuft, kann ungewöhnliche Sprunghaftigkeit oder exaltiertes Verhalten sein, eine erhöhte Schaffenskraft, aber auch den Mut zu ungewöhnlichem Verhalten bedeuten, etwa zu einer Aussteigesituation, weil das Abenteuer lockt. Risiken werden gering geachtet, Konventionen überrannt, Grenzpfähle niedergelegt. Die Folge wird eine Schockwirkung auf die Umwelt sein, für den Betroffenen selbst ein Überraschungssieg. Sind harmonische Transite Auslöser, dann gelingen auch ungewöhnliche Aktionen, die Kraft brauchen, schnell erledigt werden müssen oder Studien, die in die Tiefe gehen.

Bitte Hinweis auf Häuserstellung S. 150 zu beachten.

D 131 ♂ Mars im Spannungsaspekt mit ♅ Uranus

In erster Linie wird hier die Konjunktion jener Aspekt sein, bei der ein stoßweiser Energieaufwand bei falschen oder einseitigen Vorbedingungen ansetzt, eine fixe Idee betrifft oder eine Unfall- bzw. Katastrophensituation schaffen kann. Kraftakte führen allenfalls zu einer Zerreißprobe, Streß kann gesundheitlich nerven. Vom Hexenschuß bis zur Verletzung oder der Gefahr eines operativen Eingriffs spannt sich der Bogen möglicher körperlicher Konsequenzen. Partnerschaftlich werden Auseinandersetzungen provoziert, die leicht zu Bruch oder Trennung führen. Materiell spricht die Konstellation für eine Durchkreuzung von Plänen, für Fehlleistungen oder plötzliche Verluste, für Gefahren aus dem Bereich der Technik, des Versagens von Maschinen, besonders aber auch ultramoderner Geräte, etwa Elektronik. ♂

Im normalen Berufsleben ist diese Konstellation kaum unterzubringen. Reformeifer bricht sich an Hindernissen, Kontakte scheitern am plötzlichen Widerstand oder am eigenen Fehlverhalten.

Bitte Hinweis auf Häuserstellung S. 150 zu beachten.

D 132 ♂ Mars harmonisch mit ♆ Neptun

Für den aktiven, auf konkrete Tat hinsteuernden impulsiven Mars ist Neptun, Symbol des Feingeistigen, des Mystischen, der Phantasie und Intuition, ein wenig passender Transformator zur Wirklichkeit. Marsische Anregungen werden daher vor allem seelisch empfunden, können Phantasie zu „Leistung" bringen, sofern diese auf Verinnerlichung zielt oder auf Hereinnahme dessen, was „fern liegt". Der Drang in die Ferne kann sich praktisch als Reiselust zeigen, die weniger von romantischer Sehnsucht als von Notwendigkeit bestimmt ist. Die feine neptunische Membrane ist für marsische Aktivitäten zu empfindlich. Sie gibt zu laut wieder, was nur ansatzweise als Stoß gedacht ist. Aber im Hinblick auf Kontakte kann eine Vertiefung möglich werden, vor allem wenn es sich um neptunische Personengruppen handelt, also Ausländer oder Personen, die mit Okkultem befaßt sind. Eine Verbesserung der materiellen Situation ist kaum zu erwarten. Jedoch könnte ein rascher Entschluß evtl. von Drogen unabhängig machen, von Süchtigkeit befreien und damit auch ein positives Verhältnis zu Psychopharmakas bringen.

Beruflich mag die Konstellation größere Zusammenhänge überblikken lassen, auch die Einführung in schwierige Sachverhalte begünstigen. Sie kann künstlerischer Kreativität zum Durchbruch verhelfen. Bitte Hinweis auf Häuserstellung S. 150 zu beachten.

D 133 ♂ Mars im Spannungsaspekt mit ♆ Neptun

Aggression, Umpuls, das Aufputschen aller Kräfte gehen ins Leere. Neptun erweist sich als ungeeigneter Promissor, Marsisches zu fördern. Es wird die direkte Absicht umgebogen zu Schwäche, zu Betrug, Mars entpuppt sich als der listige, verschlagene ,,Bösewicht" der Alten, der Gift in offene Wunden träufelt. Praktisch zeigt sich der Effekt als Belastung des Gemüts, als gesundheitliche Schwäche, als Mißerfolg, weil Minderwertigkeitsgefühle aufkommen. Es wächst die Gefahr sich abzulenken, zu betäuben, drogenabhängig oder süchtig zu werden. Partnerschaftlich wird aus einer offenen Sache ein Geheimnis gemacht, werden Seitenwege eingeschlagen, wird mit Tricks gearbeitet, materiell in Träume und Illusionen ausgewichen. In dieser Zeit gelingt auch der berufliche Aufstieg selten. Eher ist es möglich, durch Nachrede zu verlieren und sich durch Mangel an Anpassung innerhalb des sozialen Umfelds zu schaden.
Bitte Hinweis auf Häuserstellung S. 150 zu beachten.

D 134 ♂ Mars in Konjunktion mit ♆ Neptun

Die Konjunktion wird allenfalls Scheinerfolge zulassen, doch ist zuviel Unbewußtes, Unterschwelliges, sind Geheimnisse und Fußangeln zu überwinden, als daß der Erfolg greifbar würde. Man muß vor allem die Auslegung **D 133** ins Auge fassen.

D 135 ♂ Mars harmonisch mit ♇ Pluto

Vitalität, Wille, Dynamik haben Aussicht auf außergewöhnlichen Erfolg. Das Verhalten ist einseitig, was jedoch der Schlagkraft dienlich ist. Zwar kann Streßsituation belasten, aber auch aus unerwünschten Zwängen herausführen. Fleiß und Aktivität sind Grundlage für sachliche Partnerbeziehung, erotische Zweisamkeit steht unter dem Zeichen aggressiver Sexualität. Beruflich bringt Eifer voran, doch wird das Ausmaß des Einsatzes zu wenig oder nicht gerecht gewürdigt. Man beachte die evtl. gegebene Radixverbindung der Planeten.

Da, wo es auf Kraft und Mut ankommt, etwa im Sport, winken Siege.
Bitte Hinweis auf Häuserstellung S. 150 zu beachten.

D 136 ♂ Mars im Spannungsaspekt mit ♇ Pluto

Überenergie, allzu triebhaftes Verlangen, das in sexueller Hinsicht als Gier zu bezeichnen ist oder der unbedachte Griff zur Macht, haben noch selten gut getan. So gibt es Gefahren durch Gewalt, durch eigenes Verschulden. Der Native isoliert sich, wird, wenn das Radixhoroskop Hinweise dazu gibt, zum Abenteurer, der aus purer Lust an der Zerstörung handeln kann.
Bitte Hinweis auf Häuserstellung S. 150 zu beachten.

D 137 ♂ Mars in Konjunktion mit ♇ Pluto

Eine harmonische Radixverbindung kann allenfalls mindern, aber den kritischen Charakter der Konstellation nicht verändern. Eine Trennung wird möglich, auch höhere Gewalt oder fanatisches Festhalten an bestimmten Zielen. Die Häuserstellung wird den Schwerpunkt möglicher negativer Entwicklungen verdeutlichen.

D 138 ♂ Mars harmonisch mit ☊ Mondknoten

Es wird möglich, sich innerhalb eines Teams durchzusetzen, zur Führung zu gelangen und intensive bzw. intime Beziehungen zum anderen Geschlecht zu knüpfen. Alle Energie richtet sich sozusagen auf die Eroberung des Partners. Wieweit dieser geachtet und als gleichrangig angesehen wird, wie sehr man ihm freundschaftlich begegnet oder ihm Gutes will, das muß aus der Radixkonstellation bzw. dem Vergleichshoroskop ersehen werden. Daher ist die Häuserstellung wichtig, über deren grundsätzliche Bedeutung Sie bitte auf S. 302 nachlesen.

D 139 ♂ Mars im Spannungsaspekt mit ☊ Mondknoten

Vor allem wird die **Konjunktion** Störungen im Zusammenleben, in der Zusammenarbeit oder in der Zweisamkeit bringen. So ist im fraglichen Zeitraum dieser Direktion die Chance gering, bestimmte Verbindungen auf die Beine zu stellen oder mit der Hilfe anderer zu rechnen. Eher fühlt man sich im Stich gelassen und neigt zur Trennung. Auf welchen Gebieten das der Fall ist, zeigt die Beteiligung der

Direktion an der Häuserstellung, über deren grundsätzliche Bedeutung Sie auf S. 302 nachlesen können.

D 140 ♂ Mars harmonisch mit Asz

Diese Konstellation wirkt insofern lebenserleichternd, als nun der Native sozusagen hundertprozentig hinter seinen Aktionen steht. Klarheit über die Motivation des eigenen Vorgehens, Einsatz von Willen und Zielstrebigkeit, Einflußnahme auf das Milieu sind anzunehmen. Der Native verschafft sich Respekt, weil seine Persönlichkeit geschlossen wirkt. Die Gesundheit kann sich unter diesem Aspekt bessern, vor allem manuelle Behandlungsformen, z. B. Massage. Aber auch der Einfluß der Technik auf die persönlichen Lebensumstände kann fördernd sein. Sportliche Betätigung kräftigt den Körper und fördert die Beweglichkeit. Die Beziehungen zum Partner bzw. der Partnerin, zu Verwandten, Freunden oder der Öffentlichkeit, werden von einem guten und eifrigen Willen gefördert. Vor allem gelingen intime Kontakte.

D 141 ♂ Mars im Spannungsaspekt mit Asz

Die Konstellation signalisiert ein Übermaß an Willen und Dynamik, auch an Egoismus, sich die Umwelt zu unterwerfen, andere von sich abhängig zu machen, sich bei Differenzen durchzusetzen. Es besteht die Gefahr eines Unfalls, einer Verletzung oder Verwundung, einer technischen Panne, die aus der Bahn wirft.

D 142 ♂ Mars in Konjunktion mit Asz

Der direkte Übergang wird kaum als günstig anzusehen sein. Das Verhalten des Nativen ist zu radikal, zu aggressiv, zu gewaltsam, zu sehr ausgerichtet auf die Beherrschung anderer und zu wenig vorsichtig, was Schwierigkeiten angeht. Da der Aspekt gleichzeitig die **Opposition** zum Desz bedeutet, muß er als Symbol für Scheidung aufgefaßt werden.

D 143 ♂ Mars harmonisch mit MC

Sofern die Radixkonstellation sozialen Aufstieg erkennen läßt, kann dieser jetzt durch Entschlossenheit möglich werden. Sportler kommen zu Höchstleistungen, Geschäftsleute buchen rasch einen Gewinn, bzw. wird das Selbstbewußtsein den Ausschlag geben. Es stützt sich auf eigene Erfahrungen, auf das instinktive Wissen um die Erfolgsmöglichkeiten, so daß der rechte Weg zum Ziel eingeschlagen werden kann.

D 144 ♂ Mars im Spannungsaspekt mit MC

Kritisch ist vor allem die **Opposition,** die sowohl beruflich zurückwirft, aus der Höhe der sozialen Stellung herabstürzen lassen kann, bzw. die Neigung zu heftigen Differenzen in der Familie bringt. Es ist ein Trennungsaspekt, der den Nativen um eine eroberte Position bringt, die er mit falschen Mitteln zu halten versucht.

D 145 ♂ Mars in Konjunktion mit MC ♂

Für Sportler, Athleten, Techniker, für jene, bei denen Wille und Leistung, Dynamik und Triebhaftes Beziehungen zum Beruf haben, kann diese Konstellation gewissermaßen zum Supersieg führen. Aber schon bei nur geringer Verletzung der Radixkonstellation wird die negative Auslösung wahrscheinlich sein. Entscheidend sind hier die Transite, die entweder mildern und voranhelfen, bzw. den Sturz „bewirken" können. Die einseitige Orientierung zum Beruf wird oftmals durch familiäre Probleme erkauft, bzw. kann mit Sorgen um Nahestehende verbunden sein.

Jupiter als Signifikator

Man wird Jupiters Rolle wenig gerecht, würde man ihn lediglich als ,,das große Glück" apostrophieren. Das Motiv für Glück stellt aber besser das Prinzip der Ausdehnung, der Fülle dar, ist somit bzeichnend für das Lebensoptimum. Wie läßt sich in Harmonie und Ordnung verwirklichen, was ganz individuell als ,,Glück" erstrebt wird? Gesundheit, Lebensfreude, Optimismus sind nicht das Objekt oder das Ergebnis bestimmter Tätigkeiten, sondern melden in Jupiters Rolle als Signifikator selbst Wünsche an: So oder so soll sich das Gute, die Expansion, der Fortschritt, die innere Zufriedenheit realisieren.
Voraussetzung ist das Maß der individuellen ,,Glücksbegabung", abzulesen an der Stellung des Planeten im Radix. Ein Hinweis darauf ist z. B. die Konjunktion mit dem Mond oder ein Trigon zur Sonne oder die Achsenbindung an Meridian und Horizont. Ein starker, unbeschädigter Jupiter ist als gutes Omen für das ganze Leben anzusehen, weil er damit auch als Signifikator etwas bewegen kann, weil er jene Impulse abgibt, die durch die Promissoren zum Klingen kommen und den Erfolg auf bestimmte Art und Weise suchen oder gewinnen läßt und in Lebensbereichen finden lassen kann, auf die sich aus der Häuserstellung der Aspektpartner Hinweise ergeben.

D 146 ♃ Jupiter harmonisch mit ⊙ Sonne

Die Fähigkeit zum Glücklichsein, die „große Chance" (selbstverständlich im Rahmen der radikalen Gegebenheiten zu sehen!) teilt sich dem gesamten Organismus mit. Temperament, Charakter, Körper, vor allem aber der Lebensbereich, der durch die Sonnenstellung bezeichnet wird, werden zum Tätigkeitsfeld oder zum Ziel des signifikatorischen Wirkens. Selbstverständlich erweist sich die **Konjunktion** als der nachhaltigste glückliche Aspekt, der besonders dann das Lebensoptimum gewinnen läßt, wenn die Lebenszeit dazu paßt. Ein Kleinkind kann sich zwar der Gesundheit erfreuen und körperlich und geistig gedeihen, doch wird der Ertrag in der Reifezeit des Lebens vielschichtiger, sichtbarer und nachhaltiger sein. Da die Sonne als Promissor angesprochen ist, wird dies ihre Radixposition aufwerten. Das aber bringt die Chance einer Veredlung im Temperament, die Möglichkeit, im besten Sinne „der zu werden, der man ist" (nämlich von der Veranlagung her), gerecht zu denken und zu handeln, sein eigenes Leben unter das Gesetz der Ordnung zu stellen, aus Überliefertem Kraft zu schöpfen und Erfüllung durch eine Lebensaufgabe zu finden. Je nach der Position der Sonne und ihrer Radixverbindung mit Jupiter kann dem Nativen Glück „unverdient" zuteil werden oder die Frucht eifrigen Bemühens sein. Doch stets wird die Gesundheit kräftiger werden, gibt es Heilungsaussichten, ist Vitalität spürbarer und das Lebensbild der Persönlichkeit eindrucksvoller.

Wer aber in seinem Ich ruht, strahlt auch Sympathie aus. Daher wird eine solche Direktion auch den Weg zum Du finden lassen, die Legalisierung einer Beziehung fördern und die Legitimierung eines Rechtsanspruchs möglich machen. Es gedeihen familiäre Angelegenheiten ebenso wie öffentliches Wirken. Weltliches Glück ist ebenso möglich wie geistliches, denn Religiosität, Weltanschauung, eine philosophische Betrachtung des Lebens erlauben, zu gesicherten Überzeugungen zu kommen.

Ist ein materieller Bezug gegeben, können gute Geschäfte abgeschlossen werden, es winkt gegebenenfalls Spielerglück, ist soziales Prestige zu erwarten, bzw. läßt es sich besser leben, weil das persönliche Budget aufgebessert wird.

Beruflich ergeben sich Aufstiegschancen, vor allem bei Bezug zum 10. Sektor. Doch selbst wenn dieser nicht da ist, wird es gelingen,

eine neue Position anzustreben. Unterstüzung bei Behörden und sozial Höherstehenden zu finden oder den eigenen Ansichten Geltung zu verschaffen und Hoffnungen zu befriedigen.
Bitte Hinweis auf Häuserstellung S. 150 zu beachten.

D 147 ♃ **Jupiter im Spannungsaspekt mit ⊙ Sonne**

Der durchschnittliche Mensch ist in seinem Glücksverlangen unersättlich. Das beweisen u. a. die kritischen Jupiter-Sonne-Verbindungen. Signifikator Jupiter zeigt in disharmonischer Position zur Sonne an, daß überhöhte oder leichtsinnige Forderungen gestellt werden, daß die Konsequenzen des Glücksbegehrens nicht harmonischer Natur sind, sondern Schaden erwarten lassen. Gesundheitlich mag sich dies als Diätfehler äußern, als meist krankhafte Störungen, die unerwünschte Fülle bringen, evtl. auch ein derartiges Zellwachstum begünstigen. Bei diesem Aspekt fehlen Maßhalten und Selbstdisziplin. Es kann Verluste geben. Sie stammen aus Verträgen, Finanz- oder Kreditsachen, sind die Folge zu stolzen oder eitlen Auftretens, einer egoistischen und leichtfertigen Einstellung, falschen Ehrgeizes, der Rücksichtnahme auf andere vermissen läßt. So gelingt eine glückliche Partnerschaft kaum. Unter dieser Konstellation kann ein Skandal oder Prozeß erlebt werden. Materiell werden jetzt Investitionen zur Unzeit vorgenommen, kann das Ansehen durch unlautere Geschäfte leiden oder ist es nicht möglich, sich Anerkennung zu verschaffen. Es fehlt dem Nativen an Format, er verhält sich unentschlossen und selbstsüchtig.
Bitte Hinweis auf Häuserstellung S. 150 zu beachten.

D 148 ♃ **Jupiter in Konjunktion mit ⊙ Sonne**

Liegt eine kritische Radixverbindung vor, könnte bei gleichzeitig nachteiligen Transiten des Guten zuviel getan werden. Im allgemeinen aber wird **D 147** zutreffen.

D 149 ♃ **Jupiter harmonisch mit ☽ Mond**

Glücksverlangen will und kann sich lunar äußern. Das aber heißt, Expansion mit Gefühl betreiben, Erfüllung in innerer Zufriedenheit suchen, in der Partnerschaftsbegegnung, familiär, freundschaftlich und als Aussöhnung mit Gegnern. Promissor ist ja der Radix-Mond (bzw. sind es seine Aspektstellen), dessen Position wesentlich Aufschluß über die innere Struktur des Nativen liefert, seine Hoffnungen, Wünsche, Verfassung und Grad seiner Sentimentalität. Eben deshalb wird vor allem bei einer harmonischen Radixkonstellation das „innere Glück" vollkommener sein als etwa **D 146,** Jupiters Erfolgsaspekt mit der Sonne. War es dort eine alle Fasern der Persönlichkeit durchdringende Expansion, beschränkt sie sich jetzt auf den intimen Kerngehalt des Wesens, auf die Substanz, auf den Keim, auf „Herz". Wohl sind auch äußere Erfolge möglich, etwa im Sinne der Häuserstellung zu erwarten, aber es ist doch in erster Linie das in die „rechte Form" gebrachte Herzensglück, die Folge einer hoffnungsfrohen Gemütsverfassung oder deren Konsequenz.

Der Mond als Symbol des Wechsels kann jedoch insgesamt in bessere Lebensumstände führen, nicht zuletzt, weil eine gefühlsmäßige Neuorientierung vorliegt oder der Native seine besten Seiten zeigen kann, bzw. intuitiv seine Glücksmöglichkeiten erahnt. Der harmonische Ablauf seelischer Vorgänge und die Steigerung der Vitalität bewirken Lebensfreude, die der Gesundheit oder Gesundung dient. Dadurch wiederum ist die allgemeine Leistungsfähigkeit größer und kann es direkt oder indirekt berufliche Erfolge geben. Wessen Radix Charisma anzeigt, der kann gerade unter dieser Konstellation populär werden und Publicity gewinnen. ♃

Bitte Hinweis auf Häuserstellung S. 150 zu beachten.

D 150 ♃ Jupiter im Spannungsaspekt mit ☽ Mond

Bei einer harmonischen Radixverbindung zwischen beiden Gestirnen ist lediglich ein mehr oder weniger leichtsinniger Umgang mit den Glücksmöglichkeiten zu registrieren. Es wird spekuliert, Emotionales ungenau gesehen, der eigene Einsatz verpaßt oder durch Eitelkeit Chancen übersehen. Genüsse sind Selbstzweck, es wird nichts für sie getan, es mangelt an Leistungsstreben. Bei einer kritischen Radixsituation führt die allzu subjektive Einstellung zu Eigenliebe, Unmoral, stören Disharmonien Expansionsversuche. Partnerschaftlich erweisen sich Kontaktwünsche als überzogen, laufen erotische Beziehungen zu spielerisch ab oder werden zu leichtfertig gehandhabt. Es ist keine günstige Zeit für Reisen oder um Wechsel in Lebensverhältnisse einzuleiten, bei denen Geld und Gut, Verträge, Treu und Glau-

ben von Bedeutung sind. Auch beruflich ist ein Verlustgeschäft möglich. Gesundheitlich wird zuviel Kraft vertan, bzw. zeigen sich unangenehme Folgen, weil nicht maßgehalten wird.
Bitte Hinweis auf Häuserstellung S. 150 zu beachten.

D 151 ♃ Jupiter in Konjunktion mit ☽ Mond
Hier zeigen sich die Glücksmöglichkeiten wie unter **D 149** beschrieben, am nachhaltigsten. So kann es eine Zeit sein, die einen Höhepunkt im Dasein umschließt, vor allem Partnerglück anzeigend. Aber es kann auch äußere Ehren geben, Lob und Anerkennung, besonders wenn im Radix ein Bezug zum MC gegeben ist.

D 152 ♃ Jupiter harmonisch mit ☿ Merkur
Im neutralen Merkur findet der Signifikator Jupiter ein ,,Sprachrohr", das seine Impulse klangrein weiterleitet. Sie werden besonders akzentuiert und deutlich sein, wenn es um Merkurisches geht, um Verhandlungen, Abmachungen, Geschäfte, Studien, vielseitige ideologische oder religiöse Interessen, intellektuelle Betätigung. Gesundheitlich profitieren das Nervensystem und die allgemeine Widerstandskraft. Partnerschaftlich lassen sich jene Kontakte fördern, die entweder einen sachlich-nützlichen Charakter haben oder die durch Gespräche, Korrespondenzen oder Vertragliches eingeleitet oder abgeschlossen werden. Es ist ein vorzüglicher Reiseaspekt, unter dem Anregungen aufgegriffen werden, die der sozialen Stellung zugute kommen können. Beruflich profitieren vor allem jene, deren Beruf merkurischer Natur ist: Journalisten, Kaufleute, Lehrer, Propagandisten, aber auch Richter.
Bitte Hinweis auf Häuserstellung S. 150 zu beachten.

D 153 ♃ Jupiter im Spannungsaspekt mit ☿ Merkur
Hier ist Merkur ein schlechter Promissor, gleicht einer defekten Membrane, die Tonschwingungen verzerrt wiedergibt. Die an sich edlen Bestrebungen Jupiters werden verfälscht, ein gestörtes Nervensystem leitet Impulse unvollkommen weiter. Praktisch ergibt das Nervosität, Unaufrichtigkeit, Gedanken, die sich nicht nach der Realität orientieren, daher Lüge, Angeberei, Leichtsinn, geschäftliche Verluste, Fehlspekulation. Die Direktion schafft keine guten Voraus-

setzungen für Prüfungen, für Examen und wenn es darauf ankommt, juristisch tätig zu werden. Disharmonische Reaktionen können sich auf Reisen zeigen oder als Mißgeschicke bzw. Fehlhandlungen, gemäß der am Aspekt beteiligten Horoskophäuser, über deren grundsätzliche Bedeutung Sie auf S. 302 nachlesen können.

D 154 **♃ Jupiter in Konjunktion mit ☿ Merkur**
Es ist der stärkste Aspekt zwischen diesen beiden Gestirnen. Er wird auch dann als günstig zu bewerten sein, wenn keine Radixverbindung gegeben ist oder diese zu wünschen übrig läßt. Allerdings geht das nicht soweit, daß aus schwarz weiß wird, doch ist mindestens eine Aufwertung der Radixaussage möglich.

D 155 **♃ Jupiter harmonisch mit ♀ Venus**
Der Radixort von Venus kann prinzipiell als eine Art „Glückspunkt“ im Horoskop aufgefaßt werden. Wird er durch Jupiter, das „große Glück“, angerührt, kann dies direktionär einen sehr erfreulichen Erlebnishintergrund abgeben, eine Lebensperiode erfüllter Hoffnungen und Wünsche. Begreift man Jupiter als Symbol für Recht, Gesetz und Ordnung, als die Chance zur Legitimierung, als Möglichkeit für den sozialen und persönlichen Aufstieg, wird Venus als Promissor für Erotik, Geselligkeit, Kunst, Spiel und Spekulation, für das gute Funktionieren der inneren Drüsen angesehen oder im Sinne der Tradition mit Frauen, Mädchen, weiblichen Verwandten, jüngeren Schwestern und der Gattin in Verbindung gebracht. Es lassen sich Glücksmotive konkretisieren. So gesehen, verspricht die Direktion Vorteile, Geldzufluß, Protektion durch den genannten Personenkreis, harmonische Verbindungen dazu, Annäherung an Partner, Flirt, Freundschaft, Intimbeziehungen oder eine glückliche Gestaltung des Ehelebens. Es bezeichnet diese Direktion die heitere oder fröhliche Stimmungslage, die sich anderen mitteilt.
Bitte Hinweis auf Häuserstellung S. 150 zu beachten.

D 156 **♃ Jupiter im Spannungsaspekt mit ♀ Venus**
Wunscherfüllung im Sinne von **D 155** kann durchaus möglich werden, doch bedarf es einer gehörigen Portion Selbstdisziplin, aufzuhören, „wenn es am schönsten ist“. Wahrscheinlich ist jedoch, daß eben

dieses nicht gelingt und daß das Ergebnis des Glücksbegehrens entweder Versagungen sind oder aber zuviel des Guten, das ein schales Gefühl hinterläßt. Es wird zu sehr aus dem Vollen gelebt, zuviel ausgegeben, es mit Liebe und Treue nicht so genau genommen, es werden Seitenwege eingeschlagen, um sich Wünsche zu erfüllen, die auf direkte Weise nicht zu realisieren sind.
Bitte Hinweis auf Häuserstellung S. 150 zu beachten.

D 157 **♃ Jupiter in Konjunktion mit ♀ Venus**
Die stärkste Verbindung beider Gestirne kann, aber muß nicht, den größten positiven Effekt bringen. Ist die Radixverbindung kritisch, kann die Direktion diesen Tatbestand aus der Latenz heben, finden sich aber Hinweise auf Harmonie, wird sich der Trend aufs schönste zeigen. Dies besonders in jenem Lebensbereich, der durch die Häuserstellung von Venus angebeben ist.

D 158 **♃ Jupiter harmonisch mit ♂ Mars**
„Glück durch Tat", Durchsetzung, Energie, Triebstärke. Es liegt auf der Hand, daß diese Direktion Selbstbewußtsein und Zielstrebigkeit fördert und somit die Voraussetzung schafft, daß materielle und ideelle Erfolge möglich werden. Die Steigerung von Vitalität und Potenz begünstigt die Partnerverbindung, es kommt zur Intensivierung von intimen Kontakten, zum Erfolg beim anderen Geschlecht. Schwung und Tatendrang lassen zu materiellen Gewinnen gelangen, doch kann auch Protektion helfen. Seiner Sache sicher, zieht der Native Nutzen aus Abmachungen, aus einem Vertrag, bzw. dringt auf rasche Fortschritte in beruflichen Dingen. Neue Initiativen machen es möglich, einen „besseren" Lebensabschnitt zu beginnen.
Bitte Hinweis auf Häuserstellung S. 150 zu beachten.

D 159 **♃ Jupiter im Spannungsaspekt mit ♂ Mars**
Promissor Mars zeigt sich von seiner unangenehmen Seite, wobei die Radixsituation den Ausschlag gibt, in welchem Umfang das geschieht. Unvorsichtigkeit, Konfliktneigung, Voreiligkeit, Egoismus und Mangel an Rücksicht, Gebrauch der Ellenbogen, Maß- und Hemmungslosigkeit bzw. Aggressivität beschreiben die möglichen Tendenzen. So kann oder wird sich der Native selbst schaden, stürmt

voller Ehrgeiz in die falsche Richtung, schließt Geschäfte ab, die seine Möglichkeiten übersteigen oder stürzt sich in ein Liebesabenteuer, das ihn überfordert. Es ist ein Verlustaspekt, der auch häufig bei Scheidungen anzutreffen ist.
Bitte Hinweis auf Häuserstellung S. 150 zu beachten.

D 160 ♃ Jupiter in Konjunktion mit ♂ Mars
Um sich Aufschluß über die Qualität des Aspekts zu verschaffen, betrachte man Jupiter als Symbol einer Chance zum Glück. In Mars aber sehe man den durch seine Radixbeziehungen modifizierten Energie-, Willens- bzw. Triebplaneten. So wird in der Regel der direkte Übergang positive Möglichkeiten eröffnen und im Sinne von **D 158** zu beurteilen sein. Wäre aber die Verbindung beider Gestirne im Radix kritisch, kann die Direktion negativ einschneidend sein. Die Häuserstellung gibt Hinweise auf die Auswirkungsmöglichkeiten.

D 161 ♃ Jupiter harmonisch mit ♃ Jupiter
Nachhaltige Winkelverbindungen sind direktionär nicht zu erwarten, kleinere Aspekte fördern, bzw. lassen die durch Jupiter erfaßbare Symbolik deutlicher werden. Werden Halbsextil und Sextil in den Zeiten harmonischer Transite fällig, festigen diese die Lebenssituation, bzw. erleichtern sie den Übergang in einen neuen Abschnitt. Die Ursachen für „Glück" dürften weniger deutlich in Erscheinung treten, eher sind es positive Empfindungen, die glückliche Wege einschlagen lassen.

D 162 ♃ Jupiter im Spannungsaspekt mit ♃ Jupiter
Hier könnte vor allem das Halbquadrat jene leichtsinnige Verhaltensweise markieren, die in den Zeiten der Wechseljahre zu Reaktionen aus Leichtsinn oder Torschlußpanik führen. Um diese Zeit bzw. unter einem derartigen Direktionsaspekt, gelingt es selten, in neuen Lebensumständen festen Fuß zu fassen.

D 163 ♃ Jupiter in Konjunktion mit ♃ Jupiter
Direktionär ist die Konstellation nicht möglich, sie spielt allenfalls bei den Profektionen eine Rolle und müßte dann zu einer Belebung der Radixverfassung des Planeten führen.

D 164 ♃ **Jupiter harmonisch mit ♄ Saturn**
Mit Saturn als Promissor wird der Faktor Zeit relevant. Das läßt geduldig sein im Hoffen und in der Glückserwartung, macht stark in Glauben und Zuversicht, wird auch aus einem glücklichen Ereignis für längere Zeit Nutzen ziehen lassen. Eine harmonische Radixverbindung beider Gestirne vorausgesetzt, kann das Lebensoptimum methodisch geplant werden und in Ruhe heranreifen, bis die endgültige Entscheidung den Sieg bringt. Es ist kein heller, lauter Triumph, sondern ein moralisch dezenter Erfolg, bei dem Würde und Tugend Pate stehen. Diese Direktion sichert Aufbauleistungen, bzw. einen festen Charakter, der sich stabile Lebensverhältnisse schafft und das Erworbene getreu bewahrt. Finanzielle und juristische Bemühungen, die Einschaltung der Behörde, der Instanzenweg führen zum Ziel. In diesem Jahr gelingt, was saturnischer Art ist, also mit Grund und Boden, der Wohnung, dem Besitz zu tun hat. Geduld ist der Schlüssel zum Erfolg, der in jenen Lebensbereichen möglich wird, die durch die Häuserstellung bezeichnet werden. Unter dieser Direktion wird eine Heilung von Dauer sein, eine Partnerschaft über den Tag hinausreichen, können zwischenmenschliche Beziehungen reifen und für immer befriedigen, erfolgt das Ansteigen der Lebenskurve zwar langsam, aber überschaubar.
Bitte Hinweis auf Häuserstellung S. 150 zu beachten.

D 165 ♃ **Jupiter im Spannungsaspekt mit ♄ Saturn**
Die widersprüchliche Natur beider Symbole, Expansion und Konzentration, Fülle und Enge, Optimismus und Pessimismus gehen schlecht zusammen. Der langsame Lauf beider Gestirne kann kritische Direktionen zum langwierigen und im Grunde ergebnislosen Versuch werden lassen, Besitz, finanziellen Rückhalt, Verträge etc. abzusichern. Zweifel und Sorgen werfen Schatten auf die fraglichen Lebensbereiche. Die Ausgaben übersteigen die Einnahmen, Mühe und Anstrengung den Ertrag. Belastungen zeigen sich körperlich und können auch zu Krankheit und zu Einschränkungen führen. Der Glücksfall als solcher wird unmöglich. Das Verlangen nach Harmonie und Ausdehnung persönlicher Beziehungen stößt auf Widerstand. Selbst was sorgfältig geplant oder geschickt eingefädelt wurde, gerät zwischen die Mahlsteine der Zeit, wird verzögert und abgeschliffen.

Tradition erweist sich als Ballast, für die Orientierung nach einer lichteren Zukunft fehlt es an Signalen. Wenn andere Aspekte hinzutreten, gleich ob Direktionen oder Transite, wird dies auf die Stimmungslage nicht ohne Folge bleiben. Depressionen werden möglich, Verstimmung kann seelische und körperliche Folgen haben, vor allem das Aufleben chronischer Störungen zulassen. Durch unsicheres Auftreten, Verklemmung und Zweifel stehen die eigenen Interessen zu sehr im Mittelpunkt und verhindern damit das Gelingen einer harmonischen Partnerbeziehung. In der Öffentlichkeit findet man keine Resonanz. Vor allem aber wird die Auswirkung materiell sein, sich als Verlust, Kündigung, Vertragsauflösung, Einschränkung, Trennung zeigen. Zurücksetzung und Rechthaberei, Ehrenkränkung oder die Aussicht auf finanzielle Einbuße können Anlaß zu einem Prozeß werden, der unter dieser Direktion keine Aussicht hat, zu gelingen. Unter einer derartigen Direktion sollte nichts riskiert werden, sondern kluge Einsicht in die Verhältnisse Veranlassung sein, das eigene Fehlverhalten zu überdenken und innerlich zu verarbeiten. ♃
Bitte Hinweis auf Häuserstellung S. 150 zu beachten.

D 166 ♃ Jupiter in Konjunktion mit ♄ Saturn

Bei einer neutralen Radixposition beider Gestirne zueinander oder wenn Jupiter eine kosmisch bessere Stellung hat, ist es zulässig, die positive Wertung **D 164** heranzuziehen. Kritische Radixverhältnisse aber lassen eine positive Bewertung nur in Grenzen zu, allerdings ist sie immer noch mehr am Platze als im umgekehrten Fall **D 198.**

D 167 ♃ Jupiter harmonisch mit ♅ Uranus

Das Plötzliche und Unwägbare, das Zufällige wird Ereignis. Es ist der Aufbruch zu neuen Ufern, die unvermittelte Entdeckung einer „Marktlücke", die aufblitzende Idee, die in einer originellen Lösung den raschen Schritt zur Wunscherfüllung und zur Realisierung des Lebensoptimums sieht. Es ist ein sehr starker Anreiz, der in seiner Qualität ungewöhnlich ist. Uranus als Sinnbild des Modernen, der Technik, die sich nicht als einfache Mechanik, sondern oft im Gewande supermoderner Elektronik präsentiert, kann kräftige Direktionen zu Wendemarken machen. Von jetzt ab wird eine andere Richtung eingeschlagen. Der plötzliche Entschluß stammt nicht aus der Vernunft, sondern aus dem Unterbewußtsein, das zwingende Akzente setzt. Spricht die Gesamtstruktur der Persönlichkeit auf solche Initiativen an, sind durchgreifende Veränderungen in der Lebenssituation wahrscheinlich. Sie können gesundheitlich durch außergewöhnliche Heilmethoden geschehen. Der Wille zur Leistung formiert sich sowohl körperlich wie geistig, kann neue Arten des Geldverdienstes bringen oder plötzliche Anerkennung, Beförderung, Aufstieg. Die Beschäftigung mit dem Ungewöhnlichen, etwa der Parapsychologie, verschafft neue Erkenntnisse. Partnerschaftlich begünstigt die Konstellation eine neue Verbindung, die durchaus unüblichen Charakter haben kann, für beide Betroffene faszinierend ist, die aber kaum von Dauer sein wird.

Bitte Hinweis auf Häuserstellung S. 150 zu beachten.

D 168 ♃ Jupiter im Spannungsaspekt mit ♅ Uranus

Die Quellen des Unterbewußtseins sprudeln, reizen an, stacheln auf, ohne den erhofften ,,Glücksfall" eintreten zu lassen. Irrlichter lokken, veranlassen zum Abbruch von Beziehungen, zu Aussteigeversuchen, die über das Alltägliche hinausgehen. Es ist nicht die Flucht ins Abenteuer, sondern das Risiko, das ganz bewußt gesucht wird. Aber die innere Überzeugung trügt, denn das Glücksbegehren übertreibt und orientiert sich nicht an Realität und Notwendigkeit. Aktionen, weil nicht genügend erwogen, mißlingen. Der Fall wird zum Un-Fall, Geschick zu Miß-Geschick, Leichtsinn zum Stachel im Fleisch. In einer solchen Lebensperiode ist größte Vorsicht gegenüber allen aus innerem Drang geborenen Veränderungswünschen angebracht, auch wenn sie sich als vermeintliche äußere Chance zeigen. Das Risiko ist zu groß, Abenteuerlust läßt Vorsicht außer acht, es fehlt an der glücklichen Hand. So kann diese Konstellation einschneidende negative Veränderungen bringen, zumal wenn ähnliche Transite es auf eine Zerreißprobe hinauslaufen lassen. Ist die Radixsituation aber gut oder gar glänzend, kann ein uranischer Ausbruchsversuch auch sein Gutes haben und in letzter Konsequenz doch gelingen. Aber das erfordert Mut und Geduld, die in der momentanen Situation sicher nur selten gegeben sind.

Bitte Hinweis auf Häuserstellung S. 150 zu beachten.

D 169 ♃ Jupiter in Konjunktion mit ♅ Uranus

Es ist der stärkste Aspekt, der sich bei harmonischer Radixstellung als *der* Glücksfall zeigen kann. Ist aber die Radixsituation problematisch, darf man diesem Aspekt nicht trauen. Anstatt das Leben geradlinig fortzusetzen, kann dann ein mutwilliges Ende gesetzt werden, das dem Zufall zugeschoben wird, aber doch nur eine Reaktion der eigenen Seele darstellt. Die Zeit einer Konjunktion mag positiv oder negativ einzuschätzen sein, es ist in jedem Fall eine Periode stärkster Spannung.

D 170 ♃ Jupiter harmonisch mit ♆ Neptun

Jupiter *und* Neptun regieren die Fische. Dieses Zeichen macht es deutlich, wie gut beide Symbolsterne miteinander harmonieren, wie sich reales Glück durch die Kraft der Phantasie, durch Inspiration und Hingabe erhöhen läßt. Entscheidend ist, ob die Radixfigur den Geborenen als sensibel ausweist, ja als sensitiv und aufgeschlossen für feingeistige Schwingungen. Denn die glücklichen Impulse, die der Signifikator Jupiter aussendet, werden durch den Promissor Neptun verfeinert und können sich als Einflüsse aus höheren Welten manifestieren. Daher ist die geistige Orientierung idealistisch, bekommen Religion und Philosophie, sogar mystische Erlebnisse ein besonderes Gewicht. Der Geborene ist in der Zeit dieser Direktion von starker Sehnsucht erfüllt, der mehr Kraft innewohnt als bei einem gleichsinnigen Transit, auch wenn dieser über Monate andauert. Es gilt Seelenfrieden zu erstreben, mit sich und anderen in Harmonie zu leben, Sexualität zur Erotik zu verfeinern, altruistischen Neigungen nachzugehen. Die Direktion schafft das Gespür für den Umgang mit Gleichgesinnten, begünstigt Feundschaften, weite Reisen, Auslandsbeziehungen, führt zu neuen Horizonten, ohne daß dabei der Boden der Realität verlassen würde.

Was den Lebensbereich anbetrifft, in dem die Konstellation sich auswirken dürfte, lesen Sie bitte auf S. 302 über die grundsätzliche Bedeutung der einzelnen Häuser nach.

D 171 ♃ Jupiter im Spannungsaspekt mit ♆ Neptun

Der Trend wird aus Illusionen genährt, so daß die fragliche Lebensperiode in Irrtum, Unsicherheit, in Täuschung und Enttäuschung

mündet. Charakterschwächen werden offenbar, bedeuten die Gefahr, in einen Skandal verwickelt zu werden oder den Anforderungen der Wirklichkeit auszuweichen, sich von Stärkeren abhängig zu machen, auch von Drogen. Wer mit sich selbst uneins ist, wird aber auch partnerschaftlich falsch reagieren, sich für Verführung anfällig erweisen oder selbst verführen.
Wenn auch die Verlusttendenz ideelle Güter betrifft, etwa den Bruch einer Freundschaft oder das Ende einer Liebe bedeutet, ist indirekt auch materieller Nachteil zu befürchten, weil Pläne und Hoffnungen überzogen sind. Es kann sich um Einbuße an Kredit handeln, um die falsche Beurteilung eines Vertrags, einer Rechtssituation, um müßige Studien, um ein von Eitelkeit oder missionarischem Eifer geleitetes falsches Auftreten in der Öffentlichkeit. In diesem Lebensabschnitt heißt es sich konkret zu verhalten, der Realität ins Auge zu sehen, aber widrige Umstände, sozusagen ,,schleichendes Gift" einzukalkulieren. Gesundheitlich ist eine naturgemäße Lebensweise angezeigt, die dem Gebrauch von Drogen oder Giften entgegenwirken kann.
Bitte Hinweis auf Häuserstellung S. 150 zu beachten.

D 172 ♃ **Jupiter in Konjunktion mit** ♆ **Neptun**
Wenn die Radixverhältnisse es nur einigermaßen zulassen, kann die Konjunktion den Trend **D 170** aufs Schönste entfalten.

D 173 ♃ **Jupiter harmonisch mit** ♇ **Pluto**
Je langsamer das Vorrücken eines Signifikators auf den ,,Punkt für Macht und Masse" geschieht, um so mehr wird es wahrscheinlich, daß mehrere Geburtsjahrgänge in der fraglichen Weise aktiviert werden. Am deutlichsten mag dies in der Konjunktion der Fall sein, wenn die Direktion Macht über sich selbst oder über andere in Aussicht stellt. Es ist ein Aspekt der Domination, der Anstrengungen auf *ein* Ziel hin erlaubt. Im Zusammenwirken mit anderen Konstellationen läßt sich daher in diesem Falle viel erreichen und ist die Durchsetzung sicher. Dies weniger, weil individuell die Zeit dazu reif wäre, sondern weil der Native einer bestimmten Altersgruppe oder einer bestimmten Schicht angehört, die jetzt kollektiv ans Ruder strebt. Manches hat diese Konstellation mit **D 158** gemeinsam, doch sind die Ziele umfassender, was auch größere Anstrengungen rechtfertigt. Sie

ergeben sich auch nicht aus der alltäglichen Situation, sondern entspringen grundsätzlichen Überlegungen oder Anforderungen des Schicksals, denen sich der einzelne nicht entziehen kann.
Bitte Hinweis auf Häuserstellung S. 150 zu beachten.

D 174 ♃ Jupiter im Spannungsaspekt mit ♇ Pluto

Nur wenn andere erschwerende Konstellationen hinzutreten bzw. gleichzeitig ablaufen, ist es gerechtfertigt, davon zu reden, daß es um „Alles oder Nichts" geht. Es ist keine befreiende Tat, kein wagemutiger Impuls, sondern kann die Konfrontation des Wohlbeschaffenen, des „ganzen Glücks" sein, das von „dumpfen Mächten" bedroht wird. Meistens wird es sich nur um eine schwierige Lebensperiode handeln, in der das Glücksbegehren falsche Wege einschlägt oder eine gewisse Tragik Liebes- oder Geschäftsverbindung bedroht, materiell Hab und Gut durch höhere Gewalt verlieren läßt oder aber Gefahren für das Leben und die Existenz anzeigt. Man sollte sich diese Direktionen rot anstreichen, ohne wie bei anderen gleichrangigen mit Unabwendbarem zu rechnen. Die differenzierte Betrachtung nach der Häuserstellung kann die Richtung der Gefahr vermuten lassen. ♃

D 175 ♃ Jupiter harmonisch mit ☊ Mondknoten

Es gibt keine bessere Grundlage für gemeinsame Aktivitäten, um aus der Vereinzelung herauszufinden, zum Du oder der Gemeinschaft zu gelangen, als die **Konjunktion** Jupiters mit dem Mondknoten. Die anderen Aspekte sind weitaus schwächer, drücken aber doch Verbindungsstreben aus. Die Direktion macht deutlich, daß die Zeit herangereift ist. Gemeinschaftsbestrebungen an Stelle der einzelnen Aktion zu setzen, ohne daß deren Charakter deutlich wird. Die Häuserstellung kann allerdings Hinweise geben, über deren grundsätzliche Bedeutung Sie auf S. 302 nachlesen können.

D 176 ♃ Jupiter im Spannungsaspekt mit ☊ Mondknoten

In dieser Periode fällt es schwer, aus sich herauszugehen. Eigenbrötlerisches und unangepaßtes Verhalten erschweren Partnerkontakte und erlauben keine Initiativen in Richtung auf Vertiefung einer Intimbeziehung oder Verbesserung von Teamarbeit.
Bitte Hinweis auf Häuserstellung S. 150 zu beachten.

D 177 ♃ **Jupiter harmonisch mit Asz**

Die **Konjunktion** wird ganz zwangsläufig zu den starken Glücksaspekten gehören, die ein Mensch in seinem Dasein erleben kann. Schließlich verbindet sich das Prinzip der Ausdehnung, das Bestreben, auf glückliche Weise aktiv zu werden mit ganz persönlichen Intentionen. So wird in dieser Zeit der Charakter des Asz deutlicher, harmonischer, wirksamer hervorgehoben. Ungenaue, schwächende Radixaspekte zum Asz scheinen ausgeschaltet oder werden zeitweise überlagert, das Wesensbild ist sympathisch, die Art und Weise des persönlichen Auftretens gewinnend, weshalb der Ertrag der Aktionen dem eigenen Tun zuzuschreiben ist. Das Ich stellt unter Beweis, was es leisten kann, wozu es befähigt ist, wie gesund die Ansichten sind. Vitalität, Optimismus, eine zukunftsorientierte Einstellung, gerechtes Denken und Urteilen, Harmonie mit Personen der Umwelt bezeichnen stichwortartig, wie der Lebensrahmen ausgefüllt werden kann. Aber auch materielle Verbesserungen sind vorstellbar. Obwohl dem Ich die größere Aufmerksamkeit gilt, ist doch auch eine Resonanz beim Du und in der Öffentlichkeit zu erwarten. So ist es unter dieser Direktion bei entsprechenden Transiten möglich, sich von hemmenden Vorstellungen zu lösen, innerlich und äußerlich „frei" zu werden, mit sich selbst besser ins reine zu kommen und materiell die Voraussetzungen für eine erfolgreiche Bewältigung der Alltagsaufgaben zu sichern.

D 178 ♃ **Jupiter im Spannungsaspekt mit Asz**

Vor allem beim **Quadrat** scheinen die erfolgverheißenden Möglichkeiten, aus sich herauszugehen, anerkannt zu werden, mehr „Glück" zu haben, begrenzt. Ein Widerspruch zwischen Neigung und Pflicht, zwischen Beruf und Familie kann sichtbar werden, denn es wird schwerhalten, die eigene Berufung zu erkennen und ihr zu folgen, ohne dabei Traditionen und Bindungen aufzugeben. Es ist keine Lebensphase für Initiativen, die auf lange Sicht bessere Existenzbedingungen bringen sollen, etwa durch finanziellen Einsatz, Kreditaufnahme, Juristisches.

D 179 ♃ **Jupiter harmonisch mit MC**

Wie im Falle des Übergangs von Jupiter über den Asz kann auch die

Konjunktion mit dem MC eine ganz außerordentliche Lebensspanne anzeigen. In einen geeigneten Lebensabschnitt fallend, kann jetzt die Höhe der Karriere erreicht werden, sind Ruhm und Ehre greifbar, wird eigentliches berufliches Anliegen deutlich und realisierbar. Gerade die Konjunktion bedeutet Aufstieg und Anerkennung des Individuums, evtl. verbunden mit seiner Aussonderung aus der Familie und der Loslösung von hemmender Tradition oder heimatlicher Bindung. Den anderen Aspekten fehlt dieser Doppelsinn, ja, im Falle von **Sextil** und **Trigon** kann sogar davon ausgegangen werden, daß eine gesicherte familiäre Basis Aktionen möglich macht, die äußeren Ansprüchen zum Durchbruch verhelfen. Unter dieser Direktion bewährt sich der Tüchtige, findet aber auch Unterstützung, Förderung oder Protektion, um noch weiter voranzukommen. Sie verspricht Nutzen und Erfolg, Freude und Zuversicht in der Gegenwart, eignet sich aber auch für die Zukunftsplanung. ♃

D 180 ♃ Jupiter im Spannungsaspekt mit MC

Der Geltungsdrang ist übersteigert, die Ansprüche an das Leben sind zu groß, es kann Verluste geben. Bei der **Quadrat**stellung beziehen sie sich auf gesellschaftliches Ansehen, auf die soziale Stellung, können aber bis in die familiären Verhältnisse hineinwirken und Abstriche von der Lebenshaltung bedingen. Die **Opposition** zum MC erschwert zwar den Aufstieg, kann aber mehr Sicherheit und Ruhe für jenen Lebensbereich geben, der Beheimatung verspricht. Andere Spannungsaspekte zum MC sind nicht geeignet, zukunftsträchtige Aktionen vorzubereiten oder zu starten.

Saturn als Signifikator

Das heißt, Chronos, den Herrn der Zeit, das Szepter führen zu lassen. Ausdauer und Geduld, Konzentration auf das Wesentliche sind es, die ans Ziel bringen. „Was lange währt, wird endlich gut"; jedoch gilt auch: „Gottes Mühlen mahlen langsam, aber fein." Wie sich die positiven Kräfte aufstauen und schließlich den schönsten Ertrag bringen, wie die Zeit die reifste Frucht schenkt, so bahnt sich auch das Unerläßliche, das Unvermeidliche an. Es kann das Alter in reicher Erkenntnis münden und die körperliche Hinfälligkeit nicht spüren lassen. Es kann aber auch ein Ende in Bitterkeit und Isolation sein, einsam und von allen vergessen.

Wer Saturns Operationen im Horoskop verfolgt, muß längere Zeiträume überblicken, darf weder auf schnellen Sieg hoffen, noch muß er ein rasches Ende befürchten. Saturnisch ist das Wesen der Entwicklung, im guten wie im schlechten, wobei das Werturteil sehr subjektiv ausfällt, denn das letzte Wort spricht das Schicksal. Die Einschätzung der Macht Saturns als Signifikator erfordert die Analyse der Geburtsfigur, die besonders sorgfältig zu untersuchen hat, wie die saturnischen Tugenden der Fähigkeit zur Konzentration, des rechten Ausfüllens abgegrenzter Räume und die Einsicht in das Notwendige, wie wohlerwogene Vorsicht und Festhalten an Bindungen sich darstellen oder wie sie als Geiz, Mißtrauen, Isolation, Angst und Zweifel, Schritte in die falsche Richtung der Selbstzerstörung tun lassen. Erst muß der individuelle Charakter Saturns erkannt sein, dann läßt sich ermessen, wie man Direktionen (und Transite) beurteilen muß.

Saturn „sendet" auf langer Welle, will herauskristallisieren, was andeutungsweise vorgegeben ist.

D 181 ♄ Saturn harmonisch mit ☉ Sonne

Es mag dauern, bis das ,,bessere Ich" zum Vorschein kommt. Es kann auf diesem Weg Verzicht geben, eine Trennung, die zunächst hart erscheint, doch Affekte und Spannungen lösen sich durch Einsicht. Saturnische Dynamik braucht Zeit und ,,Gottes Mühlen" erfordern klares Wasser, um zu wirken. Was unter guter Saturn-Direktion anläuft, wird das Ich in seiner Gesamtheit vollkommener erscheinen lassen. In jungen Jahren werden saturnische Direktionen nur unvollständig ,,wirken", denn seine Lebensperiode ist das Alter, ist die Wiederholung des langsamen Rhythmus, erstrebt Beständigkeit.

Soll Materielles Ertrag haben, ist viel Mühe erforderlich, Mosaiksteine zu einem Bild zusammenzufügen. Eine Person aber will umworben sein. Die Voraussetzungen für alle Aktionen müssen klar, geordnet und in übersichtlichen Bahnen laufen. Deshalb darf nichts überstürzt werden und hat das Detail sein Gewicht.

Die Gesundheit wird gefördert, vor allem durch Langzeitbehandlung. Homöopathie schlägt an, die Aufarbeitung seelischer Bedrängnisse braucht Zeit, wird aber gerade dadurch ermöglicht. Kontaktwünsche werden nüchtern gesehen, das Für und Wider erwogen, wobei die Entscheidung für den gereiften Partner oder für das dauerhafte Glück ausfallen kann, nie für Rausch und Ekstase. Gemäß seiner materiellen Natur steuert Saturn Besitzverhältnisse, gibt dem ,,Ich" eine feste Basis, ,,eine feste Burg", doch wird nichts geschenkt. Ehre und Anerkennung müssen durch zähen Fleiß erworben werden, ohne den auch Berufliches nicht gelingt. Am Ende aber winkt der Lohn, Befriedigung des Ehrgeizes, der sehr hoch greifen kann.

Was den Lebensbereich anbetrifft, in dem sich die Konstellation auswirken dürfte, lesen Sie bitte auf S. 302 über die grundsätzliche Bedeutung der einzelnen Häuser nach.

Besonders wenn die Konstellation auf Ecken des Horoskops Bezug nimmt, sei es auf Asz-Desz, auf MC oder IC, wird ein deutlicher Effekt zu spüren sein, der nicht nur an die Bedeutung der Häuser Nr. 1, 4, 7 und 10 anknüpft, sondern rein Persönliches betreffen kann.

D 182 ♄ Saturn im Spannungsaspekt mit ☉ Sonne

„Steter Tropfen höhlt den Stein", drückt die Spannung aus, die dieser Saturnstellung entspricht. Es scheint „Schicksal" zu sein, von außen Geschicktes, doch ist es der Mensch selbst, der sich sein Grab schaufelt oder mindestens an dem Ast sägt, auf dem er sitzt. Verluste erleidet, wer nicht abwarten kann, wer zu großspurig ist, wer sich seine Schwächen nicht eingesteht und sie überspielen will. Chronische Krankheiten können Ursache anhaltend falschen Verhaltens sein. Mißerfolge, gleich welcher Art, „hängen nach". Unter kritischer Saturn-Konstellation Begonnenes mag zeitweise florieren, wird aber schließlich doch bereinigt werden müssen, weil Verlust, Trennung, die „große Krise" programmiert sind. Gesundheitlich entsprechen diesem Trend Lähmungen, langsam heilende, schleichende Krankheiten, Gemütsleiden, Erkältung, sind Knochenbau, Gelenke, Haut und Milz betroffen, die allgemeine Widerstandsfähigkeit herabgesetzt. Unter dieser Konstellation ist Partnerglück kaum zu gewinnen. Eher kommt es als Folge einer sich langsam anbahnenden Entfremdung zur Trennung, die schmerzhaft und mit Sorgen behaftet sein kann.

Materiell werden Reserven zu sehr beansprucht, stoppt der Geldzufluß, stockt ein evtl. Bauvorhaben oder bereiten Grund und Boden Sorgen.

Berufliche Auswirkung des Aspekts beginnt mit Pflichtverletzung, mit Zurücksetzung oder Übergehen bei Beförderungen, rächt sich eigensinniges Aufbegehren gegen Anordnung und Gesetz.

Bitte Hinweis auf Häuserstellung S. 150 zu beachten.

D 183 ♄ Saturn in Konjunktion mit ☉ Sonne

Schon der gleichsinnige Transit vermag einschneidende Krisensituationen zu schaffen. Die Direktion wird noch stärker die saturnische Lebensperiode kenntlich machen, in der die Zeit eher bedrängen und zerstören kann als dem Sieg zum Durchbruch zu verhelfen, was nur bei exzellenter Radixverfassung des Planeten möglich ist.

D 184 ♄ Saturn harmonisch mit ☽ Mond

Der Gegensatz ist offenkundig: Saturn: die Härte, das Gesetz; der Mond aber: Weichheit und Empfindung, Anpassung und Wechsel.

Wenn die Radixbedingungen günstig sind, äußert sich Saturn durch den Promissor Mond versöhnlich, gütig, weise, kann im Seelischen stabilsieren und durch Geduld ans Ziel der Wünsche bringen, die allerdings realistisch sein müssen. So ist der Einfluß auf das vegetative Nervensystem und so gelingt die Dauerbeziehung zu Partnerin oder Partner, die, wenn das Radixhoroskop Hinweise gibt, durch Altersunterschied gekennzeichnet sein kann.
Der Mond als Promissor erlaubt örtliche Veränderungen, wenn dabei Besitz eine Rolle spielt, doch müssen sie, wie auch Berufliches wohl organisiert sein. Das Glück liegt in der Bescheidung, Vorteile ergeben sich durch Entwicklung, die von Erfahrungen gespeist wird.

Bitte Hinweis auf Häuserstellung S. 150 zu beachten.

D 185 ♄ Saturn im Spannungsaspekt mit ☽ Mond

Die Lockerheit der Gefühle und Empfindungen wird bedrängt, so daß sich stärker noch als bei dem gleichsinnigen Transit Einschränkungen im Lebensablauf ergeben. Hinderungsgründe sind mannigfach und werden zweckmäßig der Hausstellung entnommen. Es hätte wenig Sinn, Eile gegen Verzögerung ins Feld zu führen, durch mehr Schwung Hindernisse überwinden zu wollen. Geduldiges Abwarten ist vielmehr die geeignete Waffe im Existenzkampf; das Bemühen um Einsicht kann Probleme abbauen. Eine Krise geht vorbei, sobald die Zeit dazu reif ist, aber nicht, wenn der Mensch es *will.* Die Konstellation stellt Anforderungen an die Widerstandskraft, sei es körperlich, sei es seelisch, warnt vor Wechsel, der keine Verbesserung bringen würde und beeinträchtigt das soziale Wirken. Der Native kommt weder beim Partner, noch bei andern ,,zum Zuge". Erste Erfahrungen im Leben werden schmerzhaft sein, bei späteren kann Hoffnung aus Leiderlebnis schöpfen. ♄

Bitte Hinweis auf Häuserstellung S. 150 zu beachten.

D 186 ♄ Saturn in Konjunktion mit ☽ Mond

Der Gegensatz der saturnischen und der lunaren Natur kann nur bei exzellenten Radixverhältnissen *auch* sein Gutes haben. In erster Linie aber wird der Promissor Mond dem Druck des Signifikators nachgeben und zu einer negativen Beurteilung zwingen.

D 187 ♄ Saturn harmonisch mit ☿ Merkur

Im Promissor Merkur findet Saturn den passenden Sprecher seiner Bestrebungen: Studien sind gründlich, intellektuelle Bemühungen mögen einseitig sein, gewinnen aber an Tiefe und Kraft. Erfahrung und Logik begünstigen Entschlüsse, die im Kaufmännischen den endlichen Abschluß bringen, das sichere Geschäft, die langsame Durchsetzung auf dem Markt. Besonnenheit und Zurückhaltung fördern die berufliche Karriere, unterstreichen die zielstrebige Orientierung auf eine Sache und begünstigen Fleißarbeiten.

Gesundheitlich werden intakte Nerven vorhanden sein und die nüchterne Einschätzung der Situation vor psychosomatischen Störungen bewahren.

Geschäftsbeziehungen gedeihen. Sie können langsam aufgebaut werden und führen zu einer paritätischen Aktion. Die Akzentuierung in Wort und Schrift kann bei der Unterstützung durch andere, die Werbung fördernde Direktionen und Transite, die notwendige Selbstdarstellung möglich machen. Partnerschaftsüberlegungen liegt der Gedanke der Nützlichkeit zugrunde, was Herzensbindungen ernüchtert, sie auch eher kühl und behutsam betreiben läßt, doch steht am Ende kaum ein Mißerfolg.

Was den Lebensbereich anbetrifft, in dem sich die Konstellation auswirken dürfte, lesen Sie bitte auf S. 302 über die grundsätzliche Bedeutung der einzelnen Häuser nach.

Besonders wenn die Konstellation auf Ecken des Horoskops Bezug nimmt, sei es auf Asz-Desz, auf MC oder IC, wird ein deutlicher Effekt zu spüren sein, der nicht nur an die Bedeutung der Häuser Nr. 1, 4, 7 und 10 anknüpft, sondern rein Persönliches betreffen kann.

D 188 ♄ Saturn im Spannungsaspekt mit ☿ Merkur

Merkur als Promissor wird durch Saturns kritische Distanz zum gerissenen Lügner und Dieb. Diese Direktion schafft keine günstigen Aussichten auf das Gelingen eines Studienabschlusses, auf geschäftliche Fortschritte oder beruflichen Aufstieg, wofür es mannigfache Gründe gibt. Die Entwicklung ist zu langsam, zu vorsichtig, nicht offen und ehrlich, die Nerven halten der Belastung, dem zähen Angriff nicht stand. Das macht psychische Depressionen möglich. Statt einen Irrtum einzusehen und zuzugeben, wird er bemäntelt. Zu sub-

jektive Betrachtungen lassen die eigene Leistung falsch einschätzen, bzw. erschweren es, sich andern zu eröffnen.
Bitte Hinweis auf Häuserstellung S. 150 zu beachten.

D 189 ♄ Saturn in Konjunktion mit ☿ Merkur
Bei vorzüglichen Radixvoraussetzungen können geistige Bemühungen oder Anstrengungen zum Erfolg führen, doch ist es in der Prognose sicherer, für den fraglichen Zeitraum auch Verzögerung und Klippen zu veranschlagen.

D 190 ♄ Saturn harmonisch mit ♀ Venus
Saturnischer Ernst, das Bewußtsein, Pflichten erfüllen zu müssen, Vorsicht und Verantwortungsgefühl kommen beim Promissor Venus gut an. Schließlich sind es Neigungen, die Harmonie fördern und damit innere Zufriedenheit begünstigen. Auch die Venus-Organe Nieren und Blase, sowie die Haut, können sich regenerieren, bzw. gesunden. Eine lockere, unverbindliche Partnerbegegnung ist indessen nicht zu erwarten. Es zählt nicht die sexuelle Leidenschaft, sondern das kameradschaftliche Einstehen füreinander, das Wissen um Zuverlässigkeit und Treue des Partners, daher mehr stilles Glück als Teilhabe an Vergnügungen. Für die familiäre Situation ebenso günstig wie für die Zweisamkeit.
Materiell läßt sich Besitzstand wahren, weil der Blick für die Realität sich auch an kleinen Dingen schärft. So kann im Erwerbsleben die Position gesichert werden, Geschäfte sind mit Augenmaß zu tätigen, beruflich läßt sich Fürsorgerisches, Karitatives gut an.
Bitte Hinweis auf Häuserstellung S. 150 zu beachten.

D 191 ♄ Saturn im Spannungsaspekt mit ♀ Venus
Keine Aussichten, wenn Herzensglück gesucht wird. Saturn „vereist", frustiert, schränkt ein, zeigt Resignation anstatt Hoffnung. Geiziges Besitzdenken bricht durch, beeinträchtigt Partnerverbindung durch Eifersucht und ungerechtfertigte Ansprüche an den anderen. Es ist dem Nativen nicht möglich, sich zu äußern, seine Fehler zu sehen oder einzugestehen, geschweige daraus zu lernen. So wird in Partnerschaft oder Ehe bzw. familiär oder in Freundschaften nebeneinander, statt miteinander gelebt.

Gesundheitlich erweisen sich Niere, Blase und die Drüsen mit innerer Sekretion anfällig, kann eine Erkältung chronisch werden oder verhärten sich derartige Störungen.
Unzufriedenheit im Alter läßt in „schmutzigen Geschäften" das Heil suchen, andere ausnützen, unmoralisch handeln. Der Beruf wird als Last empfunden und ist durch Unlustgefühle nicht jener Sektor, auf dem Verdienste zu ernten wären.
Bitte Hinweis auf Häuserstellung S. 150 zu beachten.

D 192 ♄ Saturn in Konjunktion mit ♀ Venus

Nur sehr selten und bei einer entsprechend kühlen und sachlichen Veranlagung kann in der Zeit dieser Direktion wirkliche innere Zufriedenheit gefunden werden, denn sie bedingt Verzicht, das Aufgehen in Pflichten, die freudige Hingabe des Besitzes und damit auch die willentliche Einschränkung des Lebensrahmens.

D 193 ♄ Saturn harmonisch mit ♂ Mars

Saturn erstrebt den Erfolg langsam, durch Fleiß und Stetigkeit, auf lange Sicht. Saturnisch sind Vorsicht und Methode. Promissor Mars aber will aktivieren, beschleunigen, die ankommenden „langen Wellen" verkürzen, in Aktion umsetzen. Das kann im besten Fall zu sehr hartnäckigen Bestrebungen führen, zu einem kämpferischen Einsatz, der durch beträchtliche Willensleistungen auch den Sieg bringt. Er wird erkauft durch einseitige Einstellung, er wird auf dem Hauptkriegsschauplatz erfochten und nicht auf der Nebenszene. Was nicht unmittelbar zur Sache gehört, bleibt außer Betracht. Der Native ist in seinem Wesen kantiger, wird nicht aus der Fassung zu bringen sein, mehr oder weniger triebhaft reagieren und sich als kühn im Augenblick der Gefahr erweisen.
Über berechtigte Wünsche der Partner setzt er sich hinweg, so daß sein rigoroses Vorgehen ihm zwar Achtung einbringen, aber Sympathie kosten kann. Um eine Zweisamkeit zu begründen oder in einer Familie das ganze Glück zu sehen, ist diese Einstellung sicher nicht geeignet.
Materiell bringen die auf Eroberung getrimmten Wesenszüge natürlich Erfolg. Aber ob er der rechte Lohn für die aufgewendete Mühe ist, muß dahingestellt bleiben. Auch wäre vielleicht diplomatisch und

mit weniger Aufwand mehr zu erreichen. Aber Konkurrenten werden aus dem Feld geschlagen, Vorgesetzte beeindruckt, Autorität erworben, denn nur eine allzu große Anspannung der Kräfte könnte davon abbringen, ein ins Auge gefaßtes Ziel vorzeitig aufzugeben.
Die Radixverfassung beider Gestirne und ihr Anteil am Häusersystem lassen Schlüsse auf den Wirkungsbereich zu.
Besonders wenn die Konstellation auf Ecken des Horoskops Bezug nimmt, sei es auf Asz-Desz, auf MC oder IC, wird ein deutlicher Effekt zu spüren sein, der nicht nur an die Bedeutung der Häuser Nr. 1, 4, 7 und 10 anknüpft, sondern rein Persönliches betreffen kann.

D 194 ♄ Saturn im Spannungaspekt mit ♂ Mars

Hier steht Saturn gegen Mars, was den Nativen unter starken Druck setzt. Verbitterung kann mit Jähzorn wechseln, Konflikt vor allem aus Eifersucht zur Trennung führen, aufgestaute Affekte brechen plötzlich los und wecken selbstzerstörerische Kräfte. Sie zeigen sich gesundheitlich als Koliken, Attacken, Verletzungen oder Unfall.
Die partnerschaftliche Situation leidet unter dem Mangel an Einfühlung, an Unnachgiebigkeit und Härte. So kann Liebe zu Haß werden, können Zorn und Zwietracht jene Bindungen zerstören, die entweder aus Herzens- oder Vernunftgründen geschlossen wurden. Impulsiver, unüberlegter stoßweiser Energieeinsatz wechselt unvermittelt mit Perioden zäher Aggressivität, Resignation oder Schwäche. Das gefährdet den beruflichen Erfolg und bringt materielle Verluste. Charakterfehler treten hervor, Raubbau an der eigenen Kraft behindert, was eigentlich sinnvoll zu tun wäre. Bitte Hinweis auf Häuserstellung S. 150 zu beachten. ♄

D 195 ♄ Saturn in Konjunktion mit ♂ Mars

Die Konjunktion verdeutlicht am nachhaltigsten den negativen Trend. Im Unterschied zu **D 129**, wo Mars als drängender, aggressiver Signifikator endlich nach Hemmungen und Verzögerung den Mißerfolg herbeiführt, ist **D 195** zu sehen. Hier staut sich langsam saturnischer Haß auf, wirkt das Gift der Zersetzung, bis plötzlich die „böse Tat" den eigenen Zusammenbruch vollständig machen kann.

D 196 ♄ Saturn harmonisch mit ♃ Jupiter

Die Situation ist ähnlich wie **D 164** und doch anders. Saturn als Signifikator bedeutet das stete Drängen, die langsame, nüchterne, vorsichtige Art des Taktierens, um die Dinge zu bewegen. Wird Jupiter als Promissor vorgeschaltet, kann dies einen „glücklichen Schub" bringen, den geglückten Start oder den nutzbringenden Abschluß einer Handlung. Konzentration und Geduld bewähren sich in juristischen Fragen, bei der Ausweitung des materiellen Lebensrahmens mit Hilfe von Krediten oder unter Abschluß von Verträgen, auch im Sinne behördlicher Regelungen. Der Erfolg ist das Ergebnis von fast philosophischen Einsichten oder mindestens klugen Überlegungen, dem „richtigen" Zeitgefühl, was den rationellen Einsatz der Energie möglich macht. Es muß hart gearbeitet werden, aber es winken klingender Lohn oder Ruhm und Ehre, in Herzensdingen Sympathiegewinn. Hartnäckigkeit zahlt sich aus, Langzeitmethoden bewähren sich, nicht nur gesundheitlich. Wer es versteht, die Dinge an sich herankommen zu lassen, wer auf den Rat erfahrener Leute hört, kann geschäftlich einen guten Schnitt machen. Er wird juristisch das Erreichte absichern oder Studien zu einem Abschluß bringen, der Anerkennung verdient.

Was den Lebensbereich anbetrifft, in dem sich die Konstellation auswirken dürfte, lesen Sie bitte auf S. 302 über die grundsätzliche Bedeutung der einzelnen Häuser nach.

D 197 ♄ Saturn im Spannungsaspekt mit ♃ Jupiter

Statt Schwierigkeiten, Hemmungen und Verzögerungen mit Geduld abzubauen, dem „Zug der Zeit" zu überlassen, wird spekuliert, alles auf eine Waagschale geworfen, die Krise somit noch verschärft. Das bringt Mißerfolge durch eigenes Verschulden, läßt Besitz einbüßen und im öffentlichen Wirken benachteiligt sein. Risse in einer Partnerschaft werden deutlich und können im Scheidungsbegehren münden, oder es ergeben sich materielle Belastungsproben durch behördliche Einflußnahme. Der Native muß sich mit Neidern und Störenfrieden auseinandersetzen, statt sich mit eigentlichen Problemen befassen zu können. Bitte Hinweis auf Häuserstellung S. 150 zu beachten.

D 198 ♄ Saturn in Konjunktion mit ♃ Jupiter

Wird Jupiter vereinfacht als „Glücksplanet“ eingeschätzt, der eine bestimmte Position im Radixhoroskop innehat, so kann das Überschreiten dieses Platzes durch das Symbol für „großes Unglück“ alles Gute in Frage stellen. Hält man sich an diese simple Darstellung und durchdenkt den Sachverhalt, kann das Ergebnis nicht viel anders ausfallen, es sei, die radikalen Anlagen beider Gestirne wären vorzüglich aufeinander abgestimmt. In diesem Falle ist **D 196** als Deutungshilfe gegeben, denn der „gute Saturn“ ist frei von Unehre, niedrigem Begehren, von List und Tücke und kann sich am „glücklichen Ort“ sogar entfalten. Sind beide Planetenpositionen aber beschädigt, werden die lebenserleichternden Umstände entfallen und wird die Deutung **D 197** gültig sein.

D 199 ♄ Saturn harmonisch mit ♄ Saturn

Direktionen langsamer Planeten zum eigenen Radixort werden sich kaum als besondere Ereignisse manifestieren, können höchstens dem betreffenden Wirkungsbereich, der durch die Hausstellung angezeigt ist, Nachdruck verleihen. Positiv Saturnisches mag unterstützend für die Handlungsweise sein, die dann anfällt: innere Reife und Ausgewogenheit, Sammlung von Erfahrungen, methodische Reaktionen. Was den Lebensbereich anbetrifft, in dem sich die Konstellation auswirken dürfte, lesen Sie bitte auf S. 150 über die grundsätzliche Bedeutung der einzelnen Häuser nach.

♄

♄ Saturn im Spannungsaspekt mit ♄ Saturn

Ähnlich wie bei **D 199** sind ausgesprochene Krisenaspekte direktionär nicht möglich und könnte lediglich das Halbquadrat im fünften Lebensjahrzehnt Verzögerung oder Sperrung gegenüber besserer Einsicht bringen.

Neid, Mißgunst und angegriffene Gesundheit können dann im Falle gleichsinniger Transite das Fortkommen beeinträchtigen, und eine egoistische Handlungsweise kann Partnerverbindungen leerlaufen
D 200 lassen. Wie bei **D 199** sollte die Häuserstellung beachtet werden.

D 201 ♄ Saturn in Konjunktion mit ♄ Saturn

Lediglich bei den Profektionen mag ein gewisser Rhythmus im Lebensablauf erkennbar werden, denn für die übrigen Direktionen ist dieser Aspekt ohne Bedeutung.

D 202 ♄ Saturn harmonisch mit ♅ Uranus

Durch die jeweiligen Promissoren werden auch Saturnaspekte farbiger und können in der Lebenswirklichkeit verschieden zur Geltung kommen. Nimmt Saturn auf Uranus Bezug, werden sich Fleiß, Geduld, Konzentration und Methode darauf richten, endlich eine Reform in wichtigen Lebensumständen herbeizuführen. Welche das sind, erhellt die Radixverbindung sowie die Häuserstellung. Es scheint, als ob langes Suchen und mühsames Betreiben einer Sache nun plötzlich *die* Lösung fände, die sich vom Üblichen unterscheidet. Das Zeichen Wassermann, von beiden Gestirnen regiert, verdeutlicht etwas vom saturnischen Trend, der sich am Uralten orientierend das Supermoderne zum Ziel nimmt. Gemäß der Häuserbeteiligung können sich die persönlichen Bestrebungen entfalten. Es liegt in der Natur der langsam laufenden Gestirne, daß trotz des Bezugs zum „Zufall", als dem plötzlich sichtbaren Schnittpunkt zweier Ereignistrends, sich die Begebenheit als solche langsam anbahnt. Aber der Umschwung kann total sein, vor allem wenn gleichsinnige Transite in dieselbe Richtung weisen.

Auf der materiellen Ebene werden Erfolge greifbar, vor allem auch wenn Studien eine vorbereitete Rolle spielen oder Selbstzweck sind. Auch Technisches liegt auf der Linie, in der sich Bedeutsames realisieren läßt. Partnerschaftlich kann eher die Lebensform angesprochen werden, die sich durch ihre originelle Art und Weise von der bisherigen unterscheiden mag.

D 203 ♄ Saturn im Spannungsaspekt mit ♅ Uranus

Wie beim Transit läßt sich die Direktion durch Gefahr, Krise oder Verlust kennzeichnen. Für die langsame saturnische Anstauung findet sich kein Ventil. Ernstes, stetes, unnachgiebiges Bemühen, eine nahe an Intoleranz gehende subjektive Betrachtung und Sperrungen persönlicher Art stoßen plötzlich an eine Grenze, die durch einen „uranischen Blitz" deutlich wird. So kann ein „Zufall" die Krise auslösen, die sich gewissermaßen zwanghaft bereits vorgebildet hat. Die Folge wird harter Existenzkampf sein, auch Kummer und Leid, etwa durch plötzliche Trennung, materielle Verluste durch Risiken und in der Arbeit oder bei Geschäften Nachteile, weil eine Fehleinschätzung der Situation vorliegt. Bitte Hinweis auf Häuserstellung S. 150 zu beachten.

D 204 ♄ Saturn in Konjunktion mit ♅ Uranus

Dieser Aspekt kann sich bei ganzen Jahrgängen durchprägen und ist demnach generationsbezüglich. Das heißt, daß äußere Umstände den Nativen plötzlich sehr deutlich merken lassen, in welchem Maße er Teil einer Generation ist oder an den Zeitumständen leidet. Praktisch gesehen handelt es sich um Gefahren, um Krisenstimmung oder Verlusttendenz, die gemäß der Häuserstellung zu erfassen ist.

D 205 ♄ Saturn harmonisch mit ♆ Neptun

Der erdenschwere saturnische Blick ist auf die Realität gerichtet. Es entspricht der Erfahrung des Saturniers, sich an die Realität zu halten, ♄ weil nur sie ihm eine Art Erfolgsgarantie abgibt. Gelangt nun Saturn als Signifikator auf einen harmonischen Neptunpunkt, so weiß der eingefleischte Saturnier damit nichts anzufangen. Wenn aber die Radixkonstellation Einsichten möglich macht, weises Verhalten als Ergebnis der Arbeit an sich selbst zuläßt, vermag diese Konstellation geistigen Bemühungen die Krone aufzusetzen. Je sensibler das Naturell, um so stärker die Fähigkeit zu reifen, Problemen auf den Grund zu gehen, auszuloten, welche persönlichen Umstände es sind, die den Schicksalsgang so oder so beeinflußt haben und daraus die richtigen Schlüsse zu ziehen. Damit eröffnen sich dem Nativen neue Ausblikke; es schweift der Blick über enge, durch materielle Umstände bedingte Grenzen. Aber der Boden der Realität wird nicht verlassen. Diese Direktion hat selten Ereignischarakter, liefert vielmehr eine positive Grundstimmung für andere konkretere Konstellationen.

D 206 ♄ Saturn im Spannungsaspekt mit ♆ Neptun

Trotz Vorsichtshaltung, Methode, Fleiß, allerdings auch Eigensinns und Unnachgiebigkeit ist die Konsequenz bestimmter Bemühungen enttäuschend. Das Ergebnis sind aufreibende Lebensumstände, die eine Neurose zur Folge haben können, quälende Schmerzen oder Leid durch Intrige, an deren Zustandekommen der Native selbst schuld hat. Und doch mag es scheinen, als sei er Opfer und leiste Verzicht. Diese Direktion schafft keine glücklichen Voraussetzungen für Zweisamkeit, Geschäftsbeziehungen, für berufliche Anstrengungen und schon gar nicht für materielle Risiken. Promissor Saturn erweist sich als Symbol für Schwäche und Irrtum.

D 207 ♄ Saturn in Konjunktion mit ♆ Neptun

Der Aspekt hat einen ähnlichen Generationscharakter wie **D 204.** Er wird mundanastrologisch eher eine Rolle spielen als im persönlichen Horoskop. Welche Art Ereignisse von ihm betroffen sind, läßt sich nur mutmaßen, am ehesten nach der Hausstellung bzw. nach der für den fraglichen Zeitraum gegebenen tatsächlichen Situation. Sie wird ungünstig sein für alles Neue und kaum eine glückliche Basis für eine gedeihliche Entwicklung persönlicher Lebensumstände abgeben.

D 208 ♄ Saturn harmonisch mit ♇ Pluto

Man kann davon ausgehen, daß diese Direktion die Durchsetzung persönlicher Ansprüche fördert und gelingen läßt. Am ehesten läßt sich die Konstellation mit **D 193** vergleichen, doch wird sie ein größeres Gewicht von den Zeitumständen her haben. Da die astrologische Natur beider Gestirne überwiegend kritisch angesehen werden muß, wird selbst die positive Direktion mit Vorsicht beurteilt werden müssen.

D 209 ♄ Saturn im Spannungsaspekt mit ♇ Pluto

Die Aussage ist ähnlich wie zu **D 208,** jedoch hat die Konjunktion einen eindeutig negativen Sinn und gemahnt an Schicksalhaftes. Es wäre falsch, sie als ausgesprochen unglückliches Omen anzusehen, etwa für eine persönliche Katastrophe, was nur selten eine gewisse Berechtigung haben mag.

D 210 ♄ Saturn harmonisch mit ☊ Mondknoten

Aus rationalen Erwägungen oder weil es die Lebenspraxis erfordert, schließt sich der Native enger an eine Gemeinschaft an, verzichtet auf eine Sonderstellung und will dem Bund Dauer verleihen. Daher ist

die Ausgangssituation für eine Ehe ebenso günstig wie für eine geschäftliche Beziehung.
Was den Lebensbereich anbetrifft, in dem sich die Konstellation auswirken dürfte, lesen Sie bitte auf S. 302 über die grundsätzliche Bedeutung der einzelnen Häuser nach.
Besonders wenn die Konstellation auf Ecken des Horoskops Bezug nimmt, sei es auf Asz-Desz, auf MC oder IC, wird ein deutlicher Effekt zu spüren sein, der nicht nur an die Bedeutung der Häuser Nr. 1, 4, 7 und 10 anknüpft, sondern rein Persönliches betreffen kann.

D 211 ♄ Saturn im Spannungsaspekt mit ☊ Mondknoten

Das Gegenteil von **D 210**: Eine Konstellation der Isolierung, ein Trend, in dem die persönlichen Lebensumstände auf Aussonderung des Nativen aus einer Gesellschaft hindeuten. Diese Direktion erschwert das Zustandekommen einer Ehe, einer Freundschaft oder einer geschäftlichen Verbindung, wird vielmehr, wenn andere Konstellationen in die ähnliche Richtung weisen, zur Scheidung oder Trennung führen.
Bitte Hinweis auf Häuserstellung S. 150 zu beachten.

D 212 ♄ Saturn in Konjunktion mit ☊ Mondknoten

Wohl wird der Trennungscharakter deutlicher als bei **D 211.** Aber zugleich kann der Entschluß zur Absonderung ein langes Tauziehen beenden und damit für die weitere Zukunft eine neue Ausgangsbasis schaffen. Solange die Direktion allerdings wirksam ist, wird die Anknüpfung oder Intensivierung einer Beziehung nicht gelingen.

D 213 ♄ Saturn harmonisch mit Asz

Vor allem labile Naturen werden unter dieser Direktion gefestigter werden und in stabilere Umweltverhältnisse kommen bzw. sich solche schaffen. Die realistische Einschätzung des Milieus erlaubt es, sich sachgerecht darauf einzustellen und aus Kontakten den größtmöglichen Nutzen zu ziehen. Bei geeigneter Voraussetzung im Radix darf man auch eine Stärkung der Gesundheit erwarten, wobei Langzeitbehandlungen günstig anschlagen.
Die Konstellation stärkt das Selbstbewußtsein, ohne indessen da-

durch die Anknüpfung von Kontakten zu erschweren. Im Gegenteil: Gerade dadurch, daß der eigene Standpunkt fixiert ist, der Native weiß, was er will und was er wert ist, werden Verbindungen gleich welcher Art, unter vernünftigen Gesichtspunkten abgeschlossen und können von langer Dauer sein. Gemäß dem Einfluß des Asz auf die Gesamtpersönlichkeit wird das Auftreten des Nativen stärker von materiellen Interessen bestimmt sein. Es gelingt ihm, Schwierigkeiten zu überwinden und sich durchzusetzen. Vorzüglich eignet sich die Konstellation für das Wirken in der Stille oder für die geistige Auseinandersetzung mit einer tiefgreifenden Lebensproblematik.

D 214 ♄ Saturn im Spannungsaspekt mit Asz

Unter dieser Direktion wird es dem Geborenen nicht gelingen, Sympathie zu erwerben, Kontakte zu knüpfen, vor allem wenn sie seiner materiellen Situation Auftrieb geben sollen. Intime Beziehungen aber werden scheitern, weil der Native (Radixsituation beachten!) seine persönlichen Ziele zu engherzig verfolgt, anderen gegenüber intolerant ist und jene Mittel geizig zurückhält, die ihm weiterhelfen könnten. Die Gesundheit ist gefährdet.

D 215 ♄ Saturn in Konjunktion mit Asz

Stärker noch als der gleichsinnige Transit ist die Direktion Symbol für einen Einschnitt im Leben. Was als Konfrontation mit dem Schicksal erscheint, wurzelt in den tiefen Schichten der eigenen Persönlichkeit. Verdruß, Ärger, Feindschaft (Saturn kommt aus dem 12. Haus!), Widerstand und anderes Negatives staut sich auf und wirkt nun massiv auf den individuellen Punkt des Horoskops. Das aber bringt zum mindesten Stagnation, Zweifel an sich selbst und den eigenen Möglichkeiten, in der Regel aber Verlust, Sorge, Krankheit, einen „Fingerzeig Gottes". Als **Opposition zum Desz** ergibt dies Trennungstendenz, Scheidung, Isolierung, Sorge um Nahestehende.

D 216 ♄ Saturn harmonisch mit MC

Für den Ehrgeizigen stehen die Signale auf grün, denn Berufliches, aber auch Partnerschaftliches oder innigst Gewünschtes kann nunmehr ausreifen und Erfüllung finden. Vor allem materielle Ziele werden durch den Aspekt angesprochen und realisierbar.

D 217 ♄ Saturn im Spannungsaspekt mit MC

Gemäß der Natur Saturns handelt es sich um Einschränkungen, die sich in der beruflichen Situation, aber auch häuslich zeigen oder in beiden Fällen gleichzeitig. Sorgen entstehen durch Kündigung, Entlassung, mindestens aber durch Zurücksetzung oder Bruch in der Karriere. Nach den Regeln der Tradition ist auch eine Erkrankung von Familienmitgliedern oder ein Todesfall in der Verwandtschaft denkbar.

D 218 ♄ Saturn in Konjunktion mit MC

Wie ein Saturn im Radix am Meridian in erster Linie Ehrgeiz ausdrückt und nicht schlecht zu bewerten ist, kann auch diese Direktion ihr Gutes haben. Aber nur wer behutsam die Weichen stellt, vorsichtig handelt und nicht übertreibt, sich nicht auf den Glücksfall verläßt und es versteht, sich im Falle eines Sieges oder Erfolgs zurückzunehmen, kann unter dieser Direktion mit einer echten Erhöhung rechnen. Zumeist wird eher ein Sturz aus der Höhe einer gewonnenen Position zu befürchten sein oder ergibt sich ein Verlust an Ansehen, der auch familiär Auswirkungen haben wird. Für einen neuen Start oder um bedeutsame Initiativen zu ergreifen, schafft diese Direktion keine gute Basis.

Uranus als Signifikator

Wir wissen zu wenig über das Leben der Durchschnittsmenschen in vergangenen Zeiten, denn die sich in literarischen Zeugnissen, die uns erhalten geblieben sind, äußerten, gehörten ja zur Elite und waren oft „ihrer Zeit voraus". Aber es besteht einige Wahrscheinlichkeit zu der Annahme, daß wir Menschen in der Gegenwart stärker uranische Rhythmen verspüren, daß eine gewisse Wechselwirkung zwischen den gewaltigen Umbrüchen in Politik und Wirtschaft einerseits und dem „uranischen Wirken" andererseits in uns besteht. Was aber ist das? Stufenjahre des Lebens, etwa wie sie sich durch die saturnische Sieben-Jahres-Periode abzeichnen, gab es schon immer. Es mag der Drang nach Erneuerung sein, das zwingende Verlangen jetzt und zu keiner anderen Zeit, sofort und gleichgültig unter welchen Umständen, einen Umschwung herbeizuführen. Das aber ist Uranus, der Blitz, der nicht vom Himmel zuckt, sondern gleichsam aus den tiefsten Gründen der Menschennatur nach oben schießt. Er sprengt Grenzen, kehrt das Unterste nach oben, bewirkt Handlungsmotive aus uraltem verschüttet geglaubtem Ahnenerbe, will Erneuerung. Das aber wird in der Alltagspraxis für die meisten jenen Überraschungseffekt bringen, demzufolge Dinge geschehen, die man dem „Zufall" zuschreibt, für die es keine Erklärung gibt, die Überraschung auslösen. So werden Handlungen unternommen oder Interessen geweckt, die „originell" scheinen, jedoch nichts anderes sind als eine Suche nach neuen Wegen, was bis zur exzentrischen Einstellung gehen kann. Typisch uranisch ist, daß solches anfallweise geschieht bzw. nicht vorhersehbar, nicht planbar ist. Je nach der Radixverfassung des Planeten ist die Intensität der Aufbruchsstimmung einzuschätzen, das Verlangen nach Unabhängigkeit zwingend, kann Überspannung ruinöse Folgen haben und die Begeisterung für das Neue auch ebenso rasch wieder erlahmen. Uranische Wendemarken können sehr gefährliche Stellen im Lebensablauf sein, Abbruch, Trennung, Umsturz, Krampf oder Katastrophe. Liegt die vordem heile Welt in Trümmern, kann aufgebaut werden. Wer seine Hoffnungen auf Uranus setzt, muß eine starke Natur sein. Es wird ihm nichts erspart bleiben, aber er wird am Ende zu Erkenntnissen kommen, die ihm vorher undenkbar schienen. Uranische Naturen erleben selten

längere Perioden ausgesprochener Harmonie, denn immer wieder brechen plötzliche Spannungen auf.
Dieser Art sind auch die uranischen Impulse, die vom Signifikator gesendet werden und die ein adäquates Relais brauchen, das diese Wellen aufnimmt und entsprechend der Natur des jeweiligen Promissors ausformt.

D 219 ♅ Uranus harmonisch mit ☉ Sonne

Liegt eine harmonische Radixverbindung vor, ist die Sonne von allen Promissoren der beste. Es ist schließlich das Naturell in seiner Gesamtheit, das Ich, das die verästelten Zuckungen uranischen Blitzes absorbiert. Wer „ein anderer" werden will, wird dies total sein müssen, er kann plötzlich neue körperliche Kräfte verspüren, kann auf „unerklärliche" Weise gesunden, wird außergewöhnliche Heilmethoden akzeptieren. Seine physische Natur kann Großes vollbringen, kreativ werden, aus tiefster Seele neue Organisationsformen des Lebens anstreben. Vor allem aber ist der geistige Anteil am Ich betroffen, denn in dieser Sphäre vermag Uranus am stärksten Kräfte freizusetzen, die etwa der Art des Zeichens Wassermann entsprechen. Harmonische Uranus-Direktionen machen „tabula rasa" und wecken die innere Bereitschaft, aus Begeisterung neue Wege zu gehen.
Der „Zufall" scheint plötzlich zwei Menschen zusammenzuführen, auch wenn sich die Wege nur für kurze Zeit kreuzen. Es kann der einzelne plötzlich im Scheinwerferlicht der Öffentlichkeit stehen, Spiel und Spekulation ihn gewinnen lassen, er wirft sich dem Ungewöhnlichen in die Arme, gibt Reizen nach, an die er vorher nicht zu denken wagte. Gemäß dem Anteil von Sonne und Uranus im Radix und direktionär am Häusersystem werden sich die Beziehungskategorien darstellen.

D 220 ♅ Uranus im Spannungsaspekt mit ☉ Sonne

Noch stärker wird der uranische Blitz empfunden. Er kann nicht absorbiert, seine Kraft nicht weitergeleitet werden. Das erschüttert die Nervenbahnen, bewirkt Krampf oder Katastrophe. Nicht nur Morsches stürzt zusammen, ein „Schicksalsschlag" kann die materielle und ideelle Basis spalten. Uranisch sind somit Unfälle oder Operationen, plötzliche kritische Wendungen, die Konfrontation mit dem Abenteuer, der Einbruch in die gefestigte charakterliche Situation und damit die plötzliche Belastung einer Partnerschaft. Trennung oder Scheidung sind die Folge. Je nach Lebensalter und Position wird experimentiert, kommt es zum Ausbruch, zum Versuch auszusteigen, der zur Existenzkrise wird.

Bitte Hinweis auf Häuserstellung S. 150 zu beachten.

D 221 ♅ Uranus in Konjunktion mit ☉ Sonne

Es sind Spannungen von höchster Tragweite, die sich dann auslösen werden, wenn gleichsinnige Transite vorkommen. Der zeitliche Orbis darf nicht zu eng gefaßt werden. Die Auslösung erfolgt nach D 220.

D 222 ♅ Uranus harmonisch mit ☽ Mond

Wenn es sich auch um Aspekte handelt, die gemeinhin als harmonisch bezeichnet werden, ist die Auswirkung der Konstellation doch unüblich. Eine starke psychische Erregung kann eine Reaktion auslösen, die Anlaß für eine Wendung gibt. Die allgemeine ausgetretene Lebensbahn wird verlassen, entschlossen ein anderer Weg beschritten. Der Ausbruch aus dem Üblichen kann evtl. Materielles betreffen, eine neue Organisationsform für die Existenz darstellen, wobei moderne Zielvorstellungen angepeilt werden. Aber alle Veränderungen werden emotional bedingt sein, sowohl im Beruf wie besonders in Freundschaften oder da, wo es um Partnerschaftliches geht. Wer viel Phantasie in seine Handlungen investiert, wie etwa ein Künstler, kann zu sehr kreativen Leistungen angespornt werden.

Was den Lebensbereich anbetrifft, in dem sich die Konstellation auswirken dürfte, lesen Sie bitte auf S. 302 über die grundsätzliche Bedeutung der einzelnen Häuser nach. ♅

Besonders wenn die Konstellation auf Ecken des Horoskops Bezug nimmt, sei es auf Asz-Desz, auf MC oder IC, wird ein deutlicher Effekt zu spüren sein, der nicht nur an die Bedeutung der Häuser Nr. 1, 4, 7 und 10 anknüpft, sondern rein Persönliches betreffen kann.

D 223 ♅ Uranus im Spannungsaspekt mit ☽ Mond

Das Höchstmaß an ungewöhnlichen und starken Reizen ergibt sich bei der **Konjunktion,** die daher in jedem Falle mindesten vorübergehend Krisenstimmung bezeichnet. Erregung kann zu Psychose werden, innere Unruhe zur Ursache von Fehlhandlungen; das Gemüt ist irritiert, denn Neues dringt zu mächtig ein. Empfindungen werden aufgereizt, können aber nicht ausreifen oder harmonisch ausklingen. Die Krise scheint durch den Gang der Dinge programmiert. Woher sollte auch der Native Kräfte zur Besänftigung oder zum Gegensteu-

ern bekommen, wo es doch die eigene Psyche ist, in der die Spannungszustände entstehen. Dies geschieht freilich zu heftig und wird sichtbar durch ein Ereignis, einen ,,Zufall". Doch ist dieser Zusammenhang nur scheinbar, denn tatsächlich liegen die kausalen Verhältnisse gerade umgekehrt.
Gesundheitlich kann eine Operation nötig werden, werden partnerschaftlich Hektik aufkommen, Gereiztheit oder plötzliche Trennung. In dieser Zeit jedoch eine neue Beziehung einzugehen, wie es oft geschieht, wird sich ebenfalls als Fehlhandlung erweisen.
Materiell werden Wechsel und Veränderungen versucht, weil leidenschaftliche Gefühle dies erzwingen. Es ist aber keine Zeit für echte Aufbauleistungen.
Im Beruf können Pläne durchkreuzt werden, Stellungsverlust eintreten oder eine Kündigung radikale Veränderungen herbeiführen. Ein seelischer Ausbruch wirft jede nüchterne Kalkulation über den Haufen.
Bitte Hinweis auf Häuserstellung S. 150 zu beachten.

D 224 ♅ Uranus harmonisch mit ☿ Merkur

Der Intellekt als Promissor vermag aus uranischen Reizen das Beste zu machen. Es werden neue Wege eingeschlagen, weil überdurchschnittlich geistige Beweglichkeit eine Veränderung anstrebt. Nervliches In-Form-Sein schafft gute Voraussetzungen, Ungewöhnliches zu tun. Das Verlangen nach neuen Impressionen begünstigt plötzliche Reisen und ist eine vorzügliche Konstellation für Erfinder, Techniker oder jene, die für ihre Probleme eine ausgefallene Lösung suchen. Partnerschaftlich ist eine ungewöhnliche Verbindung möglich, die von Außenstehenden nicht verstanden wird. Bitte Hinweis auf

D 225 ♅ Uranus im Spannungsaspekt mit ☿ Merkur

Uranische Impulse können vom Promissor Merkur nicht verdeutlicht werden. Das schafft Nervosität, geistige Unrast, Reizbarkeit über eine längere Zeit. In dieser werden berufliche Entwicklungen plötzlich gestört, zerschlagen sich Geschäfte durch ,,Zufall", erweist sich der Native als ungeschickter Vermittler oder ,,verunglückt" auf einer Reise.
Bitte Hinweis auf Häuserstellung S. 150 zu beachten.

D 226 ⛢ Uranus in Konjunktion mit ☿ Merkur
Auf jeden Fall eine Konstellation höchster Spannung. Ob diese sich positiv lösen kann oder ob sie mit mehr Wahrscheinlichkeit zu kritischen Reaktionen oder Folgen führt, kann nur das sorgfältige Studium der Radixsituation beider Gestirne klären. Das Horoskophaus, in dem diese Konjunktion stattfindet, wird in erster Linie als Ereignisebene in Frage kommen.

D 227 ⛢ Uranus harmonisch mit ♀ Venus
Spannung und Harmonie, die beiden Hauptwesenszüge dieser Planetensymbolik, sind nur schwer aufeinander abstimmbar. Die unvermittelt einsetzenden Impulse werden allerdings in positiven Aspekten Erlebnisbereitschaft in Liebe und Freundschaft steigern, triebhafter reagieren lassen, die Befriedigung allerdings in ungewöhnlichen Formen oder durch Hinwendung zu einem anderen neuen Partner begehren. Es kann ein „geglückter Seitensprung" sein, aber auch ein ungewöhnliches künstlerisches Erlebnis oder eine einmalige Begegnung. Bitte Hinweis auf Häuserstellung S. 150 zu beachten.

D 228 ⛢ Uranus im Spannungsaspekt mit ♀ Venus
Die Steigerung des Liebesbegehrens, auch der Eigenwilligkeiten, die sich bei der Erfüllung von Triebwünschen ergeben, überschreitet das normale Maß, so daß beim Partner und in der Öffentlichkeit mit Unverständnis zu rechnen ist. Diese Konstellation kann Untreue oder Trennung bringen, nach der Tradition auch auf sexuelle Vergewaltigung schließen lassen oder sich als Skandal realisieren.
Materiell mißlingen Spekulationen, beruflich kann es zu Entgleisungen kommen, wobei Neid oder Eifersucht, Kredit- oder Geldverluste Ursache oder Folge sind.
Bitte Hinweis auf Häuserstellung S. 150 zu beachten.

⛢

D 229 ⛢ Uranus in Konjunktion mit ♀ Venus
Da selbst eine positive Radixverbindung zwischen beiden Gestirnen eine Komplizierung der Triebsituation anzeigt, kann die Konjunktion in keinem Fall als „günstig" empfunden werden. Erst nach ihrem Abklingen werden Harmonie oder Ruhe einkehren und läßt sich Partnerschaftliches konstruktiv betreiben. Starke Künstlernaturen

vermögen vielleicht die ,,Wirkung" der Konjunktion als Antrieb zu besonderer Kreativität zu nützen. Als Ereignisebene wird das Horoskophaus, in dem diese Konjunktion stattfindet, in Frage kommen.

D 230 ♅ Uranus harmonisch mit ♂ Mars

Ob Mars die Anstöße vom ,,Sender" Uranus ,,richtig" weitergibt, muß dahingestellt bleiben. Es ist eher mit einer unangemessenen Verstärkung zu rechnen, so daß Initiative und Dynamik einen abenteuerlichen Anstrich bekommen, daß übergroßer Freiheitsdrang nach Expansionsformen sucht, die im Grunde ein Wagnis sind. So wird es von dem Maße der Selbstbeherrschung abhängen, das ja aus der Radixkonstellation abzulesen ist, ob die harmonischen Aspekte Sextil und Trigon zu positiven Resultaten führen.
Die Grundsituation in einer Partnerschaft muß bei der Betrachtung der Konstellation den Ausschlag geben, ob der Partner es zuläßt, sich vom Nativen dominieren zu lassen.
Materiell steht viel auf dem Spiel. Jene Aktionen, die ein Übermaß an Energie erfordern, werden gelingen. Sportler riskieren zwar Überanstrengung und Unfall, können aber unter dieser Konstellation auch kometenhaft aufsteigen. Techniker und Erfinder werden ungewöhnliche Lösungen verfolgen, finden und sich durchsetzen.
Weitere Aufschlüsse durch Häuserstellung S. 302.

D 231 ♅ Uranus im Spannungsaspekt mit ♂ Mars

Sofern ein Unfall oder Zusammenstoß überhaupt vorhersehbar ist, vermag diese Direktion die Voraussetzung anzuzeigen. Das Verlangen nach mehr Freiheit kann Partnerschaft oder Ehe scheitern lassen, beruflich einen Sturz einleiten oder materielle Verluste bringen, mehr durch Technik und Maschinen, aber auch finanziell. Die einseitige Ausrichtung dieser Konstellation weist auf harte Vorurteile, durch die sich der Native selbst am meisten schadet. Ist er nach seiner Veranlagung ein Willensmensch, wird er intolerant reagieren und sich unbedingt durchsetzen wollen, dazu aber den falschen Zeitpunkt wählen und sich nicht mit diplomatischem Umweg aufhalten.
Bitte Hinweis auf Häuserstellung S. 150 zu beachten.

D 232 ♅ Uranus in Konjunktion mit ♂ Mars

Die Problematik dieser Planetenverbindung wird in der Konjunktion am prägnantesten. Die übergroßen Spannungen erfordern ihre Einschätzung nach **D 231**.

D 233 ♅ Uranus harmonisch mit ♃ Jupiter

Uranus als „Sender“ bezeichnet das Ungewöhnliche und regt den Instinkt an. Er richtet sich auf Jupiter, das umfassende Glückssymbol. Daher ist der Geborene unter dieser Konstellation zu einem Glücksfall motiviert, oder eine angenehme Überraschung eröffnet neue Perspektiven. Im Grunde ist es die Fähigkeit, aus einer augenblicklichen Eingebung heraus Neues zu organisieren. Es kann dieser Aspekt weit voranbringen und ungewöhnliche Ziele auf unüblichem Weg erreichen lassen. Wessen Geburtshoroskop Spekulationserfolge erwarten läßt, kann jetzt am ehesten damit rechnen. Aber es liegt in der Natur des Signifikators, was immer erreicht oder erworben wird, nur vorübergehend als Erfolg verbuchen zu können. Deswegen sind jene im Vorteil, die geschickte Verwalter ihres eigenen Vermögens sind oder dessen, was als Ereignisebene in Frage kommt. Die Auswirkung auf die einzelnen Häuser nach Radix und Direktion lassen entsprechende Schlüsse zu.

D 234 ♅ Uranus im Spannungsaspekt mit ♃ Jupiter

Der „Zufall“ (Uranus) geht am „Glück“ (Jupiter) vorbei. Das Ergebnis ist ein Mißgeschick, sind Aufregungen, die zum Abenteuer oder zum riskanten Einsatz verleiten, der sich vor allem auf jovischem Gebiet niederschlägt: Pech bei Geld- und Kreditsachen, plötzliche Einbuße an materiellen Reserven, aber auch Verlust der Gunst sozial Höherstehender, wie etwa Protektion. Unvermittelt können sich Schwierigkeiten in einer Vertragsangelegenheit ergeben bzw. kann ein Prozeß eine Rolle spielen. Es ist eine Scheidungs-Konstellation, die Partnerschaften aller Art gefährdet, bei anderen Konstellationen, die in diese Richtung weisen, auch die Ehe.

Beachten Sie auch die Häuserstellung S. 302.

D 235 ♅ Uranus in Konjunktion mit ♄ Jupiter
Die Konstellation ist ungünstig zu beurteilen, da sie im höchsten Maß mangelnde Anpassungsfähigkeit ausdrückt. Aber es kann sein, daß die Gefahr einer Vernichtung jovischer Existenzbedingungen (Geld, Vertrag, Weltanschauungs- oder Glaubensfragen) im letzten Augenblick abgewendet wird bzw. ein ungewöhnlicher Ausweg ,,eben doch noch" den totalen Umschwung erreichen läßt. Die Radixverfassung beider Gestirne mag den Ausschlag geben. Ist Uranus stärker als Jupiter, wird **D 234** uneingeschränkt zutreffen.

D 236 ♅ Uranus harmonisch mit ♄ Saturn
Transite wie Direktionen finden sich in den Horoskopen vieler Menschen des gleichen Jahrgangs bzw. der gleichen Generation. So können positive (bei **D 237** auch negative) Verhaltensformen aus der Zugehörigkeit zu einer bestimmten Menschengruppe erklärt werden, deren Radixverfassung hinsichtlich der beiden Planeten ähnlich ist.

D 236 ist ein Aspekt starker Konzentration. Tritt die Konstellation in einem Lebenszeitalter auf, in dem Dynamik eine Rolle spielt, kann jetzt das Verlangen nach Veränderung, Umstellung oder Erneuerung endlich die passenden Ansatzmöglichkeiten finden. Unbeugsamkeit und Härte, sowohl gegen sich selbst wie gegen andere, lassen ehrgeizige Ziele erreichen und fördern äußeres Ansehen. Selten genug wird mit dem Respekt aber auch liebevolle Zuneigung erworben. Soweit Partnerschaftliches betroffen ist, spielen Konsequenzen eine Rolle, im positiven Falle die Entscheidung für die Dauer, für die Treue.
Konsequenz begünstigt am meisten materiell, vor allem wenn es darum geht, Reformprojekte in die Tat umzusetzen. Was ursprünglich nur eine plötzliche Idee war, wird sorgsam durchorganisiert und geplant, was den Erfolg wahrscheinlich macht. Wenn es um feste Werte, um Grund und Boden geht, kann die Konstellation sehr voranhelfen. Sie begünstigt auch örtliche Veränderungen. Bitte Hinweis auf Häuserstellung S. 150 zu beachten.

D 237 ♅ Uranus im Spannungsaspekt mit ♄ Saturn
Vor allem in den Stufenjahren des Lebens, besonders um das 63., wenn sich der saturnische und der uranische Zyklus überschneiden,

kann diese Direktion Gefahren bringen und zerstörerisch wirken. Das wird sich gesundheitlich zeigen, kann aber auch im Zusammenhang mit einer schicksalhaften Trennung möglich werden, als deren Folge sich Seelisches körperlich auswirkt. Angriffe auf Freiheit oder Einengung der Lebenshaltung des Nativen sind unter dieser Direktion meistens die Nachwirkung begangener Fehler. Es ist eine Lebensperiode, in der Risiken sehr gering gehalten werden müssen und Anstrengungen erfolglos bleiben. Zumeist stellt sich diese Zeit als langwierige Zerreißprobe dar.

D 238 ♅ Uranus in Konjunktion mit ♄ Saturn

Auch wenn schicksalhaftes Geschehen als Herausforderung verstanden wird, die eine Antwort seitens des Nativen nötig macht, ist die Chance zu bestehen gering. Zu kräftig ist der Druck der Tatsachen, so daß vor allem in der zweiten Lebenshälfte eine solche Direktion aus der Bahn werfen kann. Beurteilt wird sie nach **D 237**.

D 239 ♅ Uranus harmonisch mit Uranus

Der langsame Lauf des Planeten bringt wenige und nur schwächere Direktionen bei den Progressionen. Es können aber um das 30. und 60. Jahr Bemühungen um eine innere Erneuerung möglich werden, die zu einer Umgestaltung der äußeren Lebensverhältnisse führt. Das Selbstwertgefühl wird verstärkt, die Dynamik der Reaktion angespornt, neue Gesichtspunkte lassen ungewöhnliche Wege einschlagen. ♅

Weitere Hinweise durch Häuserstellung S. 302.

D 240/41 ♅ Uranus im Spannungsaspekt mit ♅ Uranus

Im fünften Lebensjahrzehnt kann das Halbquadrat für den gleichzeitig fällig werdenden Oppositionstransit zum Radixort die Basis abgeben. Dies könnte am besten erklären, warum die ,,Midlife Crisis" einsetzt, wobei die Radixsituation Hinweise liefert, ob, wie und in welcher Beziehung es zu einem Ausbruchsversuch kommen kann bzw. wie weit plötzliche Resignation und Krisen in der Persönlichkeitsentfaltung und ,,Ich-Werdung" überhaupt gehen können.

D 242 ⛢ Uranus harmonisch mit ♆ Neptun

Die Förderung von Lebensernst und dem Bestreben, zu einer Selbstfindung zu kommen, wird sich vor allem auf der geistigen Ebene abspielen und von jenen Personen stärker empfunden werden, in denen parapsychische Kräfte schlummern. Erträumtes und Gewünschtes ist zu erlangen, der Lebenswille kann gestärkt sein, eine Vertiefung ideeller Bestrebungen möglich werden. Diese Direktion (wie auch der gleichsinnige Transit) haben kaum Ereignischarakter, schaffen eher einen geeigneten Hintergrund, vor dem die positive Gestaltung wichtiger Lebensprozesse oder das Gelingen einschneidender Maßnahmen möglich wird.

D 243/44 ⛢ Uranus im Spannungsaspekt mit ♆ Neptun

Spannung, Übermaß, Zufall und Inspiration, Täuschung und Schwäche gehen eine ungewöhnliche Verbindung ein. Das Ergebnis kann eine grausame Desillusionierung sein, der Sturz aus der Realität in eine mißverstandene Romantik oder Geistigkeit, seelische Irritation, die körperliche Folgen hat. Partnerschaftlich wird ein Mißverständnis zu Trennung oder Streit führen bzw. kann die Voraussetzung für eine Scheidung geschaffen werden.

D 245 ⛢ Uranus harmonisch mit ☊ Mondknoten

Sieht man in Uranus den starken Anreiz, sich alternativen Lebensformen, vielleicht ohne sich dessen überhaupt bewußt zu werden, als geeignetes Mittel zur Lösung persönlicher Konflikte zuzuwenden, kann es zu einer Neugestaltung des Gemeinschaftslebens kommen, sei es als Zusammenleben in einer Kommune, sei es in einer ungewöhnlichen Verbindung, wobei am wenigsten materielle Effekte bedacht werden. Es muß diese Direktion aber kein bestimmtes Ereignis bringen, sondern kann vielmehr einen geeigneten Rahmen schaffen, individuelle, dringliche Partnerwünsche zu befriedigen.

Bitte Hinweis auf Häuserstellung S. 150 zu beachten.

D 246 ⛢ Uranus im Spannungsaspekt mit ☊ Mondknoten

Die Grundlage ist ähnlich wie bei **D 245,** nur ist die Stoßrichtung eine andere. Sie zielt auf Trennung, auf Lösung einer alten Bindung bzw. erstrebt Vereinzelung und nicht Kontakt.

Was den Lebensbereich anbetrifft, in dem sich die Konstellation auswirken dürfte, lesen Sie bitte auf S. 302 über die grundsätzliche Bedeutung der einzelnen Häuser nach.
Besonders wenn die Konstellation auf Ecken des Horoskops Bezug nimmt, sei es auf Asz-Desz, auf MC oder IC, wird ein deutlicher Effekt zu spüren sein, der nicht nur an die Bedeutung der Häuser Nr. 1, 4, 7 und 10 anknüpft, sondern rein Persönliches betreffen kann.

D 247 ♅ Uranus in Konjunktion mit ☊ Mondknoten

Es entspricht der Natur dieser Direktion, Hinweis auf eine plötzliche Trennung zu geben oder einen Ausbruchsversuch aus einer Gemeinschaft annehmen zu lassen. Hierbei ist es gleichgültig, ob es sich um eine Herzensbindung, Freundschaft oder Zweckbeziehung handelt.
Das Horoskophaus, in dem diese Konjunktion stattfindet, wird in erster Linie als Ereignisebene in Frage kommen.

D 248 ♅ Uranus harmonisch mit ♇ Pluto

Eine über-individuelle Konstellation, die lediglich als Hintergrundaspekt zu beurteilen ist! In dieser Weise bringt sie Kraftzuwachs, Ausrichtung gewaltiger Bestrebungen, zu denen der Native mehr oder weniger befähigt ist, eine neue Zielstellung, Machtanspruch und einen gewissen Fanatismus, gibt sich durch Einseitigkeit (und Uneinsichtigkeit) sehr wirkungsvoll. Andere Konstellationen müssen hinzutreten, seien es Direktionen oder Transite, um diesen Trend auf einzelne Lebensbereiche auszurichten, wie sie sich durch die Häuserstellung ergeben.

D 249/50 ♅ Uranus im Spannungsaspekt mit ♇ Pluto

D 248 mit negativem Vorzeichen. Das gibt Lebensprobleme, mit denen der Einzelne nur schwer fertig wird; dies weniger infolge individueller Umstände als vielmehr aufgrund der Zugehörigkeit zu einer bestimmten Gruppe oder Altersschicht. Bemühungen um Erneuerung, um Abwendung von Schicksalhaftem oder um dem Gang der Ereignisse vorzubeugen, scheitern. Man fühlt sich an „höhere Mächte“ ausgeliefert. Es ist nur klug, wenn Neues behutsam und höchstens im Rahmen des Alltäglichen begonnen wird bzw. Risiken gering gehalten werden.

D 251 ♅ Uranus harmonisch mit Asz

Uranische Impulse betreffen die intimsten persönlichen Belange, ist doch der Promissor Asz der prädestinierte ,,Sprecher", der auf eine Veränderung der Wesensnatur von Grund auf befähigt. Uranischer Drang überwindet alle Hindernisse, stimmt radikaler, weniger tolerant und nachgiebig, erhöht das Selbstbewußtsein und weckt Begeisterung. Das Unverhoffte, Zufällige tritt in das Blickfeld. Der Körper kann durch neue Heilmethoden gesunden, der Geist sich neu orientieren, die Seele zu Veränderungen aufgestachelt werden. Auch wenn das Ergebnis plötzlicher, ,,zufälliger" Bemühungen völlig neu sein kann, wird es doch nichts von jener Harmonie und jenem Glück verspüren lassen, das vergleichsweise bei einer Venus- oder Jupiter-Direktion zu erwarten wäre. Dennoch aber wird das Erneuerungsbestreben vorangetrieben und schlägt zum Guten aus.

D 252 ♅ Uranus im Spannungsaspekt mit Asz

Zu sehr wird Zwanghaftes ins Treffen geführt, um eine Durchsetzung nach neuen Methoden oder innerhalb einer ungewöhnlichen Umgebung, auch innerhalb einer Gemeinschaft oder beim Partner gelingen zu lassen. Es kann ein ,,zufälliges" Mißgeschick oder Versagen sein, das aus der Bahn wirft. Da die Erfahrung für Durchkreuzung individueller Pläne spricht, hat es wenig Sinn, in den Zeiten dieser Direktion Dinge zu planen, die von Dauer sein sollen. Es ist mit Abbruch, unvermuteter Wendung oder einer Schwierigkeit zu rechnen.

D 253 ♅ Uranus in Konjunktion mit Asz

Ähnlich wie der gleichsinnige Transit wird der Übergang sich u. U. schon längere Zeit vorher ankündigen und auch noch nachwirken. Da gleichzeitig die Konjunktion mit dem Asz die Opposition zum Desz darstellt, heißen die Stichworte: Trennung oder Aufregung und Spannung, Ausbruch, Zwang zur Umstellung. Bei einer harmonischen Radixverbindung beider Faktoren kann das schließlich sein Gutes haben, sobald erst die Klippen überwunden sind. Diese aber werden unversehens auftauchen, wie denn auch Mißgeschicke oder Pannen nicht nach ihrem Termin absehbar sind. Diese Direktion bezeichnet eine sehr unruhige Lebensphase, in der konstruktiv wenig auszurichten ist.

D 254 ♅ **Uranus harmonisch mit MC**

Aus „unerfindlichen" Motiven wird der Wunsch geboren, sich beruflich oder gesellschaftlich zu verändern bzw. die familiäre Situation neu zu gestalten, umzuziehen oder neue Kontakte mit der Öffentlichkeit zu suchen. Anders als bisher kann eine bestimmte Arbeit aus Berufung getan werden. Man wendet sich alternativen Zielen zu oder verschreibt sich einer solchen Lebensform. Soweit Materielles berührt wird, stehen die Zeichen auf Veränderung, mehr oder weniger plötzlich und gründlich.

D 255 ♅ **Uranus im Spannungsaspekt mit MC**

Unruhe und Spannung gefährden die berufliche Existenz und schaffen eine unbefriedigende familiäre Situation. Die Konsequenz können heftige Reaktionen sein, die allenfalls zu Anfang die Zielsetzung gelingen, dann aber durch einen „Zufall" scheitern lassen. Es gelingt nicht, auf eigenen, bisher nicht beschrittenen Wegen zu mehr Freiheit und Selbstverantwortung zu kommen, beruflich Unabhängigkeit zu gewinnen und gesellschaftlich akzeptiert zu werden.

D 256 ♅ **Uranus in Konjunktion mit MC**

Nur selten wird bei einer entsprechenden Radixverfassung beider Faktoren beruflich unvermutetes Glück eintreten oder sich äußere Ehre gewinnen lassen. Eher ereignet sich ein Sturz oder zerbricht die persönliche Existenz, wobei die Familie oder das Elternhaus in Mitleidenschaft gezogen werden. ♅

Neptun als Signifikator

Mit Uranus hat Neptun gemeinsam, daß „unter der Schwelle Befindliches" danach drängt, Steuerungsfunktionen im Lebensablauf zu übernehmen. Während es bei Uranus als „Blitz" erfolgt, geschieht dies bei Neptun auf eine eher „geheimnisvolle" Art. Phantasie, zarte Empfindung, mystische Innenschau, aus Inspiration genährt, sorgen für eine diffuse Wirkung. Feinste seelische Schwingungen klopfen an unser Bewußtsein und regen es an, vergleichbar einer Droge. Neptun ist tatsächlich „Gift", im Sinne des Wortes eine Gabe, die nur in der rechten Dosis bekömmlich ist. Zuviel davon erzeugt Rausch, bewirkt Schwindel oder Schwäche. Dann kann die Kraft des Willens brechen oder ist der klare, aufs Ziel gerichtete Blick getrübt, wird Illusion für Wahrheit genommen, Täuschung für Wirklichkeit.

Ein Neptun in bester Radixverfassung vermag den Künstler zum Genie zu machen, ihm einen Zugang zu den geheimsten Quellen der menschlichen Natur zu öffnen, aus der jene Seelenhaltung gespeist wird, die allumfassende Menschenliebe gestaltet und Sphärenklänge vernehmen läßt. Aber wer kann schon unterscheiden, was wahre tiefe Religiosität ist, geboren aus medialer Hingabe und Einstimmung in das Höchste und mediumistisches Spektakel, das allein sich selbst ernst nimmt oder auf eine sektierererische Anhängerschaft spekuliert? Deshalb darf Neptun im Horoskop nie für sich allein gesehen werden. Saturnische Nüchternheit, marsisch-merkurische Kritik können, richtig angewendet, Prüfsteine für neptunischen Wahrheitsanspruch werden.

Wie Sekt, Wein oder andere Alkoholika aufzumuntern vermögen, kann auch die „richtige Dosis" Neptun stimulieren, die Seele in Heiterkeit versetzen, so daß selbst objektiv vorhandene Hindernisse ohne Mühe genommen werden. Oder wahre Seelengröße vermag problematische Vorgänge zu bereinigen.

Nur in sehr seltenen Fällen werden neptunische Schwingungen zum „Ereignis" führen. Eher werden die einzelnen Planetenorte und ihre Aspektpunkte zu Realaisstationen, die gemäß der gegebenen Eigenart den Zeitcharakter farblich tönen.

D 257 ♆ **Neptun harmonisch mit ☉ Sonne**

Eine Lebensperiode gesteigerten Harmonieverlangens und der Bereitschaft, sich innerlich umzustimmen und geistige, seelische, religiöse oder soziale Anregungen aufzugreifen. Über den seelischen Zustand kann sich auch das körperliche Befinden bessern. Der Umgang mit anderen wird durch kompromißbereite Haltung und Verständnis erleichtert, Freizeitgestaltung durch künstlerische oder kulturelle Interessen erfüllter. Anlehnungsbedürfnis und Seelenverwandtschaft, aber auch romantische Empfindungen veredeln Sexualität zu Erotik und ermöglichen die Initiative für humanitäre Aktionen. Es gibt Situationen, in denen die Illusion als glücklicher Schein bewußt in das Leben eingebaut wird.

Materielles ist selten betroffen. Allerdings kann Sehnsucht in die Ferne weite Reisen oder Auslandsaufenthalte fördern und somit nachhaltige Eindrücke erzeugen. Beruflich kann künstlerisches Talent zum Tragen kommen oder wird der „Musenkuß" anregen. Was den Lebensbereich anbetrifft, in dem sich die Konstellation auswirken dürfte, lesen Sie bitte auf S. 302 über die grundsätzliche Bedeutung der einzelnen Häuser nach.

D 258 ♆ **Neptun im Spannungsaspekt mit ☉ Sonne**

Selbst bei einer guten Radixverfassung kann die **Konjunktion** als stärkster Aspekt zu sehr die Gedanken von der Realität abziehen, Aktivitäten vernebeln und Glück im Rausch suchen lassen. Vorhandene psychische Defekte werden unter dieser Direktion sichtbar, etwa unzuverlässiges Verhalten, Neigung zu Unaufrichtigkeit und Lüge, Mangel an Selbstdisziplin oder Intrigen gegen andere. Das Macht- und Geltungsstreben, durch Sonne repräsentiert, wird geschwächt oder in einen Zustand der Verwirrung gebracht, was die Klarheit der Entscheidung beeinträchtigt.

Gesundheitlicher Schaden entsteht durch Gifte oder falsche Medikamente. Schwächen in einer Partnerschaft wie Untreue, Eifersucht oder Heimlichkeiten belasten, bzw. können Mißverständnisse zum Skandal führen. Es ist eine denkbar schlechte Zeit, um zu investieren oder Handlungen vorzunehmen, bei denen man auf vertrauensvolle Zusammenarbeit angewiesen ist. Beruflich kann die eigene Position untergraben werden bzw. sind Respekt und Ansehen beeinträchtigt.

D 259 ♆ **Neptun harmonisch mit ☽ Mond**
Gefühle werden intensiver, durch Phantasie angeregt oder gesteigert. Die aufgeschlossene Seelenhaltung begünstigt therapeutische Maßnahmen, etwa um Verkrampfung zu lösen, Traumata aufzudecken und besondere Kontakte zu begünstigen. In der Liebe gibt es romantische Neigungen, eine innige Beziehung zum Partner, das Glück geistigen Verstehens. Materiell ist eine Förderung über Reisen und Auslandsbeziehungen möglich, beruflich fühlen sich Künstler oder jene ermutigt, die feiner seelischer Schwingungen bedürfen. Dieser Termin eignet sich vorzüglich für Reisetätigkeit oder für Veränderungen im Aufenthaltsort.
Bitte Hinweis auf Häuserstellung S. 150 zu beachten.

D 260 ♆ **Neptun im Spannungsaspekt mit ☽ Mond**
Eigentlich könnte nur eine harte Natur die Konjunktion positiv registrieren und dadurch weicher im Empfindungsleben sein. Aber es liegt nicht in deren Veranlagung, die feinen Schwingungen wahrzunehmen. Deswegen wird die **Konjunktion** im Regelfall auch nachteilig zu beurteilen sein, denn in der Zeit dieser Direktion mangelt es an Objektivität, kann es zu psychosomatischen Störungen kommen bzw. ist die Partnerschaft durch Unaufrichtigkeit oder Heimlichkeit bedroht. Verwicklung entsteht durch zu viele Gefühle und romantische Verstiegenheit bzw. weil ein „zu gutes Herz" zu nachgiebig gegen sich und andere sein läßt. Reisen oder Auslandsbeziehungen gelingen nicht. Sie bringen nicht die erhoffte Anregung, sondern die Gefahr von Täuschung in allem, was fern liegt. Das kann auch bei ideologischen Auseinandersetzungen in die Irre führen und ist geschäftlichen Übereinkünften nicht förderlich. Phantasie wird falsch eingesetzt, was zu aufgeblasenen Ansichten oder Ausschweifungen führt, die sich im Alltagsleben wie auch beruflich als Unannehmlichkeit zeigen.
Die Häuserstellung kann abklären, ob evtl. körperliche „Vergiftung" möglich wird oder ob solche in übertragenem Sinn Partnerbeziehung, Freundschaft oder das Gemeinschaftsleben betrifft.

D 261 ♆ Neptun harmonisch mit ☿ Merkur

Die Radixsituation wird erkennen lassen, ob zu merkurischem kritischem Denken Sensitivität hinzutritt, also Instinkt. In diesem Falle profitieren u. a. die Nerven davon.
Partnerschaftlich können intime Beziehungen gelingen, denn die Partner befinden sich in einem geheimen Einverständnis. Das erleichtert eine geschäftliche Abstimmung, wird aber auch den persönlichen Kontakt vertiefen.
Soweit es um Geschäfte geht, können Chancen erspürt werden und weist die ,,innere Stimme" den richtigen Weg. Beruflich profitieren Schriftsteller und jene, bei denen Phantasie die Feder führt oder ein besonderes Einfühlungsvermögen Vorteile in der Vermittlung bringt.
Geht es um Studien, werden sinnvolle Beziehungen aufgedeckt und der zweckmäßige Studiengang eingeschlagen.
Bitte Hinweis auf Häuserstellung S. 150 zu beachten.

D 262 ♆ Neptun im Spannungsaspekt mit ☿ Merkur

Bei dieser Konjunktion handelt es sich vor allem um eine Verwirrung im Bereich des Denkens. So darf man der inneren Stimme nicht trauen, sondern einzig der Vernunft. Aber hier ist die Abstraktionsfähigkeit gemindert, der Sinn für nützliche und zweckmäßige Reaktionen geschwächt. Neptunisches kommt ungefiltert an die Oberfläche oder tritt in einer Situation als Steuerungsfunktion auf, in der nur sachbezogener Intelligenzeinsatz vor Fehlleistungen bewahrt. Statt dessen kann eine evtl. vorhandene Neigung zu Unaufrichtigkeit (Radixsituation beachten) Störungen bringen. Sie können Partnerschaften betreffen, eine falsche Einschätzung der materiellen Voraussetzung angehen, familiär verstimmen, beruflich zurücksetzen, Feinden Angriffsflächen bieten.
Die kritische Konstellation kann bei schlechter Jupiterverfassung zu kriminellen Handlungen verführen bzw. allgemein Verluste bringen.
Bitte Hinweis auf Häuserstellung S. 150 zu beachten!

D 263 ♆ Neptun harmonisch mit ♀ Venus

Da Neptun als ,,höhere Oktave" von Venus gilt, findet er als Signifikator in Venus den idealen Promissor, der seine Schwingungen aufgreift. Sehnsucht und Liebesverlangen orientieren sich nicht so sehr

nach einem bestimmten Partner, sondern haben allumfassende Züge. Das Wesen wird entspannter, nachsichtiger, die Genußfähigkeit größer, denn die Phantasietätigkeit ist gesteigert. Die Konstellation macht die irdisch-sinnliche Venus (wie sie sich im Tierkreiszeichen Stier darstellt) zur ästhetischen-himmlischen Venus (die durch Waage repräsentiert wird). Romantisches, sehnsuchtsvolles Hoffen, Freude an der Schönheit, kreative Betätigung begünstigen Partnerkontakte; und beruflichen Erfolg, wenn es sich um eine Venus-Tätigkeit handelt, die Fürsorge, Hingabe, guten Geschmack, Eleganz im Auftreten und eine feinsinnige Seelenhaltung erfordert.
Bitte Hinweis auf Häuserstellung S. 150 zu beachten.

D 264 ♆ Neptun im Spannungsaspekt mit ♀ Venus

Die Konjunktion wird negativ beurteilt werden müssen, wenn nicht gleichzeitig andere, realistische, nüchtern stimmende Direktionen vorliegen. Im disharmonischen Aspekt wird Hingabe zu Passivität, Liebesbegehren pervertiert, kann eine Erwartungshaltung zur Verführung werden oder liegt eine Neurose vor. Partnerschaftliche Wünsche sind übersteigert, werden durch Eifersucht oder Untreue zerstört, mindestens durch beabsichtigte oder unbeabsichtigte Täuschung belastet. Künstler können ihre seelische Bedrängnis schöpferisch verarbeiten und sich damit ein Ventil öffnen. Materiell wird im Alltag zuviel für Luxusgüter ausgegeben, für Genüsse, die aber letzten Endes nicht befriedigen. Falsche Hoffnungen, überzogene Erwartungen und Unaufrichtigkeit sind keine Voraussetzung für beruflichen Erfolg oder für Karriere.

D 265 ♆ Neptun harmonisch mit ♂ Mars

Es ist ein besserer Aspekt, als es bei einer ersten Überlegung zu sein scheint. Wenn die Radixbedingungen einigermaßen günstig sind, vermag der Promissor Mars Neptunisches als Anregung zu verstehen und gemäß seiner Art zu verarbeiten. Dies gibt dann Willensimpulse aus dem Gefühl, einen elastischen Energieeinsatz bei angepaßtem Auftreten im Milieu, weil Einfühlung in die Verhältnisse rigorose Trends nicht zuläßt. Das Verlangen nach Geltung wird behutsam durchgesetzt, verborgenen Talenten oder Interessen zum Durchbruch verholfen.

Wenn ein Partner ähnlich empfindet, lassen sich Kontaktwünsche realisieren, da „instinktiv" empfunden wird, daß die Zeit für eine Verbindung reif ist. In ähnlicher Weise können die materiellen Existenzbedingungen aufgebessert werden, da die Einschätzung der Realität ohne Zuhilfenahme der Vernunft geschieht und Energie mit Fingerspitzengefühl eingesetzt wird.
Bitte Hinweis auf Häuserstellung S. 150 zu beachten.

D 266 ♆ Neptun im Spannungsaspekt mit ♂ Mars

Die disharmonische Verbindung nimmt dem Promissor Mars sein Bestes: die Dynamik, die Kraft zur Durchsetzung, so daß der Wille geschwächt und das Triebverhalten gestört sind. Bei entsprechender Veranlagung kann diese Direktion asoziales Verhalten signalisieren, das sich auch als Gemeinheit, Heimtücke oder in einem unfairen Akt zeigt. Die Vitalität ist durch Ansteckung oder Vergiftung gefährdet. Partnerschaftlich ist eher eine Trennung als eine Vertiefung bestehender Kontakte zu erwarten. Läßt die Radixsituation auf unnormales Triebverhalten schließen, kann sich solches jetzt auslösen.
Materielle Verluste sind wahrscheinlich, da wider die Vernunft zu große Risiken eingegangen werden oder weil bestimmte Absichten recht abenteuerlich verwirklicht werden sollen. Der Erfolg bleibt aus, denn es fehlt dem Nativen im entscheidenden Augenblick an Stehvermögen oder er gibt einer moralischen Schwäche nach.
Bitte Hinweis auf Häuserstellung S. 150 zu beachten.

D 267 ♆ Neptun harmonisch mit ♃ Jupiter

Die Konjunktion ist positiv zu beurteilen, denn bei beiden Gestirnen handelt es sich um verwandte Symbole, wie ja das Zeichen Fische deutlich macht, das von beiden regiert wird. Allerdings wird es ein unirdisches Glück sein, es kann nur in einer idealistischen Betätigung echte Befriedigung gewonnen werden, bzw. gelingen humanitäre Einsätze. Die positiven Aspekte fördern Verständnis und Einfühlung, ermöglichen die Ausdehnung seelisch-geistiger Kontakte, was Intimbeziehungen bereichert. Im Umgang mit anderen erweist sich der Native als großzügig und tolerant, bemüht sich um Verständnis und kann jene Anregungen verarbeiten, die z. B. ein Auslandsaufenthalt oder weite Reisen bieten. Der materielle Effekt der Konstellation ist minimal. Nur eine jovische Betätigung, die aus innerer Berufung erfolgt, vermag zu bereichern. Erleichtert ist die Einpassung in soziale Lebensbedingungen, die Orientierung nach Recht, Gesetz und Ordnung, bzw. Religion.

Bitte Hinweis auf Häuserstellung S. 150 zu beachten.

D 268 ♆ Neptun im Spannungsaspekt mit ♃ Jupiter

Ungünstige Radixverhältnisse lassen auch die Konjunktion ungünstig bewerten. Unter dem Einfluß einer kritischen Direktion kann der Mensch an seiner Identität zweifeln und wird in einer zu seinem Wesen nicht passenden Art versuchen, seinen Lebensrahmen auszudehnen. Das aber heißt, sich von der Zukunft Illusionen machen, was einer späteren Ernüchterung Vorschub leistet. Im Hinblick auf Geld, Rechtsangelegenheiten oder auch gesundheitlich gibt es Schwächen, Verführung zu unrechtem Tun oder Suchtgefahr. Partnerschaftlich wird diese Konstellation schlecht sein. Sie muß als Ereignis nicht Trennung bringen, kann aber bewirken, daß man sich innerlich vom Partner löst, heimlich andere Wege geht oder sich gedemütigt fühlt. Anstatt dem anderen zu vertrauen, wird intrigiert oder verleumdet. Eine derartige seelische Grundeinstellung schafft weder passende Voraussetzungen für Karriere, materiellen Aufstieg noch für nüchterne Kalkulation.

Bitte Hinweis auf Häuserstellung S. 150 zu beachten.

D 269 ♆ Neptun harmonisch mit ♄ Saturn

Eine harmonische Direktion bringt zwei an sich nicht zusammenpassende Faktoren in einen positiven Sinnzusammenhang. Der sich aus unbestimmten Quellen nährende neptunische Erlebnis- und Wissensdrang, wird durch das saturnische Filter auf eine reale Basis gebracht. Das bedeutet Einsicht in die Verhältnisse und einen Zug zur Verinnerlichung, was wiederum Heilungsprozesse erleichtert, Besinnung auf Pflicht und Verantwortung ermöglicht und aus Erfahrungen lernen läßt. Die Konstellation ist damit günstig für alles, was der Gewinnung neuer Einsichten und Erfahrungen dienlich ist, z. B. Anregungen durch Reisen, Kontakte mit geistig hochstehenden Persönlichkeiten, aber auch instinktive Auswahl der passenden Methode, nach der Aktionen ablaufen sollen.

D 270 ♆ Neptun im Spannungsaspekt mit ♄ Saturn

Besonders bei der **Konjunktion** wird der unterschiedliche, ja gegensätzliche Charakter der Symbolgehalte beider Planeten deutlich. Das Weiche, Diffuse, geistig Empfindsame bricht sich am saturnischen Fels, stößt auf Widerstand und Unverständnis und wird damit zurückgeworfen.

So fühlt der Native sich dem Schicksal ausgeliefert, neigt zu Schwäche, Resignation, erleidet Einbuße an Vitalität, zweifelt an seinem Leistungsvermögen und sieht sich zermürbenden Lebensumständen ausgesetzt oder fühlt sich seelisch bedrückt. Partnerschaftlich bedeutet die Konstellation Verzichtleistung als Folge von Entfremdung, Zweifel oder Mißtrauen, Eifersucht und Unglauben.

Materiell kann eine sichere Position unterminiert werden oder Nachrede bzw. Täuschung zum Opfer fallen. In der Zeit der Wirksamkeit dieser Direktion wird unrealistisch geplant oder apathisch reagiert.

Bitte Hinweis auf Häuserstellung S. 150 zu beachten.

D 271 ♆ Neptun harmonisch mit ♅ Uranus

Die Verbindung von Inspiration und Intuition kann zu einer neuen Lebenseinstellung oder Beurteilung der persönlichen Position führen. Das kann partnerschaftlich eine gute Grundlage für Zusammenarbeit in der Sache, aber auch für intime Gemeinschaftsbestrebungen geben. Die Konstellation fördert, wozu innere Reife gehört bzw. schenkt einen Schatz von Erfahrungen, die nicht nur intellektuell aufgenommen und deren Ergebnisse somit abrufbereit sind, sondern auch zu einer inneren Festigung geführt haben. ♆

Bitte Hinweis auf Häuserstellung S. 150 zu beachten.

D 272 ♆ Neptun im Spannungsaspekt mit ♅ Uranus

Es ist ein Generationsaspekt, der eigene Schwächen und Unzulänglichkeiten ebenso ins Bewußtsein hebt wie eigene Mitschuld an den Zeitumständen. Unklarheit oder Verführung, dazu ein Reformbedürfnis, das an der realen Sachlage vorbeigeht, erschweren die Daseinsbereitschaft. Mißtrauen, Mangel an Steh- und Durchsetzungsvermögen, Ängstlichkeit und Schwächen beeinträchtigen im Beruf und in anderen Lebensbereichen, die durch die Häuserstellung der Planeten angegeben ist.

D 273 ♆ Neptun harmonisch mit ♆ Neptun
Die positive Distanz kann die seelische Verfassung kräftigen und jene Ziele deutlicher sehen lassen, die sich der Mensch aus altruistischer Neigung stellt.

D 274 ♆ Neptun im Spannungsaspekt mit ♆ Neptun
Es ist keine Periode für realistische Aktionen, denn man täuscht sich über die eigenen Möglichkeiten und erschwert anderen den Zugang zur eigenen Natur. Im Falle zusätzlicher schwerwiegender disharmonischer Direktionen kann sich somit eine Lebenskrise abzeichnen.

D 275 ♆ Neptun harmonisch mit ♇ Pluto
Die Konstellation entspricht der Teilhabe an kollektiven Systemen oder Äußerungen. Damit werden persönliche Wünsche unwichtig, bzw. zu Gunsten kollektiver Ideale aufgegeben. Soweit eine Verknüpfung der Aspektpartner an wichtige Radixfaktoren gegeben ist, kann es unter dieser Direktion gelingen, den Schritt aus der Masse heraus zu vollziehen.

D 276 ♆ Neptun im Spannungsaspekt mit ♇ Pluto
Seelische Zustände oder ideelle Vorstellungen lassen sich nicht realisieren, weil Forderungen des Kollektivs dem entgegenstehen. Unter dieser Direktion scheitert der Versuch sich durchzusetzen; es können neptunische Krankheiten Kräfte aufzehren.

D 277 ♆ Neptun harmonisch mit ☊ Mondknoten
Die Konstellation liefert einen guten Hintergrundaspekt für alle Arten von Partnerbeziehungen oder für das Gemeinschaftsleben. Das Zusammengehörigkeitsgefühl beruht auf einer seelisch-geistigen Grundlage, was ähnlich denken und handeln läßt. Vor allem Herzensverbindungen werden gefördert, da die romantische Ader Neptuns hier einen passenden Ansatzpunkt findet.
Bitte Hinweis auf Häuserstellung S. 150 zu beachten.

D 278 ♆ Neptun im Spannungsaspekt mit ☊ Mondknoten
Falsche Vorstellungen, überzogene Erwartungen, die Bereitschaft, sich einer Illusion hinzugeben, entfremden Partner, ernüchtern, kön-

nen aus einer Gemeinschaft ausschließen oder leisten Mißtrauen und Eifersucht Vorschub. Unter dieser Konstellation wird die Mithilfe und Mitwirkung anderer versagt.
Bitte Hinweis auf Häuserstellung S. 150 zu beachten.

♆ Neptun harmonisch mit Asz

D 279 Das geschlossene Persönlichkeitsgefüge lockert sich auf, weil geistige Einflüsse, die von anderen nicht wahrgenommen werden, den Nativen „anders“ werden lassen. Er kann damit über die engen Grenzen seiner materiellen Umwelt hinauswachsen, neue Bedürfnisse entwikkeln, die seiner geistigen Situation entsprechen. Es ist eine Konstellation, die in den Stufenjahren des Lebens entscheidend dazu beitragen kann, eine neue Ausgangsposition zu gewinnen, was für die weitere Zukunft sogar materielle Chancen eröffnet.

D 280 **♆ Neptun im Spannungsaspekt mit Asz**

Selbsttäuschung, Schwäche, Unentschlossenheit beeinträchtigen das Zurechtfinden im Milieu. Geheime Anfeindung kann dem Ruf abträglich sein, Nervenstörung oder Anfälligkeit für Ansteckung die Vitalität aushöhlen. Die Konstellation erweist sich auch problematisch für das Auftreten in der Öffentlichkeit und für das Eingehen von Dauerbeziehungen, wie z. B. für die Ehe.

D 281 **♆ Neptun in Konjunktion mit Asz**

Wahrscheinlich wird man den direkten Übergang kritisch sehen müssen. Das Gedankenleben ist zu unruhig und unkontrollierten Eingebungen unterworfen, die Dynamik des Handelns wird abgelöst durch ein Sich-treiben-lassen, was der Durchsetzung in der Umwelt abträglich ist. Das Bedürfnis nach Harmonie und Liebe ist so stark, daß es nicht bei einer Partnerbeziehung bleibt, was Gefahren für Ehe und Freundschaft bringt. Zeigt das Radixhoroskop, daß inneren Schwächen nachgegeben wird, kann der direkte Übergang Suchtgefahr auslösen.
Für materielle Belange ist die Zeit völlig ungeeignet, da spekuliert und die Realität außer acht gelassen wird. Unter dieser Direktion verliert man an Ansehen und büßt Respekt ein.

D 282 ♆ **Neptun harmonisch mit MC**

Ein gut funktionierendes Unterbewußtsein läßt instinktiv den richtigen Weg zum Erfolg einschlagen. Vor allem werden phantasievolle Wünsche begünstigt oder kann künstlerisches, kreatives Schaffen beflügelt sein. Aber auch die Fähigkeit, sich der Familie zuzuwenden und im heimatlichen Raum Geborgenheit anzustreben, tritt hervor.

D 283 ♆ **Neptun im Spannungsaspekt mit MC**

Irrige Auffassungen schaden im Berufsleben und beeinträchtigen die Karriere. Anstatt auf die Vernunft zu setzen und bestimmte Vorhaben sachlich zu motivieren, folgt der Native einer trügerischen inneren Stimme und läßt seine Phantasie schweifen. So kann er Ansehen verspielen und auch die familiäre Existenz ruinieren.

D 284 ♆ **Neptun in Konjunktion mit MC**

Der direkte Übergang Neptuns verschärft den Trend **D 283**. Die Direktion weist auf eine Lebensphase, in der eine Existenzkrise vorgegeben zu sein scheint, weil sich der Native seinen Träumen, Hirngespinsten oder unausgegorenen Vorstellungen überläßt. In dieser Zeit sollte kein beruflicher Wechsel geplant oder vorgenommen werden, vielmehr alle Konzentration der Erhaltung der bisherigen Basis dienen.

Pluto als Signifikator

Die Bindung an das Kollektiv mag für den einzelnen Beheimatung sein. Die Chance, in der Masse unterzutauchen, kann aber eine starke Natur auch veranlassen, gegen allgemein gültige gesellschaftliche Normen zu verstoßen. Das aber heißt, sich mit wenig Aussicht auf Erfolg mit übergeordneter Autorität auseinandersetzen, die aber eine andere, als die Jupiters ist. Sie ist weniger personifiziert als anonym. So fühlt der einzelne sich schicksalhaften Zwängen ausgesetzt. Sie können ihn zeitweise tragen, ja gleichsam an eine für alle sichtbare Position bringen, ihn aber auch völlig zerstören.

Woran es liegt, daß viele Menschen Plutos Aspekte nicht verspüren, ist schwer zu sagen. Aber wer in der Radixkonstellation den Planeten nahe dem Asz, dem MC oder in Verbindung mit Sonne oder Mond hat, bzw. wenn genaue Aspekte eine solche Verbindung schaffen, wird auch früher oder später auf plutonische „Einflüsse" reagieren. Lebt er unter demokratischen Verhältnissen, wird dies weniger oder anders der Fall sein, als wenn er sich unter einem autoritären Regime den Ansprüchen des Kollektivs ausgesetzt sieht. Damit mögen auch die persönlichen Lebensumstände einen Rahmen für die Realisierung plutonischer Aspekte abgeben, seien es Transite oder Direktionen.

Obwohl bereits intensive Forschungen angestellt wurden und greifbare Ergebnisse vorliegen, die eine Einschätzung Plutos im Horoskop erlauben, erscheint es doch ratsam, ihn bei der Auswertung von Direktionen und Transiten vornehmlich als *allgemeinen* Machtfaktor zu berücksichtigen. Im Hinblick auf die Bindung des einzelnen an Kollektive sollte man auch das Stichwort „Macht und Masse" im Auge haben.

D 285 ♇ **Pluto harmonisch mit ⊙ Sonne**

Ist der Native vom Temperament her für einen Anstoß zur Steigerung seiner Dynamik empfänglich, wird er unter dieser Direktion sich erfolgreich mit Widerständen auseinandersetzen, Geltung gewinnen und ein stärkeres Verlangen verspüren, seine Triebe auszuleben. Vor allem scheint das Begehren nach Machtausübung verstärkt zu sein.
Gesundheitlich wird die Intensivierung des Lebenswillens und der vitalen Kräfte registriert.
Partnerbeziehungen gestalten sich intensiver, zumal wenn der Native eine Persönlichkeit ist, die stark nach dem Du hin orientiert ist. Dann können Leidenschaften aufbrechen.
Materieller Wohlstand ist eine Frucht harten Ringens, außergewöhnlicher Methoden oder einer glücklichen Fügung.
Beruflich kann die Konstellation einen Prestigegewinn bringen und karrierefördernd sein.
Bitte Hinweis auf Häuserstellung S. 150 zu beachten.

D 286 ♇ **Pluto im Spannungsaspekt mit ⊙ Sonne**

Die **Konjunktion** muß als stärkster Angriff Plutos auf das Ich verstanden werden. Dann kann es um „Alles oder Nichts" gehen. Höhere Gewalt, Auseinandersetzung mit der Macht, die der einzelne über sich zu fürchten hat, Teilhabe an einem kollektiven Schicksal sind von zerstörerischem Effekt. Eine Krise durch die Staatsgewalt, Sturz aus der Höhe, Verlust an Ansehen o. ä. sind unter dieser Direktion zu erfassen.
Bitte Hinweis auf Häuserstellung S. 150 zu beachten.

D 287 ♇ **Pluto harmonisch mit ☽ Mond**

Gefühle werden zielgerichtet, Leidenschaften geweckt und können über Erfolgserlebnisse die gesamte Persönlichkeit mobilisieren. Hat die Konstellation Bezug auf Partnerangelegenheiten, kann aus einer oberflächlichen Verbindung eine leidenschaftliche Begegnung werden, bei der die Vernunft ausgeschaltet ist.
Der Mond als Symbol des Wechsels bringt unter plutonischem Impuls Neigung zu großen, definitiven Umstellungen, zu einer tiefgreifenden Änderung individueller Lebensverhältnisse, was mindestens

vorübergehend Popularität, Anerkennung oder eine Befriedigung finanzieller Ansprüche möglich macht.
Stoßweise Expansivität kann im Beruf voranbringen.

Bitte Hinweis auf Häuserstellung S. 150 zu beachten.

D 288 ♇ Pluto im Spannungsaspekt mit ☽ Mond

Starke seelische Erschütterungen können Kurzschlußhandlungen begünstigen, wie es sich auch in einem aggressiven Verhalten zeigt, das die Bedingungen der realen Existenz mißachtet. Das heftige Verlangen nach Genüssen kann zu einem Gefühlsabenteuer aufstacheln, Eitelkeit und Ehrgefühl erweisen sich als verletzbar. Die **Konjunktion** als stärkster negativer Aspekt kann einen seelischen Zusammenbruch bringen oder Trennung und Trauer als Folge psychischer Störungen.
Partnerbeziehungen laufen sehr einspurig ab, Gefühlsausbrüche, häusliche Szenen oder Eifersucht, die bis zur Gewalt gehen, können Anlaß zur Trennung sein.
Es ist eine ungünstige Zeit für Wechsel und Neubeginn, für Veränderungen im Aufenthaltsort oder für Reisen.
Unsichere Verhältnisse gefährden den Beruf, der nicht durch Experimente aufs Spiel gesetzt werden darf.

Bitte Hinweis auf Häuserstellung S. 150 zu beachten.

D 289 ♇ Pluto harmonisch mit ☿ Merkur

Begabungen und Denkverhalten, Geschäftssinn, aber auch das Eintreten für eine bestimmte Ideologie vermögen sich schicksalhaft auszuwirken. Die Konzentration auf das Wesentliche erlaubt es, alle geistigen Kräfte in einer Richtung einzusetzen.
In der Partnerschaft wird versucht, den anderen zu beherrschen. Unterdrückungsversuche bedienen sich nicht nur der Gewalt, sondern auch merkurischer List. Schwächen des Partners reizen; berufliche Aktivitäten berücksichtigen zu wenig ökonomische Verfahrensweisen und erweisen sich daher als riskant. Wenn es Erfolge gibt, dann durch kämpferische Einstellung oder scharfe Beobachtungsgabe. Für Prüfungen ist die Direktion eine gute Grundlage.

Bitte Hinweis auf Häuserstellung S. 150 zu beachten.

D 290 ♇ Pluto im Spannungsaspekt mit ☿ Merkur

Gewaltsame Absicht zielt auf eigennützige Vorteile. Charakterfehler wie Verschlagenheit oder Tücke können deutlicher hervortreten. Gesundheitlich sind Nervenstörungen möglich.

Partnerschaftlich führt Übereifer eher zu Trennung als zur Verbindung, kann eine Abmachung gebrochen werden oder eine Verhandlung scheitern. Die Eingliederung in die sozialen Bedingungen ist erschwert.

Es ist keine Zeit, um im Arbeitsteam Sympathie zu gewinnen. Geschäftsreisen bringen Einbuße statt Gewinn.

Bitte Hinweis auf Häuserstellung S. 150 zu beachten.

D 291 ♇ Pluto in Konjunktion mit ☿ Merkur

Soll kein erheblicher Schaden entstehen, muß in Wort und Schrift Zurückhaltung geübt werden. Es scheint, als würde gerade dieser Aspekt Schaden durchs Kollektiv bringen oder durch Vollzugsorgane dessen, was der einzelne als höhere Macht zu fürchten hat. Für die nervliche Verfassung ist diese Konstellation kritisch.

D 292 ♇ Pluto harmonisch mit ♀ Venus

Ein kräftiges Triebverlangen läßt Wünsche nach intensiven Gefühlskontakten aufkommen. Leidenschaftliche Züge treten stärker hervor und wecken in der Liebe die Bereitschaft zur Aktivität. In der Lust auf Eroberungen spiegelt sich eine Form des Aggressionstriebs. Da die Ausstrahlung auf das andere Geschlecht sehr stark ist und die sexuellen Bedürfnisse gesteigert sind, kann unter dieser Direktion „die große Liebe“ gleichsam aus einer inneren Zwangsverfassung heraus erlebt werden. Konventionen und Rücksichtnahme spielen dann keine Rolle. Kreative Menschen können bei künstlerischem Talent manches davon sublimieren.

Die Freude am Luxus und ein heftiger Wunsch nach vertieftem Lebensgenuß wollen ausschöpfen, was das Dasein bietet. Dies bringt Forderung nach mehr Geld, aber auch die Chance, die erhöhten Ansprüche zu realisieren. Es ist ein Leistungsaspekt, der beruflich dann voranbringen wird, wenn Berufe des Promissors Venus angesprochen sind.

D 293 ♇ Pluto im Spannungsaspekt mit ♀ Venus

Reserve im Triebverhalten wird aufgegeben, Leidenschaft zwingt alle Bedenken nieder, die Vitalität kann überbeansprucht werden. Unter dieser Direktion geraten erotische Beziehungen in eine Krise, sind Eifersucht, Verbitterung, der Versuch einer Gewaltlösung, aber auch Demütigung möglich. Es ist keine Zeit, eine harmonische Dauerverbindung zu begründen.

Leichtsinn und Risiko, ein übersteigertes Luxusbedürfnis und Überbeanspruchung materieller Reserven lassen Verluste an Geld und Gut zu.

Beruflich sind vor allem soziale Spannungen dem Fortkommen schädlich.

Bitte Hinweis auf Häuserstellung S. 150 zu beachten.

D 294 ♇ Pluto in Konjunktion mit ♀ Venus

Die Direktion kennzeichnet eine leidenschaftliche sexuelle Verbindung. Ob sie im Rahmen des Schicksalsablaufs des Nativen positiv einzugliedern ist, muß sehr dahingestellt bleiben. Bei harmonisierenden, hilfreichen bzw. fördernden Transiten und unter der Voraussetzung einer entsprechenden Radixverbindung kann es jedoch möglich sein. Das Sozialverhalten allerdings bedarf der Aufmerksamkeit, damit nicht zu starke Aggressionen aus der Bahn werfen.

Bitte Hinweis auf Häuserstellung S. 150 zu beachten.

D 295 ♇ Pluto harmonisch mit ♂ Mars

Selbst die günstigen Aspekte lassen zuviel Vitalität vergeuden, bzw. wird Energie verschwendet, dabei aber doch nur mit der Kanone nach Spatzen geschossen. Andererseits aber kann es unter dieser Direktion auch erforderlich sein, sich voll für eine bestimmte Sache einzusetzen, ohne daß die Mühe belohnt wird. Bei entsprechender Radixverfassung kann die Direktion ferner als signifikant für Abenteuer und große Bereitschaft zum Risiko gelten. Sportlern kann sie zum Sieg verhelfen, doch ist sie für den Alltag des Durchschnittsmenschen kaum wünschenswert.

Bitte Hinweis auf Häuserstellung S. 150 zu beachten.

D 296 ♇ Pluto im Spannungsaspekt mit ♂ Mars

Vor allem die **Konjunktion** bringt die Potenzierung von Gewalt, das Aufbrechen diesbezüglicher Anlagen, Härte oder Bruch von Vereinbarung, Gefährdung der eigenen Person. Arbeitswut, Überanstrengung, Mangel an Beherrschung werfen zurück, anstatt voranzubringen. Einfluß von seiten des Kollektivs oder höherer Mächte kann zu plötzlichem Sturz führen.

Bitte Hinweis auf Häuserstellung S. 150 zu beachten.

D 297 ♇ Pluto harmonisch mit ♃ Jupiter

Eine günstige Radixbeziehung läßt Temperament und Stimmung an Breite und Tiefe gewinnen. Damit ist die Zeit geeignet für Expansionsanliegen, für die Neuorganisation des Lebens, zumal wenn Vitalität und Ehrgeiz vorhanden sind (Radix!). Macht-, Geltungs- und Leistungsstreben werden belohnt, Selbständigkeit ist zu erringen. Da feste Grundsätze und – bei harmonischem Jupiterstand in der Radixfigur – moralische Qualitäten vorliegen, kann das Intimleben intensiv und glücklich gestaltet werden. Dieser Aspekt bringt Zugewinn an sozialem Prestige und läßt zur Führung gelangen. Materiell werden größere Ansprüche an das Leben gestellt, aber auch befriedigt. Der Konstellation entsprechen Karriere, Beförderung, Aufstieg, Eigeninitiative, die durch Protektion verstärkt wird.

Bitte Hinweis auf Häuserstellung S. 150 zu beachten.

D 298 ♇ Pluto im Spannungsaspekt mit ♃ Jupiter

Das Potential an Vitalität, Wille und Expansionsbereitschaft geht über die vorgefundene Situation hinaus und steigert sich zu blindem Eifer und riskantem Aktionsverhalten. Krasse Einseitigkeit, Vorurteil oder Intoleranz provozieren Konflikte. Körperliche Strapazen beeinträchtigen die Gesundheit. Dem Nativen entsteht Schaden durch Gewalteinwirkung. Partnerschaftlich setzt er sich über jene Verhaltensnormen hinweg, die traditionell üblich sind und vom Taktgefühl her eingehalten werden. So kann es einen Abbruch von Beziehungen geben oder eine Trennung. Es ist eine kritische Direktion für rechtliche Auseinandersetzungen, besonders mit der Staatsgewalt.

Abenteuer und Risiken enden mit geschäftlichem Verlust oder einer Störung der sozialen Beziehungen. Beruflich ergeben sich Schwierig-

keiten, kann es zu einer Kündigung oder Entlassung kommen bzw. zu Druck von oben.
Bitte Hinweis auf Häuserstellung S. 150 zu beachten.

D 299 ♇ Pluto in Konjunktion mit ♃ Jupiter
Ein kritischer Aspekt, der als Machtmißbrauch gedeutet werden kann oder aber Existenzverlust signalisiert. Nur bei einer exzellenten Radixposition könnte diese Direktion einen glücklichen Durchbruch bringen, etwa zu einer Ausnahmestellung innerhalb eines Kollektivs verhelfen und damit eine Aufwertung der Persönlichkeit oder deren Aufstieg anzeigen.
Bitte Hinweis auf Häuserstellung S. 150 zu beachten.

D 300 ♇ Pluto harmonisch mit ♄ Saturn
Ein Hintergrundaspekt, der sowohl als Transit wie als Direktion das Leistungsvermögen beansprucht, harte Pflichterfüllung in Aussicht stellt, ohne dafür entsprechenden Lohn gewinnen zu lassen. In den Zeiten schwankender Verhältnisse kann die Direktion ein stabilisierendes Element sein.
Bitte Hinweis auf Häuserstellung S. 150 zu beachten.

D 301 ♇ Pluto im Spannungsaspekt mit ♄ Saturn
Für alle Lebensgebiete ist die Direktion kritisch. Als Generationsaspekt ist sie in ganzen Menschengruppen häufig und kann Ausdruck kollektiver Drangsale sein. Gemäß der Beteiligung der betreffenden Horoskophäuser sind Verluste oder Einschränkungen möglich.
Bitte Hinweis auf Häuserstellung S. 150 zu beachten. ♇

D 302 ♇ Pluto harmonisch mit ♅ Uranus
Kollektive Anforderungen werden vom einzelnen plötzlich akzeptiert oder zur eigenen Sache gemacht. Daher kann unter dieser Direktion die Selbstbehauptung einen Auftrieb bekommen. Es zeigt sich aber eine Anfälligkeit für Gefahren, die besonders technischer Art sind oder sich aus moderner Lebensweise erklären. Für die Gesundheit ist dieser direktionäre Hintergrund ungünstig.
Bitte Hinweis auf Häuserstellung S. 150 zu beachten.

D 303 ♇ Pluto im Spannungsaspekt mit ♅ Uranus

Vor allem der direkte Übergang kann sich als kritische Gesamtsituation darstellen, in der der Native physisch, psychisch oder in seiner wirtschaftlichen Existenz gefährdet ist. Reformen oder Umstellungen scheitern, denn die Voraussetzungen dazu sind langwierig. Im Rahmen der Betrachtung des persönlichen Schicksals als Teil eines Kollektivs, kann vor allem die Konjunktion die Individualität bedrohen.
Bitte Hinweis auf Häuserstellung S. 150 zu beachten.

D 304 ♇ Pluto harmonisch mit ♆ Neptun

Ideologische Beeinflussung kommt beim Nativen an. Es verlangt ihn aber auch selbst nach starken Eindrücken, die es ihm erleichtern, bestimmten Leitbildern zu folgen. Wenn andere Aspekte hilfreich hinzutreten, kann die Direktion das humanitäre Wirken des einzelnen fördern und große Leistungen möglich machen, die aus der Phantasie geboren werden.
Bitte Hinweis auf Häuserstellung S. 150 zu beachten.

D 305 ♇ Pluto im Spannungsaspekt mit ♆ Neptun

Dieser Generationsaspekt kann am nachhaltigsten die Untergrabung der eigenen Position bedeuten oder eine Existenzkrise bezeichnen, wenn vom Radixhoroskop her die Anbindung der Direktion an die Hauptachsen gegeben ist. Der Native kann dann unter höherer Gewalt leiden oder der Heimtücke ausgesetzt sein, bzw. Nachteile in Kauf nehmen müssen, die sich aus dem Bezug der Konstellation zum Häusersystem ergeben.

D 306 ♇ Pluto harmonisch mit ♇ Pluto

Die Häuserstellung erscheint wichtiger als die Konstellation an sich. Sie wird den Nativen aber Rückgrat zeigen lassen, seine Lebensumstände straffen und die Bereitschaft wecken, individuelle Ziele zugunsten kollektiver zurückzustellen.

D 306 a ♇ Pluto im Spannungsaspekt mit ♇ Pluto

Der zeitliche Hintergrund, den diese Direktion bezeichnet, ist durch Gewalt markiert. Es bekommt dem Nativen nicht, sich mit der staatlichen Gewalt oder höheren Mächten auseinanderzusetzen, gegen den

Strom zu schwimmen, sein individuelles Schicksal gegen das des Kollektivs durchzusetzen.
Der Radixbezug Plutos nach der Häuserstellung kann Auskunft geben, in welcher Weise die Konstellation wirksam werden könnte.

D 307 ♇ Pluto harmonisch mit ☊ Mondknoten
Das Auftreten des Nativen ist sehr nachhaltig und verschafft ihm Achtung und Respekt. Sowohl auf eine Zweierbeziehung wie auf eine Gruppe kann er Einfluß nehmen und sich selbst profilieren. Bestrebungen zu Kontakten werden unterstützt.
Bitte Hinweis auf Häuserstellung S. 150 zu beachten.

D 307 a ♇ Pluto im Spannungsaspekt mit ☊ Mondknoten
Nicht aus eigenem Antrieb, sondern um einer kollektiven Forderung zu entsprechen, gibt der Native eine Verbindung auf, die ihm wertvoll ist oder viel bedeutet. Je nach Häuserstellung wird man ermessen können, ob es sich dabei um einen intimen Kontakt oder um eine mehr sachliche Beziehung handelt. Unter dieser Direktion wird auch die Teilhabe an einem unglücklichen Massenschicksal begriffen.

D 308 ♇ Pluto harmonisch mit Asz
Noch stärker als der Transit fördert die Direktion die Durchsetzung der eigenen Persönlichkeit im Milieu. Dies geschieht weniger aus eigenem Antrieb, als vielmehr auf Verlangen einflußreicher Personen oder infolge kollektiver Forderungen. Für die Stabilisierung der Lebensverhältnisse ist der Aspekt günstig, so daß auch wirtschaftliche Erfolge möglich werden.

D 309 ♇ Pluto im Spannungsaspekt mit Asz
Eine Existenzkrise ist möglich, vor allem auch im Hinblick auf ein Partnerschicksal. Es ist ein Aspekt, der Scheidung, Trennung oder Mißachtung durch die Öffentlichkeit signalisieren kann.

D 310 ♇ Pluto in Konjunktion mit Asz
Der am stärksten wirksame Aspekt betrifft sowohl den Geborenen in seiner körperlichen Verfassung als auch in seinen partnerschaftlichen Beziehungen. Die Gesundheit ist durch Strapazen beansprucht, die

wirtschaftliche Existenz beträchtlichen Anforderungen jener ausgesetzt, die über den Nativen zu bestimmen haben. Gehen andere Direktionen oder gravierende Transite in dieselbe Richtung, kann die Belastung enorm sein.

D 311 ♇ Pluto harmonisch mit MC

Berufliches Wirken, die soziale Stellung und die Position der Familie erhalten Auftrieb. Aktionen, die den vollen Einsatz erfordern, gelingen. Es ist ein Aspekt, der Karriere und Aufstieg möglich macht.

D 312 ♇ Pluto im Spannungsaspekt mit MC

Gefahren bedrohen die berufliche Existenz und die familiäre Position. Materielle Verluste können der Anlaß sein für eine soziale Zurückstufung oder für Prestigeverlust. Umgekehrt können auch Einbußen an Ansehen und mangelnde Anerkennung Einnahmen zurückgehen lassen. Persönliche Ansichten und Bestrebungen kollidieren mit Absichten des Kollektivs oder mit denen der (Staats-)Macht.

D 313 ♇ Pluto in Konjunktion mit MC

Harte Arbeit, Existenzsorgen, familiäre Schwierigkeiten, negative Ereignisse müssen zwangsläufig angenommen werden, denn mit Pluto kommen Kräfte ins Spiel, die stärker sind als jene, die der Native ihnen entgegensetzen kann.

Der Mondknoten als Signifikator

Es ist in der modernen Astrologie üblich, nur den aufsteigenden Mondknoten zu beachten. Ihm liegt der absteigende Knoten gegenüber. Gilt der erste als Gemeinschaftssymbol, als signifikant für Kontakte und Verbindungen aller Art, bringt der absteigende Mondknoten Trennung, Aussonderung, Isolierung, mindestens Kontaktschwierigkeiten. **Unerläßlich ist zur Beurteilung der Anteil der Konstellation am Häusersystem, sowohl in der Radixfigur wie in der Direktion. Daher wird im Folgenden dieser Hinweis nicht mehr im Einzelfall gegeben.**

D 314 ☊ Mondknoten harmonisch mit ☉ Sonne
Das Kontaktstreben richtet sich auf Durchsetzung der eigenen Persönlichkeit und auf ihre Anerkennung innerhalb einer Gemeinschaft. Diese Direktion begünstigt sowohl Geschäfte, wie auch die Heirat, darüber hinaus Beziehungen zur Öffentlichkeit oder Kontakte je nach Aussage der Häuser.

D 315 ☊ Mondknoten im Spannungsaspekt mit ☉ Sonne
Anpassungsschwierigkeiten bis hin zum Mangel an Zusammenarbeit, Entfremdung oder Trennung. Für sich genommen, wird dieser Aspekt noch keine Scheidungstendenz ausdrücken, kann aber andere ähnliche Direktionen diesbezüglich verstärken.

D 316 ☊ Mondknoten harmonisch mit ☽ Mond
Starke Verbindungstendenz seelischer oder gemüthafter Natur. Ein Wechsel in Lebensumständen wird möglich, wenn eine Verbindung oder Gemeinschaftsbestrebung damit im Zusammenhang steht.

D 317 ☊ Mondknoten im Spannungsaspekt mit ☽ Mond
Die Gefühlsstruktur des Nativen läßt es nicht zu, an einer bestimmten Verbindung festzuhalten oder sich in eine Gemeinschaft einzugliedern. Daher Entfremdung, Anpassungsschwierigkeiten bis hin zur Scheidung. Der Häuserstellung ist zu entnehmen, um welchen Personenkreis sich es im Einzelfall handeln kann.

D 318 ☊ **Mondknoten harmonisch mit ☿ Merkur**
Zusammenarbeit erstreckt sich auf Geschäfte, Studien, Vermittlungstätigkeit, bzw. kann ideologisch fundiert sein.

D 319 ☊ **Mondknoten im Spannungsaspekt mit ☿ Merkur**
Verbindungen, die aus Vernunftgründen geschlossen werden, also besonders beruflicher Natur sind, gelingen nicht wie beabsichtigt. Es fällt dem Nativen schwer, sich anzupassen und unterzuordnen, den Auftrag zur Mitarbeit auszuführen. Die dadurch bedingte Unzufriedenheit kann Anlaß zur Trennung sein. In einer Liebesverbindung gibt es Meinungsverschiedenheiten oder unterschiedliche Beurteilung von Existenzfragen, was der Harmonie abträglich ist.

D 320 ☊ **Mondknoten harmonisch mit ♀ Venus**
Der Native strahlt Sympathie aus, gewinnt Zuneigung, sucht intime oder soziale Kontakte, möchte an gesellschaftlichen Vergnügungen teilnehmen und aus persönlicher Isolierung herauskommen. Dies kann gemäß der Hausstellung auch in den betreffenden Bereichen gelingen.

D 321 ☊ **Mondknoten im Spannungsaspekt mit ♀ Venus**
Eine Partnerbeziehung läuft enttäuschend ab, der Native sieht sich überfordert oder überschätzt die Bedeutung einer Liebelei. Eifersucht, Mißverständnisse, Unzufriedenheit können Anlaß zu Entfremdung oder Trennung sein.

D 322 ☊ **Mondknoten harmonisch mit ♂ Mars**
Eine günstige Konstellation für triebhafte Verbindungen oder für Freundschaft bzw. Kameradschaft. Sportler zeigen Mannschaftsgeist und siegen im Team. Starke Persönlichkeiten können unter dieser Konstellation innerhalb einer Gruppe dominieren und sich Respekt verschaffen.

D 323 ☊ **Mondknoten im Spannungsaspekt mit ♂ Mars**
Der Native wird genötigt sein, wichtige Entscheidungen allein zu treffen, denn er hat selbst schuld, Freunde oder Gönner zu verlieren, aus einer Gruppe ausgeschlossen zu werden oder eine Partnerschaft

aufs Spiel zu setzen. Sein Verhalten ist provokativ, was Spannungen und Differenzen schafft. Die gewaltsame Lösung einer Verbindung ist möglich.

D 324 ☊ Mondknoten harmonisch mit ♃ Jupiter

Wenn die Radixkonstellation noch Hinweise auf Protektion zuläßt, kann der Native jetzt einen Gönner finden. Es ist aber auch die Zeit gekommen, eine Verbindung zu legalisieren, geschäftliche Abmachungen zu treffen, Teilhaberschaft zu begründen, legitimiert zu sein, für eine bestimmte Gruppe zu sprechen. Die Konstellation begünstigt auch eine Heirat.

D 325 ☊ Mondknoten im Spannungsaspekt mit ♃ Jupiter

Unsoziales Verhalten führt zu Nachteilen durch andere, beeinträchtigt die Harmonie in einer Gruppe und kann die Lösung eines Vertrages bringen. Der Führungsanspruch wird aberkannt, eine Scheidung vollzogen. Für sich allein ist diese Direktion jedoch kaum als Ereignis zu deuten. Andere Aspekte müssen in die gleiche Richtung weisen.

D 326 ☊ Mondknoten harmonisch mit ♄ Saturn

Es besteht die Absicht zu fester Zusammenarbeit, Förderung durch ernste oder gereifte Personen, eine Verbindung mit Altersunterschied. Die Häuserstellung kann näheren Aufschluß über den Inhalt der Verbindung geben, bzw. über den Lebensbereich urteilen lassen.

D 327 ☊ Mondknoten im Spannungsaspekt mit ♄ Saturn

Beziehungen werden gestört, äußere Umstände können eine Trennung bewirken, die aber nur Folge innerer Hemmungen ist. Es ist keine günstige Zeit, um eine Verbindung „mit Herz“ zu begründen oder soziale Aktivitäten innerhalb einer Gruppe zu entfalten.

D 328 ☊ Mondknoten harmonisch mit ♅ Uranus

Das Verbindungsstreben wird durch den „Zufall“ aktiviert. So kann es zu plötzlichen Begegnungen kommen, z. T. mit interessanten Personen oder unüblichem Kontaktablauf. Wahrscheinlich sind diese Begegnungen aber nicht von Dauer.

D 329 ☊ **Mondknoten im Spannungsaspekt mit ♅ Uranus**
Eine plötzliche Trennung sorgt für Umgestaltung der Verhältnisse. Es kann sich um das Ausscheiden aus einer Gruppe, einem Arbeitsteam handeln oder um das Zerbrechen einer Zweierbeziehung. Der Grund ist weniger Entfremdung oder ein seit langem bestehendes Mißverständnis, als ein akuter Zwischenfall.

D 330 ☊ **Mondknoten harmonisch mit ♆ Neptun**
Der Native gewinnt Einsichten oder neue Erkenntnisse durch Kontakte mit geistig hochstehenden Persönlichkeiten oder Gleichgesinnten. Begünstigt ist der Zusammenschluß zu einer geistigen Gemeinschaft, bzw. gelingen jene Kontakte, denen die geistig-seelische Übereinstimmung wichtig ist.

D 331 ☊ **Mondknoten im Spannungsaspekt mit ♆ Neptun**
Der Wunsch, mit anderen zu harmonieren, ein geistiges Band zu knüpfen oder fester zu gestalten, gelingt nicht. Der Native kann sich zurückgesetzt oder in seinen Hoffnungen getäuscht sehen. Unter dieser Direktion gelingt es kaum, dauerhafte Verbindungen einzugehen, weil man sich über deren Basis falsche Hoffnungen macht.

D 332 ☊ **Mondknoten harmonisch mit ♇ Pluto**
Es kann sich um eine schicksalshafte Verbindung handeln, um Eingliederung in ein Kollektiv, bzw. werden überhaupt Verbindungstendenzen intensiver ausfallen.

D 333 ☊ **Mondknoten im Spannungsaspekt mit ♇ Pluto**
Eine Trennung hat etwas Endgültiges, weshalb sie auch schicksalshaft empfunden werden kann. In der Zeit dieser Direktion haben Verbindungen aller Art, wessen Inhalt sie auch nach der Häuserstellung haben mögen, kaum Aussicht, von Bestand zu sein.

D 334 ☊ **Mondknoten harmonisch mit ☊ Mondknoten**
Der Aspekt begünstigt allgemein Kontakt, Verbindung, das Zusammenleben. Die Radixaspekte, an denen der Mondknoten beteiligt ist, können durch diese Direktion belebt werden. Das gleiche gilt für die Häuserstellung.

D 335 ☊ Mondknoten im Spannungsaspekt mit ☊ Mondknoten
Allgemein eine Zeit, in der es schwierig sein wird, sich anderen anzunähern, Zusammenarbeit zu begründen oder ein Zusammenleben fruchtbar zu gestalten. Eher weist der Trend in Richtung Absonderung, Entfremdung oder Trennung.

D 336 ☊ Mondknoten harmonisch mit Asz
Wahrscheinlich wird nur die Konjunktion einen spürbaren Effekt bringen. Dadurch aber können persönliche Belange, Verbindungen innerhalb des Milieus oder wie sie sich durch das Auftreten des Nativen ergeben, vorteilhaft sein. Zusammenarbeit gelingt, Zweisamkeit kann intensiviert werden.

D 337 ☊ Mondknoten harmonisch mit Asz
Das persönliche Geschick ist mit dem anderer verknüpft. Bei der Opposition kann das sogar günstig sein, im allgemeinen aber wird man, vor allem beim **Quadrat,** eine ungünstige Einflußnahme der Öffentlichkeit auf die persönliche Situation oder aber auf die Ehe bzw. eine vergleichbare Partnerschaft annehmen müssen. Es ist ein Aspekt, der Trennung möglich macht.

D 338 ☊ Mondknoten harmonisch mit MC
Der Schwerpunkt liegt auf beruflichen Kontakten, gesellschaftlicher Verbindung oder sozialer Einpassung. In diesem Fall können die Bemühungen gut gelingen. Im Falle der **Konjunktion** kann eine Lösung vom Elternhaus oder einer familiären Bindung möglich werden, die aber nicht nachteilig ausfallen muß, vielmehr die Verwirklichung persönlicher Ziele überhaupt erst erlaubt.

D 339 ☊ Mondknoten im Spannungsaspekt mit MC
Es kann berufliche Fehlleistungen geben oder eine Einschränkung der gesellschaftlichen Position, weil der Native sich zu sehr auf andere verläßt. Für Teamarbeit ist es keine günstige Zeit, da die persönlichen Interessen von anderen nicht anerkannt werden. Die **Oppositionsstellung** macht es möglich, sich in die eigene Häuslichkeit zurückzuziehen und erleichtert das Ausscheiden aus dem Berufsleben.

Der Aszendent als Signifikator

Wie auf S. 91 dargestellt, erleichtert es die Einfühlung in das Wesen der Deutung, wenn man sich den Signifikator als eine Person denkt, die etwas ganz Bestimmtes *will*, z. B. die Sonne als das Ich, das Macht ausüben will etc. Als was soll man sich nun den Asz vorstellen? Die Sonne bedeutet das „höhere Ich“, die Gesamtheit aller Charaktereigentümlichkeiten, Lebenskraft und Gesundheit, das Bleibende im Wandel. Der Asz aber ist als individueller Punkt des Horoskops die „Person“, abgeleitet von lat. Persona = Maske. So läßt der Asz erkennen, auf welche Art und Weise der Native versucht, sich innerhalb des *Milieus* zur Geltung zu bringen, wie er es anstellt, als Träger eines bestimmten Ichs Macht auf seine Umwelt auszuüben. Harmonieren in der Radixfigur Sonne bzw. Sonnenzeichen mit Asz oder auch nur mit dem Asz-Zeichen, wird der Native eine recht geschlossene, in sich ruhende Persönlichkeit sein, vor allem wenn zusätzlich noch der Mond mit beiden Faktoren harmoniert. Das wäre ein vorzügliches Omen für das ganze Leben, weil der Akt der Selbstfindung ja kein momentanes Geschehen, sondern gewissermaßen das Ziel der Entwicklung ist; was nicht heißt, daß ein Mensch erst am Ausgang seines Lebens über sich Klarheit gewinnt, zumal ja auch jede Periode des Lebens nach bestimmter Reife streben läßt. Z. B. markiert bereits der Termin, zu dem Reflektieren erstmals über sich erfolgreich ist, einen ersten Einschnitt. Das wird um die Zeit der Pubertät sein, wenn die Kinderschuhe ausgetreten sind und der Träger des Ich in die Rolle des Erwachsenen hineinwächst.

Harmonieren Sonnenstand und Asz-Lage nicht, wird ein solcher Nativer Mühe haben, mit sich ins reine zu kommen. Der astrologische Bearbeiter einer solchen Geburtsfigur wird es demgemäß auch nicht leicht haben, Temperament und Naturell zu erkennen und die vielfältigen, einzelnen Bestrebungen auseinanderzuhalten, bzw. einen „gemeinsamen Nenner“ für alle Strukturelemente und die Äußerungen zu finden, wie sie sich aus dem persönlichen Auftreten ergeben. Vielfach wird von Astrologen die Ansicht geäußert, die körperliche Verfassung werde allein oder vorwiegend durch den Asz ausgewiesen, weshalb es möglich sei, z. B. vom aufsteigenden Zeichen auf körperliche Merkmale zu schließen. Das mag in dem einen oder anderen Falle

möglich sein, doch genügt bereits ein Planet in Nähe des Asz, um den Eindruck zu verfälschen. Immerhin können Fragen, die das *körperliche Befinden* der Person bezeichnen, also auch bestimmte Krankheitsneigungen, aus der Asz-Lage abgeleitet werden.
Um zu einer direktionären Aussage bzw. Prognose zu kommen, stelle man sich den Asz als die Person des Nativen dar, besonders sein äußeres Erscheinungsbild. Die Leitfrage hat demgemäß zu lauten: Was und auf welche Weise will diese Person etwas Bestimmtes erreichen, wie wirkt sie im maßgeblichen direktionären Zeitraum auf die Umwelt ein, bzw. welcher Art sind die Motive, aus denen heraus das geschieht?

D 340 Asz harmonisch mit ☉ Sonne

Am intensivsten wird die **Konjunktion** zu beurteilen sein. Sie kann positive Radixverhältnisse verstärken oder aufwerten, vermag bestehende Spannungsaspekte aber zu lindern. Der Asz vertritt gewissermaßen die Forderungen der Umwelt, denen das Ich unterworfen ist. Bei dieser Direktion geschieht dies positiv. Ansprüche vom Milieu her oder aber auch von einem bestimmten Partner bzw. in dessen Vertretung von der Öffentlichkeit her, machen den Nativen munter, veranlassen ihn zu einer positiven Stellungnahme, bzw. kommen die äußeren Umstände seiner Gesamtverfassung und Vitalität zugute. Dies wird im allgemeinen Gesundheit und Vitalität verstärken und die Suche nach Selbsterkenntnis gelingen lassen. Gewissermaßen betrachtet der Native sich selbst von außen oder sieht sich mit anderen Augen, etwa mit denen des Intimpartners oder aber auch der Öffentlichkeit. Ganz persönliche Angelegenheiten tragen den Stempel des Besonderen oder fallen aus dem Rahmen bzw. sind von Einfluß auf den künftigen Lebensgang. Daher sind derartige Direktionen auch meistens dann anzutreffen, wenn der Native sich auf wichtige Entscheidungen einläßt.

D 341 Asz im Spannungsaspekt mit ☉ Sonne

Bei einer guten Radixverfassung wird diese Direktion kaum mehr bringen als zeitweisen Zweifel an den eigenen Fähigkeiten, bzw. sträubt sich die „innere Natur" dagegen, äußere Anforderungen, wie sie aus der Umwelt oder aber von einem Partner erhoben werden, zu akzeptieren. Ist bereits eine kritische Radixverfassung gegeben, kann die Direktion eine etwas unebene Lebensperiode bezeichnen, in der der Native sich selbst sucht, aber nicht findet. Anspruch und Erfüllung verfehlen einander. Gewissermaßen hat der Promissor Sonne keine Lust, sich jene Kleider anzuziehen, jene Rolle zu spielen oder in sie hineinzuwachsen, die für ihn ausgesucht wird. Diese Uneinigkeit mit sich selbst kann Charakterschwächen aufdecken, die Gesundheit anfälliger werden lassen oder das Selbstbewußtsein beeinträchtigen. Dieser Aspekt ist nicht geeignet als Grundlage für eine Ehe- oder Familiengründung. Das gilt allerdings nicht für die **Opposition,** die sich für Ehe- oder Partnerangelegenheiten als förderlich erweist.

D 342 Asz harmonisch mit ☽ Mond
Die Umweltsituation bzw. die realen Bedingungen der Existenz erfordern Anpassung in Gefühlen und Empfindungen. Dies gelingt, so daß der Native in der Öffentlichkeit und beim Partner positive Reaktionen erfährt. Von außen werden an ihn Wünsche oder Forderungen herangetragen, die einen Wechsel in Kontakten möglich machen, bzw. dem Nativen erlauben, „Herz" zu zeigen, sich so zu geben, wie er ist. Die persönliche Situation ist so weit gediehen, daß eine Umstellung oder Veränderung nötig wird, wobei es dem Nativen gelingt, sich diesbezüglich ergebende Chancen wahrzunehmen, weil der Trend seiner inneren Absicht entspricht. Daher eignet sich diese Konstellation hervorragend, um Partnerangelegenheiten voranzubringen oder öffentlich zu wirken.

D 343 Asz im Spannungsaspekt mit ☽ Mond
Es liegt ein Mißverhältnis vor zwischen Ansprüchen, die von der äußeren Situation an den Geborenen herangetragen werden und seiner Fähigkeit, „mit dem Herzen" positiv darauf zu reagieren. Er kann gewisse Lebensumstände nicht zu seinem eigenen Anliegen machen, vermag daher auch weniger, Wechsel oder Veränderung vorzunehmen, bzw. über einen solchen glücklich zu sein. Es ist keine günstige Zeit für Liebes- oder Familienangelegenheiten.

D 344 Asz harmonisch mit ☿ Merkur
Die Situation erfordert die volle Konzentration und geistige Beweglichkeit des Geborenen. Sie kommt seiner Veranlagung entgegen, was ihm die Möglichkeit gibt, seinerseits positiv auf die Umwelt einzuwirken, so aufzutreten, daß er für sich Vorteile gewinnt, die zu einer Bereicherung führen. Sie wird vor allem auf jenem Sektor möglich werden, der durch die Häuserstellung Merkurs betont ist. Von der persönlichen Situation her befindet sich der Geborene in einer günstigen Lage. Er kann Anregungen aufgreifen, die seine unmittelbaren Umweltkontakte fördern, Studien oder Lernerfolge bringen, Geschäfte machen, bzw. ihn als geschickten Vermittler erkennen lassen.

D 345 Asz im Spannungsaspekt mit ☿ Merkur

Der Native wünscht sich zuträglichere Umweltverhältnisse, weil er sich mental mit der Situation nicht abfinden mag. Er ist zu wenig gefordert oder überfordert, sieht sich mit Lernproblemen konfrontiert oder muß Studien betreiben, ohne daß ihm daraus Vorteile erwüchsen. Sein Kritiksinn an der Umwelt wird durch die Umstände aktiviert, bzw. trifft Personen, mit denen er eigentlich zusammenarbeiten sollte, es aber aufgrund seiner geistigen Verfassung nicht kann. Die **Opposition**sstellung wird sich dagegen geschäftlich auszahlen.

D 346 Asz harmonisch mit ♀ Venus

Mit seinem Auftreten lenkt der Geborene sein Augenmerk stärker auf eine Partnerbeziehung. Es wird in diesem Lebensabschnitt für ihn nötig sein, eine harmonische Übereinstimmung zu einem Partner bzw. zu einer Partnerin herzustellen. Entsprechend seiner charakterlichen Veranlagung ist das größtmögliche Maß seiner Hingabe oder der Bereitschaft sich zu öffnen und in sich aufzunehmen, was an positiven Trends an ihn herangetragen wird, in dieser Direktion gegeben. Dies kann sein Naturell freundlicher, empfindsamer und harmonischer gestalten.

Die *Opposition* ist als günstig zu bewerten, weil sie das Eingehen einer Dauerpartnerschaft, etwa einer Ehe, erleichtert, denn die Zeit ist dazu reif.

D 347 Asz im Spannungsaspekt mit ♀ Venus

Vom Milieu her wird Anpassung erwartet, wie es auch aus sachlichen oder persönlichen Gründen wünschenswert wäre, mehr Gleichmaß und einen harmonischen Rhythmus in die Lebensführung zu bringen. Dazu aber sieht sich der Geborene nicht in der Lage, vielmehr tut er unbewußt Dinge, die verhindern, daß sich bei dem Geborenen jene glücklichen Empfindungen einstellen, wie Liebes- oder Partnererlebnisse sie bringen.

Diese Direktion liefert demnach keine fördernden Umstände, die Partnerglück wahrscheinlich machen.

D 348 Asz harmonisch mit ♂ Mars

Die Situation, in der sich der Native befindet, sowohl vom Milieu her wie auch gemäß seiner physischen Verfassung, erfordert mutiges Verhalten, Entscheidungsfreude, Tatkraft und spornt seine erotischen Wünsche an. Er ist in der Lage, diesen Appell aufzugreifen und durch geschickte, entschlossene Taten zu beantworten. Daher können sich die persönlichen Lebensumstände gemäß der Initiative bessern, was sich auch als gute Voraussetzung für das Eingehen einer Ehe erweist.

D 349 Asz im Spannungsaspekt mit ♂ Mars

Der Anruf an das Ich erfordert gradlinige Handlungsweise, zielgerichtete Aktivität, mutiges Eintreten und Konsequenz in einer Partnerfrage. Aber durch die Situation sieht sich der Native überfordert, bzw. entsprechen die Milieuumstände nicht seinen Möglichkeiten. Dies aber wird nicht eingesehen, sondern falsch oder überzogen darauf reagiert. Die Folge sind Ärger, Mißverständnisse oder eine falsche Partnerwahl, weil etwa Leidenschaft den Nativen fortreißt oder er zu ungeduldig ist, die realen Chancen dieser Verbindung zu prüfen. Unter diesem Aspekt, der sich besonders kritisch in der Opposition darstellt, kann eher eine Scheidung als eine Verbindung möglich werden.

D 350 Asz harmonisch mit ♃ Jupiter

Es ist eine sehr fördernde Konstellation. Die „Person" zeigt sich von der angenehmsten Seite, die Lebensumstände entsprechen den bewußt oder unbewußt gewünschten bzw. geäußerten Forderungen, das Lebensoptimum zu gewinnen. So kann unter diesem Aspekt Erworbenes rechtlich abgesichert werden, wird ein Vertrag abgeschlossen, eine Partnerschaft legalisiert, erweist sich der Native dazu legitimiert, eigene Interessen vor der Öffentlichkeit oder einem bestimmten Gremium zu vertreten. Das aber macht einen guten Prozeßausgang möglich. Geschäfte können erfolgreich abgewickelt werden, weil die Situation genau zu den Fähigkeiten des Nativen paßt, so und nicht anders zu Geld zu kommen. Die **Opposition** macht Eheglück wahrscheinlich.

D 351 Asz im Spannungsaspekt mit ♃ Jupiter

Umwelt oder Milieuumstände werden falsch gesehen. Sie werden zu leichtfertig beurteilt, es wird Geld aufgewendet, das in dieser Situation besser gespart würde. Das „Ich" will auf andere Art und Weise und zu einem anderen Zeitpunkt „glücklich" werden, als es jetzt von der Situation her gegeben ist. So stellt diese Direktion eine Herausforderung dar, die nicht als Chance erkannt oder ihrer Natur nach mißverstanden wird. Erfordern die Milieuumstände oder die akuten Belange, die für den Lebensgang des Nativen bedeutsam sind, Kreditaufnahme, Vertragsabschluß, rechtliche Auseinandersetzung oder die Bereitschaft, sich in einer bestimmten Glaubensangelegenheit festzulegen, ist die Mentalität des Geborenen überfordert, bzw. reagiert er darauf nicht optimal, sondern so, daß ihm bei entsprechend weitreichenden Aktionen Schaden erwachsen kann. Bei Eheproblemen kann diese Konstellation eine Scheidung bezeichnen.

D 352 Asz harmonisch mit ♄ Saturn

In diesem Lebensabschnitt wird von der Situation her vom Nativen verlangt, alle Kräfte auf ein Ziel zu konzentrieren, sich in Geduld zu fassen und die Dinge ausreifen zu lassen. Genau in dieser Art wird er reagieren. Das aber bringt die Entwicklung voran, ebnet Wege, begünstigt Selbsterkenntnis und macht damit möglich, daß der Native mehr Kraft zur Selbstbehauptung im Lebenskampf gewinnt.

D 353 Asz im Spannungsaspekt mit ♄ Saturn

Die Entwicklung der Lebensumstände scheint auf einem „toten Punkt" angelangt. Einsicht, Hoffnungsfreude und Mut könnten die Probleme lösen. Statt dessen aber neigt der Native zu Resignation, sieht die Probleme zu ernst oder zu schwer, isoliert sich, anstatt zu versuchen, über seinen Schatten zu springen, um aus einem momentanen Dilemma herauszukommen. Falsch wäre es allerdings, wollte er gerade in dieser Lebensphase von sich aus „vollendete Tatsachen" schaffen, anstatt nach allen Seiten offen zu bleiben. Es wird sich aber kaum umgehen lassen, daß eine bestimmte Zwangslage die Trennung zwischenmenschlicher Beziehungen zur Folge hat oder daß die Lebensbedingungen einen für die Vitalität unzulänglichen Rahmen erreichen, so daß Krankheit möglich wird.

D 354 Asz harmonisch mit ♅ Uranus

Die Lebenssituation des Nativen erfordert eine Veränderung. Mehr unbewußt als bewußt hat er diese erwartet oder herbeigewünscht, doch ist die eigentliche Reaktion darauf sehr plötzlich und total. Damit wird dem Appell zur Veränderung entsprochen, was einer völligen Reform der ganz persönlichen Lebensumstände gleichkommt. Die Folge ist aber auch, daß der Native seiner Umwelt jetzt als ein völlig anderer erscheint, obwohl auch diese neuen Wesenszüge bereits durchaus Bestandteil seiner selbst gewesen sind. Unter dieser Direktion kann der Bruch mit der eigenen Vergangenheit geschehen, aber auch die radikale Ablösung von hemmenden Traditionen. Partnerschaftlich wird eine ungewöhnliche Form des Zusammenlebens gefunden oder kommt es zu einer Herzensbindung, deren tiefstes Anliegen von Außenstehenden nicht objektiv beurteilt werden kann. Die eingetretene Veränderung muß nicht von Dauer sein, sondern kann experimentellen Charakter haben.

D 355 Asz im Spannungsaspekt mit ♅ Uranus

Ähnlich wie bei **D 354** wäre eine totale Umstellung sinnvoll und läge auf der individuellen Entwicklungslinie. Aber der Geborene sieht sich außerstande, diese nur für ihn bestimmten Signale zu verstehen, bzw. mutig einen Schritt vom Wege in einer neuen Richtung zu tun. Was dabei herauskommt, ist allenfalls ein mißglückter Seitensprung, eine Auflehnung gegen bisherige bewährte Formen des Zusammenlebens, unerwünschte Hektik oder abrupte Reaktionen. Es gelingt dem Nativen nicht, den Rahmen einer modernen Lebensform sinnvoll auszufüllen. Dies zeigt sich vor allem auch im Umgang mit Partnern. Absonderliche Kontakte werden möglich und halten naturgemäß nicht lange. Für einen Eheschluß ist die Zeit völlig ungeeignet, vor allem, wenn es sich um eine **Opposition**sstellung handeln sollte.

D 356 Asz harmonisch mit ♆ Neptun

Eine phantasievolle Natur, die sich eher treiben läßt, als das Steuerruder zu betätigen, wird diese Direktion am nachhaltigsten verspüren. Aber auch weniger Empfindsame werden angerührt. Der „innere Motor" wird aus einer sozusagen geheimen Quelle mit hochwertigem Treibstoff gespeist. Damit werden beträchtliche Kräfte freigesetzt, gewinnt der Native mehr Lebenswillen und Lebenskraft, vor allem weil er jetzt das Tor zu neuen Erkenntnissen und Einsichten aufstößt. Unter dieser Konstellation gelingt die Fühlungnahme mit hochstehenden Persönlichkeiten, bzw. kann eine geistige Umorientierung das eigene Dasein an neuen Wertmaßstäben messen lassen. Fällt die Direktion in die Reifezeit des Lebens, verspricht sie hohen ideellen Erfahrungswert.

D 357 Asz im Spannungsaspekt mit ♆ Neptun

Anstatt Bekenntnis, klare oder eindeutige Stellungnahme oder beherzte Tat, reagiert der Native auf Anforderungen aus dem Milieu verwirrt, unklar, phantastisch. Er setzt sich körperlich und geistig-seelisch der Gefahr von Vergiftung aus, einer Einflußnahme unwägbarer Kräfte, wird süchtig oder einer anderen Person hörig. Die Direktion schafft gänzlich ungeeignete Voraussetzungen für eine glückliche Ehe, weil eine Instinktbeirrung sich nachteilig auf die Partnerwahl auswirkt, bzw. diese enttäuschend endet.

D 358 Asz harmonisch mit ♇ Pluto

Die Lebensumstände erweisen sich als gefestigt. Dazu trägt bei, daß der einzelne sich in einem Kollektiv geborgen weiß, daß individuelle und allgemeine Ziele als verbindlich angesehen werden, was auch ideologischer Bekenntnistreue gleichkommt. Da unter dieser Direktion auch die physischen Kräfte stark sind, kann es eine Lebensperiode sein, in der ungewöhnliche Taten geleistet werden.

D 359 Asz im Spannungsaspekt mit ♇ Pluto

Die individuellen Bedürfnisse und die daraus resultierende Lebensweise, die das maßgebliche Kollektiv, dem der einzelne angehört, zuläßt, liegen im Widerstreit. An dieser Diskrepanz zwischen Anspruch und Möglichkeit kann auch eine starke Natur scheitern. Unberechenbare Reaktionen haben etwas von höherer Gewalt an sich, gegen die der Native besser nicht aufbegehren sollte. Für das Eingehen einer intimen Bindung von Dauer, ist diese Direktion kein gutes Omen.

D 360 Asz harmonisch mit ☊ Mondknoten

Individuelle Bedürfnisse und Wünsche werden von einem Partner oder Freunden, Mitarbeitern einer Gruppe sehr wohl verstanden, gebilligt und gefördert. Daher begünstigt diese Direktion das Zusammenleben oder den Zusammenschluß zu einer Arbeitsgemeinschaft.

D 361 Asz im Spannungsaspekt mit ☊ Mondknoten

Was der einzelne will, kann die Gemeinschaft nicht geben. Seine Ansprüche werden vom Partner oder Mitarbeiter daher mißbilligt, bzw. gestört. Unter dieser Direktion wird daher auch eher eine Trennung erlebt als eine Verbindung geschlossen.

D 362 Asz harmonisch mit Asz

Dieser Direktionsaspekt ist nicht von Bedeutung. Er kann lediglich die Bedeutung des Radix-Asz unterstreichen bzw. betonen.

D 363 Asz im Spannungsaspekt mit Asz

Negative Aspektverbindungen, die den Radix-Asz an andere Planeten anknüpfen, werden aus der Latenz gehoben. Für die persönliche Existenz ist diese Konstellation nicht förderlich.

D 364 Asz harmonisch mit MC

Die intimen persönlichen Lebensumstände können bei dieser Direktion einen entsprechenden äußeren gesellschaftlichen Rahmen erhalten. Berufliche Betätigung entspricht der Veranlagung, Anerkennung oder Ehre dem sozialen Engagement.

D 365 Asz im Spannungsaspekt mit MC

Was der Geborene für sich erstrebt, wird ihm durch die äußere Position vorenthalten. Er muß beruflich Dinge tun, die ihn überfordern, bzw. die seiner Veranlagung nicht entsprechen. Seine reale Situation erstrebt einen Wechsel im Beruflichen oder Sozialen, doch sind die Voraussetzungen dazu nicht gegeben.

Das MC als Signifikator

Im Falle des Medium Coeli ist es leichter als beim Asz, den Sinngehalt aus der Ganzheit des Ich herauszulösen, für sich zu betrachten und damit auch zu personalisieren.

Denkt man sich die zwölf Häuser als eine Ministerrunde, die dem Vorsitzenden, dem Ministerpräsidenten oder Kanzler, also der Nummer eins, als Gehilfen oder Fachleute zur Seite stehen, so gibt es einen Finanzminister, der die zweite Stelle einnimmt, einen Bildungsminister, der das 3. Haus regiert, den Familienminister, der für das 4. Haus zuständig ist usw. Den 10. Platz, eigentlich den wichtigsten, hätte demnach der Arbeitsminister inne, der zugleich das Sozialministerium zu verwalten hat, in unserer Zeit ohne weiteres einer der schwierigsten Posten, da ja jeder Arbeitnehmer nur dann Höchstleistungen vollbringen kann, wenn er am richtigen Platz steht. Das wäre also unser Mann, der Repräsentant des MC. Seine Beziehung zum Ich ist zweifacher Art. Er stellt die Forderung, das Bestmögliche gemäß den vorhandenen Anlagen zu geben, um sich als nützliches Glied der Gesellschaft zu bewähren. In diesem Fall wird mit Anerkennung nicht gespart. Dem Tüchtigen stehen alle Tore offen. Die andere Seite ist, daß das MC belohnt und belobigt, die Verdienste herausstellt und damit Ansehen und Selbstbewußtsein des Ich hebt.

D 366 MC harmonisch mit ⊙ Sonne

Welcher Art Anforderung, aber auch von welchem Nutzen ist eine harmonische Direktion der Sonne mit dem MC? Vor allem gehört hierher die **Konjunktion,** der am stärksten wirksame Aspekt. Die Radixsituation erklärt gewissermaßen den Lebensplan, im Falle der MC-Position, ob und wie sich ein beruflicher oder sozialer Aufstieg abspielen kann, wo die Stärken und wo die Schwächen des Nativen sind. Gibt eine harmonische Radixverfassung grünes Licht, so kann D 366 – besonders die Konjunktion – optimale Einsatzmöglichkeiten schaffen. Das heißt, daß der Native gut oder sogar vorzüglich zum Zuge kommen wird auszuwerten, wozu er sich ,,berufen" fühlt. In unserer Arbeitswelt kann ein ,,Job" sicher nicht im Sinne von Berufung verstanden werden, aber er gibt mindestens die Möglichkeit, die eigene Tüchtigkeit unter Beweis zu stellen, herauszuholen, was der Sonnenstand erhoffen läßt. Es sind Chancen für Karriere, eine Zeit der Bewährung, in der gelingt, was der Native anfaßt, in der ihm aber auch Lob und Anerkennung zuteil wird, was seiner gesellschaftlichen Position zugute kommt. Fällt die Konjunktion in einen Lebensabschnitt, in dem normalerweise die Lebenskurve ihren Höhepunkt erreicht hat, so kann in dieser Zeit ,,geerntet" werden.

D 367 MC im Spannungsaspekt mit ⊙ Sonne

Auch hier ergeht an den Nativen der Aufruf, sein Bestes zu geben, sich durchzusetzen, eine Karriere einzuschlagen und zu äußeren Ehren zu kommen. Aber dieser Anruf wird nicht verstanden. Entweder sind die Ziele zu hochgesteckt, entsprechen die Voraussetzungen nicht der vorhandenen Begabung oder es scheitert der Aufstieg an Hindernissen, die zu überwinden der Native sich nicht in der Lage sieht. Die Gründe dafür mögen auf jener Ereignisebene zu suchen sein, die nach der Häuserstellung Aufschluß darüber geben kann. So gibt es verpaßte Gelegenheiten, evtl. sogar Rückschritt oder Probleme. Allein die **Opposition** kann eine gewisse Ausnahme machen. Sie bedeutet ja zugleich die Konjunktion mit dem IC und damit die feste Verankerung im heimatlichen Umfeld, in der Familie, in der Tradition. Nur wird eben diese Bindung zu stark sein und verhindern, daß der Native sich seinen höheren Aufgaben, wie sie sich aus der MC-Stellung ergeben, zuwendet.

D 368 MC harmonisch mit ☽ Mond

Arbeit bzw. Beruf, gesellschaftliches Prestige oder Autorität stehen in einem besonderen Zusammenhang mit Lunarem. Der Native hat „das richtige Gefühl“ für die notwendigen Aktionen, die infolge einer intakten Gemütslage leichtfallen. Damit kann er voll einsteigen, wird mit „Herz und Hand“ dabeisein und vor allem soziale Erfolge erzielen. Evtl. entsprechen diese einer besonders mitleidvollen Einstellung, Mitgefühl mit sozial Schwächeren oder Eintreten für alternative Lösungen. Einen Schlüssel für das Verständnis der Konstellation liefert die Beteiligung des Mondes am Häusersystem.

D 369 MC im Spannungsaspekt mit ☽ Mond

Der Native sieht sich nicht in der Lage, zum gegebenen Zeitpunkt zu wechseln oder sich zu einer Veränderung zu entschließen, die den Aufstieg möglich macht. Das kann sich auf die Örtlichkeit beziehen, aber auch andere Gründe haben, die nach der Beteiligung des Mondes am Häusersystem zu ergründen sind. Man muß aber auch daran denken, daß Familiäres, Partnerschaftliches, also die gemüthafte Reaktion, eine hinderliche Rolle spielen können. Bei der Planung seiner persönlichen Zukunft geht die Phantasie mit dem Nativen durch bzw. treibt schillernde Blüten, in der Realität werden sich aber seine Vorschläge oder Bemühungen als unpopulär erweisen.

D 370 MC harmonisch mit ☿ Merkur

Die von der Situation her geforderte berufliche Leistung oder das soziale Engagement entsprechen den intellektuellen Möglichkeiten oder liegen auf der Linie, in der sich der Native betätigen möchte. Daher kann der berufliche Aufstieg in einer bestimmten erhofften Weise gelingen oder wird eine berufliche Laufbahn eingeschlagen, die dem Nativen „liegt“. Es ist weniger stürmische Begeisterung für die Sache, die ihn vorwärts treibt, sondern nüchternes Kalkül, eine Vorausberechnung der Chancen und Termine, Verhandlungsgeschick, Nützlichkeitsüberlegungen, von welchen Personen Hilfe zu erwarten wäre.

Merkur am MC mag das Symbol des tüchtigen Geschäftsmannes sein, der zu Geld und Ansehen kommt, des erfolgreichen Journalisten, um den sich die Medien reißen, des Lehrers, der sich bei Eltern und

Kindern der Beliebtheit erfreut, „weil die Kinder bei ihm etwas lernen“, des Jugendleiters, der in seiner Aufgabe aufgeht. In einem solchen Lebensabschnitt können selbst größere MC-Vorhaben gelingen, auf die Merkurs Häuserbezug hinweist.

D 371 MC im Spannungsaspekt mit ☿ Merkur

Berufliches steht zur Entscheidung an, es geht um die Frage, ob sozialer Aufstieg durch den Einsatz der Vernunft zu gewinnen ist. Leider sind die Gegebenheiten dafür schlecht. Nervosität oder ungenügender Informationsstand, Bildungslücken, bzw. das Fehlen einer entsprechenden Abschlußprüfung lassen es nicht zu, eine bestimmte Karriere einzuschlagen. Der Native verhält sich ungeschickt im Einsatz seiner positiven Anlagen, ist zu oberflächlich, verfolgt zu viele verschiedene Interessen und unterläßt es, gemäß seiner eigentlichen Begabungen und Talente zu handeln. In diesem Lebensabschnitt ist auch kein Verlaß auf Kollegen, bzw. kommen bei der Oppositionsstellung Schwierigkeiten aus der Familie.

D 372 MC harmonisch mit ♀ Venus

Vom MC gehen bestimmte fordernde Impulse aus, vor allem soziale Aufgaben (Venusbereiche) zu meistern. Die Bereitschaft zum Engagement liegt ebenso vor wie das Talent, etwas aus den gegebenen Verhältnissen zu machen. Fürsorgliche, künstlerische Berufe, solche, die von Venus regiert werden, also mit kulturellen Ambitionen oder ästhetischen Ansprüchen, werden den Nativen befriedigen. Gemäß der Häuserstellung von Venus im Radix und in den Direktionen ist auf die Umstände zu schließen, die Zufriedenheit, Harmonie als „kleines Glück“ erleben lassen. U. U. kann die Konjunktion auch als Heiratsaspekt gewertet werden.

D 373 MC im Spannungsaspekt mit ♀ Venus

Die **Opposition** macht das unter **D 372** Erreichbare *auch* möglich. Doch es besteht ein gewisser Gegensatz, der oft aus der familiären Verflechtung stammt und somit dem Erfolg einen gewissen Beigeschmack gibt. Die übrigen Spannungsaspekte verhindern das „richtige“ soziale Engagement, lassen mit anvertrauten Mitteln leichtfertig umgehen oder bedeuten Nachteile durch eigenes Fehlverhalten, etwa unangebrachtes Luxusbedürfnis, zu starkes Verlangen nach Genüssen, ein Seitensprung, durch den das Ansehen leidet oder die Karriere unterbrochen wird.

D 374 MC harmonisch mit ♂ Mars

Der Native kann alle Energie aufbringen, starken Willen einsetzen und ganz bei der Sache sein, wenn es gilt, ein berufliches Ziel zu verwirklichen. Er setzt sich gegenüber Konkurrenten durch, genügt den Anforderungen, die von der Karriere her an ihn gestellt werden aufs beste, wird aber auch eine Ehren- oder Vertrauensstellung ausfüllen können. Woher Mars seine Kraft schöpft, welche Teilbereiche der Existenz die Basis für den Sieg liefern, ist aus der Beteiligung von Mars am Häusersystem im Radix und direktionär zu ersehen.

D 375 MC im Spannungsaspekt mit ♂ Mars

An den Nativen treten Anforderungen heran, die ihn hart belasten. Er könnte es schaffen, würde er Selbstdisziplin zeigen oder auf bestimmte private Wünsche jetzt verzichten, etwa auch weniger triebhaft reagieren und ein besseres Augenmaß haben, wenn es darum geht, andere für sich einzusetzen. Ist die Radixsituation nachteilig, wird der Native zu impulsiv, zu rigoros oder zu kritisch an seine Aufgaben herangehen, über das Ziel hinausschießen oder sich Feinde schaffen und damit um seine Chance gebracht werden. Für den Ablauf einer Karriere ist diese Konstellation nachteilig. Das könnte auch für die **Konjunktion** gelten, zumal sie sicher familiäre Probleme produziert. Bei einer harmonischen Radixverfassung aber wird ein harter Einsatz auch den Durchbruch bringen, etwa bei einem Sportler, Techniker oder einer Militärperson. Die Beurteilung der Situation ist schwierig.

D 376 MC harmonisch mit ♃ Jupiter

Der Lebensgang des Geborenen verläuft jetzt in hellem Licht. Der Meridian kreuzt etwa in der **Konjunktion** die Position von Jupiter, dem Symbol für das Lebensoptimum, bzw. bringt den fördernden Aspekten überdurchschnittliche Chancen, zu einer Ehrenstellung oder Anerkennung zu kommen, sich der Gunst Höhergestellter zu erfreuen und damit evtl. sogar unverdient Karriere zu machen. Gemäß der Häuserverfassung Jupiters im Radix bzw. direktionär kann vermutet werden, welcher Bereich der Existenz eine positive Ausgangslage schafft. Es wird aber auch möglich sein, gewonnenes Gut sicherzustellen, zu investieren oder durch einen Vertrag die eigene Existenz auszudehnen. Für eine Heirat wäre diese Konstellation vorzüglich, in erster Linie allerdings ist die berufliche Stellung begünstigt.

D 377 MC im Spannungsaspekt mit ♃ Jupiter

Was eine echte Chance zu sein scheint, erweist sich als überzogene Hoffnung, als Fehlinvestition, als Leichtsinn oder Spekulation. Der Anteil Jupiters am Häusersystem in seiner Radix- und direktionären Verfassung könnte Hinweise auf die vorhandenen Klippen geben. Die Folge der Nichterfüllung jener aus der Situation stammenden Forderungen kann ein Prozeß sein; die Lösung eines Vertrags bringt finanzielle Einbußen.

D 378 MC harmonisch mit ♄ Saturn

Die „Forderung des Tages" meldet sich seit längerem an. Es ist das eiserne Muß der Pflichterfüllung, mit dem der Native konfrontiert wird. Seine Geduld kommt auf den Prüfstand, aber er wird allen Anforderungen genügen. Lohn ist der langsame, aber sichere Aufstieg, die Chance zu einer Dauerverbindung oder auch die Erfüllung ehrgeiziger Ziele, die ihm schon seit langem vorschweben. Gemäß der Hausverfassung von Saturn können Freunde und Helfer gefunden werden.

D 379 MC im Spannungsaspekt mit ♄ Saturn

Weist die Radixkonstellation den Geborenen als sehr ehrgeizig aus, kann er bei dieser Direktion stürzen. Hat er durchschnittliche berufliche Interessen, halten sich seine Wünsche nach äußeren Ehren oder sozialer Aufwertung in Grenzen, muß er dennoch mit Versagungen rechnen, bzw. liegen seiner Karriere, seinem beruflichen Weiterkommen, Steine im Weg. Allein schon die Aussicht darauf nimmt ihm den Mut, und er neigt dazu, die Flinte vorschnell ins Korn zu werfen. Gewiß hat es wenig Sinn, zu einer solchen Zeit Großes zu planen und Energie dafür einzusetzen. Aber was zu tun ist, muß freilich erledigt werden. Im übrigen sollten die Zeiten der Belastung so gut es geht, abgewartet werden. Viel hängt von den Transiten der Ereigniszeit ab, ob sie helfen oder das Gefühl der Resignation vertiefen.

D 380 MC harmonisch mit ♅ Uranus

Der klare und eindeutig vorgezeichnete berufliche Weg erweist sich unter dieser Direktion als gar nicht so stabil. Eine plötzliche Chance kann die Karriere unvermittelt nach oben führen oder beruflich umsteigen lassen. Dabei wäre eine neue, ungewöhnliche Tätigkeit aussichtsreich. Je mobiler der Native ist, je vielseitiger seine Interessen gelagert sind, um so besser wird es ihm gelingen, diesbezügliche Chancen auszunützen. Je sturer er sich bemüht, an seinem beruflichen oder sozialen Konzept festzuhalten, um so weniger wird ihm diese Direktion nützen.

D 381 MC im Spannungsaspekt mit ♅ Uranus

Gemäß der kritischen Natur des Planeten wird vor allem die **Konjunktion** Gefahren bringen. Der Anruf zur Veränderung, der Appell, moderner denken und zu handeln, eine originelle Lösung für ein berufliches oder soziales Problem zu suchen, wird mißverstanden. Damit bekommt die berufliche Tätigkeit den Charakter einer Spekulation oder eines Experiments, das hektisch abläuft und mit einem Mißerfolg enden kann. Diese Direktion ist ungeeignet, um Neues von Belang in Angriff zu nehmen.

D 382 MC harmonisch mit ♆ Neptun

Der Native wird in der Zeit dieser Direktion von der dumpfen Ahnung erfüllt sein, immer schon gewußt zu haben, daß seine eigentlichen beruflichen Chancen nicht vordergründiger Natur sind, sondern daß er sich mehr inspirieren lassen sollte. Der Appell zu sozialer oder humanitärer Tätigkeit, zu beruflichen Aktivitäten, die über einen engen heimatlichen Rahmen hinausgehen und zu weiten Horizonten führen, auch die Neuformulierung geistiger Lebensziele wird gelingen. Je feinsinniger und empfindsamer, künstlerischer oder kreativer die Anlagen des Nativen sind, um so mehr wird er in der fraglichen Zeit bei dieser Direktion aus sich machen können. Der Bezug auf das radikale oder direktionäre Häusersystem kann Erklärungen liefern.

D 383 **MC im Spannungsaspekt mit ♆ Neptun**

Vor allem wird die **Konjunktion** als Symbol der Schwäche und der Enttäuschung zu deuten sein. Gewissermaßen erweist sich die Karriere als Irrtum oder der gesellschaftliche Weg als enttäuschend. Zur Lösung seiner Aufgaben bedarf der Native des Vertrauens und des familiären Rückhalts. Im Falle der Konjunktion ist dieser nicht gegeben. Aber auch andere Spannungsaspekte wirken schwächend, vernebeln die Ziele und lassen den Aufstieg in einem sehr diffusen Licht erscheinen. In dieser Zeit hilft es, sich auf die Realität zu besinnen und sich auf das Machbare zu beschränken, sich selbst mehr zu vertrauen als andern und Zurückhaltung zu üben, damit nicht die eigene Zukunft durch Sucht oder Schwächen gefährdet wird.

D 384 **MC harmonisch mit ♇ Pluto**

Wenn Pluto im Radix an besonderen Konstellationen teilhat, besonders am Meridian oder Horizont anknüpft, kann unter dieser Direktion der entscheidende Schritt in eine bessere Zukunft getan werden. Dann wird der Native vermutlich vom Kollektiv getragen und wird auch dort am ehesten Karriere machen, wo ein solches Kollektiv Einfluß auf sein persönliches Schicksal nimmt.

D 385 **MC im Spannungsaspekt mit ♇ Pluto**

Wenn der Native zu jenen Personen zählt, die Pluto-Direktionen oder -Transite wahrnehmen, vermag diese Direktion einen harten Wink des Schicksals zu signalisieren. Er muß darauf verzichten, seine Individualität zu sehr zu betonen, damit nicht Neider über ihn herfallen. Die Gefahr schicksalhaften Verschuldens bzw. Versagens ist gegeben, weshalb unter dieser Direktion Wichtiges für das weitere Leben besser verschoben werden sollte.

D 386 MC harmonisch mit ☊ Mondknoten

Gemäß der Position des Mondknotens innerhalb der Häuser kann der Native Freunde und Helfer finden, die ihm bei der Verwirklichung seiner beruflichen Pläne helfen. In jedem Falle ist Zusammenarbeit jetzt sinnvoller als ein Alleingang.

D 387 MC im Spannungsaspekt mit ☊ Mondknoten

Es lohnt nicht, daß der Native seine Hoffnungen auf Freunde, auf Hilfe und Unterstützung durch andere setzt. Besser geht er seinen Weg allein, muß aber evtl. damit rechnen, daß bereits bestehende Kontakte sich als nicht genug tragfähig erweisen.

D 388 MC harmonisch mit Asz

Die Anforderungen, die hinsichtlich der beruflichen Stellung an den Nativen gestellt werden, aber auch die Möglichkeiten zu sozialem Engagement und um in eine gesellschaftliche Stellung zu kommen, die seiner Veranlagung adäquat ist, sind günstig. Gewissermaßen wird für eine ausgeschriebene Position genau jener Typ gesucht, dem der Native nach seinem Auftreten entspricht. Deshalb ist diese Direktion ein guter Hintergrundaspekt, um persönliche Wünsche und Vorstellungen zu realisieren, weil sie den Gegebenheiten entsprechen.

D 389 MC im Spannungsaspekt mit Asz

Es liegt ein Mißverhältnis vor zwischen beruflichem oder sozialem Anspruch und der Fähigkeit bzw. Bereitschaft, diesen zu erfüllen. Klappt es mit der Karriere nicht, kommt der Native nicht in jene Stellung, von der er meint, dafür geeignet zu sein, liegt es weniger an äußeren Umständen, als vielmehr an seinem eigenen Naturell, das ihn jetzt im Stich läßt.

D 390 MC harmonisch mit MC

Berufliche Angelegenheiten werden durch diese Direktion in den Mittelpunkt der Bestrebungen des Nativen gestellt. Es geht ihm um die Verwirklichung ehrgeiziger Ziele, dessen, wozu er sich berufen fühlt oder was er meint, beruflich seiner Herkunft und seiner sozialen Stellung schuldig zu sein.

D 391 MC im Spannungsaspekt mit MC

Wenn die vorangehende Direktion **D 390** einen günstigen Erlebnishintergrund schafft, um berufliche Vorhaben zu realisieren, so wird der Spannungsaspekt gerade das Gegenteil bewirken. Der Charakter dieser Zeit erweist sich als ungeeignet für größere Vorhaben, für den Versuch, etwas Neues anzufangen, umzusteigen oder eine andere gesellschaftliche Stellung zu erlangen. **MC**

Die zwölf „Häuser“ des Horoskops als Ereignisebenen oder Beziehungskategorien

1. Haus: Das Ich, Charakter, Körper als Werkzeuge der Seele, äußere Erscheinung, Ausdrucksformen des Willens, Manieren, Konstitution, Habitus, Gesundheit.
Trad.: Vorgeburtliche Dispositionen, Karma.

2. Haus: Materielle Mittel, Besitz und Reserven, Ökonomie des Verhaltens im Materiellen, Geld, Kapital.

3. Haus: Geistige Fähigkeiten, Denken, Ausbildung, Erziehung, Umwelt, allgem. Beweglichkeit.
Trad.: Kurze Reise, Briefe, Schriftstücke, Dokumente, Urkunden, Schriftstellerei, Literatur, Brüder, Schwestern, Blutsverwandte, Nachbarn.

4. Haus: Herkunft, Eltern, Heimat und eigenes Heim, Alter, Vater.
Trad.: Haus und Grundbesitz, Land- und Gartenwirtschaft, Verbindung mit dem Jenseits.

5. Haus: Triebkräfte, Triebverfassung des Nativen, was aus den Sinnen kommt, Handlungen, die auf Selbstvertrauen beruhen.
Trad.: Liebe, Kinder, pädagogische Befähigung, Spiel, Spekulation, Wette, Lotterie, Lebensfreude.

6. Haus: Das Notwendige, dem der Körper unterworfen ist: Gesundheit und Hygiene, Widerstandskraft.
Trad.: Arbeits- und Angestelltenverhältnis, Arbeitsplatz, Verhältnis zu Mitarbeitern und abhängigen Personen. Mieter, Schwiegervater, Anverwandte 2. Grades, (Onkel und Tanten), kleine Tiere.

7. Haus: Das Du, Partner, Ehe, Öffentlichkeit, Bündnisse.
Trad.: Teilhaberschaft, Zivilprozesse, öffentliche Feinde und deren Kritik.

8. Haus: Bewußtseinsübergänge, Gewinn und Verlust als Bilanz des Lebens, Tod.
Trad.: Ort und Ursache des Todes, dessen nähere Umstände, das Begräbnis, Erbschaften und Mitgift, Geheimnisse des Geborenen und seiner Familie.

9. Haus: Höhere geistige Interessen, Weltanschauung.
Trad.: Was ferne liegt, weite Reisen, Ausland, persönliche und geschäftliche Beziehungen zum Ausland, Moral, Religion, höhere geistige und seelische Einstellung, Philosophie, Rechtswissenschaft, Metaphysik, Behörde, Schwager und Schwägerin.
10. Haus: Beruf (Berufung), gesellschaftliche Position, soziale Stellung, Erfolg, Ansehen.
Trad.: Ehre, Auszeichnungen, Titel etc., Vorgesetzte, Eltern.
11. Haus: Wünsche und Hoffnungen.
Trad.: Freunde und Bekannte, Protektion, Verbindungen, Projekte, Gesellschaften, Vereine.
12. Haus: Prüfungen, Auflösung, Feinde, Besinnung, Läuterung.
Trad.: Sorgen, Kummer, Trauer, Witwerschaft, Anfeindung, Hindernisse, Widerwärtigkeiten, Konflikte mit Behörden und evtl. dem Strafgesetz, unfreiwilliger Aufenthalt in Krankenhäusern, Anstalten, Gefängnissen; Diebstahl, Karma, Verleumdung, Schwiegermutter, große Tiere.

Die zwölf Tierkreiszeichen als vorgeformte planetare Zonen

♈	Widder:	**Zone des Mars,** eifriges Wollen, Initiative, Verlangen nach Selbständigkeit, Gefahr durch Gewalt. Aktivität, Impulsivität. Kopf, Gehirn, Auge.
♉	Stier:	**Zone der Venus,** auf materielle Sicherheit bedacht, Beharrlichkeit, Wirklichkeitssinn, eigenwillig, langsame Reaktionen. Hals, Nacken, Kehle, Mandeln, obere Atmungsorgane bzw. Luftwege, Stimme, Ohren.
♊	Zwillinge:	**Zone des Merkur,** vielseitige und vielfältige Ausdrucksmöglichkeit, geistige Gewandtheit, unruhig, schwankend, beweglich, sprunghaft. Schultern, Arme, Hände, Lunge.
♋	Krebs:	**Zone des Mondes,** gefühlvolle Empfänglichkeit, Phantasie, Hingabe, dabei aber auf Distanz bleiben. Langmut, labiles Verhalten. Brust, Magen, z. T. Leber.
♌	Löwe:	**Zone der Sonne,** Schöpferkraft, Machtwille, Gestaltungsfähigkeit, Organisationsgabe, Selbstsicherheit. Herz, Rücken, Zwerchfell, Schlagader, Blutkreislauf.
♍	Jungfrau:	**Zone des Merkur,** Sorgfalt, Ordnungsliebe, Gründlichkeit, ruhig, nicht sehr aufgeschlossen, Streben nach Bewußtheit, Stabilität. Verdauungsorgane, Milz, Nerven, Bauchspeicheldrüse.

♎	**Waage:**	**Zone der Venus,** Harmoniebedürfnis, Sympathiefähigkeit, Schönheitssinn, Entgegenkommen. Beweglich, anregbar, gute Äußerung. Lenden, Nieren, ableitende Harnwege, Blase, Gefäßnerven des Kopfes und der Haut.
♏	**Skorpion:**	**Zone von Pluto und Mars,** Selbsterhaltungstrieb, physische Aktivität, praktischer Sinn, Geschicklichkeit, Gefahr durch Jähzorn, Hemmungslosigkeit, widersprüchlich, grüblerische Natur. Geschlechts- und Ausscheidungsorgane, Mastdarm.
♐	**Schütze:**	**Zone des Jupiter,** Begeisterung, Verinnerlichung, Tatkraft, impulsive Erregbarkeit. Oberschenkel, Becken, Hüfte, Adern, Venen, Ischiasnerv.
♑	**Steinbock:**	**Zone des Saturn,** Konzentration, Gründlichkeit, Ausdauer, Verengung, gehemmt und einseitig reagieren. Knie, Knochen, Gelenke, Haut.
♒	**Wassermann:**	**Zone des Uranus und Saturn,** geistige Aktivität, Wandlungsfähigkeit, Neuerungsbestreben, vielseitig und widersprüchlich reagieren. Unterschenkel, Venen, Kreislauf.
♓	**Fische:**	**Zone von Neptun und Jupiter,** Empfänglichkeit, Phantasie, Unaufmerksamkeit, zwiespältig, labil, gehemmt sein. Füße, Zehen, Därme, empfindlich für Gifte.

Die Planeten

Grundprinzipien der in uns wohnenden Kräfte des Lebens, Kennmarken für Periodizität, ihr Symbolgehalt.

☉	**Sonne**	Prinzip der Lebenskraft; Ich. Individualität, Machtstreben; vital, feurig, furchtlos, Vater, Gatte; Herz, Kreislauf.
☽	**Mond**	Seele, Gefühl, Phantasie, Erlebnistiefe; Sammlung, Gestaltung, Wechsel; Mutter, Heimat, Volk; Stoffwechsel, Sekretion, Fortpflanzung, Fruchtbarkeit. Magen.
☿	**Merkur**	Intelligenz und Zwecksinn; Vermittlung, Klugheit, Berechnung, Mittler sein, Sachdenken; Rede und Schrift, Erziehung, Verkehr, jüngere Geschwister, Nerventätigkeit. Lunge und Arme.
♀	**Venus**	Prinzip der Harmonie, Empfindung und Hingabe. Ausgleichen, Kontakte herstellen, Reize empfinden, Sinnenfreude, Zärtlichkeitsverlangen, Erotik; Geselligkeit, Kunst, die Geliebte, Spiel und Spekulation; innere Sekretion, Sexualfunktion. Niere.
♂	**Mars**	Prinzip der aufbauenden oder zerstörenden Energie, Trieb und Drang, Heftigkeit, Wille, Mut, Impuls, Initiative. Machtwille, Soldaten, Sportler, Techniker, der Geliebte; Geschlechtstrieb, Muskelkraft, Unfall, Fieber, Entzündung, Verletzung.

♃	**Jupiter**	Prinzip der Expansion. Kraft zur Entfaltung, das Lebensoptimum, Hoffnung, Entfaltung, Ausgleich, „das Glück“; das Erhabene, Religion, Philosophie, Recht und Gerechtigkeit. Fülle, Reife. Leber.
♄	**Saturn**	Prinzip der Konzentration, Grenzen setzen, Einengen, das Notwendige anerkennen, Verdichtung; Hemmung, Bindung, Angst, Vorsicht; Vater, Vorfahren, Landwirte; Knochenbildung, Milz, Haut, Erkältungen, chron. Zustände, als „großes Unglück“ Trennung, Mißtrauen, Isolation.
♅	**Uranus**	Prinzip des Umschwungs, der Erneuerung, des „Zufalls“, Intuition, Überraschung, Blitz, Krampf, Katastrophe. Erfinder, Techniker, Revolutionäre; Nervensystem, Krämpfe, Unfall, Operation.
♆	**Neptun**	Prinzip des Grenzüberschreitens, Phantasiekraft, allumfassende Menschenliebe, Romantik, Mystik, Hingabe, Inspiration; Schwindel, Schwäche, Rausch, Gift, Haltlosigkeit, Illusion, Täuschung, Intrige; Medien, Musiker, Schwärmer; Gärungsprozesse, Süchte, Rausch, Lähmung.
♇	**Pluto**	Stichwort: „Macht und Masse“, höhere Gewalt, Zerstörung, Vernichtung, das Gewaltige hervorbrechen und die radikale Umgestaltung, Kollektivismus, Massenpsychose.
☊	**Mond-knoten**	Im Horoskop wichtiger Faktor für Gemeinschaftsleben, Gemeinsamkeiten, für mitmenschliche Beziehungen.

Die Aspekte

Spannungsverhältnisse zwischen den Planeten

Dynamik, Impulse, harmonische oder disharmonische Richtkräfte. Aspekte sind Winkelabstände und werden als Distanz in Bogengraden gemessen.

Konjunktion	=	0°	☌
Halbsextil	=	30°	⚺
Halbquadrat	=	45°	∠
Sextil	=	60°	⚹
Quadrat	=	90°	□
Trigon	=	120°	△
1 1/2-Quadrat	=	135°	⚼
Quincunx	=	150°	⚻
Opposition	=	180°	☍

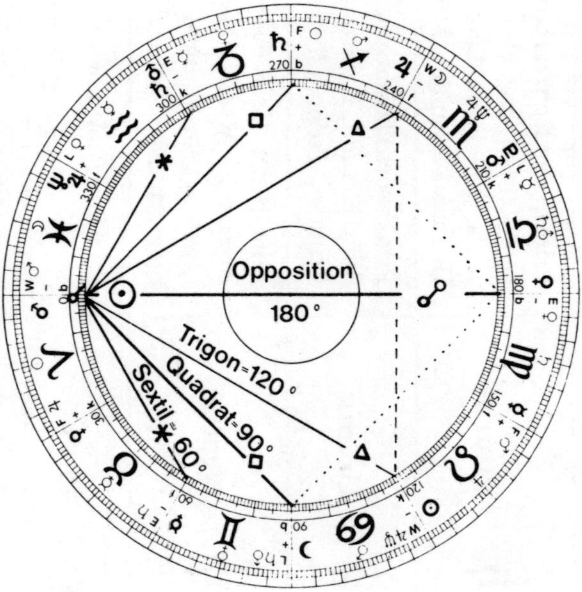

Tabelle der jährlichen Progression nach dem Naibodschlüssel

Jahre	Grad u. Minuten			Jahre	Grad u. Minuten			Jahre	Grad u. Minuten		
1	0°	59′	08,33″	30	29°	34′	10″	60	59°	08′	20″
2	1°	58′	17″	31	30°	33′	18″	61	60°	07′	28″
3	2°	57′	25″	32	31°	32′	27″	62	61°	06′	36″
4	3°	56′	33″	33	32°	31′	35″	63	62°	05′	45″
5	4°	55′	42″	34	33°	30′	43″	64	63°	04′	53″
6	5°	54′	50″	35	34°	29′	52″	65	64°	04′	01″
7	6°	53′	58″	36	35°	29′	00″	66	65°	03′	10″
8	7°	53′	07″	37	36°	28′	08″	67	66°	02′	18″
9	8°	52′	15″	38	37°	27′	17″	68	67°	01′	26″
10	9°	51′	23″	39	38°	26′	25″	69	68°	00′	35″
11	10°	50′	32″	40	39°	25′	33″	70	68°	59′	43″
12	11°	49′	40″	41	40°	24′	42″	71	69°	58′	51″
13	12°	48′	48″	42	41°	23′	50″	72	70°	58′	00″
14	13°	47′	57″	43	42°	22′	58″	73	71°	57′	08″
15	14°	47′	05″	44	43°	22′	07″	74	72°	56′	16″
16	15°	46′	13″	45	44°	21′	15″	75	73°	55′	25″
17	16°	45′	22″	46	45°	20′	23″	76	74°	54′	33″
18	17°	44′	30″	47	46°	19′	32″	77	75°	53′	41″
19	18°	43′	38″	48	47°	18′	40″	78	76°	52′	50″
20	19°	42′	47″	49	48°	17′	48″	79	77°	51′	58″
21	20°	41′	55″	50	49°	16′	57″	80	78°	51′	06″
22	21°	41′	03″	51	50°	16′	05″	81	79°	50′	15″
23	22°	40′	12″	52	51°	15′	13″	82	80°	49′	23″
24	23°	39′	20″	53	52°	14′	21″	83	81°	48′	31°
25	24°	38′	28″	54	53°	13′	30″	84	82°	47′	40″
26	25°	37′	37″	55	54°	12′	38″	85	83°	46′	48″
27	26°	36′	45″	56	55°	11′	46″	86	84°	45′	56″
				57	56°	10′	55″	87	85°	45′	05″
28	27°	35′	53″	58	57°	10′	03″	88	86°	44′	13″
								89	87°	43′	21″
29	28°	35′	02″	59	58°	09′	11″	90	88°	42′	30″

Naibodschlüssel: Verwandlung von Bogengraden und Bogenminuten in Zeit

Umwandlung von Graden in Zeit									Umwandlung von Minuten in Zeit			
Grade	Jahre	Tage	Grade	Jahre	Tage	Grade	Jahre	Tage	Min.	Tage	Min.	Tage
1	1	5	31	31	166	61	61	325	1	6	31	191
2	2	10	32	32	171	62	62	330	2	12	32	198
3	3	16	33	33	177	63	63	336	3	19	33	204
4	4	21	34	34	181	64	64	341	4	25	34	209
5	5	26	35	35	186	65	65	346	5	31	35	216
6	6	32	36	36	192	66	66	352	6	37	36	222
7	7	37	37	37	197	67	67	357	7	43	37	229
8	8	43	38	38	202	68	68	362	8	49	38	235
9	9	48	39	39	208	69	70	3	9	56	39	241
10	10	53	40	40	213	70	71	8	10	62	40	247
11	11	59	41	41	218	71	72	14	11	69	41	253
12	12	64	42	42	224	72	73	19	12	74	42	259
13	13	69	43	43	229	73	74	24	13	80	43	266
14	14	74	44	44	234	74	75	29	14	86	44	272
15	15	80	45	45	240	75	76	35	15	93	45	278
16	16	85	46	46	245	76	77	40	16	99	46	284
17	17	90	47	47	250	77	78	46	17	105	47	290
18	18	96	48	48	256	78	79	51	18	111	48	296
19	19	101	49	49	261	79	80	56	19	117	49	303
20	20	106	50	50	266	80	81	62	20	124	50	309
21	21	112	51	51	272	81	82	67	21	130	51	315
22	22	117	52	52	277	82	83	72	22	136	52	321
23	23	122	53	53	282	83	84	77	23	142	53	327
24	24	128	54	54	288	84	85	83	24	148	54	234
25	25	133	55	55	293	85	86	88	25	154	55	340
26	26	138	56	56	298	86	87	93	26	161	56	346
27	27	144	57	57	304	87	88	99	27	167	57	352
28	28	149	58	58	309	88	89	104	28	173	58	358
29	29	154	59	59	314	89	90	109	29	179	59	364
30	30	160	60	60	320	90	91	115	30	185	60	371

Umwandlung des Bogens in Zeit

o	h	m	′	m	s	′	m	s	″	s	″	s
0	0	00	0	0	00	30	2	00	0	0	30	2
1	0	04	1	0	04	31	2	04	1	0	31	2
2	0	08	2	0	08	32	2	08	2	0	32	2
3	0	12	3	0	12	33	2	12	3	0	33	2
4	0	16	4	0	16	34	2	16	4	0	34	2
5	0	20	5	0	20	35	2	20	5	0	35	2
6	0	24	6	0	24	36	2	24	6	0	36	2
7	0	28	7	0	28	37	2	28	7	0	37	2
8	0	32	8	0	32	38	2	32	8	1	38	3
9	0	36	9	0	36	39	2	36	9	1	39	3
10	0	40	10	0	40	40	2	40	10	1	40	3
20	1	20	11	0	44	41	2	44	11	1	41	3
30	2	00	12	0	48	42	2	48	12	1	42	3
40	2	40	13	0	52	43	2	52	13	1	43	3
50	3	20	14	0	56	44	2	56	14	1	44	3
60	4	00	15	1	00	45	3	00	15	1	45	3
70	4	40	16	1	04	46	3	04	16	1	46	3
80	5	20	17	1	08	47	3	08	17	1	47	3
90	6	00	18	1	12	48	3	12	18	1	48	3
100	6	40	19	1	16	49	3	16	19	1	49	3
110	7	20	20	1	20	50	3	20	20	1	50	3
120	8	00	21	1	24	51	3	24	21	1	51	3
130	8	40	22	1	28	52	3	28	22	1	52	3
140	9	20	23	1	32	53	3	32	23	2	53	4
150	10	00	24	1	36	54	3	36	24	2	54	4
160	10	40	25	1	40	55	3	40	25	2	55	4
170	11	20	26	1	44	56	3	44	26	2	56	4
180	12	00	27	1	48	57	3	48	27	2	57	4
200	13	20	28	1	52	58	3	52	28	2	58	4
300	20	00	29	1	56	59	3	56	29	2	59	4

Umwandlung der Zeit in Bogen

h	°	m	°	′	m	°	′	s	′	″	s	′	″
0	0	0	0	00	30	7	30	0	0	00	30	7	30
1	15	1	0	15	31	7	45	1	0	15	31	7	45
2	30	2	0	30	32	8	00	2	0	30	32	8	00
3	45	3	0	45	33	8	15	3	0	45	33	8	15
4	60	4	1	00	34	8	30	4	1	00	34	8	30
5	75	5	1	15	35	8	45	5	1	15	35	8	45
6	90	6	1	30	36	9	00	6	1	30	36	9	00
7	105	7	1	45	37	9	15	7	1	45	37	9	15
8	120	8	2	00	38	9	30	8	2	00	38	9	30
9	135	9	2	15	39	9	45	9	2	15	39	9	45
10	150	10	2	30	40	10	00	10	2	30	40	10	00
11	165	11	2	45	41	10	15	11	2	45	41	10	15
12	180	12	3	00	42	10	30	12	3	00	42	10	30
13	195	13	3	15	43	10	45	13	3	15	43	10	45
14	210	14	3	30	44	11	00	14	3	30	44	11	00
15	225	15	3	45	45	11	15	15	3	45	45	11	15
16	240	16	4	00	46	11	30	16	4	00	46	11	30
17	255	17	4	15	47	11	45	17	4	15	47	11	45
18	270	18	4	30	48	12	00	18	4	30	48	12	00
19	285	19	4	45	49	12	15	19	4	45	49	12	15
20	300	20	5	00	50	12	30	20	5	00	50	12	30
21	315	21	5	15	51	12	45	21	5	15	51	12	45
22	330	22	5	30	52	13	00	22	5	30	52	13	00
23	345	23	5	45	53	13	15	23	5	45	53	13	15
24	360	24	6	00	54	13	30	24	6	00	54	13	30
		25	6	15	55	13	45	25	6	15	55	13	45
		26	6	30	56	14	00	26	6	30	56	14	00
		27	6	45	57	14	15	27	6	45	57	14	15
		28	7	00	58	14	30	28	7	00	58	14	30
		29	7	15	59	14	45	29	7	15	59	14	45

Sternzeit	Rektaszension	MC 10. Feld	11. Feld	12. Feld	Aszendent 1. Feld	2. Feld	3. Feld	Sternzeit	Rektaszension	MC 10. Feld	11. Feld	12. Feld	Aszendent 1. Feld	2. Feld	3. Feld
h m s	° ' "	0	0	0	0 '	0	0	h m s	° ' "	0	0	0	0 '	0	0
		♎	♎	♏	♐	♑	♒			♏	♐	♐	♑	♓	♈
12 00 00	180 00 00	00	28	18	03 50	08	21	14 50 07	222 32 01	15	05	22	09 54	01	16
12 03 40	180 55 03	01	28	18	04 30	09	23	14 54 07	223 31 53	16	06	23	10 57	03	18
12 07 20	181 50 06	02	29	19	05 11	10	24	14 58 07	224 31 56	17	07	24	12 02	04	19
12 11 00	182 45 09	03	♏0	20	05 52	11	25	15 02 08	225 32 09	18	08	25	13 07	06	20
12 14 41	183 40 14	04	01	20	06 33	12	26	15 06 09	226 32 34	19	08	25	14 14	07	22
12 18 21	184 35 20	05	02	21	07 15	13	27	15 10 12	227 33 10	20	09	26	15 22	09	23
12 22 02	185 30 27	06	02	22	07 56	14	28	15 14 15	228 33 56	21	10	27	16 31	11	24
12 25 42	186 25 37	07	03	23	08 38	15	29	15 18 19	229 34 53	22	11	28	17 42	12	26
12 29 23	187 20 48	08	04	23	09 20	16	♓0	15 22 23	230 36 02	23	12	29	18 54	14	27
12 33 04	188 16 03	09	05	24	10 02	17	02	15 26 29	231 37 21	24	13	♑0	20 08	16	28
12 36 45	189 11 20	10	06	25	10 44	18	03	15 30 35	232 38 51	25	14	01	21 24	18	29
12 40 26	190 06 40	11	06	25	11 27	19	04	15 34 41	233 40 32	26	15	02	22 41	19	♉0
12 44 08	191 02 03	12	07	26	12 09	20	05	15 38 49	234 42 23	27	15	03	24 00	21	01
12 47 50	191 57 31	13	08	27	12 52	21	06	15 42 57	235 44 25	28	16	04	25 21	23	03
12 51 32	192 53 02	14	09	28	13 36	22	07	15 47 06	236 46 37	29	17	05	26 44	24	04
12 55 14	193 48 38	15	10	28	14 19	23	09	15 51 15	237 49 00	♐0	18	06	28 08	26	06
12 58 57	194 44 18	16	11	29	15 03	24	10	15 55 25	238 51 33	01	19	07	29 35	28	07
13 02 40	195 40 04	17	11	♐0	15 48	25	11	15 59 36	239 54 16	02	20	08	♒1 04	29	08
13 06 23	196 35 54	18	12	00	16 32	26	12	16 03 48	240 57 08	03	21	09	02 36	♈1	10
13 10 07	197 31 51	19	13	01	17 17	27	14	16 08 00	242 00 11	04	22	10	04 09	03	11
13 13 51	198 27 53	20	14	02	18 02	28	15	16 12 13	243 03 23	05	23	11	05 45	05	12
13 17 35	199 24 01	21	15	03	18 48	29	16	16 16 26	244 06 44	06	24	12	07 24	07	13
13 21 20	200 20 15	22	16	04	19 34	♒0	17	16 20 40	245 10 14	07	25	13	09 05	09	15
13 25 06	201 16 36	23	16	04	20 20	01	18	16 24 55	246 13 53	08	26	14	10 49	10	16
13 28 52	202 13 04	24	17	05	21 07	02	20	16 29 10	247 17 40	09	27	15	12 35	12	17
13 32 38	203 09 39	25	18	06	21 55	04	21	16 33 26	248 21 36	10	28	16	14 24	14	18
13 36 25	204 06 22	26	19	07	22 42	05	22	16 37 42	249 25 39	11	29	18	16 16	16	19
13 40 12	205 03 12	27	20	07	23 31	06	23	16 41 59	250 29 50	12	♑0	19	18 11	18	21
13 44 00	206 00 10	28	21	08	24 20	07	25	16 46 16	251 34 09	13	01	20	20 09	19	22
13 47 48	206 57 17	29	21	09	25 09	09	26	16 50 34	252 38 34	14	02	21	22 10	21	23
13 51 37	207 54 31	♏0	22	10	25 59	10	27	16 54 52	253 43 06	15	03	22	24 13	23	24
13 55 27	208 51 54	01	23	10	26 49	11	28	16 59 10	254 47 45	16	04	23	26 20	24	25
13 59 17	209 49 26	02	24	11	27 40	12	29	17 03 29	255 52 29	17	05	25	28 29	26	26
14 03 08	210 47 07	03	25	12	28 32	14	♈1	17 07 49	256 57 19	18	06	26	♓0 42	28	28
14 06 59	211 44 57	04	26	13	29 24	15	02	17 12 09	258 02 14	19	07	27	02 57	29	29
14 10 51	212 42 57	05	26	14	♑0 18	16	04	17 16 29	259 07 13	20	08	28	05 15	♉1	♊0
14 14 44	213 41 06	06	27	14	01 11	18	05	17 20 49	260 12 17	21	09	29	07 35	03	01
14 18 37	214 39 24	07	28	15	02 06	19	06	17 25 09	261 17 25	22	10	♒1	09 58	05	03
14 22 31	215 37 53	08	29	16	03 01	21	07	17 29 30	262 22 37	23	11	02	12 23	06	04
14 26 25	216 36 31	09	♐0	17	03 58	22	09	17 33 51	263 27 52	24	12	04	14 50	08	05
14 30 20	217 35 20	10	00	18	04 55	24	10	17 38 12	264 33 09	25	13	05	17 19	09	06
14 34 16	218 34 19	11	01	18	05 52	25	11	17 42 34	265 38 28	26	14	07	19 49	11	07
14 38 13	219 33 29	12	02	19	06 51	27	13	17 46 55	266 43 50	27	15	08	22 21	13	08
14 42 10	220 32 49	13	03	20	07 51	28	14	17 51 17	267 49 12	28	16	10	24 23	14	09
14 46 08	221 32 19	14	04	21	08 52	29	15	17 55 38	268 54 36	29	17	11	27 27	16	10

Sternzeit	Rektaszension	MC 10. Feld	11. Feld	12. Feld	Aszendent 1. Feld	2. Feld	3. Feld	Sternzeit	Rektaszension	MC 10. Feld	11. Feld	12. Feld	Aszendent 1. Feld	2. Feld	3. Feld
h m s	° ' "	0	0	0	0 '	0	0	h m s	° ' "	0	0	0	0 '	0	0
		♑	♑	♒	♈	♉	♊			♒	♓	♈	♊	♋	♋
18 00 00	270 00 00	00	18	13	00 00	17	12	21 09 53	317 27 59	15	13	29	20 06	08	25
18 04 22	271 05 24	01	19	14	02 33	19	13	21 13 52	318 27 41	16	15	♉0	21 08	09	26
18 08 43	272 10 48	02	21	16	05 07	20	14	21 17 50	319 27 11	17	16	02	22 09	10	27
18 13 05	273 16 10	03	22	17	07 39	22	15	21 21 47	320 26 31	18	17	03	23 09	11	28
18 17 26	274 21 32	04	23	19	10 11	23	16	21 25 44	321 25 41	19	19	05	24 08	11	28
18 21 48	275 26 51	05	24	20	12 41	25	17	21 29 40	322 24 40	20	20	06	25 05	12	29
18 26 09	276 32 08	06	25	22	15 10	26	18	21 33 35	323 23 29	21	21	08	26 02	13	♌0
18 30 30	277 37 23	07	26	24	17 37	27	19	21 37 29	324 22 07	22	23	09	26 59	14	01
18 34 51	278 42 35	08	27	25	20 02	29	20	21 41 23	325 20 36	23	24	11	27 54	15	02
18 39 11	279 47 43	09	28	27	22 25	♊0	21	21 45 16	326 18 54	24	25	12	28 49	16	03
18 43 31	280 52 47	10	29	29	24 45	01	22	21 49 09	327 17 03	25	26	13	29 42	16	04
18 47 51	281 57 46	11	♒1	♓0	27 03	03	23	21 53 01	328 15 03	26	28	15	♋0 36	17	04
18 52 11	283 02 41	12	02	02	29 18	04	24	21 56 52	329 12 53	27	29	16	01 28	18	05
18 56 31	284 07 31	13	03	04	♉1 31	05	25	22 00 43	330 10 34	28	♈0	17	02 20	19	06
19 00 50	285 12 15	14	04	05	03 40	06	26	22 04 33	331 08 06	29	01	19	03 11	19	07
19 05 08	286 16 54	15	06	07	05 47	08	27	22 08 23	332 05 29	♓0	03	20	04 01	20	08
19 09 26	287 21 26	16	07	09	07 50	09	28	22 12 12	333 02 43	01	04	21	04 51	21	09
19 13 44	288 25 51	17	08	11	09 51	10	29	22 16 00	333 59 50	02	05	23	05 40	22	09
19 18 01	289 30 10	18	09	12	11 49	11	♋0	22 19 48	334 56 48	03	06	24	06 29	23	10
19 22 18	290 34 21	19	10	14	13 44	12	01	22 23 35	335 53 38	04	08	25	07 18	23	11
19 26 34	291 38 24	20	12	16	15 36	13	02	22 27 22	336 50 21	05	09	26	08 05	24	12
19 30 50	292 42 20	21	13	18	17 25	15	03	22 31 08	337 46 56	06	10	27	08 53	25	13
19 35 05	293 46 07	22	14	19	19 11	16	04	22 34 54	338 43 24	07	12	29	09 40	26	14
19 39 20	294 49 46	23	15	21	20 55	17	05	22 38 40	339 39 45	08	13	♊0	10 26	26	14
19 43 34	295 53 16	24	17	23	22 36	18	06	22 42 25	340 35 59	09	14	01	11 12	27	15
19 47 47	296 56 37	25	18	25	24 15	19	07	22 46 09	341 32 07	10	15	02	11 58	28	16
19 52 00	297 59 49	26	19	27	25 51	20	08	22 49 53	342 28 09	11	16	03	12 43	29	17
19 56 12	299 02 52	27	20	28	27 24	21	09	22 53 37	343 24 06	12	18	04	13 28	29	18
20 00 24	300 05 44	28	22	♈0	28 56	22	10	22 57 20	344 19 56	13	19	05	14 12	♌0	18
20 04 35	301 08 27	29	23	02	♊0 25	23	11	23 01 03	345 15 42	14	20	06	14 57	01	19
20 08 45	302 11 00	♒0	24	04	01 52	24	12	23 04 46	346 11 22	15	21	07	15 41	01	20
20 12 54	303 13 23	01	25	05	03 16	25	13	23 08 28	347 06 58	16	22	08	16 24	02	21
20 17 03	304 15 35	02	27	07	04 39	26	13	23 12 10	348 02 29	17	24	09	17 08	03	22
20 21 11	305 17 37	03	28	09	06 00	27	14	23 15 52	348 57 57	18	25	10	17 51	04	23
20 25 19	306 19 28	04	29	11	07 19	28	15	23 19 34	349 53 20	19	26	11	18 33	04	23
20 29 26	307 21 09	05	♓0	12	08 36	29	16	23 23 15	350 48 40	20	27	12	19 16	05	24
20 33 31	308 22 39	06	02	14	09 52	♋0	17	23 26 56	351 43 57	21	28	13	19 58	06	25
20 37 37	309 23 58	07	03	16	11 06	01	18	23 30 37	352 39 12	22	29	14	20 40	07	26
20 41 41	310 25 07	08	04	17	12 18	02	19	23 34 18	353 34 23	23	♉1	15	21 22	07	27
20 45 45	311 26 04	09	06	19	13 29	03	20	23 37 58	354 29 33	24	02	16	22 04	08	28
20 49 48	312 26 50	10	07	21	14 38	04	21	23 41 39	355 24 40	25	03	17	22 45	09	28
20 53 51	313 27 26	11	08	22	15 46	04	21	23 45 19	356 19 46	26	04	18	23 27	09	29
20 57 52	314 27 51	12	09	24	16 53	05	22	23 49 00	357 14 51	27	05	19	24 08	10	♍0
21 01 53	315 28 04	13	11	26	17 58	06	23	23 52 40	358 09 54	28	06	20	24 49	11	01
21 05 53	316 28 07	14	12	27	19 03	07	24	23 56 20	359 04 57	29	07	21	25 30	12	02

Sternzeit	Rektaszension	MC 10. Feld	11. Feld	12. Feld	Aszendent 1. Feld	2. Feld	3. Feld
h m s	° ' "	0	0	0	0 '	0	0
		♈	♉	♊	♋	♌	♍
0 00 00	00 00 00	00	09	22	26 10	12	02
0 03 40	00 55 03	01	10	23	26 51	13	03
0 07 20	01 50 06	02	11	24	27 31	14	04
0 11 00	02 45 09	03	12	25	28 12	14	05
0 14 41	03 40 14	04	13	25	28 52	15	06
0 18 21	04 35 20	05	14	26	29 32	16	07
0 22 02	05 30 27	06	15	27	♌0 13	17	07
0 25 42	06 25 37	07	16	28	0 53	17	08
0 29 23	07 20 48	08	17	29	01 33	18	09
0 33 04	08 16 03	09	18	29	02 12	19	10
0 36 45	09 11 20	10	19	♋0	02 52	20	11
0 40 26	10 06 40	11	20	01	03 32	20	12
0 44 08	11 02 03	12	21	02	04 12	21	12
0 47 50	11 57 31	13	22	03	04 52	22	13
0 51 32	12 53 02	14	23	04	05 32	22	14
0 55 14	13 48 38	15	25	05	06 11	23	15
0 58 57	14 44 18	16	26	06	06 51	24	16
1 02 40	15 40 04	17	27	06	07 31	25	16
1 06 23	16 35 54	18	28	07	08 11	25	17
1 10 07	17 31 51	19	29	08	08 51	26	18
1 13 51	18 27 53	20	♊0	09	09 30	27	19
1 17 35	19 24 01	21	01	10	10 10	28	20
1 21 20	20 20 15	22	02	10	10 50	28	21
1 25 06	21 16 36	23	03	11	11 30	29	22
1 28 52	22 13 04	24	04	12	12 10	♍0	23
1 32 38	23 09 39	25	05	13	12 50	00	24
1 36 25	24 06 22	26	06	14	13 30	01	25
1 40 12	25 03 12	27	07	14	14 10	02	25
1 44 00	26 00 10	28	07	15	14 50	03	26
1 47 48	26 57 17	29	08	16	15 31	04	27
1 51 37	27 54 31	♉0	09	17	16 11	04	28
1 55 27	28 51 54	01	10	18	16 51	05	29
1 59 17	29 49 26	02	11	18	17 32	06	♎0
2 03 08	30 47 07	03	12	19	18 12	07	01
2 06 59	31 44 57	04	13	20	18 53	07	02
2 10 51	32 42 57	05	14	21	19 33	08	02
2 14 44	33 41 06	06	15	22	20 14	09	03
2 18 37	34 39 24	07	16	22	20 55	10	04
2 22 31	35 37 53	08	17	23	21 36	10	05
2 26 25	36 36 31	09	18	24	22 18	11	06
2 30 20	37 35 20	10	19	25	22 59	12	07
2 34 16	38 34 19	11	20	25	23 41	13	08
2 38 13	39 33 29	12	21	26	24 23	14	09
2 42 10	40 32 49	13	22	27	25 04	14	10
2 46 08	41 32 19	14	23	28	25 46	15	11

Sternzeit	Rektaszension	MC 10. Feld	11. Feld	12. Feld	Aszendent 1. Feld	2. Feld	3. Feld
h m s	h m s	0	0	0	0 '	0	0
		♉	♊	♋	♌	♍	♎
2 50 07	42 32 01	15	24	29	26 28	16	12
2 54 07	43 31 53	16	25	29	27 10	17	12
2 58 07	44 31 56	17	26	♌0	27 52	18	13
3 02 08	45 32 09	18	27	01	28 34	18	14
3 06 09	46 32 34	19	28	02	29 17	19	15
3 10 12	47 33 10	20	28	03	29 59	20	16
3 14 15	48 33 56	21	29	03	♍0 42	21	17
3 18 19	49 34 53	22	♋0	04	01 25	22	18
3 22 23	50 36 02	23	01	05	02 08	22	19
3 26 29	51 37 21	24	02	06	02 51	23	20
3 30 35	52 38 51	25	03	07	03 34	24	21
3 34 41	53 40 32	26	04	07	04 18	25	22
3 38 49	54 42 23	27	05	08	05 01	26	23
3 42 57	55 44 25	28	06	09	05 45	27	24
3 47 06	56 46 37	29	07	10	06 29	27	25
3 51 15	57 49 00	♊0	08	11	07 13	28	26
3 55 25	58 51 33	01	09	11	07 57	29	26
3 59 36	59 54 16	02	10	12	08 41	♎0	27
4 03 48	60 57 08	03	11	13	09 25	01	28
4 08 00	62 00 11	04	11	14	10 10	02	29
4 12 13	63 03 23	05	12	15	10 55	02	♏0
4 16 26	64 06 44	06	13	16	11 39	03	01
4 20 40	65 10 14	07	14	16	12 24	04	02
4 24 55	66 13 53	08	15	17	13 09	05	03
4 29 10	67 17 40	09	16	18	13 54	06	04
4 33 26	68 21 36	10	17	19	14 39	07	05
4 37 42	69 25 39	11	18	20	15 25	08	06
4 41 59	70 29 50	12	19	21	16 10	08	07
4 46 16	71 34 09	13	20	21	16 56	09	08
4 50 34	72 38 34	14	21	22	17 41	10	09
4 54 52	73 43 06	15	22	23	18 27	11	10
4 59 10	74 47 45	16	23	24	19 13	12	11
5 03 29	75 52 29	17	24	25	19 59	13	12
5 07 49	76 57 19	18	25	26	20 45	13	13
5 12 09	78 02 14	19	25	26	21 31	14	14
5 16 29	79 07 13	20	26	27	22 17	15	15
5 20 49	80 12 17	21	27	28	23 03	16	16
5 25 09	81 17 25	22	28	29	23 49	17	17
5 29 30	82 22 37	23	29	♍0	24 35	18	17
5 33 51	83 27 52	24	♌0	01	25 21	19	18
5 38 12	84 33 09	25	01	02	26 08	20	19
5 42 34	85 38 28	26	02	03	26 54	20	20
5 46 55	86 43 50	27	03	03	27 40	21	21
5 51 17	87 49 12	28	04	04	28 27	22	22
5 55 38	88 54 36	29	05	05	29 13	23	23

Sternzeit	Rektaszension	MC 10. Feld	11. Feld	12. Feld	Aszendent 1. Feld	2. Feld	3. Feld	Sternzeit	Rektaszension	MC 10. Feld	11. Feld	12. Feld	Aszendent 1. Feld	2. Feld	3. Feld
h m s	° ' "	0	0	0	0 '	0	0	h m s	° ' "	0	0	0	0 '	0	0
		♋	♌	♍	♎	♎	♏			♌	♍	♎	♏	♐	♑
6 00 00	90 00 00	00	06	06	00 00	24	24	9 09 53	137 27 59	15	18	14	03 32	01	06
6 04 22	91 05 24	01	07	07	00 47	25	25	9 13 52	138 27 41	16	19	15	04 14	02	07
6 08 43	92 10 48	02	08	08	01 33	26	26	9 17 50	139 27 11	17	20	16	04 56	03	08
6 13 05	93 16 10	03	09	09	02 20	26	27	9 21 47	140 26 31	18	21	16	05 37	04	09
6 17 26	94 21 32	04	10	09	03 06	27	28	9 25 44	141 25 41	19	22	17	06 19	04	10
6 21 48	95 26 51	05	11	10	03 52	28	29	9 29 40	142 24 40	20	23	18	07 01	05	11
6 26 09	96 32 08	06	12	11	04 39	29	♐0	9 33 35	143 23 29	21	24	19	07 42	06	12
6 30 30	97 37 23	07	12	12	05 25	♏0	01	9 37 29	144 22 07	22	25	20	08 24	07	13
6 34 51	98 42 35	08	13	13	06 11	01	02	9 41 23	145 20 36	23	26	20	09 05	08	14
6 39 11	99 47 43	09	14	14	06 57	02	03	9 45 16	146 18 54	24	27	21	09 46	08	15
6 43 31	100 52 47	10	15	15	07 43	03	03	9 49 09	147 17 03	25	27	22	10 27	09	16
6 47 51	101 57 46	11	16	15	08 29	03	04	9 53 01	148 15 03	26	28	23	11 07	10	17
6 52 11	103 02 41	12	17	16	09 15	04	05	9 56 52	149 12 53	27	29	23	11 48	11	18
6 56 31	104 07 31	13	18	17	10 01	05	06	10 00 42	150 10 34	28	♎0	24	12 28	11	19
7 00 50	105 12 15	14	19	18	10 47	06	07	10 04 33	151 08 06	29	01	25	13 09	12	19
7 05 08	106 16 54	15	20	19	11 33	07	08	10 08 23	152 05 29	♍0	02	26	13 49	13	20
7 09 26	107 21 26	16	21	20	12 19	08	09	10 12 12	153 02 43	01	03	26	14 29	14	21
7 13 44	108 25 51	17	22	21	13 04	08	10	10 16 00	153 59 50	02	04	27	15 10	15	22
7 18 01	109 30 10	18	23	22	13 50	09	11	10 19 48	154 56 48	03	04	28	15 50	15	23
7 22 18	110 34 21	19	24	22	14 35	10	12	10 23 35	155 53 38	04	05	29	16 30	16	24
7 26 34	111 38 24	20	25	23	15 21	11	13	10 27 22	156 50 21	05	06	29	17 10	17	25
7 30 50	112 42 20	21	26	24	16 06	12	14	10 31 08	157 46 56	06	07	♏0	17 50	18	26
7 35 05	113 46 07	22	27	25	16 51	13	15	10 34 54	158 43 24	07	08	01	18 30	19	27
7 39 20	114 49 46	23	28	26	17 36	13	16	10 38 40	159 39 45	08	09	02	19 10	19	28
7 43 34	115 53 16	24	29	27	18 21	14	17	10 42 25	160 35 59	09	10	02	19 50	20	29
7 47 47	116 56 37	25	♍0	27	19 05	15	18	10 46 09	161 32 07	10	11	03	20 30	21	♒0
7 52 00	117 59 49	26	01	28	19 50	16	18	10 49 53	162 28 09	11	11	04	21 09	22	01
7 56 12	119 02 52	27	02	29	20 35	17	19	10 53 37	163 24 06	12	12	05	21 49	23	02
8 00 24	120 05 44	28	02	♎0	21 19	18	20	10 57 20	164 19 56	13	13	05	22 29	23	03
8 04 35	121 08 27	29	03	01	22 03	18	21	11 01 03	165 15 42	14	14	06	23 09	24	04
8 08 45	122 11 00	♌0	04	02	22 47	19	22	11 04 46	166 11 22	15	15	07	23 49	25	05
8 12 54	123 13 23	01	05	03	23 31	20	23	11 08 28	167 06 58	16	16	07	24 28	26	06
8 17 03	124 15 35	02	06	03	24 15	21	24	11 12 10	168 02 29	17	17	08	25 08	27	08
8 21 11	125 17 37	03	07	04	24 59	22	25	11 15 52	168 57 57	18	17	09	25 48	28	09
8 25 19	126 19 28	04	08	05	25 42	22	26	11 19 34	169 53 20	19	18	10	26 28	28	10
8 29 26	127 21 09	05	09	06	26 26	23	27	11 23 15	170 48 40	20	19	10	27 08	29	11
8 33 31	128 22 39	06	10	07	27 09	24	28	11 26 56	171 43 57	21	20	11	27 48	♑0	12
8 37 37	129 23 58	07	11	07	27 52	25	29	11 30 37	172 39 12	22	21	12	28 27	01	13
8 41 41	130 25 07	08	12	08	28 35	26	29	11 34 18	173 34 23	23	22	12	29 07	02	14
8 45 45	131 26 04	09	13	09	29 18	27	♑0	11 37 58	174 29 33	24	22	13	29 47	03	15
8 49 48	132 26 50	10	14	10	♏0 01	27	01	11 41 39	175 24 40	25	23	14	♐0 28	04	16
8 53 51	133 27 26	11	15	11	00 43	28	02	11 45 19	176 19 46	26	24	15	01 08	04	17
8 57 52	134 27 51	12	16	12	01 26	29	03	11 49 00	177 14 51	27	25	15	01 48	05	18
9 01 53	135 28 04	13	17	12	02 08	♐0	04	11 52 40	178 09 54	28	26	16	02 29	06	19
9 05 53	136 28 07	14	17	13	02 50	00	05	11 56 20	179 04 57	29	27	17	03 09	07	20

Zu den Profektionen: Tabelle 1

Direktionsschlüssel: 30 Grad = 1 Jahr = 365 Tage (d)

30 Grad = 365 d	30 Min. = 6 d 02 h 00 m
29 Grad = 352 d 20 h	29 Min. = 5 d 21 h 08 m
28 Grad = 340 d 16 h	28 Min. = 5 d 16 h 16 m
27 Grad = 328 d 12 h	27 Min. = 5 d 11 h 24 m
26 Grad = 316 d 8 h	26 Min. = 5 d 06 h 32 m
25 Grad 304 d 4 h	25 Min. = 5 d 01 h 40 m
24 Grad = 292 d	24 Min. = 4 d 20 h 48 m
23 Grad = 279 d 20 h	23 Min. = 4 d 15 h 56 m
22 Grad = 267 d 16 h	22 Min. = 4 d 11 h 4 m
21 Grad = 255 d 12 h	21 Min. = 4 d 6 h 12 m
20 Grad = 243 d 8 h	20 Min. = 4 d 1 h 20 m
19 Grad = 231 d 4 h	19 Min. = 3 d 20 h 28 m
18 Grad = 219 d	18 Min. = 3 d 15 h 36 m
17 Grad = 206 d 20 h	17 Min. = 3 d 10 h 44 m
16 Grad = 194 d 16 h	16 Min. = 3 d 5 h 52 m
15 Grad = 182 d 12 h	15 Min. = 3 d 1 h
14 Grad = 170 d 8 h	14 Min. = 2 d 20 h 8 m
13 Grad = 158 d 4 h	13 Min. = 2 d 15 h 16 m
12 Grad = 146 d	12 Min. = 2 d 10 h 24 m
11 Grad = 133 d 20 h	11 Min. = 2 d 5 h 32 m
10 Grad = 121 d 16 h	10 Min. = 2 d – 40 m
9 Grad = 109 d 12 h	9 Min. = 1 d 19 h 48 m
8 Grad = 97 d 8 h	8 Min. = 1 d 14 h 56 m
7 Grad = 85 d 4 h	7 Min. = 1 d 10 h 4 m
6 Grad = 73 d	6 Min. = 1 d 5 h 12 m
5 Grad = 60 d 20 h	5 Min. = 1 d – 20 m
4 Grad = 48 d 16 h	4 Min. = 19 h 28 m
3 Grad = 36 d 12 h	3 Min. = 14 h 36 m
2 Grad = 24 d 8 h	2 Min. = 9 h 44 m
1 Grad = 12 d 4 h	1 Min. = 4 h 52 m

Zu den Profektionen: Tabelle 2

Abfolge der Aspekte von Konjunktion zu Konjunktion

1. Sextil	=	2 Jahre nach Konjunktion
1. Quadrat	=	3 Jahre nach Konjunktion
1. Trigon	=	4 Jahre nach Konjunktion
Opposition	=	6 Jahre nach Konjunktion
2. Trigon	=	8 Jahre nach Konjunktion
2. Quadrat	=	9 Jahre nach Konjunktion
2. Sextil	=	10 Jahre nach Konjunktion
Konjunktion	=	12 Jahre nach Konjunktion
2. Trigon	=	4 Jahre nach 1. Trigon
2. Quadrat	=	6 Jahre nach 1. Quadrat
2. Sextil	=	8 Jahre nach 1. Sextil.

Zu den Profektionen: Tabelle 3

Abfolge der Tage in den Wiederholungsjahren

1. Januar	1	366	731	1096
1. Februar	32	397	762	1127
1. März	60	425	790	1155
1. April	91	456	821	1186
1. Mai	121	486	851	1216
1. Juni	152	517	882	1247
1. Juli	182	547	911	1276
1. August	213	578	943	1308
1. September	244	609	974	1339
1. Oktober	274	639	1004	1369
1. November	305	670	1035	1400
1. Dezember	335	700	1065	1430

Zu den Profektionen: Tabelle 4

Schaltjahre mit 366 Tagen

1896 – 1904 – 1908 – 1912 – 1916 – 1920 – 1924 – 1928 – 1932 – 1936 – 1940 – 1944 – 1958 – 1962 – 1964 – 1968 – 1972 – 1976 – 1980 – 1984 – 1988 – 1992 – 1996 – 2004

Zu den Profektionen: Tabelle 5

Die Tage im Jahresablauf

1. 1.	1	1. 2.	32	1. 3.	60	1. 4.	91
2.	2	2.	33	2.	61	2.	92
3.	3	3.	34	3.	62	3.	93
4.	4	4.	35	4.	63	4.	94
5.	5	5.	36	5.	64	5.	95
6.	6	6.	37	6.	65	6.	96
7.	7	7.	38	7.	66	7.	97
8.	8	8.	39	8.	67	8.	98
9.	9	9.	40	9.	68	9.	99
10. 1.	10	10.	41	10.	69	10.	100
11.	11	11.	42	11.	70	11.	101
12.	12	12.	43	12.	71	12.	102
13.	13	13.	44	13.	72	13.	103
14.	14	14.	45	14.	73	14.	104
15.	15	15.	46	15.	74	15.	105
16.	16	16.	47	16.	75	16.	106
17.	17	17.	48	17.	76	17.	107
18.	18	18.	49	18.	77	18.	108
19.	19	19.	50	19.	78	19.	109
20. 1.	20	20.	51	20.	79	20.	110
21.	21	21.	52	21.	80	21.	111
22.	22	22.	53	22.	81	22.	112
23.	23	23.	54	23.	82	23.	113

24.	24	24.	55	24.	83	24.	114
25.	25	25.	56	25.	84	25.	115
26.	26	26.	57	26.	85	26.	116
27.	27	27.	58	27.	86	27.	117
28.	28	28.	59	28.	87	28.	118
29.	29			29.	88	29.	119
30.	30			30.	89	30.	120
31.	31			31.	90		

1. 5.	121	1. 6.	152	1. 7.	182	1. 8.	213
2.	122	2.	153	2.	183	2.	214
3.	123	3.	154	3.	184	3.	215
4.	124	4.	155	4.	185	4.	216
5.	125	5.	156	5.	186	5.	217
6.	126	6.	157	6.	187	6.	218
7.	127	7.	158	7.	188	7.	219
8.	128	8.	159	8.	189	8.	220
9.	129	9.	160	9.	190	9.	221
10.	130	10.	161	10.	191	10.	222
11.	131	11.	162	11.	192	11.	223
12.	132	12.	163	12.	193	12.	224
13.	133	13.	164	13.	194	13.	225
14.	134	14.	165	14.	195	14.	226
15.	135	15.	166	15.	196	15.	227
16.	136	16.	167	16.	197	16.	228
17.	137	17.	168	17.	198	17.	229
18.	138	18.	169	18.	199	18.	230
19.	139	19.	170	19.	200	19.	231
20.	140	20.	171	20.	201	20.	232
21.	141	21.	172	21.	202	21.	233
22.	142	22.	173	22.	203	22.	234
23.	143	23.	174	23.	204	23.	235
24.	144	24.	175	24.	205	24.	236
25.	145	25.	176	25.	206	25.	237
26.	146	26.	177	26.	207	26.	238
27.	147	27.	178	27.	208	27.	239
28.	148	28.	179	28.	209	28.	240

29.	149	29.	180	29.	210	29.	241
30.	150	30.	181	30.	211	30.	242
31.	151			31.	212	31.	243
1. 9.	244	1. 10.	274	1. 11.	305	1. 12.	335
2.	245	2.	275	2.	306	2.	336
3.	246	3.	276	3.	307	3.	337
4.	247	4.	277	4.	308	4.	338
5.	248	5.	278	5.	309	5.	339
6.	249	6.	279	6.	310	6.	340
7.	250	7.	280	7.	311	7.	341
8.	251	8.	281	8.	312	8.	342
9.	252	9.	282	9.	313	9.	343
10.	253	10.	283	10.	314	10.	344
11.	254	11.	284	11.	315	11.	345
12.	255	12.	285	12.	316	12.	346
13.	256	13.	286	13.	317	13.	347
14.	257	14.	287	14.	318	14.	348
15.	258	15.	288	15.	319	15.	349
16.	259	16.	289	16.	320	16.	350
17.	260	17.	290	17.	321	17.	351
18.	261	18.	291	18.	322	18.	352
19.	262	19.	292	19.	323	19.	353
20.	263	20.	293	20.	324	20.	354
21.	264	21.	294	21.	325	21.	355
22.	265	22.	295	22.	326	22.	356
23.	266	23.	296	23.	327	23.	357
24.	267	24.	297	24.	328	24.	358
25.	268	25.	298	25.	329	25.	359
26.	269	26.	299	26.	330	26.	360
27.	270	27.	300	27.	331	27.	361
28.	271	28.	301	28.	332	28.	362
29.	272	29.	302	28.	333	29.	363
30.	273	30.	303	30.	334	30.	364
		31.	304			31.	365

Tabelle 6 **Wiederholung der Profektionen**

			Geboren am:											
Signifikatoren	o	Länge	1900 1912 1924 1936 1948 1960 1972 1984 1996	01 13 25 37 49 61 73 85 97	02 14 26 38 50 62 74 86 98	03 15 27 39 51 63 75 87 99	04 16 28 40 52 64 76 88 00	05 17 29 41 53 65 77 89 01	06 18 30 42 54 66 78 90 02	07 19 31 43 55 67 79 91 03	08 20 32 44 56 68 80 92 04	09 21 33 45 57 69 81 93 05	10 22 34 46 58 70 82 94 06	11 23 35 47 59 71 83 95 07
MC														
Asz														
☉														
☽														

So wird die Tabelle vervollständigt:

1. Geburtsdatum, Tag und Monat eintragen.
2. Geburtsjahr in der Tab. unterstreichen.
3. Positionen von MC, Asz, Sonne und Mond nach Bogengrad und Bogenminuten („Länge“) eintragen.
4. Die Tierkreiszeichen der Positionen in die Spalte des Geburtsjahrgangs eintragen und diese Spalte deutlich kennzeichnen (bis unten hin).
5. In die freien Felder – nach rechts beginnend – die Symbole der zwölf Tierkreiszeichen in der richtigen Reihenfolge einzeichnen. Die Radixpositionen kommen in die Spalte des Geburtsjahrgangs.
6. Jetzt können Sie ablesen, in welchem Jahr MC, Asz, Sonne und Mond sich jeweils in welchem Tierkreiszeichen befinden.

Horoskopieren ohne zu rechnen –

Der alte Traum der Astrologen ist Wirklichkeit

Die Neuauflage eines Sachbuchs erfordert, bisherige Erfahrungen zu berücksichtigen und neue Perspektiven aufzuzeigen.
Wer seine Prognosen ausschließlich auf Transiten aufbaut, wird immer wieder feststellen, daß manche sehr exakte Ergebnisse liefern, daß aber andererseits auch mitunter gravierend beurteilte Transite nichts bringen, umgekehrt Ereignisse eintreten, für die es keine einleuchtende Erklärung gibt. Es ist die Überzeugung des Autors, daß daran auch die Einführung hypothetischer Planeten nichts ändert. Auch die *unangemessene* Vielfalt von Schnittpunkten oder „Halbsummen", kann zwar *hinterher* nahezu jedes Ereignis erklären, macht jedoch die Prognose nur unübersichtlich. Schnittpunkte zwischen Sonne und Mond oder wenn sie ähnlich bedeutsam sind, können allerdings im Rahmen der Gesamtdeutung Gewicht haben. Im Grunde kommt es auf die gründliche Durcharbeitung der Geburtskonstellation an. Sie ist gewissermaßen ein Schnitt durch die Zeit, gilt als Grundlage für die Bewertung der Prognose eines Kindes ebenso, wie desselben Menschen in reiferen Jahren oder im Alter. Es liegt auf der Hand, daß die Akzente anders gesetzt werden müssen, daß bisherige Lebenserfahrungen ebenso zu veranschlagen sind wie Milieueinflüsse. Vor allem aber ist der Mensch im Sinne Goethes eine „geprägte Form, die lebend sich entwickelt". Wie und in welcher Richtung das geschehen könnte, lassen die *Direktionen* erkennen. Sie gehören zu den Grundlagen der Methoden der klassischen Astrologie und sollten jedem geläufig sein, der sich prognostisch mit einem Horoskop auseinandersetzt. Freilich erfordert das zusätzliche Studien, doch sind die verschiedenen Direktion nicht schwieriger zu handhaben als die Transite. Der Unterschied ist mehr prinzipiell als graduell.
Der Autor ist im Laufe der Jahre immer wieder darauf angesprochen worden, ein praktisches Lehrbuch der Direktionen zu schreiben. Es erscheint jetzt zu einem Zeitpunkt, zu dem die Technik der Astrologie neue Dimension bekommt.

Astrologen, ob sie sich hobbymäßig oder professionell mit dem Horoskopieren befassen, scheuen in der Regel das notwendige Rechnen, ohne das nun mal Astrologie nicht betrieben werden kann. Es hat im Laufe der Zeiten nicht an Rechenhilfen gefehlt, an zweckmäßigen Formularen, an Tips und Kniffen. Aber der Zeitaufwand blieb doch, und selbst Routiniers unterliefen gelegentlich Rechenfehler. So war es der Traum der Astrologen, sich *ohne rechnen zu müssen, ganz auf die Deutung konzentrieren* zu können.

Nun ist der Traum Wirklichkeit geworden, die Zukunft hat schon begonnen. Der Computer macht's möglich. Gemeint sind nicht die Computerhoroskope, die Texte liefern, am laufenden Meter ausgedruckt. Sie können nicht mehr als Schubladendeutungen sein, eine Aneinanderreihung von Einzelaussagen. Wohl müssen sie so abgefaßt sein, daß sie sich verknüpfen lassen. Ein Ersatz für eine individuelle Bewertung einer Radixfigur können Sie nicht sein, auch wenn ein gutes Computerhoroskop besser ist als das Produkt eines Pfuschers oder Scharlatans.

Die Rede ist vielmehr von den *Ausrechnungen per Computer,* wozu auch die Zeichnungen gehören. Eine EDV-Anlage kann nur so gut sein wie das Programm, nach dem sie arbeitet. Nicht nur in den USA, auch in Europa und besonders in Deutschland haben findige Programmierer, die eine Ahnung von Astrologie haben, sich der Aufgabe angenommen. So werden heute schon etliche Programme von z. T. sehr unterschiedlicher Qualität angeboten. Autor empfiehlt Interessenten das „Sesam-Astrologenprogramm" von Gerhard Vehns. Es ist die Grundlage des Leserdienstes, den Alexander von Prónay *nur für die Leser seiner Bücher und des LORCHER ASTROLOGISCHEN KALENDERS* eingerichtet hat.

Den Astrologen der Zukunft muß man sich nicht mehr über Tabellenwerke gebeugt vorstellen, sondern sich wie einen Röntgenarzt vor einem Bildschirm denken. Computer, die noch vor wenigen Jahren den Preis eines Einfamilienhauses kosteten, sind heute für den Gegenwert eines Autos zu haben. Früher brauchte man eine ganze Etage um sie aufzustellen, heute genügt ein Tisch. Aber die Anschaffung ist für einen Hobbyastrologen dennoch zu teuer. Deswegen der *Leserdienst.* Er nimmt dem Interessenten alle Berechnungen ab und liefert sogar den graphischen Ausdruck von Horoskopzeichnungen, sei es einer Geburtskonstellation, eines Solarhoroskops oder für eine Partnerschaftsanalyse. Ein Aspektarium enthält alle Aspektverbindungen mit genauer Distanzangabe, Häuser wahlweise nach Placidus oder GOH-System Dr. Koch, auch Angabe der Schnittpunkte für diejenigen, die danach arbeiten.Den Lesern des Lehrbuchs HELFEN HOROSKOPE HOFFEN sind auf der Horoskopzeichnung die Struktur- und Richtungsformel willkommen. Sie ermöglichen die richtige Bewertung der Planetenpositionen für die Deutung. Ausgedruckte Transitübersichten können für jedes Jahr angeordert werden. Sie zeigen z. B. für die großen Planeten die Transitaspekte für jeden fünften Tag. Monatsübersichten bringen tägliche Transite mit Uhrzeitangabe der Fälligkeit und Hinweise auf die Hauspositionen ebenso wie auf die Radix- oder Solaraspekte. Die Tagesaspekte gibt es in Kalender- oder Spaltenform. Sie sind ideal, um bestimmte Problemzeiten, sei es in der Vergangenheit oder in der Zukunft auszuloten. Damit können auch Korrekturen der Geburtszeit vorgenommen werden. Schließlich gibt es Ausdrucke der Direktionen bzw. Progressionen. Die Ausgaben für den Leserdienst entsprechen einem Sonderangebot. Ein komplettes Radixhoroskop kostet etwa soviel wie zwei Schachteln Zigaretten. Es lohnt sich auf jeden Fall, wenn interessierte Leser sich *unter Beifügung eines ausreichenden Rückportos* unter Hinweis auf dieses Buch sich direkt an den Autor wenden und detaillierte Informationen verlangen. Schreiben Sie bitte an

Alexander von Prónay
Heimstättenweg 38
D-4620 Castrop-Rauxel

Alexander von Prónays moderne und verständliche Lehr- und Deutungsbücher für Anfänger und Fortgeschrittene:

Das verbreitete, bewährte Grundlagenbuch bietet eine sehr informative Einführung in die Astrologie (z. B. über Charakter- und Schicksalsfragen, Glück, Liebe, Partnerbeziehungen, Gesundheit, Beruf u. a. m.). Es enthält alles, was zum Horoskopieren benötigt wird, Tabellen, Formulare, Deutungshilfe und vor allem eine verständliche Anleitung. Es ist ein Arbeitsbuch, in das der Autor alle seine astrologische, aber auch pädagogische Erfahrung investiert hat. Es ist bestens ausgestattet, sehr übersichtlich mit vielen z. T. farbigen Abbildungen, 336 Seiten, Best. Nr. 3385

Die große Partnerschaftsanalyse

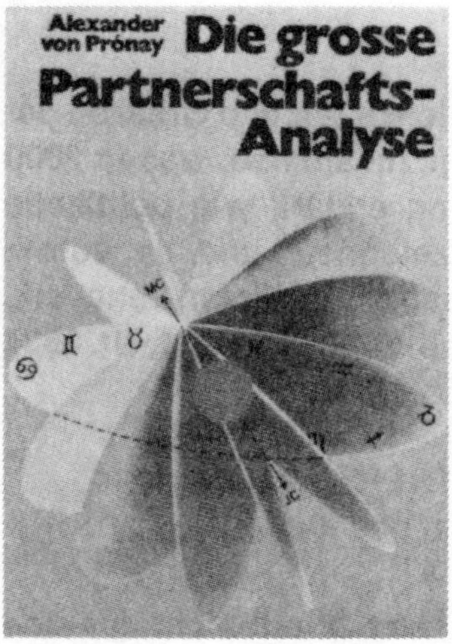

Die Beziehungen
zwischen den Menschen
im Horoskop-Vergleich

Es ist das umfassende moderne Arbeitsbuch für die astrologische Praxis, um zu psychologisch fundierten Urteilen über Kontakte in allen Lebensbereichen zu kommen: Freundschaft, Liebe, Ehe, in Familie und Schule, zwischen Geschäftsleuten und am Arbeitsplatz, zwischen Arzt und Patient. 380 Seiten, Leinen, Best. Nr. 3384